时空变迁中的上海合作组织

主　编·曲文轶

时事出版社
北京

图书在版编目(CIP)数据

时空变迁中的上海合作组织／曲文轶主编.—北京:时事出版社,2020.10
ISBN 978-7-5195-0366-6

Ⅰ.①时… Ⅱ.①曲… Ⅲ.①上海合作组织—研究 Ⅳ.①D814.1

中国版本图书馆 CIP 数据核字(2020)第 166954 号

出 版 发 行:时事出版社
地　　　址:北京市海淀区万寿寺甲 2 号
邮　　　编:100081
发 行 热 线:(010)88547590　88547591
读者服务部:(010)88547595
传　　　真:(010)88547592
电 子 邮 箱:shishichubanshe@sina.com
网　　　址:www.shishishe.com
印　　　刷:北京朝阳印刷厂有限责任公司

开本:787×1092　1/16　印张:19.75　字数:350 千字
2020 年 10 月第 1 版　2020 年 10 月第 1 次印刷
定价:98.00 元
(如有印装质量问题,请与本社发行部联系调换)

书名：时空变迁中的上海合作组织
Shanghai Cooperation Organization (SCO) in the Changing Context

主编：曲文轶
本书为2011年教育部哲学社会科学发展报告项目（培育）《上海合作组织发展报告》（项目编号：11JBGP031）的阶段性成果

出版单位：教育部人文社会科学重点研究基地华东师范大学俄罗斯研究中心

目　录

序言　时空变迁中的上海合作组织：新格局与新使命 ………… 冯绍雷（1）
上海合作组织的新发展：成就与前景 …………………………… 孙壮志（17）
从俄罗斯的视角看上合组织发展的新阶段 …………… Д·叶夫列缅科（40）
从阿斯塔纳到青岛：上合组织扩员后的机遇与
　　挑战 ……………………………………………… 李立凡　陈佳骏（58）
上海合作组织国际金融公共产品供给观察 ……………………… 周　帅（86）
上合组织地区跨国人口迁移的新特点：开放与治理 ………… 强晓云（108）
苏联解体后中亚一体化发展进程 ……………………………… 何金科（136）
中国—上海合作组织成员国投资合作的特征、多维影响及
　　风险研判 ……………………………………… 杨攻研　曹　标（165）
印度与俄罗斯能源合作发展报告 ……………………………… 陈本昌（202）
美国制裁下的俄罗斯——挑战与选择 ………………………… 郑润宇（232）
前行和发展中的塔吉克斯坦 …………………………… 曲文轶　张小帆（246）
莫迪执政以来印度光伏供电的发展状况及
　　对华合作 ……………………………………… 岳　鹏　高晓艳（273）

序 言

时空变迁中的上海合作组织：新格局与新使命

冯绍雷[*]

上海合作组织（以下简称上合组织）成员不光有中国、俄罗斯、中亚各国，还包括印巴等八个正式成员国，是一个重要的地区组织。上合组织的内部和对外发展显然正在对急速转型中的国际社会产生人们关注的重要影响。因此，对上合组织的系统深入研究，显得十分必要。

一、新时代国际视野下的上合组织

上合组织成立至今已将近 20 年。对这一区域组织的观察与评价不能离开时代发展的脉络与趋势，也不能离开地缘政治经济格局的复杂变迁，更不能离开上合组织所在区域发展与变动的新格局。

国际格局正经历着百年巨变。而这 100 年的巨变，是以几百年来一直主导着世界事务的西方社会本身发生的深刻裂变和随之而来的动荡为深刻背景的。与此同时，诸多新兴国家则越来越成为推动世界政治经济发展的积极力量。这两种趋势时而表现为更多的互相竞争、互相制约，时而以更多的互补互利、寻求合作的方式展现于世。从长远趋势看，一个愈益多元化、多样化、多极化发展，而不是一个霸权主宰一切的新世界正在形成。转型中的国际格局并不表现为各方之间完全无序的冲突，依然有着寻求维护和改革既有秩序的强劲意愿和努力。在这样的关键性历史时刻，弘扬上合组织所倡导的上海精神，尊重多元文明、共同繁荣发展，加强协商合作，坚持不对抗、不针对

---

[*] 冯绍雷，教育部人文社会科学重点研究基地华东师范大学俄罗斯研究中心主任、教授、博士生导师。

第三者等立场，对于在一个急剧转型的态势之下，维护合作与稳定、避免对抗和冲突、推动国际秩序的优化和改革，有着十分重大的意义。

实事求是地来说，与两年之前相比，当今国际局势所面临的不仅有高度的不确定性，同时也显现出若干清晰的走势。2017年底以来，美国国防战略报告和总统国情咨文明确地把中国和俄罗斯一起列为主要的"战略竞争对手"，传递出一个非常清晰的信号。2018年3月22日，美国总统特朗普在白宫签署了对中国输美产品征收关税的总统备忘录，拉开了中美贸易战的大幕。同时，美国与欧盟延续自乌克兰危机以来对俄罗斯实施的严厉制裁。针对这一局面，王岐山副主席在2018年6月初的圣彼得堡世界经济论坛上，以"肩并肩、背靠背"来描摹中俄两大国合作抗压的决心。至2019年末，随着特朗普和美国决策阶层接连释放乐观论调，已延拓多时的中美贸易谈判似乎再次出现转机。无论中美贸易战将以何种方式落幕，以中国和俄罗斯战略协作关系为支撑，抵制美国拉帮结派、联合施压，将是上合组织进程中的一个重要背景。从区域局势来看，上合组织所处的欧亚大陆东部正在发生如下重要变化。

第一，亚洲愈益成为世界经济的推动器，因此围绕着亚洲态势的合作与竞争展现出前所未见的局面。一方面，包括东亚、东南亚、南亚、澳新等各方成员国的《区域全面经济伙伴关系协定》（RCEP）正以极大努力力求在2019年11月达成合作协议。另一方面，经过几年多方筹措和推进，美国于2019年6月正式推出《印太战略报告》，明确提出将日本、韩国、澳大利亚、菲律宾、泰国视为"盟友"，将新加坡、中国台湾、新西兰、蒙古国、印度、斯里兰卡、马尔代夫、尼泊尔、越南、印度尼西亚、马来西亚视为"伙伴"，并提出加强与文莱、老挝和柬埔寨的合作。[①] 该报告声称，将打造彼此联通的"印太"地区，凸显亚洲内部安全关系成为美国的新聚焦。事实表明，把西太平洋地区、印度洋亚洲地区与其他各方的相互连接和稳定作为重要议程来加以考量，已经成为不可避免的趋势。显然，这一变动在上合组织最新一轮的扩员进程中已经得到体现。

第二，处于亚洲东部和西欧之间的欧亚地区，也正在出现若干重要发展趋势。首先，乌克兰危机后，俄罗斯虽然经济依然低迷，但是其不仅没有在

---

① 美国国防部：https://media.defense.gov/2019/Jul/01/2002152311/-1/-1/1/DE-PARTMENT-OF-DEFENSE-INDO-PACIFIC-STRATEGY-REPORT-2019.PDF。

西方制裁的重压下塌陷，反而顽强地重整国力、改善经济、活跃外交、恢复大国威望。从2018年圣彼得堡经济论坛来看，不仅马克龙、安倍出场，表达了多年未见的对俄经济合作意向；居然连美国也派出一个拥有550名成员的庞大代表团，令人大跌眼镜。俄罗斯在中东、亚洲、拉美、非洲的外交努力接连不断地赢得世人关注。这两年中，普京总统连续出席北京的"一带一路"峰会，而习近平主席则首次出席远东经济论坛和圣彼得堡经济论坛，并发表讲演。这一事态彰显中俄合作乃是俄罗斯复苏进程的强劲背景。

其次，在中亚，继土库曼斯坦、乌兹别克斯坦政治更替后，哈萨克斯坦也成功实施了高层政治的交接，多年来一直为外界关注的中亚政治领导阶层的更新换代问题，已经出现令人乐观的发展态势。在政治更替之后，中亚地区出现的活跃态势尤其值得瞩目。不仅中亚各国多年存在的邻国竞争关系正在出现由各方主动协调的可能，而且中亚各国之间相互聚合也表现出积极姿态。没有外来大国参与的中亚国家峰会成为这一动向的标志。

同时，中国"一带一路"倡议正在广泛地区内一步一步推进。有别于任何带有排他性的意识形态，也有别于任何单边区域体制构建的意图，"一带一路"倡议以项目导向式的务实路线，以基础设施建设为龙头的有针对性的合作推进，以国家强大经济实力为后盾的稳健实施，获得深刻而广泛的影响。

近年来有一个值得关注的新趋势就是，在美国同时打压中国、俄罗斯乃至传统盟友欧洲的背景之下，西欧、欧亚、中亚、东亚各个板块之间相互连接和寻求合作的努力成为跨欧亚大陆的崭新景观。大规模的跨国能源管道建设，从中欧班列开始的欧亚之间铁路、公路、航路等基础设施的相互贯通，尤其是"一带一路"推动下遍布欧亚大陆各个板块的务实合作项目的推动，包括来自西欧、欧亚、东亚各方智库对于它们相互之间加强连接与合作所表现出来的巨大兴趣，这些变化使人们看到欧亚大陆各个政治实体之间前所未见的互动、相互连接的意向和富于想象力的构想。

毫无疑问，上合组织所处地区正在成为所有趋势相互交织之下的一个令人关注的聚合点，也将会是未来合作与竞争的一个新空间，但更意味深长的是，这可能会是在一个长时段中更为多元兼容的国际体制的雏形。

二、安全领域合作的新发展

安全事务乃是上合组织自诞生之日起就受到高度关注的一个重要领域。

与20世纪90年代扑朔迷离、动荡不已的局面相比，曾经被布热津斯基称为冷战后地缘政治"黑洞"的区域，在上合组织成员国的共同努力下，实现了虽然是初步的，但也是非常难得的稳定、合作和进步。

反对恐怖主义历来是上合组织关注和合作的一个持续而紧迫的工作领域。在2019年6月的比什凯克峰会上，各国元首通过联合声明表达的一个重要信息，乃是明确了当前全球尤其是本地区的主要安全威胁："恐怖主义和极端主义思想通过互联网等方式传播、境外恐怖分子回流、大规模杀伤性武器扩散、军备竞赛风险、破坏国际安全体系的地区和局部冲突持续、非法贩运麻醉药品、有组织犯罪、贩卖人口、信息通信领域犯罪、发展不均衡、粮食市场波动、气候变化、饮用水短缺和疫病蔓延等安全挑战和威胁日益加剧并跨越国界。"不仅对传统欧亚地区、新加入的南亚国家而言，恐怖主义是现实而重大的威胁，而且对中国自身而言，从新疆地区维稳的任重而道远，乃至香港街头暴乱分子使用的爆炸工具等，已经与国际恐怖主义并无二致。所以，各成员国在作为当务之急的反恐问题上的共同立场，体现了上合组织内各方对于当前安全态势的准确把握。

在全球安全领域发生的一个重要变化是：在退出反导条约多年之后，美国于2018年又退出中导条约，企图重新放手核竞赛，推卸战略大国在核不扩散领域应承担的责任，并以此转移矛盾，胁迫中国参与原有的美俄超级核大国战略武器谈判。事实上，中国对此早有自己的原则立场：第一，中国反对美国退出中导，更反对美国以此为机会在亚洲部署中导。① 第二，中国历来主张"拥有最大核武库的国家对核裁军负有特殊和优先责任，应继续以可核查、不可逆及具有法律约束力的方式，大幅削减其核武库。条件成熟时，其他核武器国家也应加入多边核裁军谈判进程"。② 第三，中国谴责美国以退出反导说事，嫁祸中国。中国参与类似于中导谈判一类多边进程的前提，正是美国本身应将其核武库降低到我方的水平。而在此之前，任何企图和指责都是徒劳的。③ 在反导问题上，中国立场鲜明，与俄罗斯站在一起，揭露了美

---

① "外交部发言人华春莹2019年8月2日的声明"，外交部网站，https://www.fmprc.gov.cn/web/fyrbt_673021/jzhsl_673025/t1685719.shtml。

② "傅聪：在71届联合国大会一般性辩论中的发言"，2016年10月17日，中国常驻联合国代表团网站，http://www.china-un.org/chn/。

③ 2019年10月12日，第74届联合国大会负责裁军与国际安全事务第一委员会上，中国代表傅聪的发言。

国混淆视听的用意；而俄罗斯也坚决反对美国在亚洲部署中导，普京就公开宣布俄罗斯将协助中国建立导弹预警系统，体现了中俄在面临战略武器领域重大挑战面前立场的高度接近和一致。这一共同立场完全吻合了2019年6月比什凯克峰会上成员国确认的"将继续在裁军、军控、核不扩散、和平利用核能方面开展合作，通过政治外交手段应对核不扩散体系面临的地区挑战"。本次峰会文件所鲜明表达的立场——"个别国家或国家集团不考虑其他国家利益，单方面不受限制地加强反导系统将危害国际安全和世界局势稳定……作为《不扩散核武器条约》缔约国的上合组织成员国，一贯主张恪守条约规定，全面均衡推动落实条约的各项宗旨和原则，巩固全球核不扩散体系，在综合考虑影响国际稳定的各项因素基础上推进核裁军进程"——这一表述完全符合中国在核不扩散问题上的原则和利益。[①]

作为上合组织维护地区安全的重要举措，成员国重申，将继续定期举行"和平使命"联合反恐演习和主管机关联合反恐演习。成员国肯定上合组织成员国主管机关边防部门2018年7月20日至10月20日举行的"团结—2018"联合边防行动成果。成员国还确认，将进一步扩大防务和安全、大型活动安保和人员培训领域的合作，加强各国武装力量和主管部门能力建设。

阿富汗问题的早日解决，是维护和巩固上合组织地区安全与稳定的重要因素之一。上合组织成员国"支持阿富汗伊斯兰共和国政府和人民为重建和平，促进经济发展，打击恐怖主义、极端主义、毒品犯罪所做努力。成员国强调，政治对话和'阿人主导，阿人所有'的包容性和解进程是解决阿富汗问题的唯一出路，呼吁有关方和国际组织在联合国发挥中心协调作用下加强合作，实现该国稳定与发展"。[②] 近年来，阿富汗问题出现的新形势是：美国难以继续维持在阿富汗长期驻军，但美国与塔利班之间的谈判始终处于胶着状态，长期延续的"谈谈打打"使得阿富汗重建和平、恢复经济的目标难以实现。这一背景下，在"上海合作组织—阿富汗联络组"、阿富汗问题莫斯科模式等各类上合组织成员国参与的沟通和谈判不仅重要，上合组织与阿方签署的《"上海合作组织—阿富汗联络组"下一步行动路线图》也得到多方

[①] 《上合组织元首理事会比什凯克宣言》，2019年6月15日，中国外交部网站，https://www.fmprc.gov.cn/web/zyxw/t1672494.shtml。

[②] 《上合组织元首理事会比什凯克宣言》，2019年6月15日，中国外交部网站，https://www.fmprc.gov.cn/web/zyxw/t1672494.shtml。

肯定。尤其值得关注的是，在美国与塔利班和谈陷入僵局而难以突破的背景下，人们期待2019年10月下旬在中国举行的阿富汗政府与塔利班的谈判以及在塔什干举办的第八次阿富汗区域经济合作部长级会议能够为阿富汗和平进程带来转机。

毒品泛滥和传播问题是上合组织成员国在安全领域面临的一项尖锐挑战。2006—2007年间，欧盟老资格外交家、驻中亚事务特别代表莫里哀曾经提议，欧盟与上合组织就禁毒问题展开合作，但是因当时的各方条件所限，协调难以推进而宣告中止。此后在各方努力的基础上，2019年比什凯克元首峰会再次明确强调："非法种植、生产、贩运、扩散麻醉药品、精神药物及其前体对地区国家安全与稳定、人民健康和福祉构成严重威胁。"上合组织的新举措是：第一，大大加强与联合国相关部门的合作；第二，筹备建立在杜尚别的上合组织禁毒中心；第三，制定2018—2023年反毒行动计划，推动相关部门的紧密国际合作。国际联手禁毒反毒有望在可见时段内取得实质性进展。

根据上述安全形势变化，上合组织安全领域的工作机制也发生了相应变化。俄罗斯外交部长拉夫罗夫在2014年杜尚别上合峰会上曾经提出有关改革上合组织地区反恐中心的建议。后来，俄国防部长绍伊古又提出建议，即建立负责保障本区域安全防务的上合组织成员国国家军事顾问的专门机构，参与本机构工作的军事顾问是由成员国国家领导人的专任协调员出面。[①] 2019年4月29日，比什凯克举行了上合组织成员国国防部长会议；5月14—15日在比什凯克举行了上合组织成员国安全会议秘书会议。元首峰会的联合声明肯定了这些会议取得的积极成果。

三、努力推进中的务实经济合作

正如上合组织秘书长符拉基米尔·诺莫夫所言："上合组织拥有极大的市场、丰富的自然资源、先进的生产力，地区相对稳定，蓬勃发展，新机遇不断涌现。例如，2018年上合组织GDP平均增幅达4.76%，GDP总量达

---

① II СОЧИНСКИЙ ФОРУМ ЕВРАЗИЙСКОЙ ИНТЕГРАЦИИ（http://civilshos.ru）Проблемы текущего состояния и развития ШОС；Проблемы текущего состояния и развития ШОС 19.02.2018.

15.4万亿美元，占全球总 GDP 的 18.26%。"①

（一）新版《上海合作组织成员国多边经济合作纲要》和多边合作的推进

不言而喻，作为一个区域性的多边合作组织，经济合作乃是该组织发展壮大的基础。2018 年以来，上合组织多边经济合作取得引人关注的进展。2019 年 9 月下旬，上合组织商务部门负责人汇聚塔什干，通过了新版《上海合作组织成员国多边经贸合作纲要》草案，拟作为 2020—2035 年推动区域经济合作在新时代取得新发展的重要纲领性指导文件。会议还通过了《上海合作组织成员国在数字化时代发展偏远和农村地区的合作构想》草案和《上海合作组织经济智库联盟章程》草案。各方重视这些新版的多边合作文件，决心携手采取切实行动，为区域经济合作开辟新的领域；同时各方表示，在世贸组织进行必要改革的前提下，坚定地维护多边贸易体制。上述文件将提交上合组织成员国第十八次总理会议批准。②

仅就 2018 年我国与上合组织成员国的经贸合作而言，贸易总额达到 2550 亿美元。这一数量规模已接近中国与法、德两国同期的贸易之和（2593 亿美元）。至 2019 年 4 月底，我国对上合成员国投资总额超过 870 亿美元，多个大型能源、矿产和工业制造项目落地推进。当地的工程承包合同额累计达到 2378 亿美元，一大批公路、电网和油气管道工程成为区域带动性项目。其中，中、俄、哈三国能源运输管道的跨国合作，中、蒙、俄三国能源资源与交通运输走廊互联互通的推进，都因成为上合组织内部多边合作的先行者而受人关注。上合组织多边合作框架积极推动之下的中欧班列也取得显著进展。2019 年 1—8 月，中欧班列开行数量和质量进一步提升。据统计，去程开行 2845 列，运送 25 万标箱，重箱率达 99%；回程开行 2421 列，运送 21 万标箱，重箱率达 85%。目前中欧班列以三分之一的海运时间、五分之一的空运价格，吸引了大量适合铁路运输的跨国货物。中欧班列的进展离不开上

---

① 上海合作组织秘书处："上合组织秘书长弗拉基米尔·诺罗夫在国际青年企业家论坛上欢迎辞"，2019 年 5 月 14 日，http://www.sco-ec.gov.cn/article/cooperationsurvey/memorabilia/201905/410347.html。

② 商务部新闻办公室："上海合作组织成员国经贸部长第十八次会议通过区域经济合作新的纲领性指导文件"，2019 年 9 月 26 日，http://www.mofcom.gov.cn/article/ae/ai/201909/20190902901282.shtml。

合组织成员国多年来坚韧不拔的持续努力。①

值得注意的是，近年来上合组织的多边合作较多体现于交通运输领域。例如2017年5月，乌兹别克斯坦总统米尔济约耶夫访华，中乌两国元首见证了两国国际公路运输协议的签署。当年10月30日，中吉乌三国公路正式通车。这是中吉乌三国首次实现国际道路全程运输，也是中国货车首次驶入非接壤国家。新线路使原来8—10天的过境运输周期压缩至2天左右。一些对时间有特别要求的货物，甚至可在一昼夜间运达。根据乌官方测算，新线路的开通，一年仅运费支出就可节省250万美元左右。同时，新线路可给沿线国家带来100多万个就业岗位。中吉乌公路还在继续延伸。中国中铁五局中标参建中亚公路改造项目，即中吉乌公路的延伸段，将建至塔吉克斯坦首都杜尚别。该路段建成后，将为最终建成东起中国，横贯中亚，西抵高加索、伊朗、阿富汗等地的货运道路打下基础。②

在上合组织交通运输多边合作领域中，乌兹别克斯坦的努力值得关注。除上述中吉乌公路开通外，乌交通部还宣布首条乌兹别克斯坦—塔吉克斯坦—中国的运输走廊开通，全长1422公里。2019年8月10日，作为测试阶段的安排，乌、塔、中各有2辆客车从乌兹别克斯坦铁尔梅兹出发，沿运输走廊途经塔吉克斯坦，最终抵达中国喀什。乌交通部表示，运输走廊目前尚处在测试阶段，但是三国将采取具体措施，为运输走廊正式运行制定相关法律框架。③ 除此之外，国际文传电讯社努尔苏丹2019年4月4日电，据哈国家铁路公司消息，乌兹别克斯坦已正式加入中国—哈萨克斯坦—土库曼斯坦—伊朗铁路运输走廊。2018年，通过中哈土伊铁路运输走廊运送的集装箱达到1000个。中哈土伊铁路运输走廊总长度约1万公里，全程开行时间约2周，比海运时间节省近一半。该运输走廊是连接中国东部沿海—波斯湾地区的首条跨境物流快速通道。④

---

① "《推进中欧班列高质量发展公约》在北京签署"，中国新闻网，2019年9月12日，http://www.chinanews.com/cj/2019/09-12/8954666.shtml。

② 吴焰、张晓东："中吉乌国际公路货运正式运行——中亚再拓一带一路通道"，《人民日报》2018年2月27日，第3版。

③ 驻哈萨克经商参处："首条乌—塔—中运输走廊正式开通"，2019年8月14日，http://kz.mofcom.gov.cn/article/jmxw/201908/20190802890559.shtml。

④ 驻哈萨克经商参处："乌兹别克斯坦加入中哈土伊铁路运输走廊"，2019年4月4日，http://kz.mofcom.gov.cn/article/jmxw/201904/20190402850285.shtml。

根据比什凯克峰会决定，上合组织将继续深化交通运输领域的多边合作，"新建和改造现有国际公路和铁路交通线路及多式联运走廊，建立国际多式联运、物流、贸易、旅游中心，采用创新和节能技术，按照先进的国际标准优化通关手续，共同实施旨在有效利用成员国过境运输潜力的其他基础设施合作项目"，并"继续进行《上海合作组织成员国政府间建立和运行交通运输一体化系统协定》和《上海合作组织成员国铁路部门领导人会议构想》草案商谈"。[①] 可以期待，交通运输合作的率先推进可以为今后的上合组织多边合作做重要的铺垫。

（二）中国与欧亚经济联盟签署合作协定

上合组织经济合作的一个关键结构，乃是欧亚经济联盟——同时也是上合组织内部的部分欧亚国家的集群——与中国相互间的经济合作关系。在苏联地区原有的经济联系与人文纽带基础上建立起来的欧亚经济联盟，近十余年来尽管困难重重，但大体上表现出该地区同质经济与社会结构基础上的内在关联性。俄罗斯接续了哈萨克斯坦在苏联解体初期提出的关于欧亚经济联盟这一构想后，推动区域经济一体化，取得初步成果。而一向特立独行的乌兹别克斯坦所表达出的希望加入欧亚经济联盟的意向，反映出在依然充满挑战的背景之下，这一经济共同体对当地国家的吸引力。一个非常重要的背景在于，俄罗斯、哈萨克斯坦、吉尔吉斯斯坦等上合组织正式成员，以及白俄罗斯等上合组织观察员国家，都是欧亚经济联盟的创始成员国。而准备加入的乌兹别克斯坦也是上合组织的正式成员国。可见，发展与欧亚经济联盟的这一部分成员国之间的关系，与上合组织内部加强合作有着相当密切的关联性。如何通过探索中国与欧亚经济联盟合作的各种途径，从而进一步强化和稳固上合组织内部的合作，是一个势在必行的方向。此外，2017年中国与欧亚经济联盟成员国贸易额达1094亿美元，说明了中国与该联盟深化合作关系有着现实基础和深厚潜能。2018年中国与欧亚地区12国贸易情况见表1。

---

① 《上合组织元首理事会比什凯克宣言》，2019年6月15日，中国外交部网站，https://www.fmprc.gov.cn/web/zyxw/t1672494.shtml。

表1　2018年中国与欧亚地区12国贸易数据　（单位：亿美元）

国　别	进出口 金额	进出口 同比	出口 金额	出口 同比	进口 金额	进口 同比	差额 当年
欧亚12国	1628.61	23.92%	806.69	12.25%	821.92	38.01%	-15.23
俄罗斯	1070.57	27.10%	479.75	12.80%	590.82	42.70%	-111.07
哈萨克斯坦	198.85	10.47%	113.5	-2.52%	85.35	34.26%	28.15
乌兹别克斯坦	62.68	48.37%	39.44	43.24%	23.24	57.97%	16.2
吉尔吉斯斯坦	56.11	3.00%	55.57	3.66%	0.54	-37.60%	55.03
土库曼斯坦	84.36	21.50%	3.17	-13.94%	81.19	23.49%	-78.02
塔吉克斯坦	15.05	9.78%	14.28	7.85%	0.77	64.53%	13.51
阿塞拜疆	8.98	-6.88%	5.16	33.22%	3.82	-33.78%	1.34
亚美尼亚	5.21	19.50%	2.13	48.24%	3.08	5.35%	-0.95
格鲁吉亚	11.5	17.03%	10.96	19.79%	0.54	-20.33%	10.42
乌克兰	96.67	31.05%	70.19	39.24%	26.48	13.40%	43.71
白俄罗斯	17.16	18.41%	11.45	22.61%	5.71	10.80%	5.74
摩尔多瓦	1.47	11.22%	1.09	10.60%	0.38	13.02%	0.71

数据来源：商务部，http://www.mofcom.gov.cn/article/i/jyjl/e/201903/20190302843933.shtml。

2011年欧亚经济联盟成立之后，2013年中国提出"一带一路"倡议。2015年5月，习近平主席与俄罗斯总统普京在莫斯科签署《关于丝绸之路经济带建设和欧亚经济联盟建设对接合作的联合声明》，宣布启动中国与欧亚经济联盟经贸合作方面的协定谈判。自2016年10月首轮谈判以来，双方通过5轮谈判、3次工作组会和2次部长级磋商，于2017年10月1日顺利结束谈判。2018年5月17日哈萨克斯坦阿斯塔纳经济论坛期间，中国商务部国际贸易谈判代表兼副部长傅自应与欧亚经济委员会执委会主席萨尔基相及欧亚经济联盟各成员国代表共同签署了《中华人民共和国与欧亚经济联盟经贸合作协定》（以下简称《协定》）。《协定》范围涵盖海关合作和贸易便利化、知识产权、部门合作以及政府采购等13个章节，包含了电子商务和竞争等新议题。双方同意通过加强合作、信息交换、经验交流等方式，进一步简化通关手续，降低货物贸易成本。《协定》旨在进一步减少非关税贸易壁垒，提高贸易便利化水平，为产业发展营造良好的环境，促进我国与联盟及其成员国经贸关系深入发展，为双方企业和人民带来实惠，为双边经贸合作提供制度性保障。① 中国商务部认为:"这一《协定》是我国与欧亚经济联盟首次达成的经贸方面重要制度性安排,标志着中国与欧亚经济联盟及其成员国经贸合作从项目带动进入制度引领的新阶段,对于推动'一带一路'建设与欧亚经济联盟建设对接合作具有里程碑意义。"②《协定》正式签署后,目前欧亚经济联盟各成员国正在履行国内程序,抓紧签署这一文件,力争早日生效实施。

(三) 上合组织成员国双边合作的进展

上合组织成员国之间的经济合作目前主要还是体现在双边合作的领域。

首先,从中国与上合组织成员国经济关系的结构状况来看,中国已经连续六年成为俄罗斯第一大贸易伙伴国。有专家认为:"尽管 1071 亿美元的贸易额从绝对量上少于中国与一些主要大国的贸易额……俄罗斯把更大的产出卖到了中国市场,把更多的购买力用在了中国市场。从相对量来看,在中国的前十大贸易伙伴中,中俄贸易紧密程度可以排进前三。"③ 至 2018 年,中国已成为对哈萨克斯坦投资最多以及最重要的经贸伙伴之一。中哈产能合作稳步推进,55 个项目被列入两国产能合作清单,合同总金额超过 270 亿美元。多年来,能源合作一直是中哈合作的重点,中哈互联互通合作成效显著。目前,中哈已开通 5 对常年对开口岸、5 条油气跨境运输管道、2 条跨境铁路干线和 1 个国际边境合作中心。此外,中哈连云港物流合作基地的建成,让哈方首次获得直达太平洋的出海口。随着"西欧—中国西部"公路投入使用以及一系列过境哈方的中欧班列相继开通,哈萨克斯坦正逐渐变成亚欧大陆上重要的交通枢纽。④ 此外,中国成为乌兹别克斯坦第一大贸易伙伴和第一大出口目的地国,并且首次超越俄罗斯,成为乌第一大进口来源国。中国是

---

① 中华人民共和国商务部:"中国与欧亚经济联盟正式签署经贸合作协定",2018 年 5 月 18 日,http://www.mofcom.gov.cn/article/ae/ai/201805/20180502745041.shtml。
② 中华人民共和国商务部:"中国与欧亚经济联盟正式签署经贸合作协定",2018 年 5 月 18 日,http://www.mofcom.gov.cn/article/ae/ai/201805/20180502745041.shtml。
③ 徐坡岭:"中俄贸易超越 1000 亿美元说明了什么?",人民日报海外网,2019 年 6 月 7 日,https://baijiahao.baidu.com/s?id=1635685267471094285&wfr=spider&for=pc。
④ 周良:"中哈经贸合作成绩斐然",《国际商报》2019 年 5 月 16 日。

吉尔吉斯斯坦第一大贸易伙伴（占比 26.9%）、第一大进口来源国（占比 34.9%）。2017 年，中国是塔吉克斯坦第一大投资来源国和第三大贸易伙伴。中国已连续 4 年成为巴基斯坦最大的贸易伙伴，是巴基斯坦第一大进口来源国和第三大出口目的国。印度则是中国在南亚的第一大贸易伙伴。

从投资结构来看，据《2018 年中国对外投资报告》显示：2017 年中国对欧洲投资流量的排位，中国对俄罗斯投资为 15.5 亿美元，仅次于瑞士、德国、英国，超过瑞典、卢森堡、法国等。而以同年中国对欧洲投资存量计，俄罗斯仅次于英国、荷兰、卢森堡，为 138.7 亿美元。至于中国对哈萨克斯坦的投资，在亚洲排行榜当中，哈居于新、印、澳等之后，占有 75.6 亿美元。而在 2017 年"一带一路"对外投资存量享用最多的 10 个国家中，上合组织成员国就占去了 3 席：俄罗斯、哈萨克斯坦、巴基斯坦。[1]

如果从中俄两国体量和长远趋势的变化来看中国与上合组织成员国的经济关系的话，中俄双边经济合作毫无疑问是推动上合组织经济发展最重要的方面。

2018 年 12 月上海文汇论坛上，京沪两地学者曾经深入讨论过关于中俄两国关系具有强劲的"内生性"的观点，也在国内媒体进行了广泛的报道。事隔半年，2019 年 6 月中俄元首的联合声明当中，开头部分突出强调了要发掘中俄合作的"内生动力"的表述。这说明决策界和学界在有关中俄关系发展的认知问题上有着密切的互动；也说明近 20 年来，两国政治家、学术界乃至普通老百姓对于发展中俄关系的意义——特别是两大国基于长时段现代化发展的内在要求——的理解，更是有了长足进展。

既然中俄关系具有巨大的"内生动力"，那么自然而然地可以理解，在困难和挑战面前，中俄关系还是会百折不挠地向前推进。2018—2019 年度，中俄双边经济合作有了重要推进：除了中俄双边贸易超过 1000 亿美元大关、东部能源管线建设以及跨黑龙江大桥联通等已经实现的目标，2019 年 6 月两国元首会见又进一步达成一系列重要协议。第一，中俄达成协议于 2020 年开始全面接受 5G 系统在俄落地，不仅说明俄罗斯敢于在当前国际争端的风口浪尖上表明自己的立场，而且两国合作的坚实基础也将为进一步的合作带来巨大动力；第二，习主席到达俄罗斯后所参加的长城汽车生产基地揭牌仪式，表明中俄在一个两国之间尚存在产业竞争的领域也开始较大规模的深化合作；

---

[1] 中华人民共和国商务部：《中国对外投资发展报告 2018》，第 12 页。

第三，中俄将在北极航道开始的合作也是以往几年能源领域、特别是亚马尔能源原产地合作基础上所启动的新一轮大规模合作，这一项目容纳的多种产业领域及长远影响现在都很难预料；第四，中俄在青岛共建农业合作基地，俄方最大的农业集团宣布将投资 50 亿美元在青岛修建饲料、养殖、加工的大型联合企业，这可以说是中俄在产能、市场相互开放过程中迈出的一大步；第五，中国化工集团与俄天然气开采股份有限公司敲定全球最大的乙烯一体化项目，也是目前全球石化领域单个合同额最大的项目，合同金额约 120 亿欧元；[1] 第六，俄直投基金、阿里巴巴集团、俄移动运营商 MegaFon、俄互联网巨头 Mail. Ru 集团完成了在俄罗斯成立合资企业——阿里速卖通俄罗斯公司（AliExpress Russia）的合资交易。四家股东持股比例分别为：阿里巴巴集团 47.8%，Mega Fon 24.3%，俄直投基金 12.9%，Mail. Ru 15%。阿里巴巴集团首席执行官张勇表示，阿里速卖通俄罗斯公司是阿里巴巴全球化战略的重要组成部分，也是迈向帮助 100 万家中小企业盈利、服务全球 20 亿消费者这个长期目标的重要一步。[2] 以上项目进展说明，在"对接"之下，中俄双方、中国与中亚各国，以及"一带一路"与欧亚经济联盟之间拥有巨大的合作空间。

四、上合组织的新挑战与新前景

上合组织是在世纪之交国际秩序刚刚开始发生深刻转型的关键时刻问世的。上合组织将近 20 年的发展进程证明了它存在的必要性，但是前路遥遥，上合组织必将经受更加错综复杂的挑战和考验。

首先，上合组织既不同于北约、欧盟这样一类具有排他性意识形态观念，以西方文明、法制规范构建起来的区域组织，甚至也不同于欧亚经济联盟或者东盟这样大体上是非传统西方国家的联合体。上合组织乃是一个由来自不同文明历史传统、具有不同发展规模和水平、带有各自管理制度和意识形态特色的国家聚合而成的联合体。因此，上合组织很难做到像欧盟、北约一样

---

[1] 贺劭清："中俄将共建全球最大乙烯一体化项目"，中国"一带一路"网，2019年 10 月 12 日，https://www.yidaiyilu.gov.cn/xwzx/hwxw/106008.htm。

[2] 驻哈萨克斯坦使馆经商处："阿里巴巴集团在俄罗斯成立合资公司"，2019 年 10月 10 日，http://kz.mofcom.gov.cn/article/jmxw/201910/20191002903221.shtml。

以西方式意识形态和市场民主作为体现政治正确的工具，甚至很难像东盟、欧亚经济联盟那样，基于次区域的地方共同特性，在一个较短的时期内完全形成自己的治理模式构架。上合组织作为一个新兴的主权国家联合体，一方面要形成一定程度的利益共享和安全共保的合作体，另一方面又不可能在有限时间内大规模推进主权让渡，完全在观念和体制上构建起一个高度一体化的区域组织。上合组织的完整治理模式的全面形成和稳固，需要一个相当长的时间。

上合组织所在地区的多重地缘政治经济板块互相交织而并存的特性，也深刻影响着其本身组织构架的形成。看来，俄罗斯引领的欧亚经济联盟内部体制建设的步伐，要大大快于上合组织。无论是统一关税还是统一基础设施建设技术标准等方面，欧亚经济联盟是走在前面了。而中亚各国之间所推进的"无外来大国参与"的中亚峰会进程，也在一定程度上表达出中亚各国更为明显的自主性。南亚的印度和巴基斯坦加入上合组织之后，要融合到其原有决策框架中，也需要一个较长的过程。这说明，不能急于求成，或者完全用一个其他地区建设模式的标准来看待上合组织。欧亚大陆上的西欧和东亚之间的辽阔空间，本来存在着苏联的统一机体，但是随着科技发展和新兴经济体的崛起，这一空间的多样性发展，使得上合组织本身的认同形成的确要比想象中更为艰难和复杂。

但是，强调上合组织组成情况的复杂性，并不等于说可以对上合组织内部构建问题放任自流、听之任之，使其沦落为一个清谈式的区域论坛。2019年第18次上合组织总理峰会审议的《上海合作组织成员国多边经贸合作纲要》就是这样一个在现有基础上，通过互联互通、贸易便利化等举措提升上合组织治理水平的重要文件。同时，中国与欧亚经济联盟经济合作协定，也将原有的多边合作从项目提升到规制的程度，具有重大意义。这两个文件非常有可能对上合组织的内部建设提供一个推动未来发展的极其重要的基础。但是可以设想，上合组织各方利益和意愿的协调，也一定不会是一个轻而易举的过程。

其次，区域合作水平的提升或者下降，有着来自多方的动因。观念形态的接近、地缘政治经济利益的契合、技术发明创造发展的推动，诸如此类。从目前来看，上合组织凝聚力的提升有着不同的途径。比如，"一带一路"所推动的基础设施建设是一个重要途径。但是，基础设施建设往往涉及主权单位的安全和重大经济利益，不可能不经历一番艰难的磨合乃至博弈。比如，关于上合组织内部的基础设施建设，今后是把更多的资源放在南北走向还是东西走向的管道建设上，仍是一个问题。就前者而言，无疑更为俄罗斯、中亚、印度各方所关注；就后者而言，显然与中国所推动的欧亚大陆东西两侧的贯通联系更为紧密。此外，中美贸易战中受到高度关注的现代技术究竟在何等程度上影响区域进程的问题，在上合组织内部也并非不起波澜。比如，俄罗斯已经决定从2020年开始启动5G系统的建设，华为与俄罗斯最大的电信公司已经在2019年6月签署合作协议。5G系统的部署究竟能够在多大程度上影响区域合作进程？须知，俄罗斯、哈萨克斯坦在此前也曾经和其他西方电信公司签订过关于5G的合作协议。5G技术本身将会是垄断、主导抑或是兼容于这一地区的各种电信设施的技术指标吗？显然，技术与区域政治进程正在发生着紧密的互动。

此外，上合组织所提倡的"上海精神"为当代国际秩序的完善和改革提供了重要的思路：协同大小国家、弥合分歧差距、坚持开放进步；反对任何单边主义和霸权主义的倒退；反对文明冲突、力主多样文明的互相尊重和合作共赢。这些原则立场可大大丰富人们在未来改革国际秩序进程中的想象力。中国在上合组织的首任秘书长张德广大使曾经说过："为什么'上海精神'不能够成为一种普世价值呢？"上合组织从一开始就抓住"安全"这一区域和全球事务的关键范畴，发展到经济、政治与安全合作同步并进，从原来的六个成员国发展到今天的八个成员国，并且有一批以"观察员国""对话伙伴国"身份的铁杆支持者的强大阵容，这不能不说是一个顺应时代潮流的巨大推进。但是，"上海精神"要真正演化为一个具有普遍意义的价值观念体系，需要建立起更为完备的逻辑演绎和经验证明的体系，这是需要相当长时间的艰苦努力才能造就的。

值得注意的是，上合组织发展的同时，其成员国都经历了非同寻常的内部政治经济发展过程。中国、俄罗斯在探讨符合各自国情的治理模式上互学互鉴。特别是中亚国家近年来的国内政治更替进程——从土库曼斯坦开始，经由乌兹别克斯坦，一直到今天的哈萨克斯坦——既十分艰难然而又能稳妥地得以推进，显示出当地政治精英的智慧和民众追求稳定进步的广泛意愿，并不像此前舆论所宣称的那么令人担忧；并且中亚各国相互之间自主自助、协调合作的进程也十分令人瞩目。这说明了中亚国家谋求发展和稳定进步的巨大潜能。在这样的背景下，中国与俄罗斯、中亚各国之间在上合组织框架内的合作有望进一步加强。

从目前来看，中国与俄罗斯、中亚各国的能源合作进展顺利，一方面为当地发展带来动力，比如只要是近年到过新疆的朋友，无不为城市环境的大幅度改善而感到振奋，另一方面也大大改善了我国的能源结构。同时，中国与中亚国家之间的交通基础设施也在大大改善，中吉乌公路的开通是一件大事；而中亚各国在中欧班列的迅速发展中起着重要作用。制造业、电网建设、农业领域的合作也有积极进展。近年来，中国与俄罗斯、中亚之间的产业合作，比如在塔吉克斯坦，中方援建的热电厂大大改善了当地人民过冬的困难处境，当地老百姓的感激之情溢于言表。这一类例子实际上是大量存在的。在现有基础上，提升合作水平，包括金融、服务等领域的酝酿和探索，也在一步一步推进。可以说，如何全面提振和深化中国与上合组织的相互关系是一篇大文章。新时期的中国改革开放需要过好如何建设和发展上合组织的这一关。

　　一直有一种说法认为，上合组织扩员，特别是印巴的加入，使得上合组织内部协调受到影响。首先，印巴都是文明古国，有着奉行独立自主和睦邻外交的传统。其次，印巴两国确实存在边界争端问题，但是每一个加入上合组织的成员国必须首先签署上合组织睦邻友好原则的协议，并且按此协议处事。这一举措大大增加了限制复杂双边问题的上合组织成员发展的可能性。同时，上合组织的集体平台提供了和谐共处的环境与氛围，2019年上合峰会期间印巴两国首脑得以会见就是一个证明。中印两国元首在2019年的会晤中高度评价2018年武汉会见的意义，以及习近平主席2019年对印度非正式访问期间两国元首所强调的合作互利大大高于竞争冲突的立场，均说明中印两国的合作进程不仅有着坚实的利益基础，而且有着来自最高层的坚实政治推动。除此之外，更不用说在美国同时打压中、俄、印的背景之下，穆迪主动提出要在G20大阪峰会上举行中、俄、印三边峰会了。从更加长远的视角来看，中、俄、印三方合作不仅是一个地区进程，而且可以大大影响全球事务和战略总体形势的稳定。大国间合作特别是文明古国之间的合作，在如今合作大幅度快速推进的背景下，不可能是没有任何问题的，关键在于以何种胸襟和视角去观察和处理。总之，将中印俄三边合作机制及南亚地区事务纳入上合框架，为推动国际稳定与合作提供了一个重要选项。但是，该结构性安排能否真正如愿地转化为现实，还有待各方努力。事在人为，来日方长，期待上合组织的大国合作能在长时段中发挥深化沟通与稳固合作的积极作用。

上海合作组织的新发展：成就与前景

孙壮志[*]

【内容提要】 2018年6月10日，在中国青岛成功举行了上海合作组织（以下简称上合组织）元首理事会第18次会议，这是完成扩员后的首次峰会，标志着上合组织开启一个全新的发展阶段，正式进入"八国合作模式"。随着上合组织很快走进第三个十年，它面临的形势和任务都发生很大变化，对务实合作提出更高要求，特别是在国际秩序出现剧烈变动不稳的情况下，如何更好地为地区国家的稳定和发展创造良好的环境，搭建更为有效的合作平台，落实成员国元首业已形成的共识，成为其最紧迫的任务。

【关键词】 上合组织　上海精神　青岛峰会　上合组织命运共同体　八国合作模式

2018年6月10日，在中国青岛成功举行了上合组织元首理事会第18次会议。这是完成扩员后的首次峰会，标志着上合组织开启一个全新的发展阶段，正式进入"八国合作模式"，在国际上受到高度关注。本次会议有10个国际组织的负责人或代表与会，是上合组织成立以来最多的一次。在变动不居的国际大环境中，上合组织经受住重重考验，展示了强大的生命力和影响力。同年10月在塔吉克斯坦杜尚别举行的第17次总理会议上，成员国也在加强经济、人文、安全等领域的合作方面取得很多共识。在中国领导人提出的"一带一路"重要倡议不断向前推进的背景之下，上合组织的发展获得更加良好的机遇和更为强大的动力。

---

* 孙壮志，中国社会科学院俄罗斯东欧中亚研究所所长、研究员、博士生导师。

一、青岛峰会：为"上海精神"赋予更多时代内涵

青岛峰会是 2018 年在中国举行的第二场主场外交，是上合组织峰会第四次落户中国，也是第一次在上海、北京之外的城市召开。为办好这次峰会，中方做了非常充分的准备，集中展示了十九大之后中国外交的新方针。中国国家主席习近平在会议期间的几次讲话，充分诠释了"上海精神"在新的时代背景下仍然具有重要的指导意义，赋予了其更加鲜明的时代内涵，总结提出安全观、发展观、文明观、合作观和全球治理观等五个方面的新理念，对扩员后进一步深化上合组织框架内的各领域多边合作提出一系列务实建议。作为主办地的山东省青岛市充分发挥自己在经济、文化上的优势，为峰会提供了最佳的保障和良好的服务，展示了特有的魅力，受到成员国领导人的高度评价。

在中方及其他成员国的努力下，青岛峰会取得丰硕成果，发表了《青岛宣言》《成员国元首理事会会议新闻公报》《成员国元首关于贸易便利化的联合声明》《成员国元首致青年共同寄语》《成员国元首关于在上合组织地区共同应对流行病威胁的声明》，签署和通过了《2018—2023 年成员国禁毒战略》及其落实行动计划、《上合组织预防麻醉药品和精神药品滥用构想》和《成员国环保合作构想》等 23 个合作文件，是历次峰会当中数量最多的一次，涉及政治、安全、经济、人文等各个领域。

（一）以五个新理念为"上海精神"充实新内涵

作为冷战后诞生的新型区域合作机制，上合组织超越传统的国际关系思维，始终坚持理念和规则上的创新。习近平主席在青岛峰会的发言中指出："要提倡创新、协调、绿色、开放、共享的发展观，实现各国经济社会协同进步，解决发展不平衡带来的问题，缩小发展差距，促进共同繁荣；要践行共同、综合、合作、可持续的安全观，摒弃冷战思维、集团对抗，反对以牺牲别国安全换取自身绝对安全的做法，实现普遍安全；要秉持开放、融通、互利、共赢的合作观，拒绝自私自利、短视封闭的狭隘政策，维护世界贸易组织规则，支持多边贸易体制，构建开放型世界经济；要树立平等、互鉴、对话、包容的文明观，以文明交流超越文明隔阂，以文明互鉴超越文明冲突，以文明共存超越文明优越；要坚持共商共建共享的全球治理观，不断改革完

善全球治理体系，推动各国携手建设人类命运共同体。"①

在上述理念当中，发展是基础，安全是保障，合作是主线，文明互鉴是纽带，完善全球治理是目标，一头一尾都是新的提法，体现了区域化和全球化的内在逻辑关系，也体现了"上海精神"在当今国际关系体系构建中的创新作用。

（二）明确提出协力构建上合组织命运共同体

在青岛峰会的几次讲话当中，习近平主席针对如何建设好上合组织这个共同家园，提出一系列具体建议，强调成员国要同舟共济，携手迈向持久和平、普遍安全、共同繁荣、开放包容、清洁美丽的世界。在由成员国、观察员国、国际组织代表参加的大范围会议的讲话中，习近平主席明确提出齐心协力构建上合组织命运共同体以及具体的五项举措，涵盖了上合组织的主要合作领域：

第一，凝聚团结互信的强大力量。要尊重各自选择的发展道路，兼顾彼此核心利益和重大关切，不断增强组织的凝聚力和向心力。

第二，筑牢和平安全的共同基础。要强化防务安全、执法安全、信息安全合作，促进阿富汗和平重建进程。

第三，打造共同发展繁荣的强劲引擎。要促进发展战略对接，推进"一带一路"建设，加快地区贸易便利化进程。

第四，拉紧人文交流合作的共同纽带。要扎实推进教育、科技、文化、旅游、卫生、减灾、媒体、环保、青少年等领域交流合作。

第五，共同拓展国际合作的伙伴网络。要强化同观察员国、对话伙伴等地区国家交流合作，密切同联合国等国际和地区组织的伙伴关系，同国际金融机构开展对话，为推动化解热点问题、完善全球治理做出贡献。②

此次峰会特别邀请了联合国、国际货币基金组织、世界银行的负责人参加，反映出上合组织愿意成为完善现有国际秩序的推动者和贡献者，主张通过对话解决国与国之间的分歧，是发展中国家和新兴经济体在全球事务中的

---

① "习近平在上海合作组织成员国元首理事会第十八次会议上的讲话（全文）"，新华网，2018年6月10日，http://www.xinhuanet.com/world/2018-06/10/c_1122964013.htm。

② "习近平主持上合青岛峰会并发表重要讲话，强调要进一步弘扬'上海精神'构建上海合作组织命运共同体"，新华每日电讯1版，2018年6月11日，http://www.xinhuanet.com/mrdx/2018-06/11/c_137245560.htm。

代表者。

（三） 中方准备为多边务实合作继续做出贡献

习主席在讲话中特别提出，中方将在人员培训、资金支持、气象服务等方面为其他成员国提供帮助。比如未来三年，中方愿为各方培训2000名执法人员，强化执法能力建设；中方将在上合组织银行联合体框架内设立300亿元人民币等值专项贷款；中方将为各成员国提供3000个人力资源开发培训名额，愿利用"风云二号"气象卫星为各方提供气象服务等。中国还愿意为上合组织的发展提供新的平台，表示欢迎各方积极参与在上海举办的首届中国国际进口博览会；支持在青岛建设中国—上合组织地方经贸合作示范区，还将设立"中国—上合组织法律服务委员会"，为经贸合作提供法律支持，帮助成员国、观察员国之间建立更为密切的经贸联系。同时，通过中方的投入和努力，使各项建议能够尽快落到实处，有助于上合组织的多边合作取得更多成果，增强各方对未来发展的信心。这些举措在峰会之后逐步落实，体现了中方对上合组织发展的重大贡献。

在小范围会谈的讲话当中，习近平主席又就上合组织发展提出一系列具体建议。他强调，上合组织当前已经站在新的历史起点上，要发扬优良传统，积极应对内外挑战，全面推进各领域合作，推动上合组织行稳致远。第一，弘扬"上海精神"，加强团结协作。要深化团结互信，加大相互支持，把扩员带来的潜力和机遇转化为更多实实在在的合作成果。第二，推进安全合作，携手应对挑战。要统筹应对传统和非传统安全威胁，有效打击"三股势力"，切实维护地区和平、安全、稳定。第三，深化务实合作，促进共同发展。要在产业协调、市场融合、技术交流等方面迈出更大步伐。要加强基础设施建设、互联互通、产业园区、科技创新等领域的"交流合作"，"分享欧亚大陆"巨大发展机遇。要发出支持贸易自由化、便利化的共同声音，维护全球多边贸易体制。第四，发挥积极影响，展现国际担当。要坚定维护以联合国宪章的宗旨和原则为核心的国际秩序和国际体系，推动建设相互尊重、公平正义、合作共赢的新型国际关系。要坚持通过政治外交方式解决热点问题。①

---

① "习近平主持上海合作组织青岛峰会小范围会谈"，新华网，2018年6月10日，http://www.xinhuanet.com/world/2018-06/10/c_1122964143.htm。

(四) 青岛峰会对上合组织发展的特殊意义

峰会上，各成员国充分交换意见，对很多地区和国际问题看法一致或相似，都希望借助多边合作实现自身的发展。与会各国领导人对上合组织的下一步发展提出一些具体的想法，有的被写入最终通过的《青岛宣言》和签署的其他文件中。如乌兹别克斯坦总统米尔济约耶夫在发言中提出增强民众特别是青年抵御极端主义意识形态的能力、扩大经贸合作、利用交通过境潜力等建议，包括成立上合组织青年委员会，建立农产品"绿色走廊"等，都很有建设性。印度、巴基斯坦两国作为新成员，对上合组织的多边合作也表现出积极参与的态度，体现了复杂形势下上合组织成员国的凝聚力没有受到影响，其秉持的合作原则得到各方的充分认可，上合组织作为新型的区域合作机制，其吸引力与号召力还在不断增强。

青岛峰会对上合组织的下一步发展具有特殊的里程碑意义。首先是明确了多边合作的方向，强调了上合组织赖以成功的基本原则，特别是弘扬"上海精神"，通过声明和文件等方式再次重申，有利于多边合作沿着正确的轨道前进。其次是加强了成员国的团结。上合组织决定扩员以后有很多怀疑和担心的声音，青岛峰会作为首次有八个成员国参加的元首会议，各方态度积极，非常成功，坚定了各方对上合组织未来发展的信心。再次是体现了合作的开放性。峰会邀请了多个国际组织的负责人参加，反映出上合组织在国际舞台上的独特作用，国际社会重视上合组织，而上合组织也明确了开放、不对抗的方针。最后是赋予上合组织新的任务。面对全球形势的纷繁变化，特别是2008年金融危机后国际政治、经济、安全面临的新挑战，上合组织需要做出有力的回应，维护地区的长期稳定，同时积极参与全球治理。

二、杜尚别总理会：关注改善组织发展的内外环境

2018年10月11—12日，上合组织成员国政府首脑（总理）理事会第17次会议在塔吉克斯坦首都杜尚别举行，各方在安全、经贸、产能、互联互通、人文等多个领域达成重要共识。

（一）会议取得一些具体合作成果

总理会议的重要内容是落实本年度元首会议做出的决策和签署的文件，围绕经贸、人文合作提出具体意见，同时对常设机构的工作做评议。此次会议旨在落实青岛峰会成员国元首做出的部署，更多聚焦上合组织所在地区的经济发展，希望通过继续推动贸易、投资、运输等方面的便利化，实现成员国经济上的共同繁荣。中国国务院总理李克强参加会议并发表讲话，就下一步深化各领域合作提出一些具体建议。会议发表的联合公报强调了推动多边合作对区域经济稳定发展的重要性和必要性，从经贸、产能、便利化、财金、农业、环保、科技、创新、人文等领域规划了上合组织未来合作的重点。

会议发表的公报要求落实上合组织成员国多边合作倡议，以促进本地区的互利伙伴合作，加快经济发展，扩大交通和能源领域合作，提升投资规模，促进创新技术应用和保障居民就业。便利化方面，公报提出要进一步落实2014年9月签署的《成员国政府间国际道路运输便利化协定》，并继续准备制定《成员国公路发展规划》，欢迎观察员国白俄罗斯加入上合组织《道路运输便利化协定》；服务贸易方面，提出支持继续就《成员国服务贸易合作框架》开展工作，以建立上合组织服务贸易合作的工作机制；在环保、医疗卫生、旅游等民生领域，积极推动商签《成员国环保合作构想》，支持落实该项文件。[1]

（二）中方就务实合作提出一系列具体建议

如何推动上合组织框架内多边合作、为地区经济发展注入新的活力和动力，已经成为成员国共同面临的课题。李克强总理强调面对各种挑战和成员国的发展需求，中方愿与其他成员国共同落实好《青岛宣言》、长期睦邻友好合作条约实施纲要等文件，以更紧密的团结、更高效的合作为促进地区和平稳定、实现各国共同发展发挥更大作用。为此，他提出以下几

---

[1] "上海合作组织成员国政府首脑（总理）理事会第十七次会议联合公报（全文）"，新华网，2018年10月13日，https://baijiahao.baidu.com/s?id=1614151942597855442。

点建议：

第一，深化安全合作，筑牢共同发展的可靠屏障。要切实落实成员国打击"三股势力"合作纲要，扩大情报信息交流，继续办好联合反恐演习。要以青岛峰会签署禁毒战略为契机，加大打击毒品种植及加工、贩卖的力度，切断恐怖组织资金来源。要深化网络安全合作，继续有力打击极端势力通过互联网和信息技术手段宣扬宗教极端思想。要落实好加强大项目联合安保合作的相关共识，采取有力措施确保各方机构、企业的员工生命安全和财产安全。要继续支持"上合组织—阿富汗联络组"的工作，积极为政治解决阿富汗问题贡献"上合智慧"。

第二，加强多边经贸合作，释放共同发展的巨大潜力。要坚定支持自由贸易和以规则为基础的多边贸易体制，进一步推动贸易和投资自由化、便利化，扎实落实多边经贸合作纲要，启动本组织自贸区可行性研究，逐步建立更紧密的区域经济合作制度性安排。中方建议商签成员国服务贸易合作框架文件，成立电子商务工商联盟，进一步激发区域经贸合作活力。

第三，推进国际产能合作，拓展共同发展的有效路径。要发挥好亚洲基础设施投资银行、丝路基金、上合组织银联体、中国—欧亚经济合作基金等金融平台的作用，向区域产能合作项目提供有力的资金支持。同时，各方可继续在专家层面探讨建立上合组织开发银行的可行方案，努力为上合组织务实合作提供专门可靠的金融服务。

第四，完善互联互通，增强共同发展的后劲。要在成员国铁路部门负责人首次会议成果基础上，继续完善铁路部门合作机制，加强政策、技术、标准等对接，推进本地区跨境铁路网络建设。要建设多式联运物流中心，使用先进技术，简化货物通关时边境、海关和检疫的程序，提升自动化建设水平，不断完善互联互通的"软环境"。

第五，强化创新引领，培育共同发展的新动能。要加强创新合作，密切科研机构间联系，落实好本次会议期间批准的《上海合作组织成员国2019—2020年科研机构合作务实措施计划（路线图）》，重点在数字经济、智能制造、生物技术、清洁能源、气象等领域开展经验交流和技术合作。要不断挖掘创新潜力，加大科技人才培养交流力度。

第六，促进人文交流，夯实共同发展的民意基础。要继续加强教育、文化、卫生、环保、体育、旅游、青年等领域的交流与合作，不断促进民心相通，增进彼此信任。要加强上合组织大学建设，扩大在纳米技术、信息技术、生态学等领域人才的联合培养。要切实落实《上海合作组织成员国环保合作构想》，加紧制定落实措施计划，推动上合组织地区绿色发展。要扩大防灾减灾合作，完善重特大灾害预警预报和信息交流机制，提高人员培训和防灾减灾合作的科技含量。①

（三）上合组织经济合作具有巨大的潜力

当前，针对美国特朗普政府肆意挥舞"贸易保护主义""单边主义"大棒，拒不放弃冷战思维，为上合组织贴上种种负面的"标签"的情况，作为新兴市场国家和发展中国家的代表，上合组织始终反对西方发达国家垄断国际规则的制定权，成员国反复强调，要维护多边贸易体制，为新兴经济体和发展中国家创造平等的发展机会。此次总理会上，各方的发言都明确支持这样的立场，批评美国挑起的贸易摩擦不利于全球经济的稳定发展，伤害到各国的利益。

经济合作是上合组织的重点领域，受到各方的高度重视，但多边项目一直难以落到实处，除融资比较困难等客观原因以外，主要障碍是各国在经济实力和发展水平上存在巨大差距，国际竞争力不同，一些成员国对多边经济合作的态度比较谨慎，也受到其他一些地区经济一体化进程的干扰，比如俄罗斯主导的欧亚经济联盟。这种情况下，一方面要坚持成员国领导人已经确立的合作目标，积极落实2003年总理会议签署的多边经贸合作纲要，并根据地区情况准备制定新的纲要，为多边合作提供指导；另一方面，要有重点地选择一些优先领域和优先项目，率先推动落实，为上合组织奠定更加坚实的物质基础。正如李克强总理在杜尚别会议上指出的，中国与上合组织成员国已建有七个境外国家级经贸合作区，一批区域产能合作项目已取得早期收获，拉动当地经济增长、促进就业的作用日益显现。截至2018年9月，中方对上合组织成员国各类投资存量达846亿美元，其中不少用于产能合作项目，服务于各国的基础设施建设。这些对上合组织经济合作起到重要的促进作用。

---

① "李克强在上海合作组织成员国政府首脑（总理）理事会第十七次会议上的讲话（全文）"，新华网，2018年10月12日，http://www.xinhuanet.com/2018-10/12/c_1123552584.htm。

每年的总理会议之前,按照惯例要举行成员国经贸部长会议,2018年度同时举行了其他部长级会晤,反映出经济合作的领域在扩大。9月19日,上合组织经贸部长第17会议在塔吉克斯坦杜尚别召开;同一天,上合组织农业部长第四次会议和上合组织铁路部门领导人首次会议分别在吉尔吉斯斯坦比什凯克、乌兹别克斯坦塔什干举行。三次会晤在三个中亚国家同时举行,分别就相关领域的合作进行商谈,都达成一些合作共识,决定研究制定有关规划和文件,这也说明中亚国家对上合组织经济合作的特殊重视。9月20—21日,在塔什干召开"国际运输走廊体系中的中亚:战略前景和潜力"国际会议,商讨推动建立和发展上合组织地区交通走廊多边对话。在西方制裁力度不断加大的压力之下,俄罗斯也表现出与上合组织经济合作的兴趣和愿望。10月18—19日,在乌法举行第四届上合组织和金砖国家地区小企业论坛;12月4—6日,在车里雅宾斯克市举行上合组织成员国地方领导人首次会晤。企业间合作和地方合作方式灵活,主体多样,有助于上合组织的经济合作不断深化。

在世界经济发展整体低迷、不确定因素不断增多的背景下,上合组织成员国之间的贸易额逆势增长,展示了良好的前景,比如中国与俄罗斯的贸易额突破1000亿美元,达到历史新高,双方准备在2025年再提升到2000亿美元。中国与哈萨克斯坦、乌兹别克斯坦等国的贸易额也大幅增长。据中国海关统计,2018年中哈贸易额为198.85亿美元,较上年增长10.47%;其中中方自哈方进口85.35亿美元,较上年增长28.15%。另据乌兹别克斯坦国家统计委员会公布的数据,2018年中国和乌兹别克斯坦双边贸易额约为64.28亿美元,同比增长35.2%,占乌外贸总额的19%,中国继续保持乌第一大贸易伙伴国地位。[1] 其他成员国之间的贸易同样如此,如塔吉克斯坦和乌兹别克斯坦的贸易额从2015年的1490万美元增至2018年的2.815亿美元。[2] 出现这样的结果,一方面是地缘优势、相互间的市场需求发挥了作用,另一方面是各国领导人和政府高度重视、自上而下推动的结果。在推动贸易合作方面,上合组织成员国领导人和部门负责人的会晤机制发挥了不容忽视的特殊作用。

---

[1] 李遥远:"中国与乌兹别克斯坦贸易额同比增长35.2%",《经济日报》2019年1月26日,https://www.yidaiyilu.gov.cn/xwzx/roll/78407.htm。

[2] "塔乌双边贸易额猛增 2018年达2.8亿美元",中国新闻网,2019年2月15日,http://news.sina.com.cn/o/2019-02-15/doc-ihqfskcp5309212.shtml。

三、安全领域：积极应对地区内外的新挑战

上合组织所在地区及其周边的地缘政治形势非常复杂，又是恐怖主义、极端主义的重灾区。作为从安全领域合作起步的多边机制，上合组织在维护地区稳定方面发挥着特殊的作用，无论是打击极端主义、恐怖主义、分裂主义"三股势力"和毒品走私等跨国犯罪活动，还是应对在"地区热点"阿富汗长期战乱后的和平重建，都开展了密切的合作。随着地区安全形势日趋严峻，特别是西亚地区"伊斯兰国"问题的发酵，"圣战"分子回流以及极端主义扩散的现实威胁摆在成员国面前，成为当前安全合作的主要议题之一。另外，成员国对新形势下切断恐怖组织的资金来源，加强在信息领域的安全合作给予更多关注。①

上合组织安全领域的会议机制启动较早，开展的防务与执法合作也非常扎实，颇受各方重视。重要的机制包括国防部长会议、安全会议秘书会议、公安（内务）部长会议、边防部门领导人会议等，其中前两个机制每年都要在元首峰会之前举行，由主席国主办，一般要聚焦本年的国际安全形势和地区安全热点，就进一步加强反恐和执法领域的互动合作进行深入磋商，为元首峰会做相应的准备。这两个会晤机制也是统筹和规划上合组织安全合作和成员国安全战略的重要平台，印、巴两国的加入也使会议的议题更为广泛。

（一）国防部长会议强调新形势下重视防务合作

2018年4月24日，上合组织成员国第15次国防部长会议在北京举行，这也是扩员后举行的首次国防部长会议，八个成员国防务部门和军队的领导人、上合组织秘书处和地区反恐怖机构执委会代表参加会议。白俄罗斯国防部长作为特邀嘉宾列席会议。中国国务委员兼国防部长魏凤和在主旨发言中说，此次会议的主题是构建命运共同体，创新合作谋发展。他强调站在新的历史起点上，要继续秉持"上海精神"，加强在高层交往、联合演习、军事

---

① Россия предложила ШОС бороться с наркофинансированием терроризма 23 - 05 - 2018,13: 45 МИР / ВЛАСТЬ, http: //sakha. ru/mir/15061 - rossiya - predlozhila - shos - borotsya - s - narkofinansirovaniem - terrorizma. html.

文化、教育训练等方面的务实合作，特别是要在打击恐怖主义上建立统一战线，共同维护地区和世界和平安宁。会上，各国国防部长总结了一年来防务安全合作取得的成果，认为在当前国际形势发生复杂变化的背景下，成员国防务部门和军队应进一步加强合作，并肩携手共同应对面临的威胁和挑战。国防部长们还共同签署会议纪要、联合公报。① 乌兹别克斯坦国防部长签署《上海合作组织成员国国防部合作协定》，体现出态度上的明显变化，不再对军事合作敬而远之。而长期敌对的印度、巴基斯坦两国国防部长同时参会，这本身就是非同寻常的事件，颇为引人关注。

中国国家主席习近平在会议的前一天集体会见各国国防部长时特别强调，安全是发展的基石，要一如既往将维护地区安全稳定作为本组织工作的优先方向。中方高度重视在上合组织框架内开展防务安全合作，愿同各方一道，遵照组织宪章和各国元首共识，在互信互利、平等协商基础上，共同规划防务安全合作发展蓝图，深化防务安全领域务实合作，不断创新合作模式，建立更加完善的安全合作体系，切实增强本组织抵御现实威胁的能力，为确保地区长治久安和繁荣昌盛做出应有贡献。②

（二）安全会议秘书会议取得广泛合作共识

安全会议秘书会议是上合组织框架内启动较早的合作机制，重在交流和协调成员国的安全政策。2018年5月22日，成员国安全会议秘书第13次会议也在北京举行，八个成员国代表、秘书处和地区反恐怖机构执委会代表参加会议。中国国务委员、公安部部长赵克志在主旨发言中强调，要增进政治互信，全面综合施策，共同打击"三股势力"，坚决维护地区稳定与发展；要夯实合作法律基础，强化合作机制建设，加强"一带一路"建设重大项目联合安保措施，不断提升安全合作水平；要遵循"上海精神"，释放扩员潜力，加强团结互信，为上合组织安全合作注入新动力；要继续加强塔什干地区的反恐怖机构建设，有效应对安全威胁和挑战。与会各方就地区安全形势

---

① "上海合作组织成员国国防部长会议在京举行"，新华社，2018年4月24日，http://www.gov.cn/guowuyuan/2018-04/24/content_5285592.htm。

② "习近平集体会见上合组织成员国国防部长"，新华每日电讯1版，2018年4月24日，http://www.xinhuanet.com/mrdx/2018-04/24/c_137132171.htm。

的新变化深入交换意见,重点研究新形势下共同应对"三股势力"、毒品贩运等非传统安全威胁以及保障国际信息安全等领域合作问题。

习近平主席在5月22日集体会见参会各方代表团团长时强调,当前本地区安全形势总体稳定,但是仍面临"三股势力"、毒品走私、跨国有组织犯罪等严峻挑战。这需要各方加强忧患意识,冷静思考,准确判断,妥善应对。要把握安全合作战略方向,继续巩固战略互信,加强政策沟通和协调,坚持公平正义,共同推动以政治外交手段和平解决热点问题。要继续秉持共同、综合、合作、可持续安全观,推行综合施策、标本兼治的安全治理模式,推动上合组织安全合作迈上新台阶。要加强安全合作行动能力,构建更加严密健全高效的执法合作网络,继续推进安全领域合作,共同加强维稳能力建设。①

(三) 举行规模最大的反恐军事演习

上合组织框架内安全合作最受媒体关注的重要成果之一,是例行的反恐联合军事演习。成员国"和平使命2018"联合军演,显示了上合组织在维护地区和平方面的信心和决心。军演于2018年8月22—29日在俄罗斯的车里雅宾斯克州切巴尔库尔训练场举行。这是上合组织框架下的第七次联合反恐军事演习,也是历次联演中动用兵力装备和运用新型作战力量最多的一次。演习分为战略磋商、联合反恐战役准备与战役实施三个阶段。整个过程准备充分,最后演习圆满结束。各国参演部队联合筹划、联合行动,展示了联合反恐的水平和实力。除乌兹别克斯坦代表以观察员身份出席外,其他成员国的军事指挥机构、陆军及空军参与了军演。参演总兵力达到3000余人,动用战斗机、直升机以及坦克、步战车、自行火炮等各型武器装备500余台。其中中方高度重视,派出参演兵力700余人,包括一个陆军装甲坦克战斗群、一个空军战斗群和一个特种作战分队。

上合组织不谋求建立军事同盟,合作不针对第三方,联合军演突出打击恐怖主义的主题,同时作为增强成员国军事领域互信、密切军队间的交流、提升防御水平的重要手段。上合组织成员国之间曾经发生军事对抗甚至冲突,

---

① "习近平集体会见上海合作组织成员国安全会议秘书会议外方代表团团长",新华网,2018年5月22日,http://www.xinhuanet.com/2018-05/22/c_1122871417.htm。

特别是印度和巴基斯坦的双边关系仍然比较紧张,但两国同时参加了上合组织框架内的大规模实兵演习,这也是两国军队 70 年来首次共同参加同一军事演习,有助于管控彼此间的分歧。从 2003 年首次举行多边联合演习至今,上合组织军演的规模越来越大,装备水平不断提升,能够对威胁地区稳定的"三股势力"产生强有力的震慑,这证明上合组织已经成长为维护地区乃至国际和平的重要力量。

除了军队参与的反恐演习以外,上合组织还组织有成员国边防部门和执法安全机关参加的演习,如在中国境内举行的"天山"系列联合反恐演习,在中亚举行的"东方—反恐怖"系列演习,2017 年 12 月在中国厦门还举行了首次上合组织网络反恐演习,体现出上合组织的安全合作日益深化,注重行动能力建设,具有方式务实、针对性强等特点。

(四)不断强化安全合作的法律基础和执法能力

在执法和司法领域开展更为密切的合作,为在上合组织框架内有效采取打击"三股势力"和跨国犯罪的各种行动,完善法律基础和加强相互协调,提升合作的能力与水平提供了保障。上合组织的最高法院院长、司法部长、最高检察长会晤机制,发挥着特殊的作用。

2018 年 5 月 25 日,上合组织成员国最高法院院长第 13 次会议在北京举行,观察员国、对话伙伴国以及联合国安理会反恐执行局的代表受邀出席。会议围绕"深化上合组织框架内司法合作"这一主题,就法院信息化与智慧法院建设,打击暴恐、毒品、洗钱等犯罪涉及的法律适用问题和跨国司法合作,刑事诉讼非法证据排除规则与司法实践,跨境货物买卖合同的法律规则与司法实践,上合组织内国际司法合作机制之完善等具体议题召开交流、探讨,旨在加强合作,寻求更多共识。会议强调司法交流与合作有助于维护本地区的持久和平、安全与稳定,提升成员国间的相互信任与睦邻友好关系。各方还强调要加强和深化司法合作,合力打击跨境犯罪,完善解决国际民商事纠纷的手段。

2018 年 8 月 24 日,在吉尔吉斯斯坦乔蓬阿塔市举行的上合组织成员国司法部长第六次会议,通过并签署了《成员国司法部长会议联合声明》,审议通过了中国司法部提交的《上海合作组织成员国司法部长会议法律服务联合工作组 2018—2020 工作计划》。会议强调应完善上合组织作为国际法主体的条约法律基础,为开展各方面合作提供法律依据,重点强化司法鉴定和司法服务方面的多边合作。

同年9月20日,第16次上合组织成员国总检察长会议在塔吉克斯坦首都杜尚别召开。这次会议再次聚焦"应对国际恐怖主义和极端主义",充分体现与会各国对安全与稳定的共同期盼。中国最高人民检察院检察长张军在发言中强调,应共同构建更加便捷的协调机制,依法严厉惩治各类暴恐犯罪,为维护地区和平稳定,促进地区经济社会发展做出更加积极的贡献。对此,中方提出三点建议:一是依法及时打击发生在本国境内的暴力恐怖犯罪活动,积极推动完善本国反恐怖主义法律体系和制度机制;二是加强反恐怖国际执法司法与情报合作,加强在侦查取证、冻结、扣押、追缴涉恐资金以及引渡、遣返涉恐犯罪嫌疑人等方面的司法协助;三是加强国际交流,通过定期联络、互派检察官访问、举办国际研讨会、个案交流等多种方式,深入开展办理暴恐犯罪案件检察业务交流和经验分享,共同提升各方打击暴恐犯罪的能力。[1]

四、人文合作:不断扩展互动交流的新领域

人文合作是上合组织的重要支柱之一,受到特别的关注。2018年度又有一系列新的成果,特别是首次上合组织成员国旅游部长会议的举行,为扩大各国之间的人员交流与往来,增进彼此间的相互了解和认知,发挥了重要作用。文化部长和旅游部长会议都达成在相关领域开展合作的新共识。

(一) 首届旅游部长会议出台具体举措

5月9日,上合组织成员国首届旅游部长会议共达成七项共识,其中一项便是《2019—2020年落实〈成员国旅游合作发展纲要〉联合行动计划》(以下简称《行动计划》)。该《行动计划》涵盖了政府主管部门、旅游产品、提高旅游服务质量、保护旅游者合法权益及保障旅游安全领域、科研和旅游技术等五大方面的合作,共提出25项具体行动与措施。

---

[1] "张军出席第十六次上合组织成员国总检察长会议并发言",正义网,2018年9月20日,http://news.jcrb.com/jszx/201809/t20180920_1909822.html。

在国家层面，各成员国将合力完成八项工作，包括加强在国际旅游组织中的协调行动，提升旅游往来便利化，简化签证手续，扩大交通运输往来，促进旅游投资便利化等，切中眼下强化旅游合作的关键点；旅游产品方面，参加成员国旅游推介活动，共同在上合地区以外国家推广多目的地旅游产品；在提高旅游服务质量方面，承诺促进旅游专家交流与合作，包括共同开展专业技术人才培训；改善区域内外互联互通环境，提升旅游服务品质，为旅游者创造舒适的住宿、参观、购物和餐饮环境；在保护旅游者合法权益、保障旅游安全方面，提出相互协作配合，及时交换旅游危机管理与应急信息，共同提升旅游安全保障水平；为旅游保险合作创造条件；在科研和旅游技术领域合作方面，成员国将加强双边和多边合作经验研究、完善、分享，升级旅游营销技术手段，发展和推广智慧旅游。① 在会议上，成员国代表团团长还建议上合组织秘书处与联合国世界旅游组织建立联系，拓展上合组织旅游合作的外部空间。同日，各国旅游部长还参加了以"旅游：上合组织新亮点，区域发展新动力"为主题的旅游合作研讨会。

（二）文化部长会议与上合组织论坛聚焦不同主题

上合组织文化部长会议召开的频率较高，而且每次侧重不同的主题。2018 年度的文化部长第 15 次会议于 5 月 17—18 日在中国海南三亚举行，签署了《成员国文化部长第十五次会晤纪要》，通过了《成员国政府间文化合作协定 2018—2020 年执行计划》和《成员国文化部长第十五次会晤新闻声明》。中方提出，要密切成员国之间的文化交流与合作，筑牢"上海精神"的民意基础；创新多边文化交流方式，不断做多、做大、做强文化品牌；支持和鼓励地方力量积极参与，使文化合作"落地生根"。②

同年 4 月 17—18 日，在莫斯科举行的上合组织成员国第四届科技部长会议批准了《成员国 2019—2020 年科研机构合作务实措施计划（路线图）》，以落实早前签署的《上海合作组织成员国政府间科技合作协定》，加强科技

---

① "上合组织旅游部长会议在汉发布'联合行动计划'：25 项行动，将带来什么"，中国旅游新闻网，2018 年 5 月 10 日，http://wemedia.ifeng.com/59936239/wemedia.shtml。

② "上合组织成员国文化部长第十五次会晤在海南三亚举行"，《人民日报》2018 年 5 月 19 日，https://news.youth.cn/gn/201805/t20180519_11624205.htm。

和创新合作。会上，各成员国交换了科技发展政策信息，指出各方科技发展优先方向和机制具有一致性。利用这一重要条件，各成员国商定要进一步深化和密切上合组织框架下的科技合作。在科技部长会议框架下，各代表团团长就多边科技合作项目资助与协调机制问题交换意见，同时着力在成员国共同感兴趣的优先领域发展科技合作：自然保护技术、能效和节能、农业领域创新技术（包括粮食行业和粮食安全、生物技术和生物工程）、纳米及信息技术领域创新技术。此外，各方代表团团长表示，在遵守各成员国法律的前提下，有必要在科技合作领域开展专家和科学家交流，简化专家和科学团队共享科学基础设施（包括在上合组织成员国境内的大科学装置）的程序。为进一步推动成员国在创新创业领域开展合作，各方支持在华举办上合组织首次青年创新创业大赛。① 在成员国青年的积极参与下，创新创业大赛顺利展开，来自所有成员国的14个创业项目入围当年10月在中国青岛举行的决赛，涵盖电子信息技术、电子商务、人文交流、农业、生物技术等多个领域。

同年5月初，上合组织论坛第13次会议在阿斯塔纳举行，来自中国、俄罗斯、哈萨克斯坦、乌兹别克斯坦、吉尔吉斯斯坦、塔吉克斯坦、印度、巴基斯坦、伊朗、阿富汗和白俄罗斯等国家的智库代表参加了此次论坛。各方代表就上合组织发展前景、安全合作、区域经济合作、交通合作等议题进行讨论与交流。在形成共同文件的过程中，各成员国学术机构的代表强调上合组织的重要性，同时对一些具体合作也表达了不同立场，出现了较激烈的争论，反映出各成员国的战略利益存在一定的差异。5月25日，由商务部国际贸易经济合作研究院主办的上海合作组织经济智库联盟成立大会暨上海合作组织经济论坛在北京举办，表明成员国智库在上合组织发展过程中开始扮演越来越重要的角色。

（三）作为主席国举办丰富多彩的交流活动

作为上合组织的轮值主席，中国一年当中举办了160多项高层次的多边会议和交流活动，丰富了上合组织的合作内容，青岛峰会之前更是集中，具有各方面的代表性。2018年4月在中国西安举行的首届上合组织人民论坛，

---

① "科技部黄卫副部长出席上海合作组织成员国第四届科技部长会议"，科技部，2018年5月3日，https://mini.eastday.com/a/180503162120130.html。

主题为"推动地区和平与合作,共建人类命运共同体:民间组织的使命"。来自上合组织成员国、观察员国、对话伙伴国的前政要,以及民间组织、智库、媒体、组织秘书处的代表应邀参加。5月26日,首届上合组织政党论坛在广东深圳举行。来自成员国、观察员国和对话伙伴的政党代表齐聚一堂,为促进上合组织国家政党交流合作出谋划策。本次论坛是上合组织成立以来召开的首届政党论坛,主题为"凝聚政党智慧、弘扬上海精神,推动构建人类命运共同体"。与会代表表示,希望可以发挥政党在国家发展中"先行者"和"领路人"的作用,推动构建"上合命运共同体"。[1]

同年5月16日,在中方的积极倡导下,首届上合组织妇女论坛在北京举行,来自成员国、观察员国、对话伙伴的政府和议会领导人、政府部长、议会议员、妇女组织领导人、专家学者、企业家以及联合国相关机构的代表等200多人出席论坛。与会代表围绕"凝聚女性力量,促进共同发展"主题和"妇女与创新发展""妇女与美丽世界""妇女与互利合作"三个议题进行了充分、热烈的交流,并一致认为本次论坛为上合组织框架下妇女领域交流与合作打造了一个有益平台,必将为上合组织进一步发展提供助力,为实现共同发展、构建人类命运共同体做出应有贡献。

(四)媒体和青年交流成为人文合作的亮点

媒体在加强上合组织成员国之间的相互了解方面发挥了特殊的作用。2018年5月31日,由中国公共外交协会、北京市人民政府新闻办公室、北京人民广播电台联合主办的"2018上合组织成员国媒体北京论坛"成功举办。北京市属媒体主要负责人与来自哈萨克斯坦、乌兹别克斯坦、巴基斯坦等8国13家20余位媒体的高管、核心记者做了广泛的交流。围绕本次论坛的主题"融合创新,合作共赢",9家来自成员国主流媒体的代表做了主旨演讲,既有各自媒体实践的经验介绍,也有对媒体融合创新的思考。论坛期间,上合组织成员国媒体代表还和北京市属媒体联合发表了倡议。

青年交流一直是上合组织多边合作的亮点,青岛峰会为此还通过了专门的文件。7月19日上午,以"扬起青春之帆 助力上合发展"为主题的"筑

---

[1] "首届上合组织政党论坛举行:推动构建'上合命运共同体'",央视网,2018年5月27日,https://news.youth.cn/gn/201805/t20180527_11629731.htm。

梦丝路"上合组织青年论坛在青岛国际会议中心举行,共有来自成员国、观察员国、对话伙伴国的200名青年参加此次交流营。中国全国青联连续三年在华举办上合组织的青年交流营,希望借此使各国青年树立平等、互鉴、对话、包容的文明观,加强合作、聚焦创新、对话互鉴,在交流对话中增进理解和友谊,在取长补短中实现共同进步。开幕式上,来自成员国、观察员国的青年代表宣读了《上海合作青年委员会青年宣言》,对《上海合作组织成员国元首致青年共同寄语》做出回应,并就加强青年合作、助力上合组织发展等问题进行了交流。与会代表围绕"上合组织地区民心相通新机遇"和"上合组织地区青年发展新举措"主题进行了专题研讨。①

(五)教育和体育交流成为上合组织的新亮点

上合组织的教育合作起步比较早,启动了教育部长会晤机制并成立了专家组,还开办了上合组织大学,这是由成员国的70余所高校组成的非实体网络大学,各高校之间的多边和双边交流亮点纷呈。2018年10月16—17日,在哈萨克斯坦首都阿斯塔纳举行的第七届上合组织成员国教育部长会议上,各国教育部代表相互通报了近期本国教育发展的情况,共同回顾了两年来上合组织教育合作进展,审议通过了《2019—2020年上合组织大学发展路线图》等一系列文件,并就下一阶段合作计划达成共识。② 11月22—23日,在杜尚别还举行了上合组织"教育周"活动,取得圆满成功。

体育交流也是上合组织人文合作中富有前景的重要领域,有助于树立上合组织的良好形象。形式多样的成员国双边交流非常频繁,包括体育产业、竞技体育、体育科技等很多方面。10月22日,2018年上合组织国家国际象棋国际公开赛在中国河北省沙河市闭幕,印度选手摘得金牌,中国选手夺取银牌和铜牌。此次高水平比赛历时9天,有中国、俄罗斯、哈萨克斯坦、吉尔吉斯斯坦、塔吉克斯坦、乌兹别克斯坦、印度等7个国家的55名棋手进行了9轮共计495场对弈,其中包含多名国际象棋大师、特级大师、世界冠军

---

① "上合组织青年论坛举行",2018年7月20日,人民网—人民日报海外版,http://world.people.com.cn/n1/2018/0720/c1002-30158833.html。
② "林蕙青赴哈萨克斯坦出席第七届上海合作组织成员国教育部长会议",教育部,2018年10月18日,http://www.moe.edu.cn/jyb_xwfb/gzdt_gzdt/moe_1485/201810/t20181018_352056.html。

等。这是继昆明国际马拉松之后又一项以上合组织冠名的体育赛事。

五、"一带一路"与上合组织：互为平台 互动发展

2018年是"一带一路"重要倡议提出5周年。"一带一路"倡议实施以来，上合组织成员国在这一倡议框架下的经贸和投资合作深入发展，中国与上合组织各成员国的贸易实现了快速增长，成员国之间的互联互通、产能合作稳步推进。随着"一带一路"倡议实施给沿线各国带来的好处日益彰显，借助"一带一路"，搭建更多平台，积极推动上合组织框架内的多边经济、人文合作，实现成员国长期发展战略的对接，已成为该组织成员国的普遍共识。

（一）成员国积极与"一带一路"对接

中国领导人于2013年提出的"一带一路"倡议，已获得上合组织成员国的普遍响应和支持，各国纷纷制定本国发展战略和规划与之对接。2015年，中国和俄罗斯签署《中俄关于丝绸之路经济带建设和欧亚经济联盟建设对接合作的联合声明》。2016年，中国和哈萨克斯坦签署"丝绸之路经济带"建设与"光明之路"新经济政策对接合作规划。2017年，塔吉克斯坦和中国商定开展"一带一路"建设同塔吉克斯坦"2030年前国家发展战略"对接合作，实现优势互补和共同发展繁荣。根据2018年4月9日公布的乌外交政策优先方向法令，乌兹别克斯坦将同中国在落实"一带一路"倡议、基础设施现代化、农业现代化、吸引中国资金和技术建设工业园区等领域加强合作，计划到2020年时将乌中贸易额扩大到100亿美元。[①] 新成员当中，巴基斯坦与中国共同建设的"中巴经济走廊"已成为"丝绸之路经济带"的重要组成部分。

2018年5月17日，中国和欧亚经济联盟在阿斯塔纳签署经贸合作协定。12月，欧亚经济最高理事会会议决定，该协定正式生效。协定内容涵盖海关合作和贸易便利化、知识产权、部门合作以及政府采购等13个章节，包含了

[①] "'一带一路'写入乌兹别克斯坦外交法令"，新华网，2018年4月11日，https://www.yidaiyilu.gov.cn/xwzx/hwxw/52511.htm。

电子商务和竞争等新议题；是中国与欧亚经济联盟首次达成的有关经贸领域合作的制度性安排，标志着中国与欧亚经济联盟及其成员国的经济贸易合作从项目带动进入制度引领的新阶段，虽然还缺乏非常具体的内容，但对于推动"一带一路"与欧亚经济联盟的对接合作已经具有里程碑意义。[①] 在签署协议过程中，中国不仅同中亚国家，而且同俄罗斯达成多项协议，涉及40个物流和运输项目，其中包括"一带一路"框架下的"欧洲西部—中国西部"国际公路项目。[②] 可以说，上合组织地区多边合作的顺利发展以及成员国之间不断提升的双边关系，为"丝绸之路经济带"的推进提供了全方位的支撑，两者在地区层面实现了相互促进、互动发展。

（二）"一带一路"对上合组织合作提供新契机

上合组织合作涵盖的范围很广，全方位、多层次同时推进，但各个领域的情况不尽相同，存在不平衡、不同步的问题。特别是成员国之间的经济合作，受到各国发展水平、产业结构、市场发育、竞争能力等方面相差悬殊等问题的限制，短时间内在多边层面落实重大项目、建立自由贸易的制度性安排等，遇到很多现实的困难，造成相对滞后，无法让多边合作真正惠及各国的经济发展和解决民生问题。"一带一路"倡议提出后，和上合组织框架内的经贸交流形成很好的互补关系，为成员国参与国际经济合作提供了更多的选择和机会，而且有利于最大限度地发挥自身的优势。

习近平主席在上合组织青岛峰会的讲话中多次强调成员国的"共同发展"问题，这种经济上的合作需要开阔视野和思路，发挥地缘上的优势和历史文化优势，抓住"一带一路"建设给成员国带来的重大机遇，乘势而上。上合组织见证了"一带一路"倡议获得越来越广泛支持的历程，各国发展战略和区域合作倡议对接不断取得新的进展。上合组织地区也成为"一带一路"建设推进最快、早期成果最多的地域，给各国经济发展带来实实在在的好处。习近平主席还建议上合组织本着共商共建共享原则，推进"一带一

[①] "中国与欧亚经济联盟经贸合作协定生效，下一步是'自贸区协定'？"，搜狐网，2018年12月10日，http://www.sohu.com/a/280845041_120059355。

[②] Василий Санников: Роль КНР в экономическом развитии стран Центральной Азии18 июня, 13: 08, 2018 г. http://polit-asia.kz/ru/analytics/2229-rol-knr-v-ekonomicheskom-razvitii-stran-tsentralnoj-azii.

路"建设，促进各成员国之间的发展战略对接，打造共同发展繁荣的新引擎，为上合组织框架内开展互利合作开辟更加广阔的空间和前景。

（三）上合组织地区可以成为"一带一路"建设的典范

李克强总理在2018年10月的上合组织杜尚别总理会议上的讲话指出，共建"一带一路"倡议提出五年以来，已成为广受欢迎、惠及各方的国际公共产品，这也是中国坚持对外开放、与世界共享发展机遇的有力证明。上合组织是"一带一路"倡议的首倡地，也是"一带一路"建设的重要平台，中方愿将"一带一路"倡议同各国发展战略更好衔接，共商共建共享，使上合组织成为地区国家开放合作、共同发展的典范。[①] 可以肯定的是，在"一带一路"倡议积极推动下，上合组织成员国在该组织框架下的多边合作势头会不断加强，项目将不断增多，给成员国带来的实惠也将日益显著。两者在实现区域大合作方面相得益彰、相互促进、互为平台，将有助于成员国共建上合组织命运共同体。

作为新成员国的印度则对"中巴经济走廊"表示难以接受，出于地缘政治战略的考虑，提出自己不同于"一带一路"的政策主张。因此，在2018年通过的上合组织相关文件中，支持上合组织框架内的合作与中国倡导的"一带一路"对接的成员国不包括印度。如《青岛宣言》的表述是：哈萨克斯坦、吉尔吉斯斯坦、巴基斯坦、俄罗斯、塔吉克斯坦和乌兹别克斯坦重申支持中国提出的"一带一路"倡议，肯定各方为共同实施"一带一路"倡议，包括为促进"一带一路"和欧亚经济联盟对接所做的工作。[②] 但印度也支持推进贸易和投资便利化，落实跨国基础设施项目，发展交通、扩大过境运输潜力和区域交通运输潜能等措施，实际上对地区的"互联互通"也持比较积极的态度。

[①] "在上海合作组织成员国政府首脑（总理）理事会第十七次会议上的讲话"，《人民日报》2018年10月13日，第2版。

[②] 《上海合作组织成员国元首理事会青岛宣言（全文）》，2018年6月11日，新华网，http://www.xinhuanet.com/2018-06/11/c_1122964988.htm。

（四）上合组织具有广阔的发展前景

从 2018 年举办的各类会议和活动来看，在诸多困难和挑战面前，上合组织多边合作不仅没有陷于沉寂，反而各领域合作都在积极推进，不断扩大范围，取得不少新的成果，这恰恰证明上合组织具有强大的生命力，开展了多层次、多领域、多种形式的合作与互动，影响力与号召力不断提升，有更多的国家希望加入上合组织的合作进程。

2019 年 4 月，第二届"一带一路"国际合作高峰论坛在中国北京举行。多数上合组织成员国的领导人再度聚首，共话友谊，积极打造地区国家命运共同体，为"一带一路"建设提供有力的支撑和最佳的示范。6 月的上合组织比什凯克峰会成为"一带一路"高峰论坛的延续，在更高层面和更广范围内规划成员国的地区合作，以地区治理的成效推动完善全球治理，以地区命运共同体的成果为人类命运共同体的构建夯实基础。作为轮值主席的吉尔吉斯斯坦的总统热恩别科夫认为，随着印度和巴基斯坦的加入，上合组织不仅在地理范围上扩大了，而且其能够充分满足所有成员国利益的政治和经济潜力也大大增加了。在 2018—2019 年度担任轮值主席国期间，吉方公布了上合组织最优先的活动事项，做好主席国工作。吉尔吉斯斯坦积极推动政治、经济和人文领域的交流，重点发展上合组织内部经贸、交通和通信合作。此外，鉴于该地区的局势，加强在打击恐怖主义、分裂主义和极端主义，毒品走私和跨国有组织犯罪，以及在边境地区进一步建立上合组织成员国间信任措施的合作。吉方建议，有必要利用上合组织这一平台加强多边地区联系，如召开州省长论坛等。①

比什凯克峰会之后是杜尚别的亚信峰会，塔吉克斯坦从中国手中接过亚信会议主席国的"接力棒"，各成员国和观察员国的领导人悉数出席，共同谋划亚洲安全体系的构建，努力践行新安全观。2019 年的总理会议在乌兹别克斯坦举行，通过了新的多边经贸合作纲要，签署推动便利化的文件，落实有标志性的重大项目，上合组织经济合作将借力"一带一路"建设，再上一个新的台阶。

---

① Президент Киргизии: сотрудничество с Россией имеет особую значимость14 мая, 17: 24, 2018 г. http: //tass. ru/opinions/interviews/5195365.

随着上合组织很快走进第三个十年，其面临的形势和任务都发生了很大变化，对务实合作提出更高要求，特别是在国际秩序出现剧烈变动不稳的情况下，如何更好地为地区国家的稳定和发展创造良好的环境，搭建更为有效的合作平台，落实成员国元首业已形成的共识，成为其最紧迫的任务。很多成员国的学者也对上合组织的未来发展提出自己的建议。如哈萨克斯坦政治学家卡乌肯诺夫表示，尽管上合组织面临很多风险和困难，但新成员的加入为上合组织带来了"新生"，为其他国家改善同中国和印度等大国的关系并推动发展新的合作机制提供了机会。此外，扩员也有助于在一定程度上降低巴基斯坦和印度间存在中长期冲突的可能。他认为，从经济上看，上合组织的扩员使中亚国家能够进入新的市场。许多热点问题已经降温，这要归功于组织的扩员。卡乌肯诺夫还特别关注文化和人文领域合作，在他看来，文化和人文领域合作获得比经济合作更有益的收获。许多经济合作措施只有各方达到非常信任的地步才能够得到有效推进。至于如何克服扩员带来的风险，他认为当前最重要的事情是"彻底退出纠缠细节的讨论，将谈判桌转变成定期会议机制"。①

2019年是不平静的一年，全球的政治经济格局还在寻找平衡点，大国矛盾难以化解，一些地区热点持续升温，包括与上合组织地区相关的阿富汗问题、伊朗核危机在内，都可能引发新的安全威胁或地缘政治对抗，上合组织担负的任务更重，面临的难题更多，相信各成员国将从务实合作入手，积极参与地区乃至全球的安全治理和经济合作，以更多的成果增强各方的信心，开辟上合组织发展的新未来。

---

① Какая польза Казахстану от ШОС? — эксперты 18 мая, 14: 13, 2018 г. https: // 365info. kz/2018/05/kakaya - polza - kazahstanu - ot - shos - eksperty/.

从俄罗斯的视角看上合组织发展的新阶段

Д·叶夫列缅科*

【内容提要】2018 年，因印度和巴基斯坦作为正式成员加入，上海合作组织进入一个新的历史发展阶段。仅针对此事件，上合组织内部新力量的布局、任务性质的变化以及工作效率的问题就足以成为关注的焦点。但是，分析上合组织相关问题更重要的动因来自于世界秩序的根本性变化，这些变化为部分地重新定义该组织的使命创造了条件。2018 年上海合作组织的运作为某种乐观主义提供了理由。上合组织的扩员并未导致组织工作因成员内部矛盾而陷入瘫痪。

【关键词】上合组织 大欧亚 俄罗斯 青岛峰会 俄印中

2018 年，因印度和巴基斯坦作为正式成员加入，上海合作组织进入一个新的历史发展阶段。仅针对此事件，就足以考虑上合组织内部新力量的布局、任务性质的变化以及工作效率的问题。但是，分析上合组织相关问题更重要的动因来自于世界秩序的根本性变化，这些变化为部分地重新定义该组织的使命创造了条件。

一、上合组织使命的转变

成立之初，上合组织为了解决苏联解体后出现的新国家与中国的边界问题，成功地创立了一种制度形式。从地理位置来看，上合组织的活动主要集中在中亚。中亚地区具有重要的战略意义，在这里俄罗斯和中国之间曾存在

---

* Д·叶夫列缅科（Ефременко Дмитрий Валерьевич），政治学博士，莫斯科俄罗斯科学院社会科学信息研究所副主任。

一定的竞争风险。中俄在上合组织的共同工作，为防止两大国在中亚地区的利益冲突做出巨大的贡献。后来，两国出现了分工和职能的分化：俄罗斯为维护该地区的安全做出主要的贡献，而中国自然地在贸易、投资和基础设施建设领域处于主导地位。毫无疑问，两国在中亚问题上达成的相互理解和建设性合作的总体氛围（即上海精神），有助于加强中俄战略伙伴关系。

与俄罗斯的友好关系，保证了中国在北方和西北地区的战略安全。得益于中国与俄罗斯在上合组织框架内的共同努力，美国和其他西方国家在中亚的外部影响力被降至可接受的程度。

上合组织将工作的重点放在了中亚地区的安全问题上，2005年后还非常关注与所谓"颜色革命"有关的新威胁。在后苏联地区，美国和其他西方国家不止一次从外部为大规模的抗议活动提供技术援助，这些抗议活动旨在推翻当局。然而，在中亚地区，这一伎俩并未给西方带来地缘政治红利。吉尔吉斯斯坦即使在2005年和2010年经历了这种政治动荡，但最终却与俄罗斯和中国的关系更加紧密。在乌兹别克斯坦，2005年5月安集延的大规模骚乱被坚决镇压后，乌总统伊斯兰·卡里莫夫在莫斯科和北京的坚定支持下，决定阻止美国在卡尔希—汉纳巴德驻扎空军基地。2005年7月5日阿斯塔纳上合峰会通过的声明具有至关重要的意义，该声明呼吁美国确定从中亚地区撤出自己基地的日期；与此同时，拒绝了美国获得上合组织观察员地位的请求。2014年，美国军方停止使用吉尔吉斯斯坦玛纳斯机场作为中转站（2009年前这里是美国领导的反恐联盟的空军基地）。

上合组织各国的任务不是建立军事政治联盟，但在确保中亚地区安全和限制外部破坏性影响方面却取得重大进展。虽然上合组织为地区发展经济合作创造了有利的先决条件，但在组织内尚未形成能够大幅度简化相互贸易条件以及激发投资积极性的框架。这导致在2010—2019年间，越来越多的声音认为该组织活动的性质是单方面的，甚至认为组织的任务已经终结。

事实上，在2010—2019年间，不仅在后苏联地区，而且在整个欧亚大陆地区都发生了重大的变化。新兴的结构和倡议，将上合组织国家建设为一个全新的经济合作与相互依存网络。要说这一时期最重要的几个事件，必须说到俄罗斯、白俄罗斯和哈萨克斯坦的关税同盟转变为欧亚经济联盟（亚美尼亚和吉尔吉斯斯坦也加入其中），还有中国的"一带一路"倡议，以及中俄两国领导人关于对接"一带一路"倡议与欧亚经济联盟的决定。在概念层面，俄罗斯专家将这些基本过程解释为最重要的地缘政治转型——"大欧亚"宏观区域形成的开端。① 2016年6月，俄罗斯总统弗拉基米尔·普京在圣彼得堡经济论坛上表达了建立欧亚伙伴关系的前景，这可能成为欧亚经济联盟的外部整合之路。根据普京的说法，不仅包括欧亚经济联盟的国家，其他感兴趣的国家也可以成为大欧亚伙伴关系的成员国，如独联体国家、中国、印度、巴基斯坦、伊朗等。②

很容易看出，大欧亚伙伴关系的地理区域，实际上与上合组织正式成员国或观察员国的领土相吻合。因此，在构建"大欧亚"格局方面，上合组织是最适合的国际组织。为完成这一任务，一方面需要高度的可塑性，即提升上合组织作为更多国家对话和定期互动的平台作用；另一方面，应该避免过早制定声称具有普遍性的文件，如1975年的《赫尔辛基最后决议书》。另外，在跨洲合作方面，上合组织不应变成一个锻炼口才的平台。如果可能的话，在保持以往所有成就的同时，上合组织还可以孵化诸多领域的协议与倡议，包括安全、贸易、环保、文化和科技合作。随着这一过程的发展，正式的联系、伙伴关系和相关机制开始在各区域、区域间和跨区域层面形成，最终在"大欧亚"的范围内形成。无论如何，在印度和巴基斯坦加入上合组织正式成员之际，这些事件的发展似乎是最佳的。③

二、俄罗斯是上合组织最重要的创始国之一

俄罗斯和中国的国内与国际形势的变化，对上合组织的发展产生了重大影响。2018年俄罗斯国内最重要的政治事件是总统大选，其结果是普京再次当选俄罗斯总统，得到超过70%参与投票的选民票数。普京和他竞选活动的组织者成功实现了前所未有的选举动员。然而，选举后，他在社会经济领域

---

① Бордачёв Т. В. Новое евразийство// Россия в глобальной политике. 2015. №. 5. С. 194-205; Ефременко Д. В. Рождение Большой Евразии// Россия в глобальной политике. 2016. №. 6. С. 28-45; Караганов С. А. С Востока на Запад, или Большая Евразия. Россия в глобальной политике. 25. 10. 2016.

② Путин призвал создать Большое евразийское партнерство. 17 июня 2016. https: // tass. ru/ekonomika/3376295.

③ Ефременко Д. В. Рождение Большой Евразии // Россия в глобальной политике. 2016. №. 6. С. 28-45.

采取的政策——退休年龄改革、提高增值税以及其他一系列税费的增加，是造成民众负面反应的主要原因。在2018年9月的州长选举中，几个地区的执政党代表遭到失败。2019年初的民意调查结果显示，受访者对总统、政府以及"统一俄罗斯党"行动的支持率已大幅度降低。[1] 然而，民众对当局社会经济政策日益增长的不满情绪，并未带来社会抗议活动的显著增加。这种抗议活动是存在的，但大部分与个别地区的不幸事件和紧急事故有关。到2018年底，俄罗斯政治局势保持了稳定状态。

2018年，俄罗斯GDP增长了2.3%，预算盈余占GDP的2.7%。[2] 然而，后一个数字主要是因为政府急剧减少开支，而且这种减少是在世界能源价格居高不下和卢布贬值的背景下发生的。事实上，俄罗斯政府继续坚持了以前的政策：保持宏观经济稳定、增加黄金外汇储备。这一政策在2008年完全合理，当时俄罗斯面临全球金融危机。此政策在2014年也是合理的，当时美国和欧盟因乌克兰周边事件而对莫斯科实施过度的经济制裁。

到2018年底，俄罗斯黄金外汇储备规模为4669亿美元。[3] 至关重要的是，除了黄金外汇的普遍积累外，其结构也发生了巨大的变化。黄金份额达到18.61%（2113.36吨）；[4] 从2017年7月到2018年6月（含2018年6月），美元在俄罗斯国际储备中的份额减少了一半以上——份额降至21.9%，对美国国债的投资从960亿美元减少到149亿美元。与此同时，欧元资产量增加到32%，人民币从0.1%增加至14.7%，[5] 也就是说，几乎是原来的150倍。虽然这些变化的总趋势是逐渐减少对美元的依赖，但毫无疑问，我们正在讨论俄罗斯当局的金融政策，旨在控制美国制裁对俄罗斯经济的负面影响，以及减少新的甚至更严厉制裁的损害，这些制裁实施被评估为风险非

---

[1] Одобрение институтов власти. Левада - центр. 31. 01. 2019. https: //www. levada. ru/2019/ 01/31/odobrenie - institutov - vlasti - 9/.

[2] Росстат оценил рост ВВП РФ в 2018 году в 2, 3%. Интерфакс, 4 февраля 2019. https: // www. interfax. ru/business/649097.

[3] Центральный банк Российской Федерации. Международные резервы Российской Федерации. https: //www. cbr. ru/hd_base/mrrf/mrrf_7d/.

[4] Статистический бюллетень Банка России. № 1 (308). Москва, 2019. http: //www. cbr. ru/ Collection/Collection/File/14261/Bbs1901r. pdf.

[5] Колмацкий М. Другая валюта: С чем связано активное сокращение доллара США в резервах Центробанка России. 10 января 2019. https: //russian. rt. com/business/article/ 591112 - tsentrobank - resrvy - dollary.

常高。与此同时，将大部分外汇储备转为人民币应被视为一种政治选择，反映了俄罗斯愿意进一步深化与中国的战略伙伴关系。

俄罗斯的外交和国防政策反映了俄罗斯领导层对俄美关系的理解，即在可预见的未来无法规避与美国的对抗，但不至于发展到危害俄罗斯至关重要的国家利益的程度。2018年3月1日，普京在联邦会议的国情咨文中宣布研发和部署新型战略武器，这些武器在朝目标移动的过程中不使用弹道飞行轨迹，从而将潜在敌人的导弹防御系统效力降低到几乎为零。近年来，俄罗斯武装部队的现代武器装备总量增加到原来的3.7倍；采用了300多种新型军事装备；高精度远程武器的载体数量增加到原来的12倍以上，高精度巡航导弹增加到原来的30倍以上。[1] 俄罗斯在防空系统升级、潜艇升级、无线电电子战装备升级以及装备太空军事部队方面，都取得实质性进展。

美国退出《中导条约》（РСМД）是导致冷战后形成的战略安全架构最终崩溃的一步。显然，俄罗斯的国防政策出于这样一种认识：回归到更加危险水平上的"恐惧平衡"源于相互毁灭潜力的近似平等，因为敌人对不可接受伤害的恐惧将成为主要威慑力量。此外，在现代条件下，"世界末日"的潜在存在甚至不再具有决定性意义，而具有决定性意义的是，使每个人相信国家有能力用包括非核武器在内的各种武器进行不对等和毁灭性回击。毫无疑问，俄罗斯今天具有这样的能力。

叙利亚的行动展示了俄罗斯军队在地区冲突中行动的高效率。莫斯科阻止了巴沙尔·阿萨德政权的崩溃，并为恢复大马士革当局对叙利亚大部分领土的控制做出重要贡献，展示了保卫除后苏联地区外其他盟友的决心和能力。此外，俄罗斯实施灵活的外交战略，并与几乎所有叙利亚危机中的内部和外部行动者互动。美国在整个近东和中东地区的军事外交影响的边界，是由俄罗斯指定的。

与冷战时期不同，俄罗斯和美国目前的对峙不带有意识形态的特点，至少从俄罗斯的角度来看是这样的。这种对抗本质上不是全球性的，因为它涵盖了后苏联空间和欧亚大陆的一些邻近后苏联空间的地区。从俄罗斯的角度来看，美国和其他西方国家承认并尊重俄在这一地区生死攸关利益的意愿，可以成为恢复建设性对话的基础，也是未来莫斯科与华盛顿之间合作的基础。然而，美国和一些欧盟国家的政治精英，不仅拒绝与俄罗斯在利益平衡的基

---

[1] Послание Президента Федеральному Собранию. 1 марта 2018 года.

础上达成妥协的可能性，而且试图重新定义冲突的性质，将其视为价值冲突，并归结到一个虚假的意识形态基础上（"自由民主与专制政权的斗争"）。

目前，有理由说世界政治发生了质的变化，因为唐纳德·特朗普时期的美国宣称中国和俄罗斯是挑战美国势力、影响力和利益的主要力量。① 与此同时，在特朗普于 2017 年 12 月签署的《美国国家安全战略》中，中国被视为能够在最多方面对抗美国的大国。美国和中国就贸易和投资问题达成妥协协议是完全有可能的，但显然，这并不意味着中美关系基本走向的变化。俄罗斯专家界越来越相信，美国和中国之间的竞争将成为未来几十年全球政治的核心。

美国在将中国和俄罗斯视为威胁的同时，自身也威胁着中俄两国最重要的利益，这促进了中俄战略伙伴关系的进一步加强。就规模和任务而言，中俄这种伙伴关系可能越来越接近一种非正式的联盟，其条件和稳定性不受国家间协议框架的约束。

毫无疑问，这些趋势将对中亚地区以及更广泛的整个欧亚中部地区产生重大影响，成为谈论"北京—莫斯科共识"的依据②——一种特殊的共同影响体系，旨在确保大区域的稳定，在角色职能的分配下共同保护中俄双方的利益。毫无疑问，在这种情况下，美国和西方对这一大区域的经济、军事和政治意识形态的影响将会减小。在全球范围内，这也意味着美国霸权的普遍弱化，而与此同时，欧亚的中部地区与欧洲以及与受西方政治制度模式支配的国家和地区的经济合作，将有共存和增加的空间。

严格来说，上合组织扩员促进了这一方向的行动。中国和俄罗斯有足够的影响力，使上合组织在未来继续作为"北京—莫斯科共识"的重要工具。然而，更需要被优先考虑的应该是，如何使上合组织成为一个更多边的组织，关注更广泛的利益，在超出中亚以外的地区投射稳定性的影响力。莫斯科和北京协商做出的这一选择看起来十分有远见：中俄战略伙伴关系依然是中亚地区的重中之重，但上合组织促进了其他国家和地区进行更大

---

① "National Security Strategy of the United States of America", December 2017, https: // www. whitehouse. gov/wp - content/uploads/2017/12/NSS - Final - 12 - 18 - 2017 - 0905. pdf.

② E. Cau, "The Geopolitics of Beijing - Moscow Consensus", *The Diplomat*, January 04, 2018, https: //thediplomat. com/2018/01/the - geopolitics - of - the - beijing - moscow - consensus/.

规模的地缘政治转型,其中印度将和中俄一起发挥十分重要的作用。与此同时,俄罗斯和中国实际上同意了上合组织将不会是美国领导的同盟的直接反对者。

功能任务和地理地区的这种变化,对上合组织来说是个严峻的挑战,需要大量有组织的努力和外交技巧。因此,扩员后的第一年,中国作为上合组织的主席国,其工作可以说是成功的。

三、上合组织青岛峰会及其成果

2018年6月9—10日,在青岛举行的国家元首与政府首脑会议,是中国担任上合组织主席国的顶峰。会议的成功再次证明了中国外交的杰出经验对举办这一级别的多边会议具有重大意义。

中国国家主席习近平与印度总理纳伦德拉·莫迪在武汉举行的非正式初步会谈,对上合组织领导人会议取得积极成果至关重要。在这些谈判过程中,基本解决了洞朗高原(达克拉姆)事件、班公错湖事件,讨论了马尔代夫政治危机的态势,转而在上合组织和金砖国家框架内制定建设性的双边政治和经济议程。在武汉会谈后,莫迪还与俄罗斯总统普京在索契举行了会晤。如果将这两个会晤放在一起考虑,我们就可以明白,"俄罗斯—印度—中国"(РИК)的三边互动应被视为上海合作组织未来进一步发展的基础。

象征性巧合的是同一时间在魁北克举行了G7峰会。如果说传统上我们认为七国集团是全球治理机构之一,那么在青岛峰会之后,一些观察人士首次将上合组织也考虑进这一范围。[①] 扩员后的上合组织在军事战略潜力和资源能力方面是完全与G7相当的,而在GDP总量方面(按购买力平价),上合组织甚至超过了七国集团。

魁北克峰会因参与者在一系列问题上的严重分歧而被蒙上阴影,首当其冲是世界贸易中保护主义的急剧增加。结果,美国代表团拒绝签署最终

---

① C. Putz, "A West in Crisis, an East Rising? Comparing the G7 and the SCO", *The Diplomat*, June 12, 2018. https://thediplomat.com/2018/06/a-west-in-crisis-an-east-rising-comparing-the-g7-and-the-sco/; Косырев Д. ШОС в Циндао: Слишком много или слишком мало геополитики// Радио《Спутник》. 11 июня 2018. https://sputnik.by/columnists/2018 0611/1035948830/itogi-sammita-shos-china.html.

宣言，特朗普总统甚至在峰会正式结束前就离开了。在此背景下，上合组织各国领导人在青岛峰会上令人信服地展示了继续发展合作的意愿，并在最终宣言中就全球经济和世界政治等一系列关键问题制定了一致的解决办法。值得注意的是，上合组织峰会宣言无论在对彼此态度上，还是对2001年通过的《上海合作组织宪章》态度上，都呈现出明显的连续性特点。《青岛宣言》在这里也不例外，而更重要的是对上合组织早年文件有着实质性的更新和提升。

宣言的序言中指出，国际关系体系"在当今世界中正处在大发展大变革大调整时期，地缘政治版图日益多元化、多极化，国与国相互依存更加紧密"，但与此同时，"不稳定性不确定性因素不断增加"，其中包括全球贸易中的单边保护主义政策和其他挑战、一系列地区冲突的加剧以及恐怖主义、非法贩运毒品、有组织犯罪、传染性疾病、气候变化等威胁急剧上升。① 上合组织国家认识到现代国家关系的过渡性和动荡性，展示出他们愿意为应对这些全球挑战团结国际社会的努力，做出即使不是决定性的也是巨大的贡献。至少在欧亚大陆，上合组织成员国有足够的潜力和能力来完成这些任务。扩员后的上合组织所有成员国都支持建立一种新型国际关系的积极规划，这具有至关重要的意义，这种新型国际关系体现了相互尊重、公平、平等、互利合作——这一规划的概念基础是建造人类命运共同体的想法。②

尽管上合组织地理覆盖范围有所扩大，但《青岛宣言》仍十分重视中亚问题。特别是宣言表示支持加强"中亚地区各国在政治、经济、人文及其他领域的合作"，③ 并给予"中亚首脑会议"（阿斯塔纳，2018年3月15日）积极的评价。应该指出的是，中亚地区的这些新趋势主要是基于乌兹别克斯坦的政治变化。伊斯兰·卡里莫夫去世后，沙夫卡特·米尔济约耶夫当选为总统，他在短时间内急剧活跃了乌兹别克斯坦的外交政策。由于他的努力，

---

① Циндаоская декларация Совета глав государств-членов Шанхайской организации сотрудничества. 10 июня 2018 г. http://kremlin.ru/supplement/5315.

② Совместное формирование новых партнерских отношений сотрудничества и взаимного выигрыша, создание сообщества единой судьбы-Выступление председателя КНР Си Цзиньпина в ходе дебатов на 70 - й Генассамблее ООН. http://russian.china.org.cn/exclusive/txt/2015 - 11/02/content_36956721_2.htm.

③ Циндаоская декларация Совета глав государств-членов Шанхайской организации сотрудничества. 10 июня 2018 г. http://kremlin.ru/supplement/5315.

乌兹别克斯坦在解决与吉尔吉斯斯坦、土库曼斯坦、哈萨克斯坦和塔吉克斯坦的大部分边界问题上取得突破。乌兹别克斯坦—塔吉克斯坦的关系以前是中亚国家间最紧张的关系，现在步入了正常化的道路。甚至连乌兹别克斯坦和塔吉克斯坦最头疼的问题——水资源的利用和水利工程建设——也取得实质性进展。中亚运输走廊的发展、基础设施项目和能源项目的实施工作，都极大地活跃起来。塔什干发起成立"中亚国家元首协商委员会"；2018年，乌兹别克斯坦外交也为寻求解决阿富汗冲突做出积极贡献。因此，乌兹别克斯坦清楚地表明它是该地区一个关键的国家，能够显著地影响中亚的双边以及多边合作。

《青岛宣言》表明了俄罗斯与中国对中亚各国合作新形式的态度，保持中立地位的土库曼斯坦也参与到这一形式中。北京和莫斯科认为，中亚地区各国间关系的重要发展完全契合"一带一路"倡议，契合欧亚经济联盟框架下的一体化进程，并能充分运用上合组织框架下的合作机会。

与此同时，《青岛宣言》表明，欧亚大陆的多边合作在重要问题的解决方法方面存在的一些分歧目前尚无法完全消除。该声明首次表达支持中国"一带一路"倡议与欧亚经济联盟框架下的一体化进程对接工作。然而，支持"一带一路"与欧亚经济联盟对接的上合组织国家并不包括印度。因此，新德里继续对中国的倡议持保留态度。与此同时，印度方面没有完全阻止提及对接工作。

在建立上合组织开发银行的问题上，更准确地说，每个国家的资本份额在相当长一段时间内仍然是俄罗斯与中国的主要分歧。青岛峰会上，与会各国领导人重申，他们将寻求解决这一问题的共同方法。不过，由于近年来上合组织和大欧亚地区银行服务业的发展，包括上合组织银行联合体、亚洲基础设施投资银行（AIIB）、新开发银行（BRICS）、丝路基金、中欧经济合作基金的发展，这一问题的严重程度已明显下降。与此同时，《青岛宣言》中没有提到一个颇具争议的话题，即亚投行与亚洲开发银行（ADB）之间融合的可能性问题。

四、阿富汗局势对上合组织来说是个挑战

在扩员和上合组织新的地缘政治背景下，安全问题获得新的考量。这一说法完全适用于上海合作组织地区反恐怖机构（PATC），其总部位于塔什

干。在《青岛宣言》中，PATC 的任务是根据中方建议确定的，即反对"三股势力"——恐怖主义、分裂主义和极端主义。青岛峰会的文件中特别强调了与"三股势力"斗争中的青年问题，因为恐怖主义、分裂主义和极端主义组织寻求扩大影响的主要目标群体正是青年。在此情况下，安全问题应被看作中国担任主席期间的又一大成功。所有上合组织成员认为反对"三股势力"也极其重要，原因是未来在 PATC 中，印度和巴基斯坦可能在具体哪些群体应被视为恐怖分子和极端分子问题上存在分歧。

由于上合组织的扩员，中亚的安全问题在任何情况下也不会失去意义。但是，如果说阿富汗以前被视为影响中亚安全的外部因素，那么现在妥善解决这一国家的形势，对上合组织来说是同等重要的工作。除美国外，所有调节阿富汗问题的外部参与者，都是上合组织的正式成员或具有观察员地位的国家（伊朗）。当然，上合组织个别成员国利益的分歧，可能表现或将会表现在对阿富汗内部调解的政治和军事数量方面、"塔利班"运动在这一过程中的作用方面（俄罗斯禁止）以及美国在阿富汗的存在方面。其中，特别是印巴可能在阿富汗问题上起冲突。

与此同时，显而易见的是，上合组织国家越来越不再将未来的中亚安全和在阿富汗建立和平视为两个单独的进程，而是视为一个过程。打击国际恐怖主义组织和网络机构对地区的渗透、打击有组织犯罪活动的增加、打击贩毒、打击伊斯兰极端主义思想的传播，高效解决这些任务需要综合的办法。由乌兹别克斯坦总统沙夫卡特·米尔济约耶夫发起的、于 2018 年 3 月 27 日在塔什干举行的阿富汗"和平进程、安全领域合作和地区互动"高级别国际会议就是一个例证。

阿富汗局势成为上合组织面临的越来越严重的挑战。2019 年初，事件发展急剧加速，当时美国在直接（没有喀布尔政府的参与）与"塔利班"代表谈判过程中，勾画了妥善解决的主要内容：美国从阿富汗撤军，相应地，"塔利班"保证不藏匿该国的恐怖主义团体，并且不与"伊斯兰国"合作（俄罗斯禁止）。尽管人们认为，为了在这些谈判中就阿富汗的政治前途达成协议，需要现任阿富汗政府的参与，但事实上指的就是，华盛顿愿意在特定条件下容忍"塔利班"在未来阿富汗政治中的主导地位。

整个 2018 年，俄罗斯在上合组织国家的支持下，为寻求阿富汗内部调解方案做出巨大贡献。虽然俄罗斯官方禁止与"塔利班"对话，但俄罗斯外交还是出于对阿富汗事态发展的现实评估，与影响该国军事政治形势的主要群体进行了对话。总的来看，以"莫斯科形式"推动阿富汗内部对话的前景，以及特朗普总统终止或大幅度减少美军直接参与近东和中东冲突的方针，促使美国加强了自身在外交上的努力。在美国的压力下，2018年加尼政府抑制了"莫斯科形式"的多边谈判进程，尽管安全形势不断恶化，但不受该政府控制的领土面积却越来越多。结果，2019年初，美国外交官与"塔利班"进行了直接谈判，而被搁置在一边的加尼政府[1]不得不提醒阿富汗人民"先驱纳吉布拉"的悲惨命运——他在1996年被"塔利班"处决。

减弱"莫斯科形式"的阿富汗内部对话，绝不意味着俄罗斯、中国、巴基斯坦、印度和其他上合组织成员国以后没有机会影响阿富汗局势，可权当是美国与"塔利班"直接就美军撤离达成一致时的一种暂时停顿。但即使在现阶段，"塔利班"和喀布尔政府都有兴趣扩大与上合组织国家的对话（也包括享有上合组织观察员地位的伊朗）。如果美军开始撤出阿富汗，安全赤字将开始增加，届时实际掌控阿富汗大部分领土的政权，将不可避免地加强与上合组织主要国家的互动，甚至加强与整个组织的互动。如此一来，上合组织将面临以下任务：广泛协助阿富汗的未来稳定工作（除直接军事参与外）；防止恐怖主义集团转移到中亚国家的领土上（首先就是与"伊斯兰国"相关的任何形式）。

与此同时，俄罗斯的军事外交界和专家界严重担心美国"退出战略"的"副作用"可能使中亚稳定遭到蓄意破坏。[2] 在这种情况下，主要威胁或许完全不来自"塔利班"，而来自其他跨国极端主义团体，阿富汗在更大程度上是它们的过境领土。塔吉克斯坦、土库曼斯坦和吉尔吉斯斯坦都处于最脆弱的地区：土库曼斯坦未加入上合组织和独联体集体安全条约组织，吉尔吉斯斯坦的国家机构至今仍未充分整合。然而，使情况复杂化的最现实原因可能完全不是"圣战"在中亚的转移，而是极端主义与毒品贩运的共生现象，以及地区个别国家打击这种"共生积极性"的尝试。情况的复杂性在于，积极的行动可能始于国家部队特别行动打击毒品贩运和其他类

---

[1] "U. S., Taliban Move Closer to Deal on American Troop Exit", *The Washington Post*, January 28, 2019, https: //www. washingtonpost. com/.

[2] 《Нужно перестать шарахаться из одной крайности в другую》. Спецпредставитель президента РФ по Афганистану об эскалации обстановки в стране// Коммерсант. 16 июля 2018. https: //www. kommersant. ru/doc/3687753? from = doc_vrez.

型犯罪的活动，但后来发展成更大规模和更激烈的冲突，仅仅依靠单个国家的力量将难以解决。显然，随着这种事态的发展，需要集体安全条约组织这一区域安全组织、上合组织及其反恐机构，做出及时的反应。因此，加强集体安全条约组织与上合组织在安全问题和打击"三股势力"上的合作成为一项迫切的任务。

总的来说，应该强调的是，美国和北约可能从阿富汗撤出将意味着它们事实上承认了自己的失败，这种失败具有极其重要的地缘战略后果。在这种背景下，上合组织的积极作用及其成员国立场的一致性，将成为阿富汗稳定和整个欧亚中部地区稳定的关键外部因素。

五、上合组织内部力量的新布局

上合组织中加入了印度和巴基斯坦，这不仅意味着其政治经济权重的实质性增加，也意味着其不可避免地吸收了那些国家间的矛盾，这些矛盾以前对上合组织来说具有周边性意义，但现在却具有了内部意义。这指的是：第一，印度和巴基斯坦自成为独立的国家后，深刻的矛盾便一直伴随着它们；第二，中国和印度之间的领土分歧，阻碍了它们之间达成深度信任的关系；第三，俄罗斯—印度—中国的三角合作将成为上合组织未来发展的决定性因素。

印巴竞争可能是最严重的问题，可以导致上合组织效力的实质性削弱。然而，扩员后的上合组织工作在2018年为"谨慎的乐观"提供了理由。很明显，2018年巴基斯坦和印度都尽力使它们的矛盾不对上合组织的运行产生负面影响。两国领导人都尽力表明加入上合组织对他们来说是一项严肃的外交成就，可印度的反对派（特别是印度国民议会的一些知名人士）却批评纳伦德拉·莫迪"仓促地"使印度成为上合组织的正式成员。[①] 但也可以说，上合组织的新成员满怀"上海精神"，足以让它们能够在互惠互利的领域一起努力。当然，让持续了70多年的印巴冲突在上合组织框架内成功解决是不

---

① 《Индия идет по канату над пропастью, и периодически кажется, что падение неизбежно》. Экс - замглавы МИД страны Шаши Тарур — о попытках балансировать между мировыми державами// Коммерсант. 22. 01. 2019. https://www.kommersant.ru/doc/3859730.

现实的。特别是印度对任何试图在双边框架外解决印巴冲突的行为,都持十分消极的态度。但是,印度和巴基斯坦同时参与上合组织,可以扩大两国积极互动的领域,增加积极互动的经验,为寻找伊斯兰堡与新德里间根本分歧的解决方案创造更加有利的氛围。

俄罗斯非常有兴趣使印巴关系正常化。但是,俄罗斯不能对这一进程构成实质性影响,实际上不得不在新德里和伊斯兰堡之间保持平衡,同时将印度视为第一位的合作伙伴。然而,在与印度的伙伴关系中,莫斯科有时也被迫对之旁敲侧击。例如,2017 年俄罗斯和巴基斯坦在伊斯兰堡控制的克什米尔地区举行了联合反恐演习"友谊—2017",这被新德里理解为莫斯科方面的明确信号:对印度当局准备使空军供应多样化的不满。结果,印度再次增加了对俄罗斯军事装备的购买量。①

新形势下,印度和巴基斯坦全面和同时参与上合组织,使得莫斯科能更坚定地走上加强与巴基斯坦关系的道路。在阿富汗问题的立场上实质性趋同,以及两国与美国关系的恶化,为俄巴双边合作迈向更成熟的伙伴关系创造了条件。俄罗斯和巴基斯坦的政治精英越来越意识到,两国的战略利益不断趋同,它们与中国的友好关系在这一方面发挥了重要作用。同样非常重要的是,巴基斯坦支持俄罗斯在叙利亚的行动,尽管这种支持使其与沙特阿拉伯重要的伙伴关系复杂化了。②

虽然现在巴基斯坦的经济处于困境,但是俄罗斯仍有兴趣扩大进入巴基斯坦市场的机会。在俄罗斯,人们越来越有兴趣使用中巴经济走廊(КПЭК)和瓜达尔港,尽管由于地理和物流因素,众多俄罗斯托运商开辟这条路线的经济效益目前尚不明晰。

如此一来,俄罗斯将致力于在上合组织框架内利用新的合作机遇,一方面促进缓解印巴关系的紧张局势,另一方面加强俄巴伙伴关系。然而,平衡政策仍将保持不变,尽管平衡政策可能会被有选择性地使用——在更

---

① 《Индия идет по канату над пропастью, и периодически кажется, что падение неизбежно》. Экс - замглавы МИД страны Шаши Тарур — о попытках балансировать между мировыми державами// Коммерсант. 22. 01. 2019. https://www.kommersant.ru/doc/3859730.

② S. Ramani, "Russia and Pakistan: A Durable Anti - American Alliance in South Asia", *The Diplomat*, April 21, 2018, https://thediplomat.com/2018/04/russia - and - pakistan - a - durable - an ti - american - alliance - in - south - asia/.

广泛的地缘战略背景下使用。这样我们就可以推测，通过扩大莫斯科与伊斯兰堡的军事技术合作，从而预先警告新德里不要在"四方对话"内与美国过度接近。与此同时，印度精英对"印度洋—太平洋地区"概念的迷恋，特别是对与美、日、澳合作前景的迷恋，在很大程度上为中印关系制造了障碍。

众所周知，俄罗斯前总理叶甫根尼·普里马科夫早在1998年12月就提出"俄罗斯—印度—中国"三边对话的想法。尽管最初各方对此几乎都持怀疑态度，但这一想法渐渐地成为专家们越来越详细交换意见的"社区"。2006年，"俄印中"领导人的第一次会议在圣彼得堡举行，为"金砖四国"（现"金砖五国"）的合作开了绿灯。俄罗斯、印度、中国的三边互动至今仍发挥着支撑"金砖五国"框架的作用。同样，三边形式正成为上合组织的主要部分，尽管可以单纯地想象一下这样的情况：上合组织回到原来的成员构成，并再次将注意力集中在中亚地区。当然，"俄印中"从来不是反美联盟，但是尽管如此，这种形式仍促成这样一个事实，即在21世纪的世界秩序中，非西方世界的主要国家在更有信心地主张自己应得的权利。

我们可以谈谈"俄印中"互动的两种情景及其对上合组织的影响。第一种情景假设：在"三角关系"中，俄中关系和俄印关系积极发展，而中印关系将更成为问题（时好时坏）。在这种情况下，俄罗斯的作用将是促进在"俄印中"框架内，使上合组织和金砖国家的目前议程在各方之间能够达成建设性的妥协。在有利的情况下，三国将能就重大的国际问题阐明共同立场，或及时应对经济或安全领域的各种危机。第二种情景假设：基于大欧亚地缘政治转型的共同愿景，逐步有效加深和扩大"俄印中"合作形式。在这种情况下可以推测，随着时间的推移，上合组织将成为建立大欧亚伙伴关系的基础，而俄罗斯、印度和中国将达成共识，各自在构建人类命运共同体方面找到自己的位置。

目前，第一种选项看起来更实际。印度宣布其外交政策的多向量性，旨在追求加强自身的大国地位，世界政治领域的所有主要参与者都在努力发展与印度的友好关系。印度参与"俄印中"对话，成为上合组织的正式成员，与美国、日本、澳大利亚一同参与"四方对话"，都是实现这些目标的手段。从地缘政治角度看，"大欧亚"的概念为印度提供了成为新兴欧亚地区主要支柱之一的可能。而"印太地区"的概念则"将印度置于'印太地区'安全体系的中心",① 排挤他国在这一地区占据优势地位。的确,如果"印太地区"的概念达到自身"合理的结果",就意味着吸引印度在美国的领导下对中国进行"遏制"。但如果印度迈出这一步,并融入以美为首的军事政治联盟,那么就意味着印度将处于俄方地缘政治边界的对立面。莫斯科肯定会预先警告新德里不要朝这个方向前进。在印度国内,尽管一大部分政治精英和专家团体对"印太地区"的想法表现出明显的热情,但也有人警告过于接近美国存在危险。②

可以推测,纳伦德拉·莫迪政府和印度其他负责任的政治力量在继续发展"四方关系",然后在接近某一风险线(也可称为红线)时,他们将再次强调战略自主权和自己多向量的外交政策。一些印度专家建议本国保持参与各种多边合作形式,因为这种参与首先证明了印度在世界舞台上声望的增长,其次反映了这种需要,即表明其作为一个严肃的全球参与者,是无处不在的。③ 不愿对俄印历史友好关系造成不可挽回的伤害,可能也是制约印度参与美国版"印太地区"的原因之一。

与此同时,印度参与上合组织很可能会阻碍上合组织演化为反西方地缘政治的联盟,尽管相当一部分俄罗斯专家认为这种演化是可能的。④ 显然,联合对抗美国的霸权主义政策是中俄战略伙伴关系的关键方面,也得到部分国家的支持,这些国家的构成与上合组织目前的构成并不完全吻合。至于"俄印中"三角关系中的俄印方面,这里有其自身的特殊性。与俄中全面和持续改善的伙伴关系不同,莫斯科与新德里的关系基本上继续建立在这些基础上:苏联与印度关系的惯性、军事技术合作以及远非系统性的

---

① Y. T. Unjhawala, "Quad Needs Both Economic & Military Plan for Indo‑Pacific", *Economic Times*, February 23, 2018, https://economictimes.indiatimes.com/news/defence/quad-needs-both-economic-military.plan-for-indo-pacific/articleshow/63049831.cms.

② M. Joshi, "Why India Should Be Wary of the Quad", *The Wire*, November 13, 2017, https://thewire.in/external'affairs/india'us'japan'australia'quadrilateral'alliance.

③ N. Unnikrishnan, U. Purushothaman, "Indian Approaches to Multilateral Cooperation and Institutions in Eurasia", *Russia in Global Affairs*, 09.01.2019, https://eng.globalaffairs.ru/valday/Indian-Approaches-to-Multilateral-Cooperation-and-Institutions-in-Eurasia-19932.

④ Балакин В. И. Интеграционные тенденции на пространстве ШОС и евразийская безопасность// Китай в мировой и региональной политике. История и современность. ‑ Выпуск XXIII: ежегодное издание. ‑ М.: ИДВ РАН, 2018. С. 64‑76.

经贸合作。

俄印之间重要的是没有严重的利益冲突，并拥有长期的传统友谊，但这不足以支撑俄印关系的进一步发展。俄罗斯还未完全意识到，与苏联时期不同，印度将不再扮演"弟弟"的角色，其已凭借自身的经济比重成为世界领导者之一。俄罗斯也没有意识到印度政治和经济精英的野心都是非常严肃的。显然，这里需要俄方改正方式。同样重要的任务是，更新莫斯科和新德里间的经贸合作模式。在这种情况下，双方必须做出重大努力，以取得实质性进展，包括消除现有的官僚障碍和改善投资环境。在某种意义上，印度经济出口导向的不足（特别是与中国相比）使这一任务变得更加容易，即在印度、俄罗斯和其他欧亚经济联盟国家之间，相对容易形成自由贸易区。南北多重交通走廊的开放——其中也包括伊朗和阿塞拜疆——对俄印贸易和经济合作前景具有重大的意义。这条运输走廊是条"经线"，从俄罗斯的角度看，它是一个重要的补充，而不是对"一带一路"框架下形成的"纬线"运输走廊的制衡。

总的来看，俄印友好关系还要经历现代化的阶段。对两国而言，这些关系具有独立的意义。看来，印度和俄罗斯未来也将以这种方式发展合作，以增强两国在转型的国际关系体系中强大和有影响力的参与者地位。与此同时，莫斯科也将努力使"俄印中"形式的互动尽可能具有成果和建设性，使其能够为俄罗斯、印度、中国，以及与三国在上合组织、金砖国家框架下合作的国家，一同寻求更大规模问题的解决办法。归根结底，应在印度的积极参与下讨论大欧亚伙伴关系的形成。在任何情况下，俄罗斯对印度积极参与形成"大欧亚"都有浓厚的兴趣，相反地，对防止印度转向其他地缘政治项目也有浓厚的兴趣。上合组织扩员总体上有利于进一步扩大该组织的正式成员数量。毫无疑问，伊朗是获得这一地位的第一候选人，而且莫斯科和北京都对这一未来持积极态度。伊朗在解决阿富汗问题上发挥着积极的和建设性的作用。与此同时，一些因素的存在也使伊朗在不久的将来仍不能获得上合组织的成员地位。表面上，这方面主要的障碍是塔吉克斯坦的反对意见。但是可以推测，如果莫斯科和北京想要伊朗加入，将能够找到令人信服的论据来改变杜尚别的立场。更大的不确定性来自于近东和中东的危机动态，而伊朗在这一区域发挥着至关重要的作用；特朗普政府拒绝伊朗核协议；华盛顿对德黑兰的制裁压力。因此，可以期待伊朗和上合组织成员国互动的进一步加强，但目前不能在形式上改变伊朗的观察员地位。

同样，可以期待上合组织与土耳其之间积极发展联系。目前看来，土耳其不太可能获得上合组织的成员资格；在任何情况下，土耳其与上合组织之间的合作性质都将取决于叙利亚危机的解决进展。但与此同时，扩大上合组织利益范围的地理区域总趋势是显而易见的：如果最初主要是中亚，那么随着印度和巴基斯坦的加入，南亚和印度洋流域也将加入进来。上合组织和伊朗、土耳其互动的加强将意味着近东与中东、北非和东地中海也加入上合组织的利益范围。但同时，上合组织也无论如何都将努力确保在欧亚大陆上更大范围内安全建立起新的交通走廊和增值链。

结　论

2018 年上合组织的运作为某种乐观主义提供了理由。上合组织的扩员并未导致组织工作因成员内部矛盾而陷入瘫痪。一些俄罗斯分析家的预测也未得到证实：上合组织开始变为"一个越来越排场华丽，但越来越不理性和无益的组织"，[1] 以及中国将首先失去参与其活动的兴趣，接着就是欧亚其他国家等论调。相反，上合组织扩员后的第一年工作即取得成功，其中巨大的功绩正是属于担任主席国的中国。中国在担任主席国期间，为上合组织提供了建设性的联合工作议程，正如其在 2017 年担任金砖国家主席国期间所做的那样。与此同时，中国继续实施了"一带一路"倡议与欧亚经济联盟一体化进程的对接。对于世界政治而言，这意味着北京继续自信地在推动形成多中心世界秩序的工作；对于世界经济而言，这意味着运输走廊的多样化，进一步重组了有利于中国和其他非西方世界国家的全球增值链。[2] 俄罗斯虽不是这些进程的领导者，却为对抗西方大国的霸权主义做出巨大且独立的贡献。同时，莫斯科与北京之间的政治协调达到前所未有的高度。

也许，2018 年最具重要性意义的就是，上合组织国家（单独地和在组织框架内）为实现阿富汗内部调解，以及与之相关的美国和北约从阿富汗撤出所做出的努力。这些进程在 2019 年初的急剧加速，无疑将成为上合组

---

[1] Габуев А. Больше, да хуже. Как Россия превратила ШОС в клуб без интересов. 17. 06. 2017.

[2] Дисэн Г. Геоэкономика Китая и《новая холодная война》// Россия в глобальной политике. 26. 12. 2018. https://globalaffairs.ru/valday/Geoekonomika - Kitaya - i - novaya - kholodnaya - voina - 19890.

织进一步工作的重点；同时，阻止极端主义和恐怖主义从阿富汗北部突破至中亚国家的领土，也会是进一步工作的重点。如果这些任务都能成功解决，那么上合组织将处于大欧亚范围内地缘政治和地缘经济深度转型的前沿阵地。

（翻译：崔雯怡，华东师范大学俄罗斯研究中心）

从阿斯塔纳到青岛：上合组织扩员后的机遇与挑战

李立凡*　陈佳骏**

【内容提要】 2017年6月上合组织阿斯塔纳峰会上，印度和巴基斯坦成为正式成员国，上合组织进入了"八国"时代。与此同时，中国接任轮值主席，并于2018年6月成功举办了青岛峰会。在中国担任轮值主席的一年中，上合组织在政治、经济、安全与人文等领域的区域合作取得长足进展，成就斐然。但也要看到，国际环境发生的深刻变化以及上合组织自身的扩员，也为上合组织未来发展带来机遇与挑战。展望未来，上合组织应始终秉持"上海精神"，思考上合组织"2.0时代"迎接挑战的因应之策，推动上合组织行稳致远。

【关键词】 上合组织　区域合作　"一带一路"　发展愿景

一、上合组织区域合作成就斐然

从2017年的阿斯塔纳峰会到2018年的青岛峰会，一年来，上合组织以互信、互利、平等、协商、尊重多样文明、谋求共同发展的"上海精神"为指引，成员国密切合作、相互支持，整体合作水平不断提升，吸引力越来越大，"朋友圈"越来越广，成为地区和国际合作的典范。

---

* 李立凡，上海社会科学院上海合作组织研究中心秘书长、副研究员。
** 陈佳骏，上海市美国问题研究所研究人员。

（一）政治合作

政治合作领域，上合组织一年来通过青岛峰会开创了"上海八国"新模式，在当前国际和地区局势发生深刻变化的背景下不仅展现了"上海精神"的凝聚力与时代价值，也将人类命运共同体的理念融入其中。此外，中俄战略协作与中亚一体化的升温，巩固了上合组织的现有成果并进一步使之升华。

第一，正式完成成员国扩容。随着印度与巴基斯坦履行完在2016年签署的关于两国加入《上海合作组织谅解备忘录》所要求的义务，2017年6月的阿斯塔纳峰会决定批准上合组织成员国元首理事会决议，给予两国正式成员国地位。两国的加入让上合组织迈入"上海八国"的新模式。上合组织成员国的经济和人口总量将分别约占全球的20%和40%，其成为世界上幅员最广、人口最多的综合性区域合作组织。此外，上合组织还拥有四个观察员国、六个对话伙伴，并同联合国等国际和地区组织建立了广泛的合作关系。2018年9月，中方组织召开上合组织成员国外长理事会非例行会议，这是印度和巴基斯坦正式加入后的第一次外长理事会会议，完成了上合组织扩员后的首张外长"全家福"。2018年6月举行的上合组织青岛峰会是本组织扩员后的首次峰会。八国领导人集体协商、团结一致，并共同发表了具有历史性意义的《青岛宣言》，打消了外界对印巴这对"宿敌"加入后会将上合组织分裂化、碎片化的担忧，上合组织的国际地位与影响力进一步得到增强。

第二，在世界处于大发展大变革大调整时期，"上海精神"的时代价值进一步体现。当前，世界经济增长动能不足，地区热点问题此起彼伏，非传统安全威胁持续蔓延，世界面临的不稳定性和不确定性因素不断增加。在这样的背景下，国际社会迫切需要制定共同立场，有效应对上述全球挑战。中国国家主席习近平指出，要"进一步弘扬'上海精神'，破解时代难题，化解风险挑战"。[①] 在上合组织青岛峰会上，成员国一致认为，"上海精神"经受住国际风云变幻的严峻考验，"成为当代国际关系体系中极具影响力的参

---

① "弘扬'上海精神'构建命运共同体——在上海合作组织成员国元首理事会第十八次会议上的讲话"，《人民日报》2018年6月11日，第3版。

与者"。① 事实上，无论内外形势如何变化，上合组织自成立以来始终秉持"上海精神"，以务实合作为引领，已经走出一条别具特色、富有成效的国际合作之路。

第三，中国担任上合组织轮值主席使人类命运共同体理念在上合组织内得到深化。2017年6月9日，国家主席习近平在上合组织阿斯塔纳峰会上发表重要讲话时号召说："我们要保持团结协作的良好传统，新老成员国密切融合，深化政治互信，加大相互支持，构建平等相待、守望相助、休戚与共、安危共担的命运共同体。"② 从阿斯塔纳到青岛，中国担任轮值主席的一年间，习近平主席与上合组织多国领导人举行会晤，就国际形势和地区热点问题深入交换意见。一年来，在中方的积极推动下，成功举办重要机制性会议以及大型多边活动等160多项，涵盖外交、经贸、安全、科技等广泛领域，③ 各方的政治互信升至新高度，安全协作取得新进展，务实合作实现新突破，人文交流收获新成果，彰显了命运与共、合作共赢的上合组织"大家庭"的时代意义，成为推动构建人类命运共同体的生动实践。

第四，中俄战略协作对上合组织的稳定具有积极意义。中俄政治合作是树立新型国家关系的典范，双边关系在两国元首的引领下一直保持高水平的发展，当前也处于历史最好水平。2018年，中俄两国顺利完成各自国内政治生活中最重要的政治议程。6月，俄罗斯总统普京在正式开启第四个总统任期后的一个月，就赴中国参加上合组织青岛峰会并对中国进行国事访问。普京也在对华访问后对双边关系给予了高度评价。他指出："我们皆认同俄中关系正处于极高的水平，我与中国国家主席习近平商定并签署了相应的联合声明，未来将继续在政治赛道上、在打击各类威胁的过程中彼此合作……这具有重要意义，因为在完成大量日常工作的同时，我们不应忘记合作的主要方向，其中之一便是在全球舞台上、国际机构框架内的互动，如联合国、二

---

① "上海合作组织成员国元首理事会青岛宣言"，人民网，2018年6月11日，http://world.people.com.cn/n1/2018/0611/c1002-30048526.html。
② "习近平主席在上海合作组织成员国元首理事会第十七次会议上的讲话（全文）"，新华网，2017年6月10日，http://www.xinhuanet.com/world/2017-06/10/c_1121118817.htm。
③ 郑汉根："上合组织的'中国印记'"，《光明日报》2018年6月4日，第10版。

十国集团、金砖国家组织、上合组织。"① 普京访华期间，同习近平主席共同见证了《中华人民共和国商务部与俄罗斯联邦经济发展部关于完成欧亚经济伙伴关系协定联合可行性研究的联合声明》的签订。可见，中俄双方在政治上的相互支持已具有极大的溢出效应，"欧亚经济伙伴关系"的构建也将为上合组织的良性发展注入强劲动力。

第五，中亚国家间合作进一步升温。中亚地区是上合组织的核心腹地，中亚地区加速国家间合作有助于上合组织凝聚更大的合力，推动其全方位发展。得益于中亚各国将主要精力转移到贯彻落实国家中长期发展战略，特别是中亚支轴国家之一的乌兹别克斯坦在内政和外交上发生的转变，中亚国家间合作逐渐加快。2017年9月，乌兹别克斯坦总统米尔济约耶夫提出举行中亚国家领导人非正式会晤的倡议。半年后的2018年3月15日，该非正式会晤在哈萨克斯坦首都阿斯塔纳举行。② 此次工作会议是时隔九年首次没有地区外国家领导人和国际组织代表参会的单独会晤，③ 标志着2018年成为中亚地区内部合作发生转折性变化的一年。峰会支持于2019年4月在塔什干举行第二届中亚领导人峰会，各方联合启动符合本地区各国长远利益的新方案和新项目，这对中亚各国关系发展起到关键作用。

（二）经济合作

一年来，上合组织成员国经济虽然因世界经济形势的变化而出现不同程度的走低，但各方并没有追随部分西方大国在贸易上"以邻为壑"，反而发出坚决反对单边主义和保护主义的有力之声。此外，上合组织成员国在"一带一路"倡议下进一步融合，寻找经济合作新领域。

第一，成员国贸易合作潜力被不断挖掘。2018年，中俄双边贸易额达到1080亿美元（约合7075.5亿人民币），同比增长25%，而且俄罗斯对中国的出口结构不管是形式还是内容也在发生变化，这种趋势将来仍会保持下去。

---

① "塔斯社报道普京谈访华和上合组织峰会成果"，新华社，《参考资料》2018年6月13日，第16—17页。
② "中亚国家领导人举行工作峰会 定调地区内合作"，国际在线，2018年3月16日，http://news.cri.cn/20180316/d473bfc0-9c4b-b1d2-efdd-2247a9485b1f.html。
③ "中亚五国元首在首都总统府举行会晤"，哈萨克国际通讯社，2018年3月15日，https://www.inform.kz/cn/article_a3185691。

中俄贸易合作的加深预示着中俄贸易双引擎成为刺激上合组织内部贸易发展的直接动力。与此同时，其他成员国的贸易额也在大幅增长（见表2）。如2018年乌兹别克斯坦对华进出口贸易额同比增加45.2%，这也说明本组织内部扩大贸易的需求明显。

表2　上合组织成员国2018年对华的进出额概况

（单位：亿元人民币）

国家	总额	同比涨幅	出口	同比涨幅	进口	同比涨幅（±%）
印度	6295.7	10.1	5053.6	9.5	1242.1	12.2
巴基斯坦	1255.8	-7.8	1112.7	-10.1	143.1	15.4
哈萨克斯坦	1314.8	8.3	749.8	-4.2	565.0	31.0
吉尔吉斯斯坦	371.0	0.8	367.4	1.5	3.6	-39.4
塔吉克斯坦	99.6	9.3	94.6	7.4	5.0	60.6
乌兹别克斯坦	414.4	45.2	260.7	40.0	153.7	54.8
俄罗斯	7075.5	24.0	3166.5	9.1	3909.0	39.4

资料来源：中国海关总署，2018中国海关统计数据。

第二，在中国推动下，成员国海关的能力不断提升。近年来，中国海关深度参与上合组织经贸与海关事务合作，推动各方在上合组织成员国元首理事会会议和上合组织成员国政府首脑理事会会议等场合先后见签了六份海关合作文件，内容涉及行政互助、能源监管、执法合作、边境知识产权保护、风险管理和海关关员技能培训等。一是积极参加上合组织海关合作工作组活动，认真参与上合组织海关合作事项的研究和讨论，有效实施已签署的上合组织海关合作文件，大力推动涉及海关后续监管和无纸化通关等多份合作文件的谈签。二是积极倡导各成员国海关开展"信息互换、监管互认、执法互助"合作，在维护上合组织海关工作组的活力和促进区域贸易安全与便利方面发挥了积极作用。2018年6月10日，中国海关总署署长倪岳峰还与上合组织其他成员国海关署长或代表共同签署了《上海合作组织成员国海关关于交换跨境运输消耗臭氧层物质信息合作的备忘录》（以下简称《臭氧备忘录》）。

第三，旗帜鲜明地就反对单边主义和贸易保护主义共同发声。近年来，随着单边主义、贸易保护主义、民粹主义和逆全球化思潮不断抬头，全球治理赤字开始显现。在此背景下，上合组织在应对治理赤字方面发挥的作用则更加凸显。2017 年 12 月 1 日发布的上合组织成员国政府首脑（总理）理事会第 16 次会议公报指出："为维护世贸组织规则的权威性和有效性，各代表团团长支持进一步巩固开放、包容、透明、非歧视和以规则为基础的多边贸易体系，防止国际贸易关系碎片化，反对任何形式的贸易保护主义。"① 2018 年 6 月的上合组织青岛峰会上，习近平主席掷地有声地指出："我们要秉持开放、融通、互利、共赢的合作观，拒绝自私自利、短视封闭的狭隘政策，维护世界贸易组织规则，支持多边贸易体制，构建开放型世界经济。"② 青岛峰会期间，习近平主席与其他成员国元首共同发表了《关于贸易便利化的联合声明》，充分体现了上合组织成员国反对单边主义和贸易保护主义，推进双边和本地区贸易便利化的坚定决心。2018 年 9 月 19 日，上合组织成员国第 17 次经贸部长会议在塔吉克斯坦杜尚别市召开。与会各代表团团长也强调，应进一步就共同构建开放型世界经济深化合作，不断巩固开放、包容、透明、非歧视的多边贸易体制，反对任何形式的单边主义和贸易保护主义。③ 可见，上合组织正顺应时代潮流，成为积极推动多边合作，为地区国家创造更好发展机会，弥补全球治理赤字的重要媒介与平台。

第四，"一带一路"建设赋予上合组织经济合作巨大动力。上合组织成员国、观察员国和对话伙伴国大多为"一带一路"沿线新兴经济体和发展中国家，这些国家对基础设施建设、扩大产能合作等有着迫切需求。2018 年是"一带一路"倡议提出五周年，得益于在上合组织框架内多年互动积累的互信，成员国在"一带一路"倡议下，在产能合作和基础设施建设等方面取得丰硕成果。目前，"一带一路"倡议的实施更多依靠中国与沿线国家的双边合作，这在一定程度上避免了相互竞争造成的资源浪费。一方面，中国的"一带一路"倡议与其他上合组织成员国和观察员国的发展计划实现了对接：中国与俄罗斯提出的"欧亚经济联盟"（Евразийский экономический союз）

---

① "上海合作组织成员国政府首脑（总理）理事会第十六次会议联合公报（全文）"，新华网，2017 年 12 月 2 日，http://www.xinhuanet.com/2017-12/02/c_1122045902.htm。

② "习近平在上海合作组织成员国元首理事会第十八次会议上的讲话（全文）"，人民网，2018 年 6 月 10 日，http://cpc.people.com.cn/n1/2018/0610/c64094-30048403.html。

③ "上海合作组织成员国经贸部长会议就反对单边主义和贸易保护主义共同发声"，中国商务部微信公众号"商务微新闻"，2018 年 9 月 21 日，https://mp.weixin.qq.com/s/iAWVJW3lBjgqdczV9tMKIg。

计划、与哈萨克斯坦的"光明之路"（Нұр Жол）计划、与乌兹别克斯坦的"2017—2021年稳定发展战略"（Стратегия развития Республики Узбекистан в 2017 - 2021 годах）、与吉尔吉斯斯坦的"2013—2017年稳定发展战略"、与塔吉克斯坦的"2030年前国家发展战略"、与蒙古国的"草原之路"计划，以及与印度的"季风计划"等都实现了一定的对接与合作，很大程度上削减了双边合作额外的交易成本。① 另一方面，中国不仅是地区经济合作的发起者，也是推动合作的实践者。中国—中亚天然气管道、中—哈和中—俄石油管道建成并投入运营；中—吉—乌公路全面通行。与此同时，中国还在积极推进同江—下列宁斯科耶铁路大桥、中俄天然气管道东线、中—吉—乌铁路干线等重大基础设施项目。这些项目为地区间基础设施的互联互通以及地区经济发展注入强大动力。截至2018年3月底，中国对上合组织成员国各类投资存量约为840亿美元；中国在上合组织成员国的工程承包累计营业额达到1569亿美元。② 2017年底，中国与上合组织成员国贸易总额为2176亿美元，同比增长19%，2018年第一季度，增长幅度更是达到20.7%。③

第五，提升上合组织金融合作的效应，在机制、规模和内涵上不断推进。一是研究建立上合组织开发银行和发展基金（专门账户）。2014年上合组织成员国元首理事会第14次会议发表的《杜尚别宣言》中首次提出"研究成立上合组织发展基金（专门账户）和上合组织开发银行"。④ 上合组织扩员后，成员国就金融合作深化机构建设的共识进一步加强。2017年11月，在上合组织成员国政府首脑（总理）理事会第16次会议上，各代表团团长均认为，应继续推动金融机构和金融服务网络化布局，加强金融监管交流；强调要充分发挥银行间的合作潜力，并利用上合组织地区现有及在建的融资机制；在专家层面继续磋商，就建立上合组织开发银行和发展基金（专门账

---

① 蔡如鹏："上合组织显现全球影响力"，《中国新闻周刊》2018年第22期，第49页。
② "聚焦上合青岛峰会"，《21世纪经济报道》2018年6月9日，https://m.21jingji.com/article/20180609/336f4c43531e19ea0317d96060f8eb74.html。
③ "一季度我国与上合组织成员国贸易额增长20.7%"，新华网，2018年5月31日，http://www.xinhuanet.com/world/2018 - 05/31/c_1122919144.htm。
④ "上海合作组织成员国元首杜尚别宣言（全文）"，新华网，2014年9月13日，http://www.xinhuanet.com/world/2014 - 09/13/c_126981562.htm。

户）制定共同方案，不断推进投资等优先领域经济合作。① 2018 年上合组织《青岛宣言》中也再次强调，"成员国将继续研究建立上合组织开发银行和发展基金（专门账户）问题的共同立场"。② 二是上合组织银行间联合体（简称"银联体"）投融资保障功能进一步强化。该机制由上合组织各成员国政府推荐一家政策性或开发性银行组成，成立于 2005 年 10 月，是上合组织框架内最为重要的投融资平台。2017 年 10 月，"银联体"发起行之一的中国国家开发银行（简称"国开行"）担任主席行，在各成员行、伙伴行支持下，"银联体"深化全面合作，共谋稳定发展，各项工作取得积极进展。特别是上合组织扩员后，"银联体"也实现首次扩员，授予巴基斯坦哈比银行成员行地位。目前，中国"国开行"是贷款规模最大、最活跃的"银联体"成员行。此外，习近平主席还在青岛峰会上宣布，中方将在上合组织"银联体"框架内设立 300 亿人民币等值专项贷款，目的是为上合组织成员国在基础设施和工业园区的建设上提供所需的资金，进一步助推各个合作项目的落实。

（三）安全合作

维护地区的共同安全是上合组织的根本宗旨，也是上合组织发展的重要推动力。近年来，上合组织业已成为维护地区安全和稳定的最重要多边合作机制之一，在打击"三股势力"、毒品走私和有组织犯罪等领域取得巨大成就。如今，新兴的网络信息安全领域合作正成为上合组织另一大主攻方向。协调成员国之间的矛盾和冲突、确保地区安全和稳定的新机制也正在上合组织内积极酝酿。

第一，打击"三股势力"的合作机制加强。2017 年 6 月，上合组织成员国元首在上合组织成员国元首理事会第 17 次会议上签署了《上海合作组织反极端主义公约》（简称《反极端主义公约》）。该公约和《打击恐怖主义、分裂主义和极端主义上海公约》《上海合作组织反恐怖主义公约》《上海合作

---

① "上海合作组织成员国政府首脑（总理）理事会第十六次会议联合公报（全文）"，新华网，2017 年 12 月 2 日，http://www.xinhuanet.com/2017-12/02/c_1122045902.htm。

② "上海合作组织成员国元首理事会青岛宣言"，人民网，2018 年 6 月 11 日，http://world.people.com.cn/n1/2018/0611/c1002-30048526.html。

组织成员国打击恐怖主义、分裂主义和极端主义 2016 年至 2018 年合作纲要》等文件一起，形成更加完善的区域反恐合作法律体系，为成员国间加强合作，维护国家安全和人民群众生命财产安全提供了法律的锐利武器和有效保障。① 2017 年 9 月、2018 年 4 月和 2018 年 10 月，上合组织地区反恐怖机构理事会第 31、第 32 和第 33 次会议分别在北京②、塔什干③和比什凯克④举行，会议就各方联合打击防范"三股势力"利用互联网开展破坏活动，加强机构联动和法律基础等问题通过一系列决议。2017 年 11 月，上合组织地区反恐怖机构"打击恐怖主义—合作无国界"第五次研讨会在塔什干举行，重点就恐怖分子回流问题，进一步加强在情报交流、恐怖分子侦查、出入境检查、反恐干部培训、反恐数据库交流、反恐演习、完善反恐法律文件等领域的合作进行了探讨。⑤ 2018 年 5 月，上合组织成员国安全会议秘书第 13 次会议在北京举行，重点研究了新形势下共同打击"三股势力"、毒品贩运、跨国有组织犯罪以及保障国际信息安全等领域合作问题。⑥

第二，加强与阿富汗的对话联络机制，不断防范阿富汗的"恐流"和"毒流"对上合组织成员国的影响。"上合组织—阿富汗联络组"成立于 2005 年，双方建立的磋商机制，旨在推动双方合作提出建议。成立以来，联络组曾先后多次举行参赞级、副外长级会议。据 2018 年阿富汗国防部公布的数据显示，目前在阿富汗有 22 个武装组织，武装分子有 5.5 万人，其中"伊斯兰国"有本组织的人员，也有大量来自中亚地区的追随者。在此背景

---

① "锐利的武器 有效的保障——写在《上海合作组织反极端主义公约》签署一周年之际"，《人民日报》2018 年 5 月 30 日，第 21 版。
② "上合组织地区反恐怖机构理事会第三十一次会议在北京举行"，中国公安部网站，2017 年 9 月 17 日，http://www.mps.gov.cn/n2253534/n2253535/n2253537/c5781861/content.html。
③ "上海合作组织地区反恐怖机构理事会第三十二次会议在乌兹别克斯坦举行"，中国警察网，2018 年 4 月 5 日，http://news.cpd.com.cn/n3559/c40873984/content.html。
④ "上海合作组织地区反恐怖机构理事会第三十三次会议在吉尔吉斯斯坦举行"，中国警察网，2018 年 10 月 20 日，http://news.cpd.com.cn/n3559/c42301718/content.html。
⑤ "上合组织举办研讨会讨论应对恐怖主义新威胁"，新华网，2017 年 11 月 3 日，http://www.xinhuanet.com/2017-11/03/c_1121902522.htm。
⑥ "上合组织成员国安全会议秘书第十三次会议在京举行"，新华网，2018 年 5 月 22 日，http://www.xinhuanet.com/world/2018-05/22/c_1122871778.htm。

下,"上海合作组织—阿富汗联络组"副外长级会议2018年在北京成功举行,强调各方应充分发挥"上合组织—阿富汗联络组"作用,践行"上海精神",凝聚合作共识,采取有力措施,为阿富汗及本地区实现长治久安与发展繁荣贡献力量。

第三,防务安全合作稳步推进。为有效震慑以"东突"为代表的"三股势力",上合组织成员国举行了多种形式的反恐军演。2017年6月底,中国政府在上合组织框架内,同吉尔吉斯斯坦在中吉两国边境举行代号为"天山—3号(2017)"的边防部门联合反恐演习。演习与"实战"紧密结合,全面检验了中吉在兵力部署、机动作战、联合指挥、协同配合、共同打击暴力恐怖活动方面取得的突出成绩,开启了上合组织框架下国际执法合作的新篇章。与演习同步的是,上合组织成员国主管机关边防部门领导人第五次会议在大连召开,除巴基斯坦外,其余七个成员国均派代表参加。值得指出的是,虽然中印两国在边界问题上仍然存在分歧,但这并不妨碍两国在上合组织框架内开展边防合作。此次会议决定将上合组织成员国主管机关边防部门联合行动列入其成员国打击恐怖主义、分裂主义和极端主义三年合作纲要。[①]同年8月,俄、哈、吉三国在莫斯科东北部雅罗斯拉夫尔地区举行上合组织框架内的联合反恐演习,在此次联合反恐演习中检验防止恐怖分子可能向上合组织成员国境内渗透以及防止恐怖分子在敏感地区和人口稠密地区实施恐怖袭击的途径。[②]2018年4月,上合组织成员国国防部长会议在北京举行,签署了《上海合作组织成员国国防部长会议联合公报》,肯定防务安全合作作为上合组织健康发展基石发挥的特殊重要作用,强调落实《上海合作组织成员国国防部2018—2019年合作计划》的重要性,同时宣布成立上合组织成员国国防部长会议专家工作组,并将支持工作组各项工作,不断完善上合组织军事领域合作。[③]同年6月,为继续深化反恐领域合作,青岛峰会通过了《上海合作组织成员国打击恐怖主义、分裂主义和极端主义2019年至2021年合作纲要》,并由上合组织地区反恐怖机构负责协调落实。

---

① "上合组织边防部门领导人会议召开",《光明日报》2017年6月30日,第12版。
② "上合组织联合反恐演习在莫斯科举行",伊朗华语台网站,2017年8月11日,http: //parstoday.com/zh/news/world-i26706。
③ "上海合作组织成员国国防部长会议联合公报",新华网,2018年4月25日,http: //www.xinhuanet.com/world/2018-04/25/c_1122739665.htm。

第四，在新型和非传统安全领域开展有效合作。首先，各成员国对网络恐怖主义的关注度显著提升。2017年12月，上合组织"厦门—2017"网络反恐联合演习在中国厦门举行，该次演习演练了各国网络安全信息共享和行动协调能力。① 同时，这也是印、巴两国加入后的首次演习，充分反映了上合成员国在网络反恐领域具有高度共识。其次，积极强调加强网络信息安全，防范网络犯罪。自2015年起，上合组织国际信息安全专家组就制定了《信息安全国际行为准则》，其之后成为联合国官方文件。2016—2017年，成员国共屏蔽10万多家网站，这些网站共登载400多万条宣扬恐怖主义和极端主义的信息。2018年1月，上合组织成员国国际信息安全专家组在中国武汉召开例行会议，共同商讨如何加强网络安全合作。再次，禁毒合作日渐深入。根据UNDC的统计数据，2011—2015年85%的海洛因通过陆运在中亚进行贩运，其运输方法也在犯罪团伙的支持下不断更新。2018年5月，上合组织成员国禁毒部门领导人第八次会议在中国天津举行。会议集中探讨了当前毒品犯罪呈现的新特点以及国际禁毒合作面临的新挑战，如毒品贩运日益全球化、新型毒品危害加速上升、毒贩使用的信息通联技术更加隐蔽、国际禁毒政策分化加剧等。② 会议还商定了《上海合作组织预防麻醉药品和精神药品滥用构想》草案，主张不断加强禁毒预防教育，引导未成年人远离毒品。③ 青岛峰会通过了该文件，还确定了开展禁毒领域务实合作的路线图，通过了《2018—2023年上海合作组织成员国禁毒战略》及其落实行动计划。

（四）社会人文合作

"上海精神"承认和尊重各种文明的独特性与多样性，主张让多种文明在共存共处中取长补短、互相借鉴，是上合组织多年实践的"灵魂"。阿斯塔纳峰会举办后的一年来，上合组织在推进成员国社会与人文合作、促进多样文明间对话方面硕果累累，体现在生态与医疗卫生、文化艺术、媒体、青年以及教育等诸多领域。

---

① "上合组织网络反恐联合演习再次在中国举行"，新华网，2017年12月6日，http://www.xinhuanet.com/legal/2017-12/06/c_1122069221.htm。
② "上合组织助力巴基斯坦禁毒"，《光明日报》2018年6月30日，第8版。
③ "上合组织成员国禁毒部门领导人第八次会议达成四项共识"，《人民日报》2018年5月18日，第3版。

第一，卫生防疫合作稳步推进。2017年10月，上合组织成员国卫生防疫部门领导人第五次会议在俄罗斯索契举行。会议讨论了在上合组织框架内保障卫生和流行病学安全的热点问题，预防传染病蔓延联合工作及确保上合组织框架内生物安全的当前合作和未来方向。① 2018年5月，上合组织成员国跨境动物疫病联合防控合作会议在中国西安召开。会议一致通过了《上海合作组织成员国跨境动物疫病联合防控合作会议联合声明》，启动了"上合组织跨境动物疫情疫病监测平台"，并形成《上海合作组织成员国部门间跨境动物疫病联合防控和检疫技术合作框架》，该文件于青岛峰会期间签署。② 此外，青岛峰会还签署了《上海合作组织成员国元首关于在上海合作组织地区共同应对流行病威胁的声明》。声明的签署也意味着各成员国在流行病防治等领域的合作机制将日臻完善。

第二，环保合作正式列入议事日程。近年来，环保一直被列入上合组织未来合作的主要领域。2017年12月，上合组织成员国政府首脑（总理）理事会第16次会议提出，要"尽快完成《上海合作组织成员国环保合作构想》草案"。③ 在2015年成立的《上海合作组织环保信息共享平台》的基础上，2018年5月14—18日，由中国—上海合作组织环境保护合作中心主办的"上合环保合作：中国活动周"在北京成功举办，在活动周里举办多次环保论坛，深化环境合作，共同促进区域环境质量的改善。2018年6月青岛峰会通过了《上海合作组织成员国环保合作构想》，提出要在环保领域加强技术合作，各成员国应提高环保教育和宣传水平，推动绿色发展。文件还强调，应着力构建环保信息交流渠道，加强环保工作协调力度，强化废物处置和管理，维护生态多样性。④

---

① "上海合作组织成员国卫生防疫部门领导人第五次会议声明"，上海合作组织网站，2017年10月31日，http://chn.sectsco.org/culture/20171031/341358.html。
② "上合组织成员国跨境动物疫病联合防控合作会议在西安召开"，中国海关总署网站，2018年5月12日，http://www.customs.gov.cn/customs/302249/302425/1838793/index.html。
③ "上海合作组织成员国政府首脑（总理）理事会第十六次会议联合公报（全文）"，新华网，2017年12月2日，http://www.xinhuanet.com/2017-12/02/c_1122045902.htm。
④ "上合组织秘书长阿利莫夫：八个成员国将秉承'上海精神'，续写上合组织新的历史"，新华网，2017年6月13日，http://www.xinhuanet.com/world/2018-06/13/c_129892870.htm。

第三，文化艺术交流丰富多元。2017年8月①和2018年4月②分别在上海和北京举行第四、第五届上合组织"和平号角"军乐节。该活动已成为成员国军队官兵友好情谊的桥梁纽带。2018年5月中旬，上合组织成员国文化部长第15次会晤在中国三亚举行，各方就如何加强和深化上合组织文化合作等问题进行了交流，通过了《上海合作组织成员国政府间文化合作协定2018—2020年执行计划》和《上海合作组织成员国文化部长第15次会晤新闻声明》。③ 5月底，上海合作组织成员国艺术节在北京举行，艺术节内容丰富，各国特色的音乐、舞蹈集中演出，文化遗产图片展，艺术家技法展示、研讨等艺术交流活动一并开展，充分展示了上合组织成员国丰富多彩的艺术成就。④ 6月，首届上合组织国家电影节在中国青岛举办，来自8个成员国与4个观察员国的电影艺术家、电影企业代表参加，参赛影片23部，参展影片55部。⑤ 影片从不同角度展现上合组织各国的光影魅力，更好地促进上合各国电影产业的发展和电影创作的进步，提升文化交流的质量。

第四，青年交流着眼未来。2017年8月，上合组织举办了"童心共筑世界梦"青少年艺术展演活动，来自中、俄、哈、吉、巴、乌等6国的150余名青少年参与，⑥ 这场活动为加强成员国青少年民心相通提供了重要平台。2017年8月和2018年7月，第二、第三届"上合组织青年交流营"分别于北京⑦和青岛⑧开营。青少年是各国的未来，交流营的举办将进一步促进地区各国

---

① "第四届'和平号角'上海合作组织军乐节在沪开幕"，新华网，2017年8月27日，http://m.xinhuanet.com/2017-08/27/c_1121550051.htm。

② "'和平号角—2018'上海合作组织第五届军乐节在京开幕"，新华网，2018年4月24日，http://www.xinhuanet.com/politics/2018-04/24/c_1122736562.htm。

③ "上合组织成员国文化部长第十五次会晤在海南三亚举行"，《人民日报》2018年5月18日，第3版。

④ "上海合作组织成员国艺术节在京开幕"，新华网，2018年5月30日，http://www.xinhuanet.com/2018-05/30/c_1122914170.htm。

⑤ "首届上合组织国家电影节在青岛开幕"，新华网，2018年6月13日，http://www.xinhuanet.com/2018-06/13/c_1122981859.htm。

⑥ "'童心共筑世界梦'2017年上合组织成员国青少年艺术展演开幕"，新华网，2017年8月22日，http://m.xinhuanet.com/2017-08/22/c_1121525094.htm。

⑦ "第二届'上海合作组织青年交流营'闭营式在京举办"，《中国青年报》2017年8月29日，第3版。

⑧ "第三届上合组织青年交流营在青岛开营"，新华网，2018年7月16日，http://www.xinhuanet.com/2018-07/16/c_129914450.htm。

睦邻友好关系的发展。2018年6月的青岛峰会，通过了《上合组织成员国元首致青年共同寄语》及其实施纲要。文件就加强青年一代在政治、文教等方面的广泛合作提出一系列具体措施。这一文件无疑将进一步增进上合组织各成员国青年间的友谊，提高他们制定与青年相关政策的积极性，解决青年在发展中面临的各种问题，为上合组织各成员国的青年交往翻开崭新的一页。①

第五，媒体合作日趋深入。2017年6月，中国国家主席习近平在上合组织阿斯塔纳峰会上正式提出建立上合组织媒体合作机制、举办首届媒体峰会的倡议。同年12月，在上合组织成员国政府首脑（总理）理事会上，中国国务院总理李克强提议成立上合组织媒体合作委员会，推动各国主管部门和主流媒体就政策交流、新闻报道、内容创作、产业合作等内容开展机制性的交流与合作。2018年5月底，"上合组织成员国媒体北京论坛"举行，北京市属媒体与上合组织成员国媒体代表在论坛共同发表了《上海合作组织成员国媒体北京论坛联合倡议》。② 6月，上合组织首届媒体峰会在北京举行。来自上合组织各国的新闻事务主管部门负责人、驻华使节、主流媒体负责人以及有关方面代表共260余人出席，联合发表了《上海合作组织首届媒体峰会关于加强媒体交流合作的倡议》。③

第六，旅游合作成为新亮点。2016年上合组织塔什干峰会签署了有关推动上合组织各成员国旅游合作的文件，此后相关进程加快。2017年6月阿斯塔纳峰会，各方共同签署了《2017—2018年落实〈上海合作组织成员国旅游合作发展纲要〉联合行动计划》，决定于2018年召开首届上合组织成员国旅游部长会议。2018年5月，该会议在中国武汉如期召开，④各成员国就如何推动旅游业的快速发展，深化成员国之间的旅游合作展开了探讨。6月的青岛峰会期间，《2019—2020年落实上海合作组织成员国旅游合作发展纲要

---

① "上合组织秘书长阿利莫夫：八个成员国将秉承'上海精神'，续写上合组织新的历史"，新华网，2017年6月13日，http://www.xinhuanet.com/world/2018-06/13/c_129892870.htm。

② "'2018上合组织成员国媒体北京论坛'成功举办"，《北京日报》2018年6月1日，第4版。

③ "上合组织首届媒体峰会倡导以'上海精神'为引领开启媒体合作新时代"，新华网，2018年6月2日，http://www.xinhuanet.com/politics/2018-06/02/c_1122926482.htm。

④ "上合组织成员国首届旅游部长会议在武汉开幕"，新华网，2018年5月10日，http://m.xinhuanet.com/hb/2018-05/10/c_1122809402.htm。

联合行动计划》签署,该文件作为未来两年加强上合组织框架下旅游领域合作的指导性文件,将积极推动旅游领域合作务实深化,提质升级。①

此外,上合组织政党论坛、人民论坛、妇女论坛、医院合作论坛,以及"经济智库联盟"等合作机制,也在中国担任主席的一年中逐步推进,这些民间社会和各国政府间的建设性沟通平台,将共同致力于推动上合组织的发展。

二、新形势下上合组织的发展机遇

当前,国际和地区形势正在发生深刻复杂的变化,上合组织处在一个大发展大变革大调整的重要节点,面临转型升级、再续辉煌的重大契机。

(一)美国与西方盟友裂痕扩大凸显"上合方案"价值

2018年6月的上合组织青岛峰会恰巧与在加拿大魁北克举行的西方七国集团(G7)年度峰会的时间重合,这一巧合引发了国际社会的广泛关注,国际舆论也乐于将两场峰会进行比较。由于美国总统特朗普拒绝支持G7峰会发表的联合声明,七国集团峰会在闹剧和死灰复燃的贸易战威胁中闭幕。此次峰会进一步凸显了七国集团在贸易等问题上的分歧,扩大了美国与西方盟友之间的裂痕。

相比较之下,上合组织青岛峰会期间,各成员国达成广泛共识,一致认为各国只有加强团结与协作,深化和平合作、平等相待、开放包容、共赢共享的伙伴关系,才能实现持久稳定和发展。可以说,在当前国际社会民粹主义和逆全球化、反全球化浪潮风起云涌之际,上合组织青岛峰会向全世界展现了一种难能可贵的区域合作新模式,再一次彰显了上合组织的全球影响力。正如罗高寿俄中研究中心主任谢尔盖·萨纳科耶夫指出的,西方打造的是一个建于单中心主义基础上的封闭俱乐部,并按照自己的意愿向世界发号施令。青岛峰会给出的替代方案是,在多极化世界一切国家良性竞争。在中国"一带一路"倡议和俄罗斯欧亚经济联盟的框架内,上合组织平台将会不断壮大。

---

① "旅游合作:上合组织的新时期担当",今日中国网,2018年6月9日,http://www.chinatoday.com.cn/zw2018/rdzt/2018shzz/news/201806/t20180609_800132187.html。

当然，就此谈论"上海方案"优于 G7 模式还为时尚早，因为 G7 成员国的分歧究竟是结构性地处在临界点还是阶段性现象尚不可知，毕竟 G7 峰会遇到的是一个推行"利己政策"的美国总统。上合组织则仍然处在成员国拒绝单极世界秩序的初级阶段，未来还需要有更多的实质性措施来巩固当前构建的良性发展模式。即便如此，观察 G7 合作的现状也在为上合组织规避未来掉入发展"陷阱"提供前车之鉴。

（二）复杂的国际环境使中俄双边关系更加紧密

2017 年底，美国新版《国家安全战略》将中、俄两国视为"修正主义国家"和"战略竞争对手"。同时，美国又多管齐下地全方位打压并遏制中俄两国。美国与俄罗斯在多个方面都存在深刻的分歧，比如叙利亚和乌克兰危机、俄罗斯干预美国大选、对待伊核问题的立场等都是横亘在两国之间巨大的"裂谷"。对于中国，美国开始实施全方位、宽领域的"总体战"：一方面对中国发起史上最大规模的贸易战，打压中国高科技行业，无理要求中国进行结构性市场改革；另一方面在台湾、南海、宗教和意识形态等问题上不断制造事端，使两国双边关系的发展遭遇巨大挫折。此外，美国还在间谍与网络攻击、干预选举等问题上将中俄两国"捆绑"起来并置于异端。

在此背景下，中俄两国势必进一步全方位加强双边关系，一是因为美欧对俄罗斯的制裁将迫使俄将经济重点转向亚洲，寻求与中国合作，助其打破国际孤立，扩大能源市场，并从中国获得贷款，以减少经济掣肘；二是因为中俄良好的双边合作是维护公平世界秩序、防范美国不可预见的危险行动的有力保障。不过也要指出，联手应对共同威胁是中俄友好关系的重要因素但非主要因素。更重要的是，中俄关系"内在建设性力量"的重要性远大于两国对美关系的重要性。[①] 因为共同的对手会出现、改变和消失，唯有双方产生的"内在建设性力量"才是维系友好关系的基础。

[①] "俄媒说中俄共同维护世界秩序有助防范美国的危险行动"，《参考资料》2018 年 9 月 19 日，第 34 页。

(三) 中俄合作开启"双引擎",助推上合组织迈向新高度

当前,中俄关系正处于历史最好时期,高水平发展的中俄关系为上合组织的发展奠定了坚实基础,促进了该组织内部的密切协作,使上合组织拥有美好的发展前景。其中最能够体现中俄关系"内在建设性力量"的主要有双边经贸关系的快速发展以及军事合作的日渐深入。

经贸关系方面,双方经贸合作破除不利因素影响,实现强劲增长。2018年前11个月,双边贸易额超过972亿美元,比2017年同期增长28%,全年突破1000亿美元。中国自俄进口2018年上半年同比增长32%,俄对华贸易顺差进一步扩大。① 此外,双方也在朝着双边本币结算进程过渡。正因为中俄双方互视对方为外交优先伙伴,2015年5月两国签署了《关于丝绸之路经济带建设和欧亚经济联盟建设对接合作的联合声明》,中国又于2018年5月与欧亚经济联盟签署经贸合作协定,6月中俄签订《关于完成欧亚经济伙伴关系协定联合可行性研究的联合声明》,中俄"带盟"将实现对接。这一对接有利于进一步推动中亚区域经济合作,驱动上合组织成员国的整体发展。

军事关系方面,双方也迈入中俄战略合作新阶段。2018年,中俄双方部队不仅在俄罗斯车里雅宾斯克共同参加上合组织反恐演习,中国还派出3200名官兵参加了"东方—2018"俄罗斯武装力量战略演习。② 中俄双方在军事方面的高度互信,有利于为上合组织其他成员国树立良好典范,并在中俄两国的共同带领下,进一步明确各国的反恐军事责任,使上合组织的防务合作迈向新台阶。

(四) 扩员后的上合组织将成为建设"一带一路"的重要平台

上合组织成员国、观察员国甚至对话伙伴国都是"一带一路"沿线的国

---

① "驻俄罗斯大使李辉接受俄国际文传电讯社专访",中国外交部网站,2018年12月15日,https://www.mfa.gov.cn/web/dszlsjt_673036/t1624926.shtml。
② "'东方—2018'战略演习举行联合战役实兵演练和沙场检阅",新华网,2018年9月13日,http://www.xinhuanet.com/world/2018-09/13/c_1123424599.htm。

家。这些国家又都对参与"一带一路"十分积极。因而，上合组织可以借助"一带一路"倡议获得新的发展动力。对于"一带一路"的建设而言，目前其建设项目大多集中在上合组织成员国覆盖的区域。这对在上合组织框架内的经济合作而言，是一种互为补充的关系。一方面，现有的各种"一带一路"框架内的投融资机制，如亚投行、丝路基金等都完全可以同上合组织的项目实现融合，使后者在"一带一路"框架内推进实施；另一方面，上合组织框架内的一些保障机制，如部长级会晤机制、海关合作、交通运输便利化措施等都可以反过来服务于"一带一路"的建设，为其提供机制保障和法律支持。

将上合组织融入"一带一路"建设当中也得到上合组织秘书长以及成员国领导人的支持。例如，2018年6月的青岛峰会上，哈萨克斯坦总统纳扎尔巴耶夫提出一个十分有价值的倡议——希望成员国之间的经济合作关系由双边合作转向多边、面向整个地区的合作，并建立相应的资金以及财政体系。新上任的上合组织秘书长、乌兹别克斯坦前外长弗拉基米尔·诺罗夫也将本组织参与"一带一路"建设与合作列入其执掌后的重要目标。他还提出，也是为了配合"一带一路"倡议，上合组织要以铁路建设为主线，建立一个完备的、覆盖整个地区的交通运输网络。① 总的来说，上合组织对于"一带一路"建设起到的是十分积极的促进作用，而"一带一路"建设对上合组织的建设也有帮助，两者相互促进、相互支撑。

三、新时期上合组织面临的新挑战

机遇与挑战并存。深刻变化的国际政治环境，以及扩员后可能产生的内部"损耗"，都会对上合组织的前途命运构成挑战。

（一）美国企图在中亚区域抵消上合组织的影响力

美国和西方国家一直以来将上合组织视为"反西方集团"和"威权主义俱乐部"，视其为地缘政治和价值观上的巨大挑战。特别是在美国看来，上

---

① "上合组织候任秘书长接受文汇报记者专访：上任后决心'烧三把火'"，文汇网，2018年11月27日，http://www.whb.cn/zhuzhan/huanqiu/20181127/226914.html。

合组织的反西方特质是对美国全球战略利益的一种威胁。于是，近来美国在上合组织覆盖及辐射区域开始实施拒止和分化策略，且动作频频，试图抵消上合组织尤其是中俄两国的地区影响力。

从安全环境来看，美国于 2017 年 8 月发表新版《阿富汗反恐战略》，声称美国不会从阿撤军，将适时增兵，并扩大前线官兵权限。一年多来，阿富汗的国内政治进程和反恐环境非但没有改善，恶化程度还在加剧，这无疑会加大中亚地区国家的反恐压力，并且迫使上合组织在反恐维稳工作中投入更大的资源。从政治安全环境来看，美国恶劣地炮制所谓"中国压迫新疆境内穆斯林群体"，并在中亚国家投入资金煽动当地社会组织进行抗议活动，使中国和中亚国家政府陷入两难境地，抵消相关国家间的政治凝聚力。从地缘环境来看，美国在中亚地区继续推进"C5 + 1"（中亚五国 + 美国）多边对话机制和中南亚合作项目，以阿富汗问题为主推，加紧拉拢部分地区国家。2019 年 2 月底，美国国会派出代表团单独访问塔什干，以军事援助为诱惑，分化中亚国家与俄罗斯的军事合作。从经贸环境来看，美国等西方国家的舆论不断渲染"一带一路"威胁与中国对中亚国家的所谓"债务陷阱"，给中国与中亚国家间的经贸合作无端制造障碍。由此可见，美国不断在上合组织覆盖区域挑起事端、制造对立，企图给上合组织成员国的政治安全和经济安全，以及成员国之间的政治互信和情感纽带制造"断裂"，这些都将对上合组织的稳定性和内部凝聚力构成挑战，使地区形势更加复杂。

（二）领土争端依旧是上合组织成员国不可逃避的挑战

印度和巴基斯坦成为正式成员国虽然使上合组织成为世界上幅员最广、人口最多的综合性区域合作组织，但在肯定其发展成就的同时，我们也要意识到扩员后难免会使成员国与域外政治力量存在更多交集，现有成员国的利益格局一定程度上也会因新来者而实现有限的重组，外部复杂因素对成员国的影响也将更加显著。如何在新的组织框架下理顺过去的国与国之间的关系，捏合这个具有丰富民族分布、语言文化、宗教信仰、意识形态和国家政体的国家集合，[①] 成为各成员国面临的共同挑战。

---

① 徐涛："青岛峰会后的上海合作组织：新职能、新使命与新挑战"，《俄罗斯学刊》2018 年第 6 期，第 11 页。

其中，最突出、最显性的挑战无疑是领土争端问题。一方面，中亚成员国之间本身就存在边界问题、跨境水资源问题以及跨国民族问题等传统挑战；另一方面，印巴两国加入后，又将印巴之间和中印之间的历史遗留问题带入上合组织。2019年2月14日，印控克什米尔地区发生攻击事件，一名自杀炸弹客驾驶汽车，冲撞印度中央后备警察部队乘载的大巴士，造成车上44人丧命。① 这起事件是该地区数十年来发生的对安全部队最致命的攻击。事件发生的时间距离6月上合组织比什凯克元首峰会的召开只有4个月，可想而知，突发或偶发的边界冲突势必给两国关系带来阴影，很难在短时间内消除，进而也有可能破坏两国领导人在上合组织框架内的交流氛围，打消合作意愿。因而，今后很长一段时间，如何管控部分成员国的边界危机而不影响上合组织成员国的整体合作依旧是一个重大课题，考验所有成员国的集体智慧。在这种情况下，上合组织更需要弘扬"上海精神"，从而推动上合组织行稳致远，构建"人类命运共同体"。

（三）上合组织网络反恐与网络信息安全有待进一步规则塑造

随着互联网技术的发展，网络犯罪也成为上合成员国关注的重点。自2015年起，上合组织国际信息安全专家组的专家制定的《信息安全国际行为准则》成为联合国官方文件。2016—2017年，成员国共屏蔽10万多家网站，这些网站共登载400多万条宣扬恐怖主义和极端主义的信息。2017年12月，上合组织"厦门—2017"网络反恐联合演习在福建省厦门市举行。②

但中亚国家仍然存在大量网络安全的漏洞。从表3可以看出，目前上合组织成员国中只有俄罗斯属于其中网络安全指数最高的国家，其他几个国家包括中国、哈萨克斯坦等处于中等偏上的阶段，而另外三个中亚内陆国家处于网络安全的第一阶段，即已经开始承诺履行网络安全职责，包括吉尔吉斯斯坦、塔吉克斯坦和乌兹别克斯坦。上合组织整体网络水平一般，需要在网络的基础设施、组织框架等加大投入。

---

① "印控克什米尔地区炸弹攻击事件已致44人死亡"，中国新闻网，2019年2月15日，http://www.chinanews.com/gj/2019/02-15/8755157.shtml。

② 李智："上合组织青岛峰会：聚焦国家与区域安全 通力合作提升网络反恐"，中国网，2018年6月6日，https://www.secrss.com/articles/3185。

表3　上合组织全球网络安全指数排名（GCI, 2017）

国家	GCI总分	全球排名	法律框架	技术手段	组织架构	能力建设	相关合作
哈萨克斯坦	0.352	83	0.581	0.622	0.167	0.239	0.158
吉尔吉斯斯坦	0.270	97	0.432	0.04	0.167	0.239	0.437
塔吉克斯坦	0.292	91	0.53	0	0.553	0.381	0
乌兹别克斯坦	0.277	93	0.446	0.33	0.334	0.113	0.158
俄罗斯	0.788	10	0.817	0.67	0.851	0.91	0.7
中国	0.624	32					
印度	0.683	23					
巴基斯坦	0.447	67					

资料来源：中国、印度、巴基斯坦数据来源于国际电信联盟（ITU）发布的GCI2017主报告，https://www.itu.int/dms_pub/itu-d/opb/str/D-STR-GCI.01-2017-R1-PDF-E.pdf；哈萨克斯坦、吉尔吉斯斯坦、塔吉克斯坦、乌兹别克斯坦和俄罗斯的数据来自于CIS区域分报告。

当前，无论是在网络反恐还是推动全球网络空间的国家行为准则上，上合组织都面临着内外部的双重挑战。[1] 首先是在内部挑战上，网络恐怖主义具有流散性和跨国性等特征，因而应对网络恐怖主义需要多国的信息共享与规则"对接"，多国广泛而深入的网信和司法执法合作势在必行。但是，上合组织各成员国在法律条文、司法制度、执法合作等方面尚未实现有效"对接"，例如对恐怖分子的量刑定罪、对境外抓获的恐怖分子的引渡机制，以及调查取证和抓捕过程中的跨国协调能力等都存在较大差距。其次是在外部挑战上，上合组织成员国，特别是中、俄等网络大国对网络安全治理模式的看法与西方国家尤其是美国的大相径庭。双方在网络空间主权、行为准则等方面的观点严重对立。近年来，美国也一直扬言受到来自俄罗斯、中国、伊朗等国的网络攻击的威胁。在这种背景下，上合组织要在西方主导的网络安全国际话语权竞争中争得一席之地，不仅需要巩固成员国之间和发展中国家的支持，更重要的是要进一步与美欧等网络大国进行试探性讨论，寻取双方网络安全理念和规则的"中间道路"。

---

[1] 肖河："'数字丝路'力助网络安全治理"，《环球》2018年第12期，第21—22页。

(四) 禁毒形势严峻，上合组织成员国的行动协调性有待提升

上合组织扩员后，成员国人口已占世界人口的近一半，可以说，上合组织禁毒合作的成效将直接影响全球毒品泛滥的趋势。在上合组织地区，阿富汗的罂粟种植面积和鸦片产量急剧增长，对本国及其他周边国家的安全、稳定和发展构成严重威胁。数据显示，阿富汗鸦片生产在 2017 年同比增加 87%，达到 9000 吨，创下新的纪录，种植鸦片的面积同比增加 63%，也达到创纪录的 3280 平方千米。①

在这个背景下，上合组织成员国有必要进一步协调立场、深化合作。这种合作不但需要各国具有高度的战略互信，而且要具备相匹配的执法能力。但是我们也看到，尽管近两年来中亚国家间的相互关系出现许多积极动向，成员国之间的政治互信水平是否已经提高到足以协调共同打击阿富汗毒品贩运问题的高度，依旧是一个疑问。此外，印巴两国紧张关系的起伏不定，域外势力的干扰分化，都会给上合组织的整体禁毒合作带来不确定性。目前，上合组织成员国禁毒合作还面临有机制、有文件但落实少的问题。与网络反恐情况类似的是，成员国在打击跨国贩毒时的情报交换和司法互助水平都有待提高。

(五) 上合组织经济合作有被边缘化的风险

客观而言，上合组织还是一个以安全合作为主的机制，反对"三股势力"，维护各成员国的政治安全和国家稳定是上合组织成立的初衷。由于近年来各成员国对经济建设的关注度大幅增加，上合组织的经济合作潜力才得以提上议事日程。不可否认的是，相较于安全合作，上合组织的经济合作是相对滞后的。其中的主要原因：一是市场主体的推动力不足。经贸合作的深化需要企业主体、消费需求、产品质量、物流保障、资本供给、人才与技术交流、法制软环境等多要素推动，而非一国的政治意愿所能完全解决的。也就是说，即使如今上合组织签订了一系列经济合作的协定，如果大部分成员

---

① "人口近世界一半，上合 8 国加强禁毒合作"，环球网，2018 年 5 月 17 日，http://world.huanqiu.com/exclusive/2018-05/12047707.html?agt=56。

国缺少上述要素，那么从市场运作的规律来讲，市场主体在上合组织经济合作中的推动力将是极为有限的。二是经济合作层次不高且领域狭窄。中亚国家往往比较在意贸易逆差的问题，但是一想到自身除能源外基本没有其他出口产品时，它们也表现得十分无奈。这折射出的现实问题是，上合组织的经济合作项目大部分集中在资源开发或者基础设施建设领域，而技术含量高、创新层次高的合作项目凤毛麟角，加之上合组织成员国大部分为发展中国家，还不具备成员国之间相互投资的能力，这也严重制约了该区域经济合作的推进。

（六）内生性的矛盾俨然成为中亚国家对区域一体化疑虑的重要支撑

尽管在乌兹别克斯坦等国的带动下，中亚国家间合作有向暖的趋势，但是要为适应上合组织的发展潮流而使中亚国家朝一体化方向发展，无论是从外部环境还是内部意愿来看，都存在一定的问题。一方面，由于历史原因，中亚国家自独立以来一直对主权问题非常敏感，对域外大国的介入抱有"戒心"，担忧大国主导的一体化意味着要让渡主权。因而，中亚国家会对这种区域一体化有着本能的抵触。另一方面，中亚国家间资源禀赋的差异也会阻碍区域一体化。例如，跨境水资源问题一直困扰着上下游国家进一步的经济合作和政治互信。因此，禀赋差异导致的发展不均衡是区域一体化的重要桎梏。当然也要考虑到一些地缘政治问题，例如中俄都对美国在中亚的一些布局心存担忧，而中亚国家乐于与美国接触，以此对冲中俄在该地区的影响力，从而达到某种影响力的局部平衡。所以，尽管中亚国家对中国提出的"一带一路"倡议表示欢迎，并积极对接，但这些国家的发展战略与"一带一路"的对接大部分还是限于双边范畴。对于多边合作的呼吁也只是部分区域大国的声音而非全部。当然，这不是说上合组织什么都做不了。相反，通过上合组织的协商平台，本地区国家才可搭建全方位对话机制，只有增进理解，各成员国才能够厘清区域和个体的利益所在，从而形成一个共识性的标准。

四、"上合组织2.0版"的发展愿景

青岛峰会之后，上合组织将驶入"2.0时代"。2.0版本升级的不仅仅是上合组织的规模，更重要的是要将上合组织打造成国际政治中平等合作的典

范。这就需要把摸着石头过河和加强顶层设计相结合，从战略高度和长远角度谋划上合组织的新发展。

（一）面对美国在欧亚中心地带的战略挤压，上合组织应进一步推动地区安全合作

美国对欧亚中心地带的觊觎以及对上合组织的政策考量主要是针对阿富汗和中东问题。如今，美国特朗普政府与美军方对于是否从阿富汗撤军一直存在反复。或许其内部的最大考量就是担忧撤军后期留下的真空会被上合组织或者俄罗斯等地区大国所填补。因而，美国的战略初心就是要在该地区实现战略挤压，挤压俄罗斯和中国的潜在影响力和领导力。

中俄两国应保持高水平的战略协作关系，在上合组织框架内推动地区安全合作。特别是要未雨绸缪地做好两手准备：一是如果美国继续留守欧亚中心地带，上合组织可考虑与美国开展反恐安全1.5轨或2轨对话机制，阐明各自利益、政策目标和安全关切；也可同美国探讨在阿富汗的禁毒和打击跨国有组织犯罪的问题，因为这两大议题一定程度上也是特朗普政府关注的议题之一。二是若美国从阿富汗撤军，那么"三股势力"的威胁可能会因此被再度放大，上合组织的各方面反恐压力或将骤然提升。在这种战略环境下，上合组织必须找到应对阿富汗国内复杂问题的方法，包括反恐问题的新"上合方案"。例如，可建立成员国与阿富汗边境地区管控和信息交换机制；敢于为阿富汗各派力量的和平对话搭建平台，坚持推进阿富汗和平进程等。总而言之，上合组织应坚持"互信、互利、平等、协作"的新安全观，贯彻"以合作促安全，以发展谋安全"的指导思想，加强政治安全互信，联合应对安全威胁，维护地区和平与稳定。

（二）新成员融入进程应保证积极稳妥，避免上合组织内部出现不和

上合组织扩员是出于自身发展的需要。从积极的方面看，扩员意味着上合组织体量、国际威望和影响力的提升。事实也证明，印度与巴基斯坦的加入给上合组织带来很大的积极面，因为印巴将在深化安全合作、加强经济对话、扩展南北走廊等方面扮演重要角色。印巴加入后也积极参与上合组织的建章立制，完善各项章程，彰显了两国参与上合组织安全、经济与文化合作

的迫切性。

但是，也不能排除印巴不合会成为未来制约上合组织团结的"绊脚石"。虽然巴基斯坦新总理伊姆兰·汗上任后寻求缓和印巴关系，但是2019年2月在克什米尔地区爆发的两国冲突又瞬间使印巴关系跌入"冰点"，加之2019年恰逢印度大选年，总理莫迪为了迎合印度国内对巴强硬派的需求，在大选前也需要调整印度与巴基斯坦新政府接触的缓和立场。印巴关系的未来走向将更加扑朔迷离。

印巴关系紧张及其引发的恶性连锁反应，势必会制约双方在上合组织发挥的作用。这既是对上合组织的考验，也是上合组织发展的机遇。在这种情况下，考虑到上合组织擅长以和平谈判方式协商解决成员国之间的分歧，上合组织应成为印巴之间的调停人，搭建印巴边境危机管控的对话平台，避免双方摩擦升级。上合组织应为印巴双方提供一个包容的平台，帮助双方缓解紧张关系。中俄两国和其他成员国也应借此契机修复印巴关系，为地区和平与安全做出切实努力。

（三）依托上合组织，巩固中印关系健康发展

2017年6月，就在印度正式加入上合组织的一星期后，中印两国在洞朗地区经历了长达72天的军事对峙。该事件被评价为"自1962年中印边界纠纷以来的最紧张状态"。尽管印度当地媒体大肆报道"中印处于一触即发的危机状态"，但两国最终还是和平化解了危机，体现出双边关系的成熟。正如印度总理莫迪评价称："由于对实际控制线存在不同看法，边境地区偶尔会发生事件。然而，两国始终设法通过实地对话和外交渠道来和平解决这些事件。值得注意的是，近40年来，印中边境没有发生过一起枪击事件，边境地区保持了和平与安宁。这表明我们都是成熟的国家，有能力和平解决分歧。"[①]

2018年，中印两国领导人在多个双边和多边场合频繁互动、举行会晤，特别是对上合组织、金砖国家等机制发挥了重要作用。中印关系的改善以及中俄印"稳定三角"架构的形成，反过来也将使上合组织和金砖国家等三方

---

① "印媒称莫迪为中印关系成熟点赞：'边界40年未开一枪'"，参考消息网，2018年8月14日，http://www.cankaoxiaoxi.com/world/20180814/2310099.shtml。

共同参与的机制行稳致远。当前，中俄两国面临美国的强大压力并经历贸易战或者受到制裁已成为事实。接下来，印度也将成为美国贸易战的对象国，也会是美国主导的"印太"地区"四方安全对话"非正式磋商机制拉拢的对象。这就更加需要中俄两国在上合组织框架内与印度进行多方位合作，共同维护全球安全，抵御美国的战略压力及影响力，推动全球和地区的稳定与可持续发展。

从经济的角度来看，健康稳定的中印关系对上合组织发展也具有重要的积极影响。近年来，莫迪政府推出"印度制造"计划，客观上要求向外扩大市场。印巴的加入使上合组织的区域范围不断向西、北和南拓展，上合组织市场变得更加厚实。从这个意义上讲，中印在上合组织内的良性竞争也能够进一步提升欧亚经济的活力。

（四）秉持互利共赢原则，推进贸易便利化合作

青岛峰会一项重要的成果是成员国领导人签署了《上海合作组织成员国元首关于贸易便利化的联合声明》。该声明虽然没有法律效力，但其签署至少表明了各成员有实现贸易便利化的意愿。成员国对实现贸易便利化的努力将会为上合组织经济合作的切实发展提供一个强劲的动力。

贸易便利化是一个十分宽泛的概念，它要求相关国家在进行货物贸易时，通过采取简化行政程序、通关手续、新技术新标准和相互承认协调等方式，减少或消除国际贸易流程中的技术性和机制性障碍。上合组织成员国都是发展中国家，贸易便利化指数普遍较低，因而有大幅提升的空间，而且贸易便利化的推行将会对成员国间贸易流量有明显的贡献。由此而言，贸易便利化有助于使上合组织成员国之间的贸易实现再平衡。

具体来看，上合组织应在以下七个方面发力，努力实现贸易便利化的愿景：一是简化海关及其他边境措施；二是简化签证手续、促进人员流动；三是建设国家间贸易信息共享平台；四是布局国家贸易基础设施建设；五是完善贸易结算等相关金融服务；六是发展电子商务；七是建立稳定有效的贸易便利化评估机制。事实上，针对上述七个方面，上合组织成员国领导人已经提出相对具体的愿景。例如，中国国务院总理李克强提出要建立上合组织电子商务联盟；吉尔吉斯斯坦总理萨帕尔·伊萨科夫提议上合组织共建数字丝绸之路;① 哈萨克斯坦总统纳扎尔巴耶夫提出要尽快启动上合组织开发银行和发展基金（专门账户）来保障经贸和投资合作;② 新任上合组织秘书长诺罗夫提出要建立一个完备的、覆盖整个地区的交通运输网络，还包括建立一个各国铁路管理机构首脑联合会等。③

总之，在后金融危机时代，特别是在逆全球化思潮抬头、单边主义和形形色色的贸易保护主义行为此起彼伏之际，上合组织应更深入地融入全球经济一体化中，坚定推进贸易全球化，促进贸易便利化，为区域经济乃至世界经济注入新的活力。

（五）防止青年网络激进化，建设上合组织网络和平空间

青岛峰会另一项重要成果是通过了《上海合作组织成员国元首致青年共同寄语》（以下简称《寄语》）及其实施纲要。通过阅读《寄语》不难发现，上合组织对互联网信息难以管控，"三股势力"借助网络对青年实施渗透或施加影响深为担忧，因而提出要增强青年对激进和极端思想的"免疫力"。④

事实上，联合国安理会在2015年就通过关于青年、和平与安全以及联合国全球反恐战略的第2250号决议。该决议指出，增加对年轻人的投资是预防和打击暴力极端主义的必要步骤。此外，联合国教科文组织也在2000年设立了"全民信息计划"（IFAP），该计划在启动和促进导致暴力极端主义的网络激进化问题的政策对话方面发挥了至关重要的作用。上合组织地区反恐怖机构执行委员会可通过与经验丰富的联合国相关部门共同合作，一方面为青年赋能，为青年进行媒体与信息扫盲，提升他们跨文化对话技能以及对抗网络激进化的能力；另一方面要在线上平台激发公众参与热情，宣传反叙事的倡议，对抗极端思想在网络公共空间的渗透。

在净化网络空间方面，上合组织也可同全球私营部门互动合作，特别是

---

① "李克强提议建立上合组织电子商务联盟"，俄罗斯卫星通讯社，2017年12月1日，http://sputniknews.cn/economics/201712011024186129/。
② "成员国寄望上合新发展"，《瞭望》2018年第24期，第56页。
③ "上合组织候任秘书长接受文汇报记者专访：上任后决心'烧三把火'"，文汇网，2018年11月27日，http://www.whb.cn/zhuzhan/huanqiu/20181127/226914.html。
④ "上海合作组织成员国元首致青年共同寄语"，上合组织网站，http://chn.sectsco.org/load/443146/。

与由脸书、微软、推特和YouTube四家科技与社交媒体巨头成立的"全球网络反恐论坛"进行信息共享与通报的合作。总而言之，网络安全治理与网络技术反恐需要上合组织跳出现有的框架，以更大的视野参与到国际网络安全治理当中。

总之，随着中亚与南亚地区的不断融合与竞争，区域的一体化和碎片化相互交织，上合组织成员国内部的矛盾也会不断显现，领土纠纷、水资源冲突、地区主义思想会不断搅动上合组织的内生发展。另外，上合成员国与美国等西方国家的分歧也无法避免。上合组织未来的重要战略任务就是如何有效地推动本地区的经济合作和地区安全。"一带一路"已经将中国、印度、中亚、俄罗斯紧紧地联系在一起，在全球化和地区经济一体化的双重背景下，应当加强上合组织内部的经济合作，深化经济一体化空间，即实现商品、劳务、资本和技术的自由流动。未来上合组织应以发展"基础设施、信息网络、金融服务和地区安全"为重点，使上合组织成员国的利益相互结合、相互渗透，逐步实现"亚欧利益共同体"。

上海合作组织国际金融公共产品供给观察

周　帅[*]

【内容提要】国际金融合作的本质是国际金融公共产品的供给，本文在简要介绍国际金融公共产品相关概念后，从这一视角对上合组织的国际金融合作进行考察。上合组织国际金融公共产品的供给主要分为区域金融公共产品、双边金融公共产品和单边金融公共产品三个层次。当前上合组织金融合作面临的主要问题是上合组织的多重职能弱化金融合作合力、扩员弱化"协商一致"决策机制效率、成员国间的利益分歧影响区域金融合作共识形成、成员国经济和金融发展水平差异不利于区域金融合作的深入发展等问题。当然，上合组织成员国经济稳定较快增长和中国"丝绸之路经济带"倡议为区域金融合作提供了巨大的潜力，未来上合组织金融合作的增长点有望来自从单边到双边和"小多边"模式。本文也对上合组织开发银行建立的两种可能性路径的优劣进行了探讨。

【关键词】国际金融合作　国际金融公共产品　区域金融合作　上合组织

一、引言

上合组织在2001年6月15日成立于中国上海，是永久性政府间国际组织，创始成员国为哈萨克斯坦共和国、中华人民共和国、吉尔吉斯共和国、俄罗斯联邦、塔吉克斯坦共和国、乌兹别克斯坦共和国，其前身是"上海五国"机制，目前共有8个成员国、4个观察员国和6个对话伙伴。其成员国

---

[*] 周帅，辽宁大学转型国家经济政治研究中心讲师。

为印度共和国、哈萨克斯坦共和国、中华人民共和国、吉尔吉斯共和国、巴基斯坦伊斯兰共和国、俄罗斯联邦、塔吉克斯坦共和国、乌兹别克斯坦共和国；观察员国是阿富汗伊斯兰共和国、白俄罗斯共和国、伊朗伊斯兰共和国、蒙古国；对话伙伴分别是阿塞拜疆共和国、亚美尼亚共和国、柬埔寨王国、尼泊尔联邦民主共和国、土耳其共和国和斯里兰卡民主社会主义共和国。上海合作组织的宗旨是：加强各成员国之间的相互信任与睦邻友好；鼓励成员国在政治、经贸、科技、文化、教育、能源、交通、旅游、环保及其他领域的有效合作；共同致力于维护和保障地区的和平、安全与稳定；推动建立民主、公正、合理的国际政治经济新秩序。

当前上海合作组织经过近 20 年的发展，已经成为拥有 3440 万平方公里面积的重要国际组织，占全球陆地面积的 1/4，成员国总人口为 31.3 亿，几乎占世界总人口的一半，GDP 总值达 15 万亿美元，约为世界经济总量的 1/5。上合组织为欧亚地区的稳定与发展做出重要的贡献。上合组织的合作领域也从最初的安全领域扩展到非传统安全领域，再到经济领域。为解决民间参与不足和融资困难的问题，上合组织于 2005 年 10 月 25 日召开了上海合作组织实业家委员会第一次理事会会议，于 11 月 16 日成立了上海合作组织银行联合体。尤其是 2015 年上合组织乌法峰会上通过的《上海合作组织至 2025 年发展战略》，为进一步推动成员国在互联互通、贸易、投资、产能、金融、能源、粮食和环保等领域的合作提供了新的指引，也对中国的"丝绸之路经济带"倡议表示了支持。

2018 年 10 月的上合组织成员国政府首脑理事会第 17 次会议在塔吉克斯坦共和国杜尚别举行，会议公报指出要加强金融领域务实合作，为发展贸易和投资创造良好条件，成员国将继续探寻关于建立上合组织项目融资保障机制的共同立场，包括研究建立上合组织开发银行和发展基金（专门账户）的问题，支持在相互贸易中进一步扩大使用本币结算。

可见金融合作成为上合组织的重要合作领域，而国际金融合作的实质是国际金融公共产品的供给，国际金融公共产品作为国际公共产品的特定领域有着自身的特点，所以我们可以将国际金融公共产品从国际公共产品中细化出来，并以这一视角来观察上合组织的金融合作问题。国际公共产品理论源于 20 世纪 60 年代公共产品理论向国际问题研究领域的扩散，奥尔森（Mancur Olson, 1966 & 1971）在将公共产品概念引入国际领域过程中起到重要作用。他在 1966 年以北约为例，研究了国家之间通过国际组织提供公共产品的问题，随后于1971年首次明确使用"国际公共产品"这一概念，并据此探讨了提高国际合作激励的相关问题。金德尔伯格（Charles P. Kindleberger, 1986）则是最早在文章标题中使用"国际公共产品"这一概念的学者。20世纪90年代，随着全球化的进一步发展以及"全球治理"理念的提出，英格·考尔等人（Inge Kaul et al., 1999 & 2003）在1999年和2003年出版的著作中首次对国际（全球）公共产品的定义进行了完整的界定，国际公共产品从此不再仅仅作为概念用以分析国际领域问题，而是开始成为一种系统的独立分析视角。可见，自公共产品概念被引入国际问题研究领域，国际公共产品理论经历了从单一概念到系统分析视角的跨越，而当前全球金融治理是国际经济领域的重要课题，国际金融公共产品问题受到更多关注，所以在新形势下，我们可以继续推动国际公共产品理论的发展，将国际金融公共产品从国际公共产品中细化出来进行考察，并以此作为上合组织金融合作的观察视角，对上合组织金融合作的过去、进展与未来进行考察分析，以更好地认识和理解上合组织的金融合作以及为其未来发展提供建设性建议。

二、国际金融领域的公共产品及其性质

（一）国际金融领域非排他性：国际金融稳定与国际金融效率

国际金融稳定和国际金融效率是最终阶段的国际金融公共产品，是全球金融治理的目标，具有完全的非排他性与非竞争性。两者相辅相成，没有国际金融稳定也就不可能得到国际金融效率；同样，没有国际金融效率，国际金融稳定也就失去了价值。国际金融稳定能够有效调节国际收支失衡、稳定国际汇率体系、提供国际流动性支持。国际金融效率，一方面是指促进国际贸易、投资发展与国际交易支付便利；另一方面是指以较低的中介成本实现国际资金资源的优化配置，使需求国获得稀缺的资金以促进本国的经济发展，当然也可用以弥补自身的流动性不足。不过这里的效率只考虑前者，而将后者纳入国际金融稳定来考虑，也就是说国际金融效率主要是考虑经济发展问题。这里的效率又可分为两点：其一是指在吸收和配置国际资金资源过程中是否具有效率；其二是指在实现国际资金配置后对一国经济发展的影响是否具有效率性，即引导资金进入的项目是否有效促进了该国经济发展。

（二）国际金融公共产品的类型划分

与国际公共产品类似，国际金融公共产品按地理范围的大小可以划分为全球金融公共产品、区域金融公共产品和双边金融公共产品。

第一，全球金融公共产品是惠及所有国家、人群和世代的产品，与全球公共产品类似，全球金融公共产品同样可以放松后两个标准，即全球金融公共产品既可以是纯国际金融公共产品，也可以是非纯国际金融公共产品。而当放松关于惠及所有国家这一标准时，我们就可以得到区域金融公共产品或双边金融公共产品，也就是说区域和双边金融公共产品一定是非纯国际金融公共产品。如国际金融稳定、国际金融效率、国际货币基金组织、世界银行等都属于全球国际金融公共产品。这种全球金融公共产品由于涉及国家众多，容易陷入"集体行动的逻辑"陷阱，不易协调行动，一般需要强国进行领导，才能得到有效供给，这正如金德尔伯格和吉尔平等人所谓的"霸权稳定论"所言。

第二，区域金融公共产品较全球金融公共产品涵盖范围更小，各国所得收益与承担成本较为明晰，可以避免全球金融公共产品供给中的"搭便车"问题。同样，区域金融公共产品能够更直接地反映该地区各国的不同需求，使区域金融公共产品的供给及其机制、制度更符合地区需求，也是全球金融公共产品的一种补充。与一般区域合作有所不同的是，其他区域合作中一般不存在具有压倒性优势的国家，因而区域公共产品不易被某大国"私有化"，小国也可担当领导者角色。但由于区域合作中存在相对独立的货币政治逻辑，区域货币金融合作仍由大国主导。例如在东亚地区主义中，政治和军事等领域的合作由东盟主导推动，形成"小马拉大车"的局面；但是在东亚货币合作中，东盟未能占据主导地位，而握有大量货币金融资源的中日成为重要领导力量。可见，区域金融公共产品同全球金融公共产品一样，需要由强国领导合作提供。如区域金融稳定、区域外汇储备库、地区发展银行、区域经济监督机构等都属于区域金融公共产品。

第三，双边金融公共产品，顾名思义，即两国合作提供的国际金融公共产品。通过多个双边协议，可形成双边协议网络，根据双边协议网络覆盖范围，其可发挥区域乃至全球金融公共产品的作用。该产品进一步突出区域金融公共产品的特点，更具针对性，并且这种公共产品相较于多边的委托—代理组织更具排他性，能够通过投入有限的资源更精准地提供公共产品来维护自身利益，不过其合法性有所下降，如双边货币互换协议就是一种双边金融公共产品。

（三）国际金融领域提供机制：国际金融公共产品的供给激励

国际金融公共产品供给中的联产品（joint goods）激励。国际金融公共产品供给往往会给该国带来联产品——国际政治影响力，这种影响力包括自主权和影响权两方面，即不受他国影响和影响他国的能力，这就使供给更具权力竞争性。国际公共产品按照非竞争性与非排他性原则划分，可以分为纯国际公共产品和非纯国际公共产品，此外还有一种联产品，其较为特殊，是指在供给某一国际公共产品时，同时产生两种或两种以上的产品，这些产品在公共性上可以不同（其可以是纯国际公共产品、非纯国际公共产品或私人产品）。这种联产品在更具权力属性的国际金融公共产品供给中尤为突出，一般为供给国带来只能该国享有的私人产品（国际政治影响力），这种收益具有排他性，而其他没有负担成本的国家则不能通过"搭便车"来得到，联产品的存在是国际金融公共产品权力性的外部反应，也使国际金融公共产品供给相较其他国际公共产品供给更具权力竞争性。例如美国治下的国际货币基金组织，一方面国际金融稳定是它带来的国际金融公共产品，另一方面美国由此获得对国际金融体系的某种掌控便是一种联产品。

国际金融权力结构激励。国际金融公共产品一般由大国供给，而这些公共产品往往是扶助小国的，大国虽也可从中获利，但其边际收益是递减的，而其增量供给更多地取决于由此获得的联产品，但是大国可以通过国际机制锁定这种政治影响力，所以其供给激励大大减弱了，这时国际金融权力结构就成了大国国际金融公共产品供给激励的重要影响因素。当国际金融权力结构为单极时，没有其他国家能与霸权国竞争或制约，所以此时霸权国的供给意愿是最低的，它倾向于滥用已获得的联产品（国际政治影响力），并且为了保持对联产品的享有，它也会打压潜在国际金融公共产品供给的竞争国。当国际金融权力结构为两极或多极时，各大国之间存在竞争与制约，所以大国供给国际金融公共产品的意愿增强，并且会克制使用由此获得的国际政治影响力。简单来说，霸权国倾向于获得联产品中的影响权，其他国家倾向于获得联产品中的自主权。

大国自身实力变化下的激励。大国自身实力发生变化时，也会促使其改变国际金融公共产品的供给行为。正常情况下，霸权国注重绝对收益与全球金融治理体系的合法性，倾向于通过委托—代理型的国际组织来供给国际金融公共产品。而当霸权国实力下降时，其开始关注相对收益，倾向于通过双边协议网络来供给国际金融公共产品，因为双边协议可增加排他性，使国际公共产品实现精细化的配置，集中向符合自身利益需要的国家供给国际公共产品，利用有限的资源巩固霸权国内—国际政治基础。例如，美国作为最后贷款人维护国际金融稳定，在日常阶段会选择国际货币基金组织（IMF）作为最后贷款人，但当处于全球性金融危机中时，则会选择双边货币互换网络来充当最后贷款人，使美联储将有限的资源用于救助美国金融利益和战略价值覆盖的国家。

总而言之，联产品为国际金融公共产品供给国带来的显著收益使国际金融公共产品供给更具权力竞争性，而国际金融权力结构和大国实力变化又影响着国际金融公共产品的供给与其中的权力竞争性。

（四）国际金融公共产品的包容性三角结构

我们可以借鉴英吉·考尔等（2006）提出的"公共性的三角结构"来考察国际金融公共产品的包容性，这种多角度的考察也揭示出公共产品的非中性。如图1所示，处于三角形顶端的是消费的公共性，即我们常说的非排他性，但仅凭这一点并不足以完全准确地判断一种商品的公共性，如一国国内的金融稳定需要该国中央银行保有足够的储备，但代价颇高，而该国贫困农民虽然也可以从中获益，但他们的收益要远远小于富裕阶层，并且他们并没有将金融稳定摆在重要位置，农产品补贴政策可能对他们来说更为重要，所以说虽然该种商品具有消费的公共性（非排他性），但收益分配却并不具有相应的公共性。处于三角形底边两角的分别是决策制定中的公共性和收益分配中的公共性，前者是指在决策中有关各方是否都享有相应发言权，具体来说就是产品收益与成本所覆盖的国家是否都能够参与到决策制定过程中，这有助于提升政策在政治、经济和技术方面的可行性，而且一种国际公共产品往往会涉及对一国内部政策和规则的干涉，如果之前在决策制定中各方都享有发言权，那么这种干涉便具备相应的合法性。同时，这种公共性也指在产品的划分、产量、存在形式及收益分配等具体问题的决策中是否遵守一般等价原则。后者较好理解，收益分配的公共性是指有关各方获得收益程度的公平性，是否实现了收益在各方之间的平均分配。当然，在使用这一"公共性的三角结构"来考察国际公共产品的公共性时，明确指标、确立可靠的测量方法都至关重要。从以上可以看出，判断一种公共产品的包容性时不能简单地看其在消费上是否具有非排他性，因为一种公共产品可能会使某些群体受益，同时使某些群体受损，或者使不同群体不同程度受益或受损，国际公共产品具有非中性，所以需要结合决策制定过程和收益分配来考察该种产品的包容性。

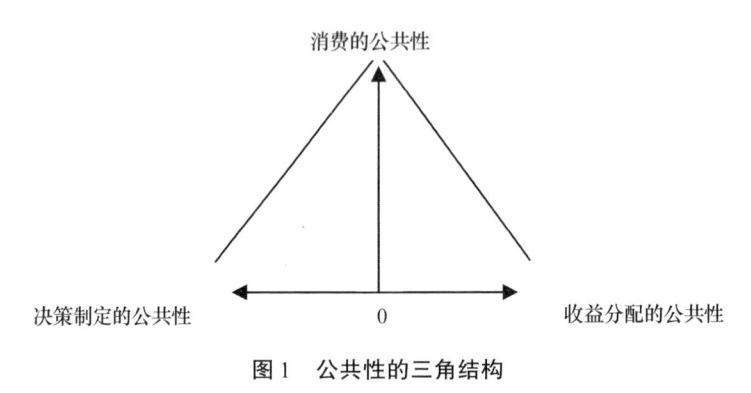

图 1　公共性的三角结构

资料来源：［美］英吉·考尔，张青波等译：《全球化之道：公共产品的提供与管理》，人民出版社 2006 年版。

三、上海合作组织国际金融公共产品供给现状

上合组织的国际金融公共产品供给主要侧重于国际金融效率方面，旨在一方面促进国际贸易、投资发展与国际交易支付便利，另一方面以较低的中介成本实现国际资金资源的优化配置，使成员国获得稀缺的资金以促进本国的经济发展。从国际金融公共产品供给的类型来看，上合组织的国际金融公共产品供给类型主要为区域金融公共产品、双边金融公共产品和单边供给的国际金融公共产品。综合来看，上合组织区域金融公共产品以促进国际金融效率为中心，双边和单边金融公共产品则兼顾了国际金融效率与国际金融稳定。

（一）区域金融公共产品：上海合作组织银行联合体

上合组织银行联合体是上合组织最重要的区域金融公共产品，参与上合组织区域内许多大型项目实施，为成员国提供了数百亿美元的授信与项目融资。不过其并非一个区域金融实体机构，而是一个区域金融多边合作协商机制，旨在按照市场化原则，依托成员国政府的推动作用和企业的广泛参与，创建适合本地区特点的多领域、多样化融资合作模式，共同为上合组织框架内的合作项目提供融资支持和金融服务，促进成员国经济社会可持续发展。

上合组织银联体成立于 2005 年 10 月 26 日上合组织成员国政府首脑（总理）理事会会议期间，成员国签署了《上海合作组织银行联合体合作协议》。同年 11 月 16 日上合组织银联体在莫斯科正式成立，其成员为各国政府制定的金融机构，最初的成员包括哈萨克斯坦开发银行、中国国家开发银行、俄罗斯外经银行、塔吉克斯坦国家银行、乌兹别克斯坦对外经济活动银行。2006 年 6 月 14 日，在上海举行的上合组织银联体理事会第二次会议期间，吉尔吉斯斯坦储蓄结算银行加入了银联体，上合组织银联体设有理事会、协调员会、高官会三级工作机制，各机制每年分别召开一次会议。上合组织银联体的优先合作方向有：重点为基础设施建设、基础产业、高新技术产业、经济出口导向型行业、社会项目融资；依据国际银行通用惯例提供和获取贷款；为促进上合组织成员国之间的经贸联系组织出口前融资；在遵循必要保密条款的情况下签署协议框架内交换潜在客户和合作项目信息；人员培训、组织代表团交流和实习、举行商务研讨会；符合共同利益的其他方向。上合组织银联体委员会由各成员国一名代表（通常为最高官员）组成，委员会会议在各方一致同意必要的情况下举行，但一年不少于一次，委员会主席由成员轮流担任。上合组织银联体的职权包括：在协议框架下协调各方当前活动；确定新的潜在项目；审查项目的实施；审批银行间联合体年度报告，并递交上海合作组织总秘书长以及上合组织领导机构；与其他金融和银行机构合作。

自成立以来，上合组织银联体稳步发展，在法律制度建设、统一项目数据库、项目投融资和人员培训等方面展开了广泛合作，不断取得新的发展成果。2006 年 6 月 15 日，各成员行签署了《上海合作组织银联体关于区域经济合作的行动纲要》，该纲要反映了未来银联体的发展战略。2006年，在上海峰会期间签署了第一批联合投资项目共7.42亿美元的贷款和投资协定。2007年8月15日，在比什凯克举行的上合组织银联体第三次理事会上，通过了《上海合作组织银行联合体成员挑选、审查和执行项目的合作规则》，银联体制度建设得到完善。2007年8月16日，在上海合作组织比什凯克峰会框架内签署了上合组织银联体与实业家委员会合作协定，标志着银联体与实业家委员会等上合组织框架下其他机制加强联系、协调行动的开端。2008年，在上合组织杜尚别峰会期间，银联体与欧亚开发银行签署了《上海合作组织银行联合体与欧亚发展银行伙伴关系基础备忘录》，银联体与其他国际组织和国际金融机构的合作不断加强。2009年，为应对全球金融危机，各成员行采取本币结算、货币互换措施，这对规避美元汇率风险起到重要作用。2010年10月26日，在银联体成立五周年之际，成员行就未来的合作重点达成共识，创新金融合作方式，开发在资本和证券市场以及租赁业务等领域的金融合作。2011年11月7日，上合组织成员国政府首脑理事会通过了《上海合作组织银行联合体中期发展战略（2011—2016）》，该战略确定了优先支持基础设施、创新、节能技术等领域的合作项目，扩大成员国间的本币结算，利用上海、香港地区、莫斯科的证券交易所吸引投资等工作为未来银联体工作的重点方向。2012年6月5日，在上合组织银联体第八次理事会上，六家成员行发出《可持续发展倡议》，共同倡导履行社会责任，加强可持续发展、能源、农业、民生和环保领域的合作，加强与经济欠发达地区、偏远地区和中小企业金融普惠方面的合作，重视发展"绿色经济"，为成员国经济可持续发展做出贡献。此外，银联体还吸纳了白俄罗斯银行为上合组织银联体的伙伴行。2014年9月，在上合银联体理事会第十次会议上通过了《关于加强金融合作、促进区域发展措施计划》。2017年6月，上合组织银联体理事会会议在阿斯塔纳召开，会议期间举行了《上合组织银行联合体中期发展战略（2017—2022）》以及《上合组织银行联合体与中国丝路基金伙伴关系基础备忘录》的签约仪式。上合组织银联体的共同目标是在考虑到经济发展现实任务的情况下确定合作的优先项，依靠融入上合组织观察员国和对话伙伴国金融机构工作的方式扩大业务，对落实的地区联合投资项目进行监测。在这些共同目标的指引下，新发展战略进一步明确规定了其原则和目的，例如规定运输物流领域跨境基础设施项目的落实，与上合组织实业家委员会开展经贸合作项目挑选与落实方面的合作。同时，银联体也明确了参与"丝绸之路经济带"建设的新目标。在 2018 年 6 月的上合组织青岛峰会上，习近平主席宣布中方将在上合组织银联体框架内设立 300 亿元人民币等值专项贷款。

经过 10 余年的发展，上合组织银联体已经成为组织框架内推动银行间合作的最重要机制，其与上合组织实业家委员会紧密协调行动，为上合组织成员国发展做出重要贡献。当前对于"丝绸之路经济带"的参与将为商业、贸易与投资发展以及上合组织空间内大项目的落实开启新的、前所未有的机会。

但是，上合组织银联体是一种松散的合作机制，采取轮值方式协调融资合作，这种机制缺陷也使得融资效率较低。在银联体的运行历程中，当经济实力强国作为轮值主席时，协调效果较为理想，大多数合作项目是在这一段时间达成的；但是当经济实力较弱的成员国作为轮值主席时，其"协调国"和"受援国"身份不相匹配，在具体项目中的协调能力受到限制，因而就会错失一些合作的机会。

（二）双边金融公共产品：上合组织成员国的双边金融合作

上合组织双边金融公共产品以双边货币互换为主。双边货币互换即中央银行间的本币互换协议，是指一国（或地区）的中央银行（或货币当局）与另一国（或地区）的中央银行（或货币当局）签订一个协议，约定在一定的条件下，任何一方可以一定数量的本币交换等值的对方货币，用于双边贸易投资结算或为金融市场提供短期流动性支持，到期后双方换回本币，资金使用方同时支付相应利息。协议签署时属于备用性质，在实际发起动用前双方不发生债权债务关系。协议签署规模为一方可动用另一方货币的最大金额。双边货币互换兼有维护国际金融稳定和促进国际金融效率的功能：一方面，可以降低汇率波动和流动性不足的风险，美国就曾在全球金融危机时以双边货币互换网络的方式来充当最后贷款人；另一方面，可以降低贸易交易成本和促进对外贸易增长。

上合组织成员国（如俄罗斯、中亚国家），经济结构大多以能源、原材料出口为主，而美元是国际大宗商品计价的主要货币，这就导致每当国际金融市场发生动荡时，各成员国的汇率都会受到一定影响。同时，上合组织成员国之间贸易较为频繁，每次交易都承担着交易成本和风险，各成员国经过多次磋商达成共识，采取措施降低交易费用、避免兑换损失、回避美元交易。[①] 而中国作为世界经济第二大国，对于上合组织区域内金融稳定的维护起着关键作用，再加上中国同上合组织成员国贸易发展势头良好、经贸合作深化，这些都使得双边货币互换这种双边金融公共产品有着很大的需求。

据中国人民银行数据显示，截至2017年7月底，中国与上合组织框架下国家的双边货币互换总额约为2140亿人民币。其中中国与上合组织成员国俄罗斯、哈萨克斯坦、塔吉克斯坦、巴基斯坦等四国签署了双边货币互换协议，总计约1700亿人民币；中国与上合组织观察员国蒙古国，与对话伙伴国白俄罗斯、土耳其、斯里兰卡的双边货币互换总额约为440亿人民币。当然，这与中国与其他国家双边货币互换总额3.1万亿人民币相比，还是有进一步发展的空间。

（三）单边国际金融公共产品：货币国际化和发展基金

1. 货币国际化

国际货币作为一种国际金融公共产品，承担着交易、贮藏和计价三大职能，能够促进货币流通域内各国的国际贸易与支付交易，提升国际金融效率。稳定的币值有助于国际金融稳定，同样有利于国际贸易的发展。中国和俄罗斯作为地区大国，同各国有着密切的经贸联系，推动人民币和卢布的国际化，同样是去美元化的一个进程，有助于区域内的国际金融效率与国际金融稳定的提升。在人民币国际化方面，除通过双边货币互换协议来推动人民币成为国际储备货币之外，中国还同俄罗斯等多个上合组织成员国央行签订了本币结算协议。中国最早在2003年就与俄罗斯央行签署了双边本币结算协议来积极推动人民币在区域内的跨境结算，2010年新疆维吾尔自治区以毗邻哈萨克斯坦、塔吉克斯坦、吉尔吉斯斯坦的区位优势，开展跨境贸易与投资人民币结算试点，鼓励企业使用人民币计价结算，规避汇兑风险。2011年6月，中国央行与俄罗斯央行签署新的双边本币结算协定，将本币结算范围扩大至一般贸易，地域范围也相应扩大。2014年，中国与哈萨克斯坦签订使用人民币与坚戈进行跨境贸易结算的协议，并将本币结算从边境贸易扩展到一般贸易

---

① 许文鸿：“上海合作组织的金融合作”，李进峰主编：《时空变迁中的上海合作组织》，社会科学文献出版社2016年版，第112—125页。

领域。2015年9月,中国央行与吉尔吉斯斯坦央行签署了推动两国本币结算的意向协议。12月,中国与塔吉克斯坦正式启动跨境结算业务,两国个人、企业和银行可使用人民币和索莫尼进行支付结算。

同时,由于我国与上合组织成员国间的经贸往来日益紧密,建立人民币与区域内货币直接交易机制的需求也与日俱增,尤其是在国际外汇市场主要货币的汇率波动幅度加大的情况下,降低汇兑风险和交易成本的动力也日益增强。2010年11月人民币兑卢布的挂牌交易就在中国银行间外汇市场开办,同年12月人民币兑卢布交易也在莫斯科上市,俄罗斯成为第一个在中国境外实现人民币直接挂牌交易的国家,这是人民币成为国际金融公共产品的关键一步。2011年,我国开展了人民币兑哈萨克斯坦坚戈的现汇业务,2013年我国继续推出人民币兑坚戈的现钞汇率与挂牌交易业务。同年哈萨克斯坦央行和证交所制定中国银行作为人民币交易行,2014年哈萨克斯坦证交所启动人民币兑坚戈的挂牌交易。[①]

在卢布国际化方面,俄罗斯也取得较大成功,卢布早在2006年便成为可自由兑换货币,目前在俄罗斯与中亚国家间的贸易结算中,卢布已经超过美元成为第一大结算货币,并且早在2013年就在中国境内试点使用。

2. 中国—欧亚经济合作基金

中国—欧亚经济合作基金是中国为巩固和加强上合组织区域经济合作而设立的单边金融公共产品。2013年11月,李克强总理在上合组织塔什干总理会议期间,提出"中方愿设立面向本组织成员国、观察员国、对话伙伴国等欧亚国家的中国—欧亚经济合作基金"的倡议。2014年9月,习近平主席在上合组织杜尚别元首峰会期间宣布启动中国—欧亚经济合作基金。

该基金由中国进出口银行和中国银行共同发起,为接受中国政府指导、商业化运营、自主经营、自担风险的股权投资基金。该基金设立政策指导委员会,由商务部牵头,外交部、发改委、财政部、人民银行、银监会、外汇局等部门参加,为该基金提供政策指导意见,但不参与基金经营和投资决策。基金首期规模10亿美元,最终扩展至50亿美元,分期实施。中国—欧亚经济合作基金以深化上海合作组织区域经济合作,推动"丝绸之路经济带"建设,提升中国与欧亚地区国家经济合作水平为己任,全力支持中国企业"走

---

① 程贵、姚佳:"'丝绸之路经济带'战略下人民币实现中亚区域化的策略选择",《经济纵横》2016年第6期,第95—100页。

出去",促进区域内产业资本与金融资本的密切合作。基金突出共同发展理念,以"共商、共建、共享"为原则,对接欧亚地区各国发展需要,积极履行企业社会责任,打造地区内开发性股权投资机构。基金坚持专业性和商业可持续,保证基金资金安全和合理收益,作为财务投资者,其坚持价值投资理念,与被投企业共同实现价值增长。基金积极探索投资模式创新,根据地区特点,综合利用各种政策、金融和经贸工具,充实企业资本金,改善财务结构,提升企业融资能力,协助企业改善公司治理,跨境延展产业链,为被投企业提供全方位金融支持。基金加强对外同业合作,积极建立与国际金融机构和本地区投资机构的联系,与相关机构共同推进合作项目实施。[①]

2015年4月,国家发改委对中国进出口银行制定的《中国—欧亚经济合作基金实施方案项目》予以备案。同年12月,中国—欧亚经济合作基金分别召开普通合伙公司和基金管理公司第一次董事会,正式投入运营。

3. 丝路基金

丝路基金并非为上合组织专门设立,但其服务区域覆盖上合组织,与此类似的公共产品还有欧亚发展银行等,此处仅介绍丝路基金。

2014年11月8日,习近平主席在加强互联互通伙伴关系对话会上宣布,中国将出资400亿美元成立丝路基金。同年12月29日,丝路基金由外汇储备、中国投资有限责任公司、国家开发银行、中国进出口银行共同出资在北京注册成立。2017年5月14日,习近平主席在"一带一路"国际合作高峰论坛开幕式上宣布中国将加大对"一带一路"建设的资金支持,向丝路基金新增资金1000亿元人民币。丝路基金的资金总规模为400亿美元和1000亿元人民币,其中外汇储备(通过梧桐树投资平台有限责任公司)、中国投资有限责任公司(通过赛里斯投资有限责任公司)、国家开发银行(通过国开金融有限责任公司)、中国进出口银行的出资比例分别为65%、15%、5%和15%。丝路基金依照《中华人民共和国公司法》,设立董事会、监事会和管理层,按市场化方式引入各类专业人才,建立与公司发展相匹配的科学规范、运转高效的公司治理结构。丝路基金是中长期开发投资基金,通过以股权为主的多种投融资方式,重点围绕"一带一路"建设推进与相关国家和地区的基础设施、资源开发、产能合作和金融合作等项目,确保中长期财务可持续和合理的投资回报。丝路基金秉承"开放包容、互利共赢"的理念,重点致

[①] 参见中国—欧亚经济合作基金网,http://www.china-eurasian-fund.com。

力于为"一带一路"框架内的经贸合作和双边多边互联互通提供投融资支持，与境内外企业、金融机构一道，促进中国与"一带一路"沿线国家和地区实现共同发展、共同繁荣。2015年12月，丝路基金与哈萨克斯坦出口投资署签署框架协议，并出资20亿美元，建立中国—哈萨克斯坦产能合作专项基金，这是丝路基金成立以来设立的首个专项基金。①

（四）计划中的上海合作组织发展基金和开发银行

计划中的上合组织发展基金和开发银行都是由中国主导倡议建立的区域金融公共产品，着眼于国际金融效率的提升。

中国在2003年便首次提出建立上合组织发展基金，以为多边经济合作项目提供坚实有效的融资平台。2005年10月，上合经贸部长第四次例行会议（杜尚别）提出上合组织发展基金组建和运作的原则，以便为实施上合组织框架内的经济合作项目提供金融支持。2009年1月，在上合组织秘书处（北京）就建立上合组织发展基金召开了专家会议。2010年11月在上合组织成员国第九次政府首脑（总理）理事会会议上，时任总理温家宝提出建立上合组织开发银行的倡议，为各成员国提供项目融资、联合融资以及融资担保等渠道，扩大本币结算，促进上合组织区域经济发展。2013年9月上合峰会（比什凯克）上，元首们指出，为研究建立上合组织发展基金（专门账户）所做的工作十分重要，责成继续努力以尽快完成这项工作。2013年11月，上合组织总理第12次会议（塔什干）期间讨论了建立上合组织发展基金和发展银行的问题。会议期间，关于建立上合组织开发银行和发展基金（专门账户）专家会议在塔什干举行，专家们讨论了建立项目活动机制的可能性问题以及《上合组织开发银行和发展基金（专门账户）的组建原则》草案。各方就上述会议内容取得较大进展并签署了会议纪要。2014年上合组织元首理事会（杜尚别峰会）提出上合组织应扩大财金合作，加快研究成立上合组织发展基金和开发银行。2015年12月，上合组织总理第14次会议（郑州）上，总理们再次指出，继续就建立上合组织开发银行和发展基金（专门账

---

① 参见丝路基金网，http://www.silkroadfund.com.cn/。

户）开展工作对促进地区经贸和投资合作十分重要。①

从以上历程可以看出，虽然历次元首理事会会议和首脑理事会会议都就推动建立上合组织开发银行和发展基金（专门账户）做出相关决议和声明，但是两者推行进度缓慢，至今没有实质性进展。2018年10月11—12日的上合组织成员国政府首脑（总理）理事会第17次会议联合公报中再次重申了成员国将继续探寻关于建立上合组织开发银行和发展基金（专门账户）的共同立场。

四、上合组织国际金融公共产品供给合作中存在的问题

目前上合组织机制中有诸多不利于区域金融合作深入发展的因素存在，短期来看未来上合组织的区域金融合作深入发展步伐依然缓慢。

（一）上合组织多重职能弱化金融合作合力

区域金融合作职能并非组织初始成立的主要任务，成员国利益诉求存在差异。上合组织的形成最初是中国、俄罗斯、哈萨克斯坦、吉尔吉斯斯坦和塔吉克斯坦五国为解决中国与苏联历史遗留下来的边界问题以及加强边境地区的信任和安全发展起来的。在上合组织初期运作中，其主要目标是通过各国合作维护地区安全和稳定，打击"三股势力"，即分裂势力、极端势力、恐怖势力。随着区域内政治经济形势的变化，上合组织逐渐从打击"三股势力"的单一职能组织发展成政治、安全和经济职能并重的新型国际组织，尤其是在中国的大力推动下，上合组织逐渐承担起越来越多的经济合作功能。不过，正是由于三种职能先后发展起来，加之各国在上合组织框架内存在着利益诉求不一致的情况（如俄罗斯更希望上合组织承担起某种国际政治职能，中国希望更侧重于推动区域经济合作），再加上中亚地区的安全形势并未完全好转，区域金融合作难以成为上合组织的突出议题。

---

① 许文鸿："上海合作组织的金融合作"，李进峰主编：《时空变迁中的上海合作组织》，社会科学文献出版社2016年版，第112—125页。

(二) 上合组织扩员弱化"协商一致"决策机制效率

上合组织扩员使区域金融合作共识更加难以达成。上合组织自成立以来就注重成员国间的平等问题，维护所有成员国的利益，所以采用集体协商一致的决策机制，不过随着印度和巴基斯坦成为上合组织的正式成员国，这必然使上合组织的决策形成和执行能力有所减弱，对协商一致的决策机制构成挑战。其一，奥尔森"集体行动的逻辑"告诉我们，一个组织中的行为体越多，共识越难以达成，印度和巴基斯坦的加入可以扩大上合组织的影响力，使其成员国范围扩展至南亚地区，但是成员国的增加也容易使上合组织陷入集体行动的困境。其二，在上合组织集体协商一致的决策机制下，印度和巴基斯坦的加入对该决策机制构成一定挑战，印巴长期以来矛盾较深、意见分歧较大，同时考虑到印度和中国、印度和巴基斯坦都存在领土争端问题，在这种情况下，如何协调好各国利益关系，使之不影响集体协商一致的决策机制效率是上合组织面临的新挑战，只有在此基础上才谈得上推动区域金融合作深入发展。2018 年 6 月，上合组织成员国元首理事会第 18 次会议在青岛举行，印度一直以来并不支持"一带一路"倡议，所以在联合公报时延用此前分别列举的方式，重申了哈萨克斯坦、吉尔吉斯斯坦、巴基斯坦、俄罗斯、塔吉克斯坦、乌兹别克斯坦支持中国"一带一路"倡议和促进"一带一路"与欧亚经济联盟对接的立场，并没有将印度列入。由此可见，推动区域金融合作深化在协商一致决策机制下困难重重。

(三) 成员国间的利益分歧较多影响区域金融合作共识形成

上合组织在推动区域金融合作深入发展方面一直较为迟缓，上合组织开发银行和发展基金提出已有十余年，但至今仍未有实质性进展，这与成员国间利益诉求不一致有密不可分的关系，尤其是俄罗斯与中国均有不同的利益考量。俄罗斯方面更倾向于使上合组织发挥国际政治职能，而中国更关注于经济事务。对于俄罗斯来说，中亚区域经济合作的组织形态选择有很多，如其主导的独联体、欧亚经济联盟等，因此俄罗斯并不愿意看到上合组织成为由中国主导的经济合作联盟。尤其是建立上合组织开发银行，这就涉及出资比例的分配，直接关系投票权的问题，无论是从经济规模、外汇储备规模还是贸易规模来看，俄罗斯都小于中国，再加上中国首先提出建立上合组织开发银行，中国占主导性地位不可避免，这就导致俄罗斯对此疑虑较大，态度有些消极。除中俄两国之外，其他成员国的利益诉求也并非完全一致，如中亚成员国之间存在的边界领土问题、跨界水资源问题、跨国民族问题都长期影响着国家关系和地区稳定。每个成员国也有着各自的外交策略，一方面对中俄关系发展进行观望和利用，另一方面也希望美国、欧盟介入以实现力量制衡并获取市场利益。此外，上合组织的发展壮大，势必会影响到守成大国的话语权，在大国博弈的背景下，一些国家利用上合组织成员国间利益诉求的分歧进行离间也是需要面对的问题之一。

（四）成员国经济和金融发展水平差异不利于区域金融合作的深入发展

上合组织成员国经济和金融发展水平较低，并且差异较大，一方面限制了金融合作的规模，另一方面又使得推动区域金融合作深入发展的共识难以达成。

其一，上合组织成员国经济发展水平低且差异大。上合组织成员国虽然都属于发展中国家，其中塔吉克斯坦是低收入国家，吉尔吉斯斯坦和乌兹别克斯坦是中低收入国家，但是又有中国这样经济规模全球第二大的经济体，使得上合组织成员国间的经济实力相距甚远。上合组织成员国经济发展水平差距制约了各项金融合作的规模，也使得各成员国以相同比例出资建立上合组织开发银行的理想化方案不能实现，在这种情况下如采取不同出资比例的方式建立开发银行，又会导致成员国担忧中国成为主导国进而影响自己在上合组织框架下的利益。如何解决开发银行建设中的出资问题和满足各成员国的利益诉求是需要审慎思考的战略任务。其二，成员国间的金融市场发展水平差异较大。中国的金融市场发展水平较其他成员国更加完善，形成以商业银行、证券公司、保险公司为主体的金融机构组织体系，而其他成员国的金融机构在种类和数量方面都比较单一，证券类和保险类公司较少，商业银行比较集中，以中小银行为主，且在业务品种方面主要从事流通领域的短期贷款，对经济活动的参与能力比较弱，很难实现与其他成员国金融机构的业务对接。在成员国间金融市场发展不平衡的情况下，成员国间金融业务对接方面的难度加大，进而阻碍了区域金融合作的发展。①

五、上合组织国际金融公共产品供给展望

2018年上合组织成员国元首理事会第18次会议在青岛召开时，上合组织秘书长阿利莫夫在接受采访时表示，目前除中国以外，俄罗斯、哈萨克斯坦、印度等国也在为或将要为上合组织成员国提供贷款。上合组织的成员国之间还开展了许多双边和三边项目贷款及金融合作项目。他认为，上述国家的行动证明了上合组织内各成员国不分贫富、不分强弱、不分大小，都希望大家能够共同发展。可见，推动区域金融合作的需求在上合组织内还是迫切的，那么未来该如何深化区域金融合作是我们需要认真考虑的问题。

（一）上合组织金融合作的潜力

其一，上合组织成员国近年来较为快速的经济增长为上合组织金融合作创造了有利条件。自2001年以来，上合组织成员国基本实现了经济的稳定增长。根据IMF预测，2019年中亚GDP增长率约为4.6%，与2018年基本持平。其中哈萨克斯坦2019年经济增速有望达到3.8%，2018年哈GDP增速为4.1%，考虑到石油产量恢复至正常水平，2020年有望实现更快增速。乌兹别克斯坦总统米尔济约耶夫主持召开上半年国家发展总结大会，称2019年上半年乌GDP有望增长5.4%。据吉尔吉斯斯坦国家统计委员会公布的数据显示，2019年1—5月，吉GDP同比增长5.6%（如不计库姆托尔金矿产值，则仅同比增长1.5%）。印度2019年经济增速有望达到7.3%，得益于持续推动结构性改革和改善基础设施，印度中期经济增长将稳定在略低于7.75%的水平。世界经济增长在2019年开始进入徘徊阶段的时候，上合组织成员国仍会有着高于平均水平的经济增长率，这将为区域金融合作的发展奠定有利的基础。

其二，"丝绸之路经济带"倡议将助推上合组织金融合作发展。"丝绸之

---

① 张恒龙、袁路芳："上海合作组织金融合作的现状、挑战与展望"，吴宏伟等主编：《上海合作组织发展报告（2015）》，社会科学文献出版社2015年版，第154—167页。

路经济带"倡议是中国西进战略的延伸，旨在同中亚各国在实现区域经济合作的基础上，向中东地区延伸，扩大区域经济合作范围，形成新的连接亚太经济圈和欧洲经济圈的欧亚区域经济合作模式。而上合组织成员国所在区域是连接欧亚大陆的主要通道，是"丝绸之路经济带"建设的主要平台。金融支持是"丝绸之路经济带"建设的重要支撑，自然上合组织的金融合作功能将会得到重视，如发挥现有的上合组织银联体对"丝绸之路经济带"建设的推动作用。[①] 2018年6月，上合组织青岛峰会时，习近平主席宣布为促进发展战略对接，推进"一带一路"建设，加快地区贸易便利化进程，中方将在上海合作组织银行联合体框架内设立300亿元人民币等值专项贷款。可见，"丝绸之路经济带"建设助推了上合组织金融合作的发展，是有力的助推器。此外，上合组织成员国多为发展中国家，基础设施落后，普遍缺乏建设资金，俄罗斯就面临着资金、人力资本不足等阻碍经济发展的问题。同时，上合组织成员国大多面临经济转型的紧迫任务，如何衡量并约束全球经济失衡，推动结构转型，也是当前各国关注的重点，而经济转型离不开有力的金融支持，这些都为上合组织金融合作提供了迫切的需求。

（二）从单边到双边：中国—欧亚经济合作基金走向双边金融公共产品

在上合组织金融合作的种种不利因素和有利因素之下，上合组织金融公共产品供给有望更多地以从单边到多边的形式出现。中国—欧亚经济合作基金虽然是由中国单独提供的单边金融公共产品，但是也在独立投资的同时，积极寻求与欧亚国家和本区域的其他金融机构共同合作出资，设立双边子基金，实现中外双方共同投资，支持区域内经济项目的建设，也希望通过中国—欧亚经济合作基金来加强同上合各成员国之间的关系。

2015年12月，中国—欧亚经济合作基金与俄罗斯外经银行、俄罗斯直投基金签署合作协议，与华为、俄罗斯I-Teco公司签署关于就莫斯科数据和云服务中心项目开展投资合作的战略合作协议。2018年2月28日，哈金融开发机构巴伊捷列克控股公司表示，该公司旗下的卡泽纳资本管理公司计划与中信集团、中国—欧亚经济合作基金和亚洲金融集团有限公司合作设立

---

① 王习农、陈涛："'丝绸之路经济带'内涵拓展与共建"，《国际商务》2014年第5期，第23—30页。

"光明"中国—欧亚投资基金，规模为 4 亿美元，主要投向基础设施建设、农产品加工等领域。

通过同其他国家金融机构的合作，中国—欧亚经济合作基金正从单边金融公共产品走向双边金融公共产品。

（三）上合组织开发银行未来建设的可能性展望："大多边"与"小多边"

上合组织开发银行是中国全球金融治理布局的重要一环，不过与金砖国家建立新开发银行是在全球层面应对美国主导的旧有国际金融秩序不同，上合组织开发银行将在区域层面触及俄罗斯等成员国原有的利益，所以其难度要大于金砖国家新开发银行的建立。

2010 年 10 月上合组织成员国第九次总理会议时，中国总理温家宝最初提出建立上合组织开发银行的提议，旨在为上合组织框架下的经贸合作提供金融支持。最初计划上合组织开发银行资金规模为 100 亿美元，中国政府拟出资 80 亿美元，其余 20 亿美元由其他成员国出资，这样中国就将成为上合组织开发银行的最大出资方。俄罗斯则更倾向于建立上合组织项目专门账户，通过专门账户来为上合组织经贸合作项目提供资金支持。

由前文相关论述可知，完全重新设立上合组织开发银行是阻力最大的，涉及俄罗斯、印度等国的共识支持，此种可能性短期来看几乎为零。目前上合组织开发银行可操作性的建立路径大体分为两种：

第一种，在欧亚发展银行基础之上建立上合组织开发银行。对于上合组织开发银行的建立方式，俄罗斯则希望在其主导的欧亚发展银行基础之上建立。2015 年 7 月，俄罗斯总理梅德韦杰夫接受媒体采访时表示，本地区已有欧亚发展银行和金砖国家新开发银行，本地区的项目和专业人才有限，不需要建立过多的开发银行。欧亚发展银行也称欧亚开发银行，是俄罗斯和哈萨克斯坦 2006 年 1 月创立的区域性国际金融机构，银行总部设在哈萨克斯坦阿拉木图，并在圣彼得堡设有分行，欧亚发展银行行长由俄罗斯公民担任，副行长由哈萨克斯坦人担任。其成员国包括俄罗斯、哈萨克斯坦、塔吉克斯坦、亚美尼亚、白俄罗斯和吉尔吉斯斯坦等国，旨在推动和加强欧亚地区经济的发展合作。欧亚开发银行的活动范围在俄罗斯、哈萨克斯坦和中亚及周边地区国家，业务范围主要集中在电力、水和能源、运输、高科技及创新科技等领域。另据 2019 年 1 月 18 日吉尔吉斯斯坦塔扎别克网站报道，欧亚发展银行将负责建立欧亚经济联盟统一金融市场具体工作,其目标是到2025年建成涵盖银行、保险及有价证券服务领域的联盟统一金融市场。为此,欧亚发展银行确定了三项具体工作：推动联盟成员国资本市场的发展和一体化;推动银行市场的发展和一体化;推动外汇市场的发展和一体化。[①]

在欧亚发展银行基础之上建立上合组织开发银行则是阻力最小的,但是欧亚发展银行为俄罗斯和哈萨克斯坦主导,主要服务于欧亚经济联盟的发展,其成员国与上合组织成员国并不完全重合。可见,如果将欧亚发展银行改造成上合组织开发银行,对于后加入者中国而言并不十分有利,虽然此种方案阻力较小,且可以立即启动项目实施,但是为维护中国利益所做的改革涉及诸多问题,是否能如中国所愿也是未知数。

此外,上合组织一直注重国际金融效率方面金融公共产品的提供,而国际金融公共产品的另一端关于国际金融稳定的公共产品供给则没有行动。其主要原因可能是欧亚发展银行下的欧亚稳定和发展基金承担了该地区的区域金融安全网职能。该基金成立于2009年,成员国有俄罗斯、白俄罗斯、哈萨克斯坦、吉尔吉斯斯坦、亚美尼亚、塔吉克斯坦,原名为欧亚经济共同体反危机基金,2015年6月改名,基金规模约85.13亿美元,俄罗斯占88%,约75亿美元。该基金成立的目的在于帮助成员国摆脱全球金融危机的影响,保障各成员国经济和金融的长期稳定。

可见,以俄罗斯为主导的欧亚地区金融机构在供给提高国际金融效率和维护国际金融稳定方面的金融公共产品较为完备,但其资金规模是短板。在这种情况下中国可以另起炉灶,其他国家会因可获得"搭便车"的利益而采取支持的态度,但客观上必然会架空俄罗斯主导的欧亚发展银行等机构,这势必是以欧亚地区大国自居的俄罗斯所不愿见到的。鉴于中俄关系的重要性,另起炉灶建立上合组织开发银行并不十分可取,将会持久地加深俄罗斯对中国的战略疑虑,而在欧亚发展银行基础上建立上合组织开发银行似乎是可行的,但这可能很难满足中国的利益需求。

第二种,在"集体行动的逻辑"下,先从"小多边"再到"大多边"路径从零新建上合组织开发银行。随着金砖国家新开发银行的建立,印度加

---

① 参见"欧亚发展银行将负责建立欧亚经济联盟统一金融市场",中华人民共和国驻吉尔吉斯斯坦共和国大使馆经济商务参赞处,2019年1月21日,http://kg.mofcom.gov.cn/article/jmxw/201901/20190102828567.shtml。

入上合组织，使得金砖国家新开发银行的五个创始成员国中有三国是上合组织成员，且中、俄、印都是上合组织中的重要大国，这将使得俄印更不急于从零建立上合组织开发银行。新建的上合组织开发银行很难一开始就覆盖所有成员国，"集体行动的逻辑"告诉我们小集团更易达成共识，所以可以先从较易统一立场的"小多边"开始，即由中国和对上合组织开发银行持积极态度的成员国先行建立开发银行，之后再逐渐覆盖所有成员国。这一合作路径符合上合组织经济合作原则，上合组织合作的宗旨是促进各成员国的经济社会发展，小多边合作和双边合作在此前提下是并行不悖的，如2005年10月26日，上合组织成员国政府总理在莫斯科举行第四次会晤时签署了《多边经贸合作纲要落实措施计划实施机制》，实施机制确立了开展经济合作项目的"自愿"原则，即成员国在自愿的基础上参与研究和实施共同项目。①预计上合组织成员国中对于从零新建上海合作组织银行较为消极的主要是俄罗斯和印度，而其他成员国如哈萨克斯坦、吉尔吉斯斯坦、塔吉克斯坦、乌兹别克斯坦和巴基斯坦都有着较为积极的态度。这一路径将有效保障中国的国家利益偏好，但不足之处是易引起俄罗斯和印度的疑虑，应谨慎对待。

---

① 韩东、王述芬："创新上合开发银行建立模式 打造中亚经济发展新引擎"，《新疆社会科学》2015年第3期，第53—60页。

上合组织地区跨国人口迁移的新特点：开放与治理

强晓云*

【内容提要】 上合组织成员国之间的跨国人口迁移对本组织内部的沟通交流具有十分重要的意义，它关系到参与欧亚一体化发展进程的各国之间加强相互联系，也关系到更宽泛的经济层面。2018年，随着"丝绸之路经济带"、欧亚经济联盟、大欧亚伙伴关系的逐步落实，地区内跨国人口迁移出现了新的特点。一是跨国人口迁移的方向与中心愈加鲜明。中国、俄罗斯与乌兹别克斯坦成为欧亚地区国际迁移的三个中心。俄罗斯是来自中国、中亚劳动移民的目的国——劳动迁移中心，来自俄罗斯、中亚的学生到中国留学——教育迁移中心，来自世界各地的游客到乌兹别克斯坦旅游——旅游中心。此外，本地区的跨国人口迁移的表现形式依然以劳动迁移为主。二是跨国人口迁移与地区各国移民政策的发展状况同步。2018年，在上合组织成员国间的跨国人口迁移呈现出一个新的特点，即移民政策变化越多的国家，跨国人口迁移的变化度（包括增量和减量）也越高。三是赴俄罗斯的迁移依然是上合组织内部人口迁移最为活跃的环节。因此，俄罗斯社会对于移民的接受度、俄政府对于移民的管理均会对上合组织成员国内人口迁移的态势产生不容忽视的影响。

【关键词】 上海合作组织 跨国人口迁移 移民政策 移民治理

---

* 强晓云，上海国际问题研究院俄罗斯中亚研究中心主任。

作为一种社会现象，在上合组织覆盖的欧亚地区，跨国人口迁移一直存在。上合组织成员国之间的跨国人口迁移对本组织内部的沟通交流具有十分重要的意义，它不仅影响着参与欧亚一体化发展进程的各国之间的相互联系，还影响更宽泛的经济层面的合作。2018 年，随着"丝绸之路经济带"、欧亚经济联盟、大欧亚伙伴关系的逐步落实，地区内跨国人口迁移也呈现出更新的特点。

一、本地区跨国人口迁移的概况

在全球化与地区一体化共存的背景下，跨国人口迁移逐渐成为保障世界范围内劳动力市场正常运转的一个关键要素。很多世界发达国家的生存与发展都在很大程度上依赖于跨国人口迁移，它促进着劳动力的年轻化与代际更新，补充着一些人口缺乏国家的劳动力，还保持着农业、建筑业、酒店业、旅游及其他服务产业的持久活力。

从全球范围内考察跨国人口迁移可以看出，近年来人口迁移大多集中在各个经济一体化发展较为活跃的地区，2018 年度这一趋势更为明显。全球移民政策协会的研究表明，依托人口自由流动制度，在欧盟、南方共同体市场、南部非洲发展共同体内部，地区内部的人口迁移分别占到国际迁移的 50%—60%。而在本地区，80% 的国际迁移发生在俄罗斯与哈萨克斯坦等中亚国家之间。而且，移民占到本地区（不含中国）总人口的 10%。[1] 此外，据世界银行统计，2018 年全球范围内的劳动移民向本国汇款金额创历史新高，达到 5290 亿美元，比 2017 年增长了 9.6%。这些汇款流向中低等收入国家，在欧亚地区，吉尔吉斯斯坦、塔吉克斯坦及乌兹别克斯坦等国的侨汇收入主要受益于俄罗斯经济的稳定复苏。[2]

当前，本地区的跨国人口迁移有四个流向：一是从中亚向俄罗斯的人口迁移；二是俄罗斯、中亚向中国的人口迁移；三是中国向中亚、俄罗斯的人口迁移；四是俄罗斯、中亚以及世界其他国家向乌兹别克斯坦的人口迁移。相应地，中国、俄罗斯与乌兹别克斯坦成为欧亚地区国际迁移的三个中心。

---

[1] Патрик Таран, Миграция, глобализация и экономическая жизнеспособность: вызовы и возможности для России и Евразии. http://russiancouncil.ru/inner/?id_4=6665#top-content.

[2] 中国驻塔吉克斯坦经商参处："世界银行：2018 年，全球范围内的劳动移民汇款额创历史新高"，http://tj.mofcom.gov.cn/article/jmxw/201904/20190402851452.shtml。

俄罗斯是来自中国、中亚劳动移民的目的国——劳动迁移中心；来自俄罗斯、中亚的学生到中国留学——教育迁移中心；来自世界各地的游客到乌兹别克斯坦旅游——旅游中心。此外，本地区的跨国人口迁移的表现形式依然以劳动迁移为主。需要指出的是，留学生并非俄罗斯、中亚公民向中国迁移的唯一形式。近年来，越来越多的企业家、商人也来到中国谋求更好更多的商业合作机会与工作机遇。

自 20 世纪 90 年代以来，来自独联体其他国家以及中国的公民进入俄罗斯寻找工作机会。据俄罗斯内务部的数据显示，至 2018 年 11 月 1 日，在俄罗斯的外国人达到 1.01 千万人。在俄罗斯的外国人中，数量最多的是来自独联体国家的移民，占到外国人总数的 84%。至 2018 年 11 月 1 日，在俄居住的来自独联体其他国家的移民达到 849 万人。①

中国有许多来自欧亚地区的外国留学生。据教育部网站消息显示，2017 年共有 48.92 万名外国留学生在我国高等院校学习，规模增速连续两年保持在 10% 以上，其中学历生 24.15 万人，占总数的 49.38%，同比增幅 15.04%。与 2016 年相比，前 10 位生源国稳中有变，依次为韩国、泰国、巴基斯坦、美国、印度、俄罗斯、日本、印度尼西亚、哈萨克斯坦和老挝。② 上合组织的两个成员国——俄罗斯与哈萨克斯坦已经进入在华外国留学生的十大生源国之列。数据显示，截至 2018 年初，约 1.8 万名俄公民在中国高校学习。2015—2016 学年有超过 1.7 万俄学生在华学习。2000 年初，在华留学的俄罗斯人才勉强达到 1000 人。根据俄中人文合作委员会教育合作分委会第 15 次会议（2015 年）的决议，到 2020 年，两国政府将努力使两国留学生人数提高至 10 万人。截至 2018 年初，中国在俄留学生为 3 万人，俄罗斯在华留学生为 1.8 万人，在两国短期进修生约为 3 万人，已经达到 2020 年目标人数的 78% 以上。③ 另外，在华的哈萨克斯坦籍留学生也已达到

---

① Российская экономика в 2018 году. Тенденции и перспективы. (Вып. 40) / [В. May и др.; под науч. ред. д-ра экон. наук Кудрина А. Л., д-ра экон. наук Синельникова-Мурылева С. Г.]; Институт экон. политики имени Е. Т. Гайдара. - Москва: Издательство Института Гайдара, 2019. с. 355.

② "教育部：2017 年来华留学人数近 50 万，88% 为自费生"，《中国日报》2018 年 3 月 30 日。

③ "专家：截至 2018 年初 俄在华留学生约 1.8 万人"，俄罗斯卫星通讯社，2018 年 2 月 22 日，http://sputniknews.cn/society/201802221024768674/。

14万人。① 值得注意的是，不论是来自俄罗斯的留学生，还是来自哈萨克斯坦等中亚国家的留学生，自费前往中国留学的比例都远高于国家资助的比例。

二、向俄罗斯的人口迁移

考察2018年度欧亚地区的跨国人口迁移数据不难看出，无论是从移民的总数还是移民的种类来看，俄罗斯都是本地区人口迁移最活跃的国家，也是中亚国家迁出移民的首要目的国。

数据显示，2018年底，在俄罗斯的外国人总数约为970万人，与2017年同期相比减少了50万人。而在俄的外国人，绝大多数为来自独联体国家的移民，2018年底这一数据达到820万人。而从国别上看，乌克兰、乌兹别克斯坦、塔吉克斯坦为三大主要来源国。② 具体数据见表4。

表4 独联体国家公民向俄罗斯迁移的情况（人）

国别	2014年11月5日	2015年11月5日	2016年11月1日	2017年11月1日	2018年11月1日
独联体国家	9 429 973	8845104	8691571	8468304	8491247
阿塞拜疆	610327	532321	527615	597938	660314
亚美尼亚	514663	504971	509070	507790	507557
白俄罗斯	498878	634861	744531	699463	656815
哈萨克斯坦	575400	685841	607044	545852	545592
吉尔吉斯斯坦	552014	526502	581197	619498	654892
摩尔多瓦	585122	517692	495463	448728	361397
塔吉克斯坦	1105500	933155	964030	1037729	1155114
乌兹别克斯坦	2335960	1943384	1671931	1793664	1961814
乌克兰	2651109	2566377	2590568	2217642	1987752

资料来源：根据俄罗斯联邦移民署与俄罗斯联邦内务部移民问题总局数据整理。

---

① 张霄："学汉语在哈萨克斯坦蔚然成风"，《人民日报》2019年1月15日。
② Российская экономика в 2018 году. Тенденции и перспективы. (Вып. 40) / [В. May и др.; под науч. ред. д - ра экон. наук Кудрина А. Л., д - ра экон. наук Синельникова - Мурылева С. Г.]; Институт экон. политики имени Е. Т. Гайдара. - Москва: Издательство Института Гайдара, 2019. с. 355.

俄罗斯一直不是发达国家移民感兴趣的目的国，近年来，美欧发达国家向俄罗斯的移民数量呈现出逐年下降的趋势。尽管在2018年从发达国家到俄罗斯的移民数量有些许增加，但依然难以改变下降的总趋势。这主要是受到西方对俄制裁、俄西关系停滞的影响。与乌克兰危机爆发之前的2013年相比，发达国家的移民整体上减少至之前的四成，部分国家——如西班牙、美国、英国——到俄罗斯的移民数量减幅更高，仅为之前的一二成，具体数据见表5。

表5 欧盟部分国家公民与美国公民向俄罗斯迁移的情况（人）

国别	统计截止日期				
	2013年11月13日	2015年11月1日	2016年11月1日	2017年11月1日	2018年11月1日
欧盟（整体）	1177829	481567	516368	448566	462276
德国	352335	122131	115425	111792	108591
西班牙	77200	15864	15579	14337	16127
意大利	77193	30489	28244	24388	25761
英国	174061	38637	29142	23944	23020
芬兰	108312	46513	99065	73715	64819
法国	65559	35968	29268	26963	30010
美国	220086	50638	52840	44370	46988

资料来源：俄罗斯联邦移民署与俄罗斯联邦内务部移民问题总局。

（一）在俄劳动移民概况

2018年底，在俄罗斯有376.5万外国劳动移民，其中364万人是独联体国家公民——占到劳动移民总数的97%，12.5万人来自于其他国家。与2017年相比，劳动移民的总数增加了4%（2017年底在俄的外国劳动移民为361万人）。[①] 总体上，近三年来，外国劳动移民（入境目的写为"工作"的外国人）的总数变化并不大，从独联体国家到俄罗斯的劳动移民的数量有着小幅度的增长（除了乌克兰和摩尔多瓦两国，这两个国家的公民越来越倾向

---

① Росси́йская экономика в 2018 году. Тенденции и перспективы. (Вып. 40) / [В. Мау и др.; под науч. ред. д - ра экон. наук Кудрина А. Л., д - ра экон. наук Синельникова - Муры - лева С. Г.]; Ин - т экон. политики имени Е. Т. Гаи́дара. - Москва: Изд - во Ин - та Гаи́дара, 2019. с. 356 - 357.

于赴欧洲工作）。

在地方财政收入上，劳动移民的贡献越来越明显。2018年，工作特许证（патент）为地方财政带来的收入总额为570亿卢布。这些费用主要由来自中亚的劳动移民缴纳，尤其是乌兹别克斯坦和塔吉克斯坦的公民，占到工作许可证办理总数的88%（2017年占到86%）。而乌克兰公民办理工作许可证的数量逐年递减，比例分别为7.9%（2017年）和6.5%（2018年）。具体数据见表6。

表6 俄罗斯给外国劳动移民发放工作许可证件的概况

证件名称	年份				
	2014	2015	2016	2017	2018
外国人、无国籍人士的工作许可证（разрешение на роботу）*	1334899	214559	149013	148326	130136
工作特许证（патент）**	2379374	1788201	1510378	1682622	1671706
共计	3714273	2002760	1659391	1830948	1801842

* 2015年1月1日期，仅给签证进入俄罗斯国境的外国公民发放。
** 2015年1月1日起，给免签进入俄罗斯国境的外国自然人和法人发放。
资料来源：根据俄罗斯联邦移民局与俄罗斯内务部移民问题总局历年数据整理。

2018年，在劳动移民领域，多年存在的老问题依然存在：俄罗斯经济缺乏新的增长动力，难以吸引大量技术移民赴俄工作，在俄劳动移民的来源国也没有发生根本性变化；发达国家的公民、独联体部分国家包括乌克兰和摩尔多瓦的公民越来越不愿意到俄罗斯工作；此外，劳动移民合法化手续的僵化导致许多已经在俄的劳动移民难以走出"影子经济"，获得合法身份。上述老问题都没有获得实质性的解决。

一方面，迁入俄罗斯的移民数量在下降。2018年，俄罗斯的净移民量为12.49万人，为近10年来的最低值，迁入移民数量仅弥补了57.2%的俄人口自然流失数量，也是近10年来的最低；[①] 另一方面，从俄罗斯迁出移民的数量

---

① Россиӗская экономика в 2018 году. Тенденции и перспективы. (Вып. 40) / [В. Мау и др.; под науч. ред. д‐ра экон. наук Кудрина А. Л., д‐ра экон. наук Синельникова‐Мурыˉ‐лева С. Г.]; Ин‐т экон. политики имени Е. Т. Гаиˇдара. – Москва: Изд‐во Ин‐та Гаиˇдара, 2019. сс 352‐357.

却有所增加。2018年，约38万人离开俄罗斯，是2008年的10倍。据俄罗斯统计署的数据显示，离开俄罗斯的大部分为独联体的移民，超过32万人。① 俄罗斯远东所人口专家认为是俄罗斯当前不断恶化的经济环境造成人口外迁，尤其是技术人才外流。据联合国预测，2025年俄罗斯的人口将减少1500万人，约为1.32亿人。有俄罗斯学者认为，人口总数的下降可能并不可怕，最危险的是全俄范围内的人口分布不均。一方面，大城市（如莫斯科）人口数量在快速上升；另一方面，一些地区在变得更加空旷，不仅仅是远东和西伯利亚地区，部分欧洲地区的人口也在下降。②

（二）俄罗斯移民政策的新变化

正是基于上述现实情况，2018年俄罗斯政府开始重新着手调整移民政策。

2018年10月31日，俄罗斯总统普京签署了《俄罗斯联邦国家移民政策构想（2019—2025）》（简称《移民政策构想》）。新版的《移民政策构想》提前公布，并取代了2012年版（2012年版原本应实施到2025年），恰恰是因为政府注意到人口危机的紧迫性。新版《移民政策构想》最大的区别是增加了一个新目标和新任务。新目标是：移民政策制定和执行的目标是"保存和捍卫俄罗斯文化、俄语以及构成俄罗斯文化（文明）符号基础的俄罗斯人民的历史文化遗产"。新任务是：吸引那些"能够和谐地加入积极的社会关系体系，并成为俄罗斯社会正式成员"的人在俄罗斯定居。可以说，这是为未来永久定居的移民做出的新规定。

未来两年内，俄罗斯政府还将实行一系列简化加入国籍的政策，包括对现有的《国籍法》进行修改，加入移民特赦的内容；延长长期居留证的期限（从原来的5年到无限期）等。同时，俄政府也明确指出，未来将吸引更多俄罗斯族、讲俄语的人口到俄罗斯定居，从而有效补足人口的自然流失。

由上述目标和任务不难看出，俄罗斯想要吸引的移民首先是讲俄语的独

---

① Россия уже не интересна? В 2018 году приток мигрантов сократился, https://migrant.news.tj/post/5563, 9 янв., 2019 г.

② Россия уже не интересна? В 2018 году приток мигрантов сократился, https://migrant.news.tj/post/5563, 9 янв., 2019 г.

联体国家居民，如乌克兰、哈萨克斯坦、乌兹别克斯坦、摩尔多瓦，而不是所有独联体国家的居民。在乌克兰、哈萨克斯坦、乌兹别克斯坦三国，生活着大量的俄罗斯族，且俄语的普及度也很高。

三、乌兹别克斯坦的跨国人口迁移概况

自2016年底米尔济约耶夫宣誓就任乌兹别克斯坦总统以来，乌政府实行了多项改革开放的措施。吸引更多外国人来乌旅游和访问就是其中之一。

（一）对外国人入境政策的调整

在乌兹别克斯坦现政府看来，乌国拥有得天独厚的旅游资源：既有各种中世纪的文化古迹，也有美食和好客的当地人，旅游业可以成为乌兹别克斯坦经济发展的新增长点。因此，乌政府制定了一系列发展本国旅游业的计划，包括完善旅游领域的各项法规、发展旅游基础设施、发展交通物流、推广乌国的旅游产品等。对于吸引外国人，乌国也有量化的目标。据乌兹别克斯坦旅游委员会资料显示，乌国计划在2025年前将来乌的外国人数量增加到900万，旅游服务业（出口）产值计划达到22亿美元。[1]

2018—2019年间，乌总统米尔济约耶夫实行了多项简化签证制度的措施。

2018年初，为了有效发展乌兹别克斯坦的旅游业，吸引更多国外游客，总统签署了《关于为发展乌兹别克斯坦共和国旅游潜力创造有利条件的补充措施》的总统令。[2] 根据该项法令，乌兹别克斯坦将向不同国家的公民分别提供30天免签入境、简化旅游签证手续的措施。具体包括以下措施。

首先，自2018年2月10日起，对以下七国的公民实行30天免签入境乌兹别克斯坦的签证制度，包括以色列、印度尼西亚、韩国、马来西亚、新加坡、土耳其、日本。自2018年3月，实行30天免签制度的外国公民又增加

---

[1] В 2018 году Узбекистан посетило рекордное количество туристов. 25 января, 2019, https://uznews.uz/ru/article/13575.

[2] Узбекистан отменяет визы для граждан семи стран. https://www.gazeta.uz/ru/2018/02/03/visas/.

了塔吉克斯坦公民；当年 10 月，又增加了法国公民。

其次，自 2018 年 2 月 10 日起，对包括中国在内的 39 个国家的公民简化办理旅游签证手续。这些国家的公民办理赴乌旅游签证，不再需要向乌国外交部提交邀请函和旅游付款凭单。而且，受理期限为两个工作日（从提交证件的次日起算）。上述国家的旅游者可以获得一个月内有效的多次往返旅游签证，商务人士可获得一年内有效的多次往返签证。

第三，自 2018 年 2 月 10 日起，对往返于乌兹别克斯坦的外国航空公司航班的机组人员实行免签。

第四，该法令还规定，自 2018 年 7 月 1 日起，开始实行入境电子签证制度。

2018 年 7 月 4 日，乌总统签署了《关于优化外国公民进入乌兹别克斯坦共和国的进一步措施》的总统令，主要内容如下：①

一、从 2018 年 7 月 15 日起，乌将启用电子旅游签证申请和签发系统，取消外国公民必须到乌驻外使领馆办理签证的规定。电子旅游签证为一次入境，在乌停留期不超过 30 天，自签发之日起 90 天内有效。申请人应至少提前 3 个工作日申请办理签证，申请受理期限为 2 个工作日（从提交申请次日起算）。电子旅游签证通过电子邮件发放，费用为 20 美元，通过国际支付系统以电子方式支付。

二、从 2018 年 7 月 15 日起，包括中国在内 101 个国家的公民在乌境内经国际机场中转且停留时间不超过 5 天，可免签入境。上述公民需持有前往第三国机票，且航空公司应及时向乌国家安全局边防部门提供旅客相关信息。

三、未满 16 周岁外国公民，如持有出国护照或生物识别旅行证件且有法定监护人陪同，可免签入境。其在乌停留时间应与陪同人员护照中乌入境签证有效期一致，但最多不得超过 90 天。如外国公民在乌境内停留期间年满 16 周岁，应在乌内务部移民和国籍部门办理出境签证。

乌国自 2018 年实施一系列简化外国人入境手续措施之后，效果显著。2018 年，来乌的外国人创下历史最高记录。2019 年 1 月 25 日，乌兹别克斯坦旅游发展委员会发布的初步数据显示，2018 年来到乌兹别克斯坦的外国人

---

① "乌兹别克斯坦出台进一步简化外国公民入境签证手续措施"，中国领事服务网，2018 年 7 月 10 日，http://cs.mfa.gov.cn/zggmcg/ljmdd/yz_645708/wzbkst_647880/fwxx/t1575728.shtml。

数量创下历史新记录，达到535万人。其中，460万外国人为中亚其他国家的公民，40.6万人为独联体国家的公民，32.65万外国人来自其他国家。随着外国人不断增多，乌兹别克斯坦的旅行社数量也在增加。到2019年1月1日，已注册登记的旅行社达到983家。①

外国人入境数量的上涨极大地刺激了乌兹别克斯坦的旅游业，旅游配套的基础设施和国内的旅游产业潜力获得持续发展。在这样的背景下，乌兹别克斯坦政府继续放宽对外国公民入境签证的限制。2019年1月15日起，乌国又开始对德国公民实行30天免签入境的措施。

2019年1月初，乌总统签署了《关于加快发展乌兹别克斯坦共和国旅游业的进一步措施》的总统令，进一步实施签证便利化措施。主要内容包括：②

一、从2019年2月1日起，乌兹别克斯坦政府对45国公民实行30天免签入境的措施。

二、从2019年2月1日起，76个国家的公民可以办理电子入境签证。持因公护照和普通护照的中国公民均可办理电子签证。而且，自2019年3月15日起，可以办理两次与多次入境电子签证，期限为30天。乌方可为中国公民颁发两次和多次电子签证，费用分别为35美元和50美元。此外，电子签证由此前的个人旅游签证扩大至几乎所有种类，仅将拟新增设的五类签证排除在外。

三、对外国公民新增设五类签证，分别为：探亲、学生、学术、医疗、朝圣签证。这五类签证不属于电子签证之列。

四、所有电子签证自签发之日起有效期为90天，每次停留期30天，不可办理延期。

2019年初，乌兹别克斯坦国家统计委员会公布了2018年的统计数据。首先，入境人数达到新高。2018年，来乌兹别克斯坦的外国人数量是2017年284.7万人的2.3倍，③达到643.3万人。其中，93.5%的来乌外国人为独联体国家公民，共计615.9万人，其他国家的外国人数量占到来乌外国人

---

① В 2018 году Узбекистан посетило рекодное количество туристов. 25 января, 2019, https://uznews.uz/ru/article/13575.

② Безвизовый режим распространен еще на 45 стран, https://www.gazeta.uz/ru/2019/01/05/visa-free/.

③ Число иностранцев, посетивших Узбекистан, выросло в 2,3 раза. https://www.gazeta.uz/ru/2019/01/30/visits/.

总量的 6.5%，即 41.71 万人。

从国别分布上看，赴乌的外国人主要来自以下"近国外"国家：哈萨克斯坦（245.69 万人，占比 38.2%）、塔吉克斯坦（170 万人，占比 26.4%）、吉尔吉斯斯坦（110 万人，占比 17.1%）、俄罗斯（46.02 万人，占比 0.3%）。

赴乌的"远国外"国家的外国人主要来自于：土耳其（7.48 万人，占比 1.2%）、中国（3.71 万人，占比 0.6%）、韩国（3.27 万人，占比 0.5%）、印度（2.22 万人，占比约 0.3%）、德国（1.91 万人，占比约 0.3%）、日本（1.72 万人，占比约 0.3%）。详情请参见表 7。

从赴乌的目的看，来乌的外国人中，以探亲为目的的占到外国人总数的 73.2%，旅游的占 7.1%，公务占 0.9%，医疗占 0.8%，务工占 0.6%，留学占 0.2%。

从性别上看，男性占到外国人总数的一半以上，占比为 53.1%，女性为 46.9%。

表 7　2018 年赴乌兹别克斯坦的外国人国别分布情况简表

	人数（万人）	比例（%）
总数	643.3	100
独联体国家（"近国外"）	615.9	93.5
哈萨克斯坦	245.69	38.2
塔吉克斯坦	170	26.4
吉尔吉斯斯坦	110	17.1
俄罗斯	46.02	0.3
其他国家（"远国外"）	41.71	6.5
土耳其	7.48	1.2
中国	3.71	0.6
韩国	3.27	0.5
印度	2.22	0.3
德国	1.91	0.3
日本	1.72	0.3

资料来源：乌兹别克斯坦国家统计委员会。

其次，乌兹别克斯坦公民当年出国人数也创下新高。出境的乌兹别克斯坦人数远高于入境外国人的数量。同时，2018年也是乌兹别克斯坦公民出国访问的大年，有1383.86万乌国公民出国，是2017年682.34万人的2倍。独联体国家也是乌兹别克斯坦公民出国的首选国家，赴这些国家的乌国人占到出国总人数的96.2%（即1330.8万人），赴其他国家仅为3.8%（即53.06万人）。

从国别上看，在独联体国家中，去哈萨克斯坦的乌国人最多，为713.98万人（51.6%），其次是吉尔吉斯斯坦，为319.68万人（23.1%），俄罗斯为117.87万人（8.5%）。在其他国家中，去土耳其的乌国人最多，为18.4万人，其次是韩国（为7.97万人）、阿联酋（为4.52万人）、中国（为3.55万人）、美国（为2.06万人）、德国（为1.20万人）。详情请参见表8。

第三，探亲成为出入乌兹别克斯坦国境人员的主要目的。从出国目的看，乌兹别克斯坦公民的目标多为探亲（占57.6%），旅游占2.9%，留学占0.8%，公务占0.4%。

第四，独联体国家尤其是中亚国家，是乌兹别克斯坦公民出访的最主要目的国，也是赴乌兹别克斯坦外国人的主要来源国。乌哈之间的人员往来在2018年最为密集。

表8 2018年乌兹别克斯坦公民出境目标国国别分布情况简表

	人数（万人）	比例
总数	1383.86	100
独联体国家（"近国外"）	1330.8	96.2
哈萨克斯坦	713.98	51.6
吉尔吉斯斯坦	319.68	23.1
俄罗斯	117.87	8.5
其他国家（"远国外"）	53.06	3.8

资料来源：乌兹别克斯坦国家统计委员会。

（二）对境外同胞的移民新政

2018—2019年，乌兹别克斯坦签证制度的另一大变化是出现了专门针对境外同胞的签证制度。2018年10月，为了加深境外同胞与祖国的联系，有效地支持和促进境外同胞与祖国的各项合作事务，乌总统批准了《与境外同胞开展合作的国家政策构想》。其中一项支持措施就是简化境外同胞的签证手续，包括获得多次往返签证和长期居住证等。

2019年4月17日，乌兹别克斯坦政府批准了《关于为境外同胞及其家庭成员办理邀请函、多次入境签证及内务部门登记手续的条例》。① 该条例从制度上规定了境外同胞归国探亲所需证件的办理手续。根据该条例，为境外同胞办理邀请函时，邀请人应向乌兹别克斯坦的移民与国籍管理局及其分支机构提供以下文件：申请书、邀请人护照、证明境外同胞个人信息的文件、证明邀请人与境外同胞亲属关系的相关文件、邀请人2张照片以及缴纳税金的收据。税金为20173苏姆。申请受理期限为15个工作日。邀请函的有效期为3个月。

在为境外同胞办理入境签证时，应向乌兹别克斯坦外交部领事法律司或其地方分支机构提供以下文件：签证申请书、由电子签证网获取的个人信息、证明境外同胞个人信息的文件、缴纳税金的收据。税金为300美元。当境外同胞抵达塔什干国际机场时，还需提供机票的复印件或订票单（行程单）。申请受理期限为5个工作日。多次入境签证VTD（探亲签证）有效期为2年。

在为境外同胞办理临时居住登记时，邀请人需到乌兹别克斯坦的移民与国籍管理局办理相关手续。申请受理期限为2个工作日。临时登记期限为2年。

（三）乌兹别克斯坦出境劳动移民概况

据移民专家统计，目前约有250多万乌兹别克斯坦人在国外务工。劳动移民向母国乌兹别克斯坦的汇款占到各地区居民收入总额的5%—23%（不同地区占比不同）。移民汇款已经成为乌国一些地区居民的重要收入来源之一：在花剌子模州、撒马尔罕州、安集延等地区，移民汇款均占居民收入的

---

① Принят порядок выдачи виз《Ватандош》, https://www.gazeta.uz/ru/2019/04/19/compatriots/, 19 апреля 2019.

20%左右（19%—23%）。①

从国别分布上看，劳动移民前往最多的国家依然是俄罗斯。但同时，劳动移民的目标国也在发生变化，赴俄罗斯的人数虽多，但赴其他六国（美国、土耳其、以色列、韩国、阿联酋和哈萨克斯坦）的人数逐年上涨，且从这六国汇往乌国的移民汇款的比例也在逐年增加。

其一，赴俄罗斯。依然保持着每年85万—100万人赴俄务工的数量，但有下降的趋势。由于自2014年起卢布大幅贬值，劳动移民的收入下降（以美元计算的收入），从俄汇往乌国的移民汇款下降为原来的1/2。2018年，来自俄罗斯的移民汇款下降了2%。从俄罗斯向乌兹别克斯坦的自然人汇款总额中，有很大一部分来自于乌兹别克斯坦公民。分析近10年的数据可以看出，2009—2013年，汇款总数连年上升，每年约66.9亿美元。2014—2016年，从俄向乌国的自然人汇款总额大幅下降，2016年达到最低，仅为17.4亿美元。2017年后开始缓慢回升，2018年约为40亿美元，远低于2013年的峰值。②

其二，赴其他六国。乌兹别克斯坦劳动移民的目标国已经向"远国外"国家辐射。近五年来，乌兹别克斯坦公民稳定地在以下六国寻找工作机会：美国、土耳其、以色列、韩国、阿联酋和哈萨克斯坦。俄罗斯与上述六国成为乌兹别克斯坦公民外出工作的主要七国。乌国家统计委员会的数据也显示，95%的移民汇款来自于这七个国家。

值得注意的是，关于乌兹别克斯坦劳动移民的数据经常出现一些偏差。首先，乌国统计委员会有关以"工作"为目的迁出移民的数据与乌国在外劳动移民的数据并不一定相对应。这是因为，并非所有以"工作"为出境目的的乌兹别克斯坦公民到了目标国后就一定会成为劳动移民。例如在哈萨克斯坦，尽管从统计数据上看，2018年以"工作"为目的的赴哈萨克斯坦的乌兹别克斯坦公民达到350万人，但实际上，在哈工作的乌国公民要低于这个数字，一部分乌国公民经哈萨克斯坦进入俄罗斯工作。根据移民汇款额的增加度，有专家估计，在哈的乌国劳动移民的数字在65万—80万人之间，2018

---

① Госкомитет РУз. https: //stat. uz/ru/press - tsentr/novosti - komiteta/5301 - sovok-upnyj - dokhod - naseleniya.

② CAA Network: Тенденции трудовой миграции в Узбекистане. 17 апреля, 2019 г. https: //caa - network. org/archives/15856.

年从哈汇往乌兹别克斯坦的移民汇款增加了28%。①

第二，作为劳动移民输出国的乌兹别克斯坦与作为劳动移民输入国的其他国家的年度统计数据也存在一定程度的误差。据俄罗斯内务部与中央银行的数据显示，2016—2018年，每年在俄罗斯做过移民登记的乌兹别克斯坦公民约400万人，他们中有一半赴俄的目的为"工作"。而据乌兹别克斯坦统计委员会的数据显示，2016—2018年间，每年赴俄罗斯的乌兹别克斯坦公民人数在118万—130万人之间。不难看出，乌方与俄方的统计数据间相差数倍。

造成如此大误差的原因至少有以下两个。一是移民输入国政府在统计劳动移民数量时，并不能反映出同一位乌国公民可能多次进入同一个国家的情况。以俄罗斯为例，一年内同一位乌国公民可能会进入俄罗斯2—3次，他的移民登记记录就可能有2—3个。二是统计数据没有反映出停留超过一年以上的移民的数量。在俄罗斯，有相当一部分的乌兹别克斯坦公民不必出境就可以办理移民登记延期，这部分乌国公民在俄罗斯停留的时间通常会超过一年，这样就产生了乌国在俄移民的存量，也被计入年度统计数据当中。移民登记顺差——移民登记与注销人数差也证明了这一点。2016—2018年间，每年俄乌间的移民登记顺差都在130万人之间。

四、塔吉克斯坦的跨国人口迁移概况

塔吉克斯坦是中亚的劳务输出大国之一。2018年，俄罗斯依然是塔吉克斯坦公民外出务工的主要目标国。

据塔吉克斯坦统计署的数据显示，2010—2018年，共计有2330448人从塔吉克斯坦前往俄罗斯。② 其中86891人获得俄罗斯长期居留证。首次进行移民登记的数量为132.8万人，入境目的为旅游的3198人，留学的34763人，工作的1000018人，获得打工卡的471401人。同时，24.68万名塔吉克斯坦移民在俄罗斯生活超过一年以上，当前约有70万塔国公民赴俄务工。

---

① CAA Network: Тенденции трудовой миграции в Узбекистане. 17 апреля, 2019 г. https://caa-network.org/archives/15856.

② Илья Питалев, Где продать рабочие руки: мигранты Таджикистана в мировой экономике, https://tj.sputniknews.ru/analytics/20190415/1028564089/migranty-tajikistan-mirovaya-ekonomika-rabochie-ruki.html.

在受教育程度上,在俄工作的塔吉克斯坦公民中有6.5%受过高等教育,84.5%受过中等教育。因此,大多数塔吉克斯坦公民在俄从事的是服务行业。2018年从俄罗斯向塔吉克斯坦的跨境汇款为26亿美元,占到当年塔吉克斯坦国民生产总值(73亿美元)的35.6%。移民汇款上,每月每人汇往塔吉克斯坦的金额为278美元。

塔吉克斯坦劳动移民在俄罗斯的生活并非一帆风顺,也面临一些难以解决的客观问题,而这些问题大多与俄罗斯的移民政策相关。对于塔吉克斯坦劳动移民而言,最头疼的问题是移民登记。2018年7月,俄罗斯对《外国人出入境规则法》进行了增补,根据这项法规,移民登记手续变得更加严格。例如,增补后的法律规定,外国移民只能按照实际居住地进行登记,在这之前移民可以在工作地登记。而很多给移民出租房屋的户主为了逃避税收,往往不愿让外国移民用自己的房屋住址进行登记,这样就导致很多塔吉克斯坦的劳动移民不能在规定期限内完成移民登记,从而触犯了俄罗斯的移民法律。此外,针对塔吉克斯坦劳动移民家庭成员的移民登记手续暂时也没有简化程序,这也给塔吉克斯坦的劳动移民工作带来一定的困难。

此外,被驱逐出境和遣返也是塔吉克斯坦劳动移民在俄罗斯经常遭遇的现象之一。俄罗斯移民法律的日趋严格直接造成越来越多的塔吉克斯坦公民被驱逐出俄罗斯。近5年间,超过30万塔吉克斯坦公民被俄罗斯移民部门驱逐出境。2017年,俄罗斯进行了一次移民特赦,约10万塔吉克斯坦公民从中受益,得以避免驱逐出境。2018年底的数据显示,超过22万塔吉克斯坦公民被遣返,并被限制进入俄罗斯国境。这其中,约1.2万人因获取及使用虚假打工卡和其他证件而被驱逐出境,10年内不许进入俄罗斯;约5000人因有传染性疾病(如肺结核、艾滋病、肝炎等)而被终身禁止入境;其余塔吉克斯坦移民因违反在俄居留规定而被遣返。①

塔吉克斯坦劳动移民被遣返的另一个原因是移民个体的独立性。绝大多数塔吉克斯坦的劳动移民是独立前往俄罗斯的,他们中的一部分很难以合法手段找到工作,往往会沦为部分私营雇主非法雇佣的牺牲品,或者劳动条件相当恶劣,或者收入过低。他们一旦被俄罗斯执法部门查处,又会因打黑工或非法滞留而被遣返。

---

① Пять проблем таджикских трудовых мигрантов, https: //news. tj/ru/news/tajikistan/society/20190418/pyat - problem - tadzhikskih - trudovih - migrantov.

2018 年出现塔吉克斯坦劳动移民从俄罗斯返回塔吉克斯坦的回流潮。据统计，2018 年从俄罗斯返回塔吉克斯坦的移民中，36% 的移民是自愿返回，18% 是由于家庭原因，8% 是健康原因，5.7% 是打工卡到期且不愿延期，6.2% 是未找到工作，0.3% 是未拿到工资，4.9% 是被驱逐出境 3 年（且 3 年不得赴俄），10% 是被驱逐出境 5 年（且 5 年不得赴俄），10.9% 是其他原因。①

此外，塔吉克斯坦长期对外输出劳动移民也给塔国自身带来一系列问题。一是国内无法长期保有高水平的技术人才和技术工人；二是逐渐形成劳动移民家庭，即家庭的主要男性成员都是在外的劳动移民；三是塔国公民在外多从事简单的不需过多劳动技能的工种，使得在外劳动移民的教育程度并不太高，从而成为劳动移民的低收入群体。

正是由于塔吉克斯坦在俄罗斯的移民存在这样那样的问题，移民问题一直是俄塔元首会晤的重要议题。2019 年 4 月 16—17 日，塔吉克斯坦总统埃莫马利·拉赫蒙在访问俄罗斯期间，两国签署了 17 项合作文件，其中就包括塔政府与俄政府签署的关于有组织地雇佣塔公民在俄境内从事临时工作的协定。

五、中国在移民管理领域的新政策

人员、贸易往来是"一带一路"合作发展的重要内容，随着"一带一路"倡议的深入推进，中国赴沿线国家（地区）建设投资规模不断扩大、项目不断增多，"一带一路"沿线重点国家与我实现发展战略对接、资源优势互补意愿不断增强，人员往来持续增长。自 2018 年成立国家移民管理局以来，中国在移民领域实行了一系列改革创新措施，在保障有序高效管理移民工作的同时，还促进了中国与"一带一路"沿线国家（地区）贸易畅通、民心相通，使得该倡议更加深入人心，为共建"一带一路"创造更便捷、更高效的出入境环境，为进一步推动"一带一路"建设打造制度基础。

2018 年 4 月 2 日，国家移民管理局在北京组建成立。国家移民管理局（中华人民共和国出入境管理局）是公安部管理的副部级国家局。其主要职

---

① Пять проблем таджикских трудовых мигрантов, https://news.tj/ru/news/tajikistan/society/20190418/pyat - problem - tadzhikskih - trudovih - migrantov.

责包括：负责全国移民管理工作；负责协调拟定移民和出入境管理政策与规划并协调组织实施，起草相关法律法规草案；负责建立健全签证管理协调机制，组织实施外国人来华口岸签证、入境许可签发管理和签证延期换发；负责出入境边防检查、边民往来管理、边境地区边防管理；负责中国公民因私出入境管理、港澳台居民回内地（大陆）定居审批管理；负责外国人来华留学管理、工作有关管理、停留居留和永久居留管理、国籍管理、难民管理；牵头协调非法入境、非法居留、非法就业外国人治理和非法移民遣返，查处妨害国（边）境管理等违法犯罪行为；承担移民领域国际合作等。①

成立之后，移民管理局实行了一系列改革创新举措，在中外人员出入境持续保持强劲增长的势头下，有序地保障了中外人员的出行和居留。其中，与外国人有关的措施主要包括以下几个方面。

第一，放宽对外国人的免签政策。自2018年5月1日起，在海南施行59国人员入境旅游免签政策，将赴海南的免签旅游团国家由26国放宽到59国，将外国游客入境海南的免签停留时间延长至30天，将团队免签放宽为个人免签。截至2019年2月28日，已有30余万名外国人免签赴海南旅游，同比增长10.3%。新增厦门等5个城市144小时外国人过境免签，全国20个城市、27个口岸先后为10.1万人次外国人提供72小时、144小时过境免签便利，旅游人数同比增长23.9%。②

第二，简化外国人出入境和在华的居留手续。自2018年9月1日起，开始实施两项有利于外国人出入境和居留的便利措施。一是公安出入境管理机构为外籍人员丢失护照急需补办签证出境等应急需要提供即时受理审批便利。公安出入境管理机构为遇到以下三种情形的外籍人员提供即时受理审批便利：对于丢失护照急需补办签证出境的外籍人员，凭邀请单位提供的事由说明函件、已确定日期和座位的机（车、船）票即时受理审批；外籍船员及其随行家属急需申请停留证件离开港口城市转机出境的，凭船舶代理公司担保函件和已确定日期、座位的机（车、船）票即时受理审批；外国旅游团成员急需申请团体签证分离出境的，凭接待旅行社提供的事由说明函件和已确定日期、座位的机（车、船）票即时受理审批。

---

① 国家移民管理局官网，https://www.nia.gov.cn/n741430/n741506/index.html。
② 彭景晖、塔娜：“国家移民管理局挂牌成立以来'放管服'改革成效显著”，《光明日报》2019年3月20日，第4版。

国家移民管理局对此表示,《中华人民共和国外国人入境出境管理条例》规定,外国人申请签证延期、换(补)发和申请停留证件,公安出入境管理机构应当在7个工作日内受理签发。外国人在中国境内生活、工作时,上述丢失护照急需补办签证出境等情况时有发生,若按规定时限签发相应签证和停留许可,有可能影响申请人行程安排。为此,国家移民管理局决定为遇到上述特殊情况的外国人提供即时受理审批签证、停留许可申请,及时做出准或不准决定。新政实施后,经推估每年有近3万人次外籍人员可享受急事急办便利。

二是国际航行船舶船方或其代理单位可在网上申报出入境边防检查手续。出入境船舶负责人或其出境入境业务代理单位通过公安出入境互联网办事平台或国际贸易"单一窗口"申报出入境船舶、船员信息,不再提交纸质申报单证。

第三,对外国人尤其是"三非"外国人的管理取得新进展。"三非"外国人是指"非法入境、非法居留、非法就业"的外国人。移民管理局着力破解外国人非法入境、非法居留、非法就业增多新问题,牵头会同有关部门建立依法治理机制,加强边境口岸管理,坚决查处"三非"外国人违法犯罪活动。

第四,组建专业化的移民事务服务中心。积极构建与经济社会发展相适应的移民服务体系,组建移民事务服务中心,整合社会资源和力量,依法保护外国人合法权益,协调处理侵权案事件,为来华外国人提供应急响应、法律援助、居留旅行、语言文化等社会融入服务。

第五,大力推进边检自助通关,全国各出入境边防检查机关累计建设自助查验通道1357条,出入境自助通关人员比例超过52%,为3.4亿中外出入境人员提供自助通关便利;自2018年9月1日起,部署全国边检机关推行国际航行船舶网上申报边检手续,年节省船舶边检手续时间20万小时以上,为企业节约大量成本支出。

实行上述举措后,2018年移民和出入境管理工作实现了"两增长两减少",除中国公民人均通关查验时间减少至45秒外,户籍地居民出入境证件审批签发由10个工作日减少至7个工作日;全年共检查出入境人员6.51亿人次,同比增长9.9%;审批签发各类出入境证件1.5亿张(本次),同比增长11.1%。① 2018 年,免签入境人员 887.1 万人次,同比增长 9.6%。② 与此相对应的是,2017 年全国公安出入境管理机构签发内地居民因私出入境证件 1.33 亿本,出入境人员总量为 5.98 亿人次。③

2019 年 4 月 25—27 日,中国主办了第二届"一带一路"国际合作高峰论坛。本次高峰论坛在各个领域都取得丰硕成果,其中就包括中国政府实施"一带一路"人员出入境便利安排。自 2019 年 4 月 28 日起,中国政府开始为"一带一路"沿线国家(地区)相关人员提供出入境和停居留便利。这些便利安排包括三个方面。

第一,在部分航空口岸和陆路口岸边检现场设置"一带一路"通道,为执行"一带一路"建设重点工程、重要合作、重大项目或参加有关会议、活动的中外人员和车辆快捷办理边检手续提供便利。这些口岸包括 12 个航空口岸(北京、上海、广州、厦门、深圳、成都、昆明、乌鲁木齐、重庆、郑州、西安、泉州);6 个陆路口岸(满洲里、二连浩特、霍尔果斯、友谊关、东兴、磨憨)。

第二,为参与"一带一路"建设的中国公民和相关企业员工提供"加急办证""加班办证""集中办证"服务。公安机关出入境管理部门将为紧急出国出境参与"一带一路"建设重点工程、重点合作、最大项目或参加有关会议、活动的中国公民及相关企业的员工,开通出入境证件办理"绿色通道",提供"加急保证""加班办证""集中办证"服务。即:根据需求为上述人员提供加急办证服务,根据申请人需求,在现有办证时限范围内尽可能缩短办证时限;紧急情况下,公安机关出入境管理部门可在非工作时间为上述人员提供办证服务;对于一次性办证人员较多的参与"一带一路"建设相关企业,公安机关出入境管理部门将应企业需求,在办证大厅临时开设专门窗口为其集中办理,最大限度为参与"一带一路"建设企业"走出去"节省成本和时间。

第三,对来华参与"一带一路"重大活动和重点工程等的外国人提供出

---

① 彭景晖、塔娜:"国家移民管理局挂牌成立以来'放管服'改革成效显著",《光明日报》2019 年 3 月 20 日,第 4 版。
② "中国国家移民管理局成立 1 周年,10 项改革创新举措全部落地",中国新闻网,2019 年 4 月 2 日,http: //www. chinanews. com/gn/2019/04 - 02/8798197. shtml。
③ "5 项出入境便利措施 9 月 1 日起施行,国家移民管理局解读",国家移民局网站,https: //www. nia. gov. cn/n741435/n741532/c766308/content. html。

入境手续便利化安排。对应邀来华参加"一带一路"重大活动、重要会议以及重点工程项目建设的外国人，因紧急事由来不及办妥来华签证的，可凭中方主管部门证明材料，申办口岸签证。来华参与"一带一路"建设重点工程、重要合作、重大项目的外国人及其配偶和未成年子女，需在华居留的，公安机关出入境管理部门将签发居留证件的时限由15个工作日缩短至5个工作日。对执行"一带一路"海上运输任务的外籍船员，离开港口城市换乘交通工具出境需办理停留证件的，签发时限由7个工作日缩短至3个工作日，对有紧急离境等特殊需要的船员可于受理当日签发。

六、移民理念与政策的极化

通过考察上合组织主要成员国的移民政策不难看出，近年来，成员国的移民政策都发生了一些变化。而这些变化呈现出"两极化"的趋势，中国和乌兹别克斯坦的移民政策越来越开放，俄罗斯等国的政策则在一定程度上带有适度"紧缩"的趋势。

随着本国社会经济改革的深入，为吸引大量外国游客和外国投资，乌兹别克斯坦政府在近两年大幅改革了出入境政策，旅游业产值与外商投资出现了双增长。在第二届"一带一路"国际合作高峰论坛成功召开后，中国进一步改善了移民管理环境，中国政府开始为"一带一路"沿线国家（地区）相关人员提供出入境和停居留便利，新的举措定会大力促进沿线国家（地区）间的贸易畅通、民心相通。

与上述国家相对应的是，近年来，俄政府逐渐收紧移民政策，开始实行一系列移民新政。整体而言，俄罗斯政府的移民新政依然带有一定程度的安全保障特性，这又与俄罗斯社会对移民现象的态度紧密相关。移民新政再次体现出俄罗斯国内社会对移民现象的复杂态度。从国家和政府层面看，一方面，俄罗斯意识到外国移民已经是俄罗斯生活的一部分，且对俄罗斯有益，不论是从经济角度，还是从人口和地缘政治角度；另一方面，政府又针对劳动移民实施愈加严格的移民政策（例如劳动许可证制度）。从政策的执行后果来看，俄政府更多地视移民为问题，而非发展的资源。

从社会民众层面看，俄罗斯社会大多视劳动移民为"危险"：一是因为劳动移民的绝对数量多；二是因为部分俄民众的固有思维认为，外国劳动移民在俄工作和居住具有临时性，他们不会按照俄罗斯标准来融入俄罗斯社会，因而对社会有隐形或潜在的危害性。

　　这种对移民的复杂心态也有自己的历史发展轨迹。苏联解体后，俄罗斯的移民观并非一成不变，时常在开放与紧缩之间游走和摇摆。自20世纪90年代开始，尤其是21世纪的前10年，随着外来移民人数在俄罗斯的持续增长，俄罗斯社会对移民现象与本国的移民政策取向都曾经展开广泛的讨论。基于不同的学术背景与政治立场，俄罗斯学术界、民间、政治精英对于移民现象的看法也不尽相同。整体来看，俄罗斯不同阶层、不同学术背景、不同政治立场人士对于国内移民现象的看法有两个鲜明的特点：一是对移民现象本身存在着两元化的态度——接受移民与排斥移民；二是不论是学术界，还是民间或是政治精英，对于移民现象与国际迁移态度的出发点都是以俄罗斯的国家安全为主（详见表9）。

表9　俄罗斯的移民观

	引进移民论的观点	反对大规模地引进移民论的观点
俄罗斯究竟需不需要大规模地引进移民	为保障国家的经济安全和应对人口危机，俄罗斯需要引进移民	为维护俄罗斯的经济安全、社会安全、国土安全，俄罗斯不应大规模引进移民
移民迁入后会对社会造成哪些后果	移民可以缓解人口危机，促进经济发展，为国家创造财富	移民不能完全解决人口危机，移民带来的政治、社会、经济问题会威胁到俄罗斯的国家安全
俄罗斯应当采取何种性质的移民政策	积极宽松的移民政策	强硬限制性的移民政策

资料来源：强晓云：《移民对当代中俄关系的影响：非传统安全视角的分析》，时事出版社2010年版，第97页。

　　乌克兰危机发生以后，西方国家对俄罗斯采取了一系列制裁，能源以及大宗商品的国际价格下跌、俄国内经济结构调整缓慢等使得俄罗斯经济发展速度趋缓，再加上欧洲难民危机及其引发的一系列社会政治问题，俄罗斯社会的移民观也受到一定的冲击，俄社会对于移民的态度更加趋于保守与强硬。2016年11月29日全俄公众舆论调查中心发布了最新的民调数据，结果显示，78%的受访者认为，政府应当限制移民进入俄罗斯境内。一方面，民众肯定，移民的存在会给俄罗斯社会带来一定的便利，如移民的劳动为当地民众提供了较为低廉的社会服务（占到受访者的 57%）；移民从事的是当地人不愿从事的工种（占到受访者的 67%）。另一方面，依然有 70% 以上的受访者认为，移民对劳动力市场的本国公民造成负面影响，如移民会同意以较低薪酬来获得工作，从而制约了加薪的速度与幅度（占到受访者的 71%）；与当地人相比，雇主更愿雇佣移民工作（占到受访者的 81%）；移民通常从事非法劳务（占到受访者的 74%）等。①

俄罗斯另一家民调机构列瓦达中心长期跟踪进行有关移民的社会调查，数据显示，从 2012 年开始，赞同俄政府采取限制性移民政策、设置移民壁垒的受访者一直在 70% 左右：2012 年占到受访者的 70%，2013 年占 78%，2014 年占 76%，2015 年占 68%，2016 年 3 月占 80%，2016 年 8 月占 66%。② 2018 年夏季，列瓦达中心再次进行有关移民问题的民调，结果显示，当前俄罗斯社会的排外情绪正在上涨，对移民厌恶的人数有所增加，甚至连乌克兰移民都不喜欢，2/3 的受访者认为俄罗斯政府应当减少外国移民的进入。当然，也有一些积极的现象。例如，近年来俄罗斯媒体关于移民的负面报道已经减少很多，也鲜见以排斥移民来进行炒作的文章。

俄罗斯政治精英们也主张采取较为紧缩的移民政策。俄罗斯前移民局局长罗曼达诺夫斯基就曾直言，"俄罗斯不是过道"，可以让所有人来去自如，应该严厉打击非法移民，提升移民的准入门槛。③ 2016 年 4 月，在向国家杜马做政府年度工作报告时，俄罗斯总理梅德韦杰夫指出，俄罗斯必须收紧移民法律。"我们是需要劳动力，但这并不意味着，我们得接收与邀请所有人……俄罗斯从未有过最自由的移民规则，而现在欧洲发生了移民危机之后，我们应当更加强硬地对待移民法律。"④

当前俄罗斯社会对移民现象的保守态度不仅仅是欧洲移民危机的外溢影

---

① Пресс-выпуск ВЦИОМ № 3254: Мигранты в России: эффекты присутствия, https://wciom.ru/index.php?id=236&uid=115969.

② Левада-Центр: Интолерантность и ксенофобия, http://www.levada.ru/2016/10/11/intolerantnost-i-ksenofobiya/.

③ Глава ФМС: в 2015 году число мигрантов в России стабилизировалось, https://news.mail.ru/society/24443511/.

④ Медведев считает необходимым ужесточить миграционное законодательство в РФ, http://tass.ru/politika/3219738.

响使然，还源于俄罗斯社会对安全的认知和重视。安全意识一向在俄罗斯的内外政策中占据特殊重要的地位，在移民管理上依然如此。俄政府将人口迁移、国际移民提升到国家安全的高度，保障国家安全历来是俄罗斯移民管理政策最根本的目标和基本原则。[①]

第一，移民与俄罗斯的社会安全相关。大部分俄罗斯的精英和民众认为，外来移民与接收国和地区的犯罪率上升具有直接联系，正是移民的增多导致当地社会治安状况下降，而跨国犯罪集团的跨国犯罪活动则进一步恶化了接收国和地区的社会治安，给当地的社会安全带来威胁。非法移民问题是另一个一直困扰着俄罗斯政府的老问题。"伊斯兰国"（ISIS）影响的扩散、阿富汗问题向中亚的外溢，使得一些俄罗斯民众以为少数来自中亚的信奉伊斯兰教的移民极有可能是恐怖分子或宗教极端分子。打击非法移民、移民犯罪是俄政府在移民管理方面的重要措施。现阶段，在乌克兰危机爆发、欧洲出现叙利亚难民潮后，俄罗斯更是实行新规严控移民的非法滞留，加大处罚力度，加强了对非法移民的打击。自2009年开始，所有在俄外国人的信息都保存在俄联邦移民局（现为俄联邦内务部移民事务管理局）的信息系统里。该系统现存1.7亿份外国人的资料，一旦有违法入境，系统会直接关闭。

第二，移民与俄罗斯的经济安全相关。有观点认为，一方面，外国劳动移民分流了俄罗斯本国人的劳动机会，会恶化后者的就业环境；另一方面，移民向迁出国的汇款会造成俄罗斯资本流失，移民参与"影子经济"偷税漏税的行为直接影响到俄罗斯的国库收入，不利于国家经济的发展。因而，俄罗斯在管理移民时，一方面对入境的外国劳动力设置配额，实行劳动许可制度；另一方面，对移民进入某些经济领域加以限制，以提供更多的劳动机会给当地居民。

俄罗斯政府每年都要确定在具体行业部门需要吸引的外国劳动力限额。现阶段，俄罗斯在一些行业减少了对外国劳动力的需求。2016年，俄政府批准的外国劳动力（对签证国家的外国工人）配额为213929人，相当于俄经

---

① 参见强晓云："俄罗斯移民政策的调整——《2025年前俄罗斯联邦国家移民政策构想简评》"，《世界民族》2013年第5期，第54—60页。

济活跃人口的 0.3%，① 不会引起劳动力市场的波动。与 2015 年相比，配额减少了 22%。与往年一样，俄政府规定，全面禁止外国移民在零售业、商亭以及商场工作，他们也不能销售药品。在啤酒与香烟贸易行业，外国工人的数量不能多于该企业总人数的 15%，在体育健身行业不多于 25%。2016 年，可以在汽车货运行业工作的外国人的份额从原来的 50% 缩减到 35%（占企业总人数的比例），在其他陆上客运行业的份额则从 50% 减少到 40%。对于减少外国劳动力进入本国特定行业，俄罗斯官员与民众持积极态度。例如，俄工会主席克拉夫琴科就乐见这种变化。他认为，"劳动力市场发生了巨大的变化。由于工资水平以及卢布汇率下降，大量的移民离开了俄罗斯。然而，这也有正面的意义，这些工作岗位由俄罗斯公民取代了"。②

至于移民汇款及其对俄罗斯经济发展的影响，在俄罗斯社会一直存在争论。确实，在俄罗斯的移民每年向母国（迁出国）汇出大量汇款，俄罗斯一直是世界上移民汇出汇款较多的国家之一。在所有向母国的汇款中，乌克兰、塔吉克斯坦、乌兹别克斯坦是接受汇款最多的国家。世界银行的数据表明，2015 年，乌克兰共接受移民汇款 60 亿美元，塔吉克斯坦为 31 亿美元，乌兹别克斯坦为 26 亿美元，吉尔吉斯斯坦为 17 亿美元。移民汇款在上述国家 GDP 中的比重也比较高，塔吉克斯坦占 36.6%，吉尔吉斯斯坦占 30.3%，乌兹别克斯坦的指数则下降到 9.3%。③ 据俄罗斯中央银行的统计数据显示，2015 年，移民从俄罗斯汇往中亚国家的汇款总计 50.65 亿美元，比 2014 年减少了 71.12 亿美元，降幅为 60%（2014 年共计 121.77 亿美元）。其中，乌兹别克斯坦接收由俄罗斯的汇款总数为 23.7 亿美元，塔吉克斯坦为 12.78 亿美元，吉尔吉斯斯坦为 10.83 亿美元。④

---

① ПостановлениеРФ от 12 декабря 2015 года №1359, http://government.ru/docs/21067/.

② Рабочих мест для мигрантов в России станет еще меньше, Российская газета, http://rg.ru/2015/12/21/migranti.html#.

③ Migration and Remittances (Recent Development and Outlook), World Bank Group, April 2016, p. 28.

④ Переводы трудовых мигрантов из России в страны Центральной Азии в 2015 году рухнули на 60 процентов, Международное информационное агентство 《Фергана》, 19 марта, 2016. http://migrant.ferghana.ru/newslaw/переводы-трудовых-мигрантов-из-росси.html.

尽管世界银行首席经济学家认为，劳动移民不仅向母国汇出劳动所得，也为迁入国经济做出贡献，且劳动移民对俄罗斯经济的贡献率为俄GDP 的 5%—10%。然而，俄罗斯的学者依据俄国家统计局数据得出的结论比这一数字要低，2008 年达到峰值，占到俄 GDP 的 3.4%，2013 年为 3.12%。①

此外，俄罗斯社会还认为，移民与文化、卫生、人口等安全都具有相关性。例如，如果对移民不加控制的话，可能会带来一些流行疾病的暴发，恶化俄罗斯的医疗卫生环境。因此，俄政府规定，外来移民必须具有健康证书，在一定期限之内要向当地移民机构卫生部门申报健康状况。如果对移民数量和质量不加以控制的话，过多的移民将会涌入俄罗斯，可能会对当地原有的俄罗斯文化传统、道德价值观、宗教信仰造成冲击。

部分政府官员与部分民众对外来移民存在抵触情绪，时常视劳动移民为问题的根源，因此俄罗斯政府在制定移民政策时，时常将国家安全与移民问题联系在一起。正是基于对安全的高度追求，俄罗斯的移民政策一直有一定的保守性。在移民管理的每个阶段，几乎每一次积极治理的念头与政策草案最后都出于安全考虑而历经反转，变为紧缩控制。尽管近两年来可以清晰地看出，俄罗斯社会对于外来移民的观念已经发生一些积极性变化，移民管理的思想也在悄然转变，但是保障国家安全依然是俄罗斯移民政策最根本的目标和基本原则。从国家安全的角度出发，俄罗斯的移民政策致力于解决三大问题：为什么引进移民？移民引进的目的是保障国家的人口安全和社会经济发展；如何引进移民？对移民的数量和质量加以控制；引进哪些移民？首选是境外的俄罗斯族人，其次是独联体国家的移民，再次是有利于俄经济发展的投资者、企业家和技术工人。俄罗斯政府在 2018 年实行的新政恰恰成为上述理念的政策反映。出于人口安全、经济文化安全的考量，在吸引外来移民方面，俄政府希望有更多的生活在俄境外的、同根同源的俄罗斯族人返回祖国。除了将俄罗斯族人作为首要选择外，俄罗斯还将吸引独联体国家的移民作为次要选择，因为来自那里的移民在文化、宗教、行为方式上与俄罗斯的认同感要比来自其他国家的移民高。

---

① Сергей Рязанцев, Роль трудовой миграции в развитии экономики РФ. UN ESCAP, http://www.unescap.org/resources/role-labour-migration-development-economy-russian-federation-english-russian.

俄罗斯的移民理念和移民政策在欧亚地区不仅具有代表性,还具有一定的外溢效应。欧亚地区的部分国家长期受到苏联、俄罗斯政治文化、政治生态的影响,在制定本国的移民政策时,一定程度上也参照了俄罗斯的移民政策,包括以安全为主导的移民理念。这些理念和政策,一方面在保障本国国家安全、维护主体民族权益上发挥了一定的积极作用,另一方面在客观上或多或少地制约了本国与地区内外国家的充分往来和交流。

七、结论

综上所述,随着"丝绸之路经济带"、欧亚经济联盟、大欧亚伙伴关系的逐步落实,上海合作组织涵盖的地区内跨国人口迁移出现了一些新的特点。

第一,跨国人口迁移的方向与中心愈加鲜明。中国、俄罗斯与乌兹别克斯坦成为欧亚地区国际迁移的三个中心。俄罗斯是来自中国、中亚劳动移民的目的国——劳动迁移中心,来自俄罗斯、中亚的学生到中国留学——教育迁移中心,来自世界各地的游客到乌兹别克斯坦旅游——旅游中心。此外,本地区的跨国人口迁移的表现形式依然以劳动迁移为主。

第二,跨国人口迁移与地区各国移民政策的发展状况同步。上合组织成员国间的跨国人口迁移呈现出一个新的特点,即移民政策变化越多的国家,跨国人口迁移的变化度(包括增量和减量)也越高。俄罗斯与乌兹别克斯坦可以说是两个典型案例。

第三,赴俄罗斯的跨国人口迁移依然是上合组织内部人口迁移最为活跃的环节。尽管与以往相比,向俄罗斯的人口迁移在数量上有所下降,但从中亚、中国向俄罗斯的迁移并未停息,未来还有持续的可能。因此,俄罗斯社会对于移民的接受度、俄政府对于移民的管理均会对上合组织成员国内人口迁移的态势产生不容忽视的影响。

第四,在上合组织的各成员国中,移民政策具有较大的差异性。近年来,成员国中有以开放为宗旨施行更为宽松移民政策的国家(如乌兹别克斯坦),也有施行部分宽松或整体紧缩移民政策的国家,在地区一体化不断加强的背景下,不同国家的不同移民政策定会对本地区的人口、资本、技术的自由流动产生相应的影响。如何把各个国家"各自为政"的移民政策有机地结合起来,建立统一的移民政策,以有效调节区域内移民的平衡流动,在欧亚地区一体化进程中显得尤为重要。统一的移民政策对克服无序移民潮带来的消极因素和尖锐的社会问题有着积极的影响，制定统一的政策对于推进上合组织成员国国家现代移民进程无疑具有重要的意义。此外，如何促使本地区移民进程与"一带一路"倡议相向而行，也是一个值得思考的议题。

苏联解体后中亚一体化发展进程

何金科[*]

【内容提要】 中亚地区的整合萌芽于苏联解体后,起初是中亚五国为应对苏联解体的冲击而谋求在经济领域实现合作。1994年五国成立中亚经济联盟,自此正式开启地区一体化。2004年,改名后的中亚经济联盟并入俄罗斯主导的欧亚经济共同体,标志着中亚地区的整合陷入停滞,五国的发展方向也逐渐发生分歧。然而,五国在上合组织框架下的反恐合作却如火如荼地进行,安全领域的合作使五国的互信程度得到加强。2018年3月15日中亚五国元首的会晤表明,中亚五国有意凭借自身力量解决地区性问题,是五国联合自强、共担地区命运的一种积极表现。同时,五国在安全、生态、文化等领域存在的机遇有助于五国在地区性事务上实现深度合作,尤其是通过上海合作组织的第三方平台逐渐在安全领域加强共同体建设,推动中亚一体化趋势向前发展。

【关键词】 安全合作 安全共同体 上海合作组织 中亚一体化

2018年3月15日,中亚五国国家元首在哈萨克斯坦首都的总统府举行非正式会晤。会上,哈萨克斯坦总统纳扎尔巴耶夫说:"对我们的人民来说,此次会议具有重要的意义。首先,整合各国家的能力符合生活在这一地区所有公民的利益;其次,将对地区间贸易以及互补形式的经济增长起到重要作用;此外,地区安全也是我们共同关注的热点问题;最后,历史、文化以及

---

[*] 何金科,华东师范大学国际关系与地区发展研究院博士生。

民族传统等方面的紧密联系将拉近各国人民之间的距离。"① 这次非正式会晤是中亚五国13年来第一次在没有外界干预的情况下齐聚一堂，为中亚地区的经济发展寻求解决方案。对此，外界普遍认为这是中亚一体化的重启。很显然，这次会晤对地区整合具有重要意义，预示着中亚五国再次试图通过一己之力解决自身的问题。中亚五国谋求"复制"欧洲一体化的模式从苏联解体之初就已存在，但中亚一体化进程一直停滞不前。此次，乌兹别克斯坦总统米尔济约耶夫正在推动对邻国实行事实上的"零问题"政策。② 在米尔济约耶夫的努力下，塔什干和杜尚别之间恢复了通航；对于塔吉克斯坦坚持修建水电站，乌兹别克斯坦也不再反对，而是表示会积极参与；乌、吉之间也修复了长期的紧张关系；乌、哈之间的贸易在2018年上半年增长了52%。中亚区域一体化的不断升温主要得益于近年来中亚五国的政局趋于平稳，各国当局逐渐将注意力转移到经济上。同时，乌总统积极主动的外交政策和哈总统倡导中亚五国和平共处的理念相契合，因此中亚一体化在2018年凸显出较为光明的前景。中亚五国内部一体化合作总体有利于上合组织的区域合作，有助于探索实践"上海精神"，二者相互促进，而不是相互掣肘。中亚地区内部一体化是顺应形势需求的自然进程，符合上合组织追求的合作目标，③其不仅能有效减少中亚五国之间的分歧，使上合组织避免繁重的调节与斡旋任务，而且能增加五国之间的互信，减少上合组织成员国间的矛盾，使上合组织的机制化更加成熟。同时，上合组织也在一定程度上促进了中亚五国之间的合作与互信，尤其是每年一次的上合组织峰会，将中亚五国领导人齐聚一堂，共同探讨和协商解决分歧的有效途径。2018年3月中亚五国领导人非正式会晤虽然是其自发行为，但也是上合组织多年来坚持协商一致和大小国家一律平等原则的必然结果。

---

① "中亚五国元首在首都总统府举行会晤"，https: //www. inform. kz/cn/article_a3185691。

② [美]保罗·斯托尼斯基："中亚：没有放开的一体化"，https: //carnegieendowment. org/2018/12/29/zh - pub - 78555。

③ 张宁："中亚一体化新趋势及其对上海合作组织的影响"，《国际问题研究》2018年第3期，第42页。

一、中亚一体化的发展历程

苏联解体之前，社会矛盾、民族纷争频发，波罗的海三国率先宣布独立给苏联致命一击，濒临倒塌的苏联无暇顾及各个加盟共和国的具体动向，苏联时期制定的禁止各个加盟共和国组建"小团体"的禁令也成为摆设，各加盟共和国眼看苏联即将倒塌，纷纷开始考虑出路问题。于是，在1990年，苏联五个加盟共和国的领导人齐聚阿拉木图，商讨了如何应对苏联岌岌可危的国家情势以及自身的生存方案，同时签署了《经济、科技与文化合作协议》，虽然这项协议并没有发挥实际的作用，但仍然有重大的意义，它标志着中亚五个加盟共和国开始有意向共发展、共进退。1991年，中亚五个加盟共和国的五位领导人再次签署《关于组建中亚国家和哈萨克斯坦跨国协商委员会的协议》，以预防中亚五个加盟共和国在苏联解体后分崩离析，可通过互助的形式继续维持发展。之后，苏联解体，中亚五国独立，问题却层出不穷：俄罗斯族外迁，民粹主义抬头，部族矛盾凸显，新政府执政能力弱，国民经济主要部门比例失调，对外经济联系中断，失去原有的商品供应和销售市场，政府财政困难，生产建设和人民生活所需的物资和产品供应紧张，只能靠进口和国际人道主义援助解决。例如，1992年上半年，哈萨克斯坦的食品、食品原料和日用消费品的进口量占其进口总额的79.9%；土库曼斯坦进口的日用消费品占其需求总量的65%以上；塔吉克斯坦的进口量则占需要量的50%。由此产生的经济衰退、生产下降、投资压缩、财政恶化、企业停工停产、工人大量失业、通货膨胀加剧、人民生活水平降低，是独立后几年内中亚五国普遍存在的问题。[①] 面对这样的社会现状，中亚五国本将希望寄托在俄罗斯身上，希望继续留在卢布区，但俄罗斯采取了"甩包袱"的政策，对中亚国家的诉求不给予正面回复，心急如焚的中亚五国元首于是只能"自救"。1993年，中亚五国元首商议在塔什干举行会议，商议如何互相协作，增加彼此之间的贸易体量以度过经济萧条期，最终达成将粮食和石油委员会设在阿拉木图，将棉花委员会设在塔什干，将天然气委员会设在阿什哈巴德，

[①] 王尚达、赵惠："中亚国家经济一体化发展趋势与前景"，《兰州大学学报（哲学社会科学版）》1996年第4期，第42页。

将电力委员会设在比什凯克，将水资源委员会设在杜尚别的协议。① 1993 年 9 月，独联体各国首脑草签了《经济联盟条约》，12 月又决定成立"支付联盟"。1994 年 4 月 15 日，在莫斯科举行的第 15 次独联体国家元首和政府首脑理事会上，各国首脑签署了《关于建立自由贸易区的协议》，拟通过取消关税逐步向关税同盟过渡。② 但是，塔吉克斯坦独立之后就发生内战，经济状况进一步受损（据悉，内战给塔吉克斯坦造成 100 亿美元的经济损失），其他中亚四国国内也面临不同的经济问题，塔什干会晤设立的委员会逐渐变成一个"美好的愿望"。虽然当初五大委员会的设立是根据各个国家的资源优势设立的，但在现实中这些优势并没有发挥出来。究其原因，除了中亚五国的经济结构不具备将这种愿望变成现实的能力外，中亚五国忙于处理国内的问题也耽误了计划的进一步落实，尤其是塔吉克斯坦发生内战，使中亚地区很多居民担心战争外溢。

看到塔吉克斯坦的经济情况一步一步恶化，吉尔吉斯斯坦经济回升缓慢，土库曼斯坦对涉及国家主权的联盟兴趣索然，于是哈总统纳扎尔巴耶夫在 1994 年对乌兹别克斯坦进行国事访问，两国元首就进一步加强双边贸易联系、促进国内经济过渡达成初步协议，并签署了《建立统一经济空间协议》。同年 4 月 30 日，吉尔吉斯斯坦宣布加入统一经济空间。统一经济空间奠定了中亚五国继续向前推进一体化的基调。该协议主张降低双边关税壁垒，增加双边贸易额，实现双边优势资源互补，两国在商品、劳务、资本、劳动力等方面可以自由流动，同时还要协调信贷、核算、税收、价格、关税和外汇等方面的政策，③ 通过这些措施发展该地区的经济。时隔一年，哈、乌、吉三国元首又签署了《1995—2000 年哈萨克斯坦共和国、吉尔吉斯斯坦共和国和乌兹别克斯坦共和国之间经济一体化纲要》，并决定组建中亚联盟。该纲要规定，共和国开发最优先的部门，如燃料动力综合体、冶金综合体、化学综合体、地质综合体、轻工业和农业综合体、交通运输和邮电通信等。④ 同年，土库曼斯坦宣布永久中立，并表示不参加任何军事集团和同盟，主张在平等

---

① 常庆："中亚一体化任重道远"，《和平与发展》2002 年第 3 期，第 41 页。
② 张宁："浅析纳扎尔巴耶夫的'中亚国家联盟'主张"，《俄罗斯东欧中亚研究》2008 年第 4 期，第 24 页。
③ 常庆："中亚一体化任重道远"，《和平与发展》2002 年第 3 期，第 42 页。
④ 姚大学："全球化与中亚区域经济一体化"，《俄罗斯中亚东欧市场》2005 年第 1 期，第 22 页。

的基础上发展与所有国家的友好合作关系,1995年12月联合国通过决议赋予土库曼斯坦永久中立国地位。之后,哈、吉、乌三国之间的贸易联系逐渐紧密,但仍然仅限于农业产品初级原料,三国较为急需的日用品和机械类产品依然需要从俄罗斯等国家进口。1998年,持续五年的塔吉克斯坦内战结束,塔吉克斯坦为了促进国内经济复苏,增加国内就业,改善人民生活,提出加入中亚经济共同体。同年3月26日,三国正式接纳塔吉克斯坦为中亚经济共同体的正式成员国。这一组织的发展历程表明:中亚国家有推动经济一体化的意愿,而且各国在该框架下通过了很多决议,但具有实践意义的成果并不多。[1] 2000年6月14日,中亚经济共同体国家元首在杜尚别举行会议,本次会议以维护本地区安全与稳定为主题,会上签署了《共同体到2005年的一体化发展战略》等重要文件,核心问题是建立统一经济空间。[2] 中亚经济共同体在这些区域组织中拥有特别的地位,是中亚国家第一个地区性经济合作组织,成员国有哈萨克斯坦、塔吉克斯坦、吉尔吉斯斯坦和乌兹别克斯坦。然而,该组织并未有效运行。[3] 2002年2月28日,四国国家元首在阿拉木图再次举行会晤,并决定将中亚经济共同体改名为中亚合作组织。中亚合作组织除了继续执行之前所签署文件的内容外,将合作领域扩展至自贸区建设和反恐领域。中亚合作组织的目标是:在这个拥有5000万人口的地区,创造一个共同经济空间。其使命是:在政治、经济、科学、技术、环境、文化、人文以及安全领域进行合作,维护区域稳定;互相提供支持,应对威胁成员国独立、主权、领土完整的事件;合作打击地区和跨国犯罪,如毒品非法交易、非法移民和恐怖主义等。[4] 会晤时达成这样的共识:只有地区一体化才能保障必要的地区安全水平,有效地加入世界经济联系,转变价值观念,使中亚国家社会经济得到持续发展,只有四国共同努力,才能使中亚地区成为和平与稳定的地区。[5]《哈萨克斯坦真理报》认为这是"地区一体化的新模

---

[1] 杨恕、王术森:"社会认同理论视角下中亚地区一体化",《俄罗斯研究》2018年第3期,第57—58页。
[2] 姚大学:"全球化与中亚区域经济一体化",《俄罗斯中亚东欧市场》2005年第1期,第23页。
[3] [俄] V.多多诺夫:"中亚:从外围到中心",《俄罗斯研究》2014年第2期,第65—66页。
[4] 常庆:"中亚一体化任重道远",《和平与发展》2002年第3期,第41页。
[5] 常庆:"中亚一体化任重道远",《和平与发展》2002年第3期,第45页。

式"。塔吉克斯坦总统拉赫莫诺夫（2007年改为拉赫蒙）称："我们决定赋予我们的组织以新的特点和质量，使其能适应时代的更高要求。"① 四国的合作领域逐渐得到扩大与深化，高层之间的互信也在一定程度上得到增强。与此同时，中亚四国开始解决彼此之间的矛盾，尤其是国家边界问题的解决取得丰硕成果，未解决的边界纠纷也秉持了搁置争议的原则，国家之间的关系出现较为良好的发展势头。2002年11月，成员国议会领导人在乌兹别克斯坦首都塔什干举行了首次会晤，建立了会议机制，"为成员国扩大合作及国家间立法合作提供了新的契机"。此外，在塔什干还首次举行了题为"中亚加深经济一体化进程"的成员国经济论坛，探讨了开展新的经济合作模式，为加强成员国互利合作奠定了坚实的基础。② 基于一体化进程的需要，中亚领导人频繁举行会晤和高层磋商，一体化按部就班地向前发展，国家领导人之间的互信程度得到不同程度的加深。

在中亚一体化如火如荼向前推进的同时，俄罗斯国内政局亦趋于稳定，经济逐渐回暖，俄罗斯开始注重自己的周边环境。其实早在1996年，俄罗斯、白俄罗斯、哈萨克斯坦和吉尔吉斯斯坦就商议成立四国关税联盟，旨在协调四国的经济改革进程，加快四国的经济一体化进程，助力国内经济发展。1999年2月，塔吉克斯坦申请加入四国关税联盟。同年，俄罗斯、白俄罗斯、哈萨克斯坦、吉尔吉斯斯坦、塔吉克斯坦共同签署了《成立欧亚经济共同体条约》。2001年5月，欧亚经济共同体跨国委员会第一次会议在白俄罗斯首都明斯克举行，会上宣布欧亚经济共同体正式成立。会议发表的联合声明指出，关于成立欧亚经济共同体的条约从即日起正式生效，五国将继续遵守以前有关建立四国关税同盟和统一经济空间的各项协议，在兼顾国家利益和共同利益的基础上，共同体的优先任务是为深化共同体成员国在经济及法律领域的合作创造必要条件。由此可见，欧亚经济共同体和中亚合作组织的性质基本一样，都是优先解决经济问题，这也从侧面反映了苏联解体后，新独立的各个国家在经济方面普遍存在不同程度的问题，相同点都是经济停滞不前。

---

① ［俄］V. 多多诺夫："中亚：从外围到中心"，《俄罗斯研究》2014年第2期，第65—66页。

② 姚大学："全球化与中亚区域经济一体化"，《俄罗斯中亚东欧市场》2005年第1期，第24页。

俄罗斯在和中亚国家共同推进欧亚经济共同体的同时，也在和独联体内的其他国家建立各种各样的经济合作组织。2004年，俄罗斯申请加入中亚合作组织，并承诺对中亚国家进行经济援助和加大投资力度。中亚国家一致认为：凭借本地区之间的经济基础，即使一体化发展到一定程度，经济量的增长也是比较缓慢的，但如果俄罗斯在经济方面能够给予一定的援助，中亚国家的经济发展将会度过艰难时期，所以中亚国家接纳了俄罗斯加入中亚合作组织。2005年10月6日，中亚合作组织决定和欧亚经济共同体合并。同年，乌兹别克斯坦申请加入欧亚经济共同体。次年，欧亚经济共同体成员国在圣彼得堡召开元首非正式会议，接纳乌兹别克斯坦为正式成员国，中亚五国从2006年起同处于一个组织之内（土库曼斯坦为观察员国）。至此，中亚的区域经济合作走到俄罗斯主导的轨道上来，中亚国家尝试建立一体化组织的尝试宣告失败。

中亚国家的一体化尝试从苏联解体前的1990年开始，到2005年加入俄罗斯主导的欧亚经济共同体结束。一体化的规模逐渐扩大，合作的领域从经济一直扩展到安全，中亚国家元首的互信程度得以增强，中亚五国之间边界的划定主要是在这一期间完成的，纠纷和矛盾的减少为中亚一体化的继续扩大奠定了基础。然而，一体化的效果却并不明显，所签署的协议大多没有执行，一体化在很大程度上仍然处于虚的状态。究其原因，主要在于：首先，中亚五国面临的国内问题不一样，塔吉克斯坦在内战当中受到巨大创伤，民族和解后的塔吉克斯坦虽表面平静，其实内部部族冲突、民族问题非常多；乌兹别克斯坦作为中亚五国中军事力量最强的国家，保存着苏联遗留的完整的军事设备，而且乌兹别克斯坦也是中亚五国中人口最多、资源较为丰富的国家，因此一直自称为中亚的天然领导者；土库曼斯坦奉行中立政策，一直游离于中亚一体化之外；吉尔吉斯斯坦自然资源匮乏，但与俄罗斯"交好"，一直跟随俄罗斯的步伐；哈萨克斯坦领导人主张地区一体化，但这种主动性遭到乌兹别克斯坦的反抗，比如乌兹别克斯坦于2004年提出"中亚关税同盟"构想，哈萨克斯坦则于2005年提出"中亚联盟"构想，两个国家相互较劲、互不相让。在这样一种局势下，虽然中亚五国面临的共同问题都是经济停滞不前，却很难展开大规模的合作。正如美国明尼苏达大学政治学副教授凯瑟琳·柯林斯所分析的，威权体制下，各国希望推进各自的国家利益，进而导致地区经济一体化停滞不前。①

二、影响中亚一体化的因素

中亚一体化的进程缓慢，除了客观存在的原因之外，主观原因也是影响中亚一体化进程的因素。外因在一定程度上加速了事物发生变化的速度，但内因才是事物发生本质变化的最根本原因。中亚一体化夭折也符合外因—内因综合发展的规律。下面将按照这样的逻辑顺序分析影响中亚一体化的因素。

（一）外部因素

1. 大国博弈

俄罗斯一直将中亚地区视为自己的"后院"，中亚地区对俄罗斯而言不仅是防止北约继续东扩的一道屏障，同时，也是俄罗斯商品的销售市场，在俄罗斯粮食、机器、运输设备以及近年来的纺织品出口中占有相当大的份额。中亚地区还是重要的能源产地，这些资源被运往俄罗斯全境和欧盟市场。俄罗斯努力在中亚地区占据更牢固的位置，强调双方在能源乃至国防领域要加强合作。② 同时，中亚五国均有苏联时期遗留的俄罗斯族群体，俄罗斯经常借保护境外同胞利益的名义对中亚五国进行干预。塔吉克斯坦内战就是在俄罗斯等国的斡旋之下达成和解的，并且在莫斯科签署了民族和解议定书。同时塔吉克斯坦的国防安全也在俄罗斯的保障之下，塔吉克斯坦和阿富汗之间长达1300多公里的漫长边界一直由俄罗斯的边防军驻守，并且在塔吉克斯坦境内有俄罗斯210摩托化步兵队，俄罗斯每年对塔吉克斯坦的经济援助和投资占其他所有国家总和的一半。吉尔吉斯斯坦由于资源匮乏，经济发展滞后，一直注重和俄罗斯发展贸易往来，双边关系良好。哈萨克斯坦北部居住着大量俄罗斯人，因此和俄罗斯关系较好。乌兹别克斯坦奉行平衡外交，时而倾向于俄罗斯，时而倾向于美国。总体上，俄罗斯凭借苏联"遗产"和自身的

---

① Kathleen Collinsconomic and security regional among patrimonial authoritarian regimes: the case of Central Asia, pp. 249 - 281，转引自杨恕、王术森："社会认同理论视角下中亚地区一体化"，《俄罗斯研究》2018年第3期，第49页。
② 俄罗斯国际事务委员会："俄罗斯在中亚的利益：内容、前景、制约因素"，《俄罗斯研究》2014年第2期，第131—132页。

优势在中亚地区一直保持着独特的影响力。俄罗斯通过独联体、欧亚经济共同体等组织机构以及文化联系、经济援助、军事等途径将自身和中亚国家捆绑在一起。

2001年9月11日，位于美国纽约的五角大楼遭到恐怖分子袭击，接近3000人无辜丧生，时任美国总统乔治·沃克·布什发动了"反恐战争"，入侵阿富汗以消灭藏匿在"基地"组织的塔利班分子，同时通过了《爱国者法案》，宣布对阿富汗进行军事进攻，推行持久战。中亚国家普遍接受美国对阿富汗作战，消灭阿富汗的恐怖分子和极端宗教势力，为中亚地区发展创造良好的外部环境。但阿富汗战争结束以后，美国迟迟不愿撤军，不愿意撤出位于吉尔吉斯斯坦的军事基地，并且开始在中亚地区推行民主，以致吉尔吉斯斯坦连续发生两次"颜色革命"，最终成为中亚五国当中唯一一个议会制国家。美国干预中亚一体化的途径主要包括：分别扶持乌兹别克斯坦和哈萨克斯坦，使乌、哈自认为与美国"交好"，乌哈之间的比拼性增强，无法形成合力；对中亚五国的经济援助区别对待，使五国之间形成竞争关系，推行民主文化。例如，2002年美国与乌兹别克斯坦签署了《美乌伙伴关系和合作框架协定》。这被乌视为一项重大的外交胜利，乌借此向其他国家尤其是俄罗斯展示美国站在了自己这一边，由此强化了乌相对其他中亚国家的优势。[①] 乌从美国得到多于其他中亚四国的经济援助和武器装备，在地缘优势上更具实力与哈萨克斯坦相抗衡。同时，与乌有矛盾的塔、吉两国因乌的地缘优势和美国对乌"看重"而增加了恐惧感，开始担心乌会在三国有矛盾的水资源和边界问题上增加"要价"或发生冲突。因此，两国开始将目光投向俄罗斯。在积极和乌"走近"的同时，美国也积极和哈萨克斯坦进行接触。2002年，美国国务卿对哈萨克斯坦进行访问。2004年，新任美国国务卿再次对哈萨克斯坦进行访问，并对其经济发展取得的伟大成就表示祝贺。2005年10月，美国国务卿赖斯开始中亚四国之行，并在哈萨克斯坦表示："哈萨克斯坦政府有机会成为中亚政治与经济改革的真正领袖。"[②] 美国分别对乌、哈两国的"看重"，加剧了乌、哈对于中亚地区领导权的争夺，塔、吉只能将安

[①] Olga Oliker and David A Shlapak, US interress in Central Asia, policy prtorities and military role, pp. 25 - 26. 转引自曾中红："美国参与中亚事务的主要途径及其效果研究"，《当代亚太》2013年第4期，第72—73页。

[②] 黄立言："美国与哈萨克斯坦关系及其对中国的影响"，湘潭大学2009年硕士学位论文，第22页。

全交给俄罗斯保护。在这种情况下，推动中亚一体化注定步履维艰，各国之间的地区合作仅仅停留在协议、文件层面，很少得到具体执行。

中亚五国独立后，先后与中国建立外交关系。中方为了有一个稳定的周边环境，秉承睦邻友好的原则与哈萨克斯坦、塔吉克斯坦划定了边界，周边关系较为稳定地向前发展。中方在中亚国家设立孔子学院，为中国与中亚五国的经济、文化合作培养基础性人才。随着经济的发展，中国一跃成为世界第二大经济体，同时也展开了对中亚五国的援助和投资。由此，俄罗斯开始担心中国在中亚地区的经济影响力，"中国威胁论""收复已失领土"的消息在中亚地区不胫而走，尤其是中—吉—乌铁路的修建使俄罗斯方面的警惕性极大提高。中国提出的"一带一路"倡议也被渲染为中国版的"马歇尔计划"。事实上，"一带一路"倡议作为中国构建全球新秩序的理念，是开放和包容的，接纳世界上任何国家参与，以期为世界经济发展做贡献，同时分享中国经济发展的红利，而且中国本就无意参与中亚地区乃至世界的博弈。中国与中亚的合作主要通过贸易，尤其是小商品贸易展开。例如，吉尔吉斯斯坦经济方面主要依靠转售，从中国进口电子产品、肉类、服装、农产品，俨然成了一个转运站，因为这些产品中的75%都被发送到其他中亚国家和俄罗斯。正如俄罗斯外交学院院长巴扎诺夫介绍的："俄中在中亚如果存在竞争，那只是在经济领域，至于政治领域，我并未看到。鉴于历史，中国承认该地区是俄罗斯的优先方向，而我们和他们都希望中亚稳定，中国是我们在该地区以及国际舞台上的全球伙伴。"[1] 而俄罗斯对中亚的影响是政治、文化、军事等全方位的，中国在中亚地区无意和俄罗斯竞争。中国与中亚进行的是正常的贸易往来，俄罗斯在中亚的市场上仍然占据主导地位。美国对中亚的影响是通过制度和意识形态实现的，其通过输出美国模式影响中亚政治转型。美国在中亚地区除了输出民主以外，还要借此机会挤压俄罗斯的地缘政治空间，同时对中国的西北构成安全威胁，这一点从美国迟迟不肯从吉尔吉斯斯坦撤出军事存在就可见一斑。而中亚国家为了发展本国经济，均奉行平衡外交政策，试图从中、俄、美三大国争取到更多的投资和经济援助，无暇顾及中亚一体化，也无暇落实之前签署的协议。因此，大国在中亚的存在只是其一体化进程缓慢的一个因素，并不是中亚一体化失败的决定性因素。

---

[1] "俄中专家将共同研究欧亚一体化"，2018年2月1日，俄罗斯卫星通讯社，http://sputniknews.cn/society/201802011024608921/。

另外，除了中、俄、美之外，土耳其、伊朗、巴基斯坦、印度等国也逐渐进入中亚地区，在教育、宗教、意识形态等领域都可以见到它们的影子。土耳其和中亚五国当中的四国（塔吉克斯坦除外）在语言方面有相似性，均属于突厥语系，另外土耳其和中亚五国均信仰伊斯兰教，语言和宗教是土耳其和中亚接近的天然桥梁。因此，对于土耳其来说，中亚既是历史中的故土，也是未来的某种可能。① 土耳其不仅帮助乌兹别克斯坦进行文字改革，而且倡导了突厥语国家元首峰会，截至目前，突厥语国家元首峰会已经召开了10次。另外，土耳其和中亚五国在教育、文化、贸易方面的合作均效果显著。但总体来看，当前中亚地区尚不是土耳其对外战略的核心，中亚各国仅是土耳其国内民族主义崛起、追求伊斯兰世界领导地位和实现其成为欧亚能源核心枢纽的借助力量。② 土耳其虽然不能和中、俄、美一样构成中亚地区的大国竞争态势，但也是中亚地区不能忽视的一支力量，尤其是土耳其联合中亚其他四国将塔吉克斯坦排除在外，更是拉长了中亚一体化实现的时间。

巴基斯坦、印度、伊朗等国和土耳其一样，也是在不同的侧面和领域发展与中亚国家的关系，在某一个"历史节点"上影响中亚国家的发展、政治转型甚至一体化进程。

2. 地区安全

中亚地处欧亚大陆的中心地带，是连接亚洲与欧洲的陆上桥梁。早在1919年到1943年，陆权说的代表人物哈尔福德·约翰·麦金德就在其论文《历史的地理枢纽》《民主的理想和现实》《全世界赢得和平》中论证了中亚地区的重要性，即谁统治东欧，谁就控制了心脏地带；谁统治心脏地带，谁就控制了世界岛；谁统治世界岛，谁就控制了全世界，而世界岛的中心就位于欧亚大陆的心脏地带，心脏地带就包括今天的中亚地区。同时，中国的古丝绸之路也是贯通中亚地区的。这就导致中亚地区从很久之前一直是各方势力争夺的焦点，阿拉伯帝国、塞尔柱突厥帝国、花剌子模帝国、铁木尔蒙古帝国、沙俄帝国以及苏联都对中亚进行过统治。中亚五国独立以后，阿富汗恐怖主义分子对中亚五国的周边构成严重威胁，同时阿富汗90%以上的毒品

---

① 王明昌："土耳其与中亚国家关系的现状及其前景"，《国际研究参考》2018年第5期，第1页。
② 王明昌："土耳其与中亚国家关系的现状及其前景"，《国际研究参考》2018年第5期，第6页。

都通过塔阿边境运输到世界各地,中亚五国每年在海关都能查获大量携带毒品入境的非法人员,这也增加了中亚五国边界安全的风险。据悉,塔吉克斯坦 1993 年收缴 38 公斤鸦片,1996 年收缴 6 公斤海洛因,1999 年共收缴毒品 2579 公斤,2000 年共收缴 7 余吨,① 2016 年上半年共收缴 700 公斤毒品。此外,"三股势力"是造成中亚周边安全隐患的第二大因素,使中亚地区一直处于动荡中,民族分裂势力对中亚五国的国家主权完整构成威胁;宗教极端势力,尤其是伊斯兰宗教极端势力对中亚五国的社会安定以及社会秩序造成很大程度的伤害,特别是"乌兹别克斯坦伊斯兰运动",其在宗教的名义下传播极端主义宗教思想,散布异端邪说,主张宗教介入国家政治事务,鼓励无辜平民参加"圣战"、消灭异教徒、推翻世俗政权等,不仅使大量无辜平民伤亡,而且使宗教事务和国家、政府攀扯上关系,影响了政府正常的运作;目前,中亚地区存在不少打着伊斯兰旗号的极端组织,它们的活动范围已远远超出一国范围,遍及整个中亚。② 恐怖主义的危险性是世界性的,恐怖分子逃窜到中亚招募对象,使中亚五国也笼罩在恐怖主义的氛围当中。此外,非法购买武器、非法移民、难民危机等都使中亚五国忙于消除外部因素对本国的危险,这就在不同程度上使中亚国家无暇顾及关于中亚一体化的协议和协商等事项。

3. 美俄等主导的国际组织分化中亚一体化进程

由于中亚地区一直在俄罗斯的"监视"之下,中亚国家一体化的进程也受到俄罗斯方面的密切关注。早在 1994 年,中亚五国就相继被纳入独联体的范围内(2005 年土库曼斯坦退出);1995 年,俄罗斯又相继将哈、吉、塔、乌纳入关税同盟中;1997 年,乌克兰、格鲁吉亚、阿塞拜疆、摩尔多瓦四国倡议建立古阿姆集团;1998 年,乌兹别克斯坦加入,2005 年退出。1999 年,俄罗斯联合哈萨克斯坦、塔吉克斯坦和吉尔吉斯斯坦成立欧亚经济共同体;2003 年,俄罗斯、哈萨克斯坦、乌兹别克斯坦、白俄罗斯成立统一经济空间;2010 年的俄白哈关税同盟;2011 年俄白哈的欧亚经济一体化宣言;2015 年欧亚经济联盟将哈和吉纳入其中。除了俄罗斯外,1992 年伊朗倡导

---

① 张雪宁、杨恕:塔吉克斯坦禁毒斗争简史,《兰州大学学报(社会科学版)》2011 年第 3 期,第 15—16 页。

② 古丽阿扎提·吐尔逊:"中亚反恐法制建设及其启示",《现代国际关系》2010 年第 1 期,第 26 页。

的经济合作组织将中亚五国全部纳入其中；1997年，中亚五国和阿富汗、蒙古国等10国提出中亚区域经济合作计划；2001年，中亚四国（土库曼斯坦除外）与中、俄一起建立了上合组织，另外还有美国提出的"大中亚"计划和"新丝绸之路计划"等。中亚地区众多的国际组织将不同的国家纳入其中，在一定程度上阻碍了中亚五国之间的交流。如俄罗斯为了维护自身的利益，不得不带领一些独联体国家另起炉灶成立自己主导的区域合作组织。[①]俄罗斯倡导建立的组织基本囊括了哈萨克斯坦和吉尔吉斯斯坦，这促进了哈萨克斯坦、吉尔吉斯斯坦和俄罗斯之间的经济联系和交流，却不利于塔吉克斯坦和乌兹别克斯坦的发展。塔吉克斯坦本身在中亚五国当中就较为特殊，乌兹别克斯坦又自称中亚的天然领导者，这更加剧了乌兹别克斯坦的离心力。而美国提出的"大中亚计划"将阿富汗和伊朗也纳入其中，又引起除塔吉克斯坦外的其他中亚四国的不满，毕竟阿富汗的乱局在短期内是没有办法解决的，再加上阿富汗的恐怖主义和毒品，中亚四国更是望而却步。而现在唯一一个涵盖中亚五国且一直处于活跃期的组织就是上合组织。上合组织秉持维护地区安全与促进地区发展的宗旨，将中亚五国（土库曼斯坦为观察员国）牢牢团结在一起，每年一次的上合组织峰会在促进中亚国家领导人互信方面发挥着巨大的作用。然而，上合组织目前处于中俄共管的状态之下，中俄之间关于扩员的分歧，中亚五国关于扩员会稀释其在上合的地位问题都影响着上合组织机制化的进一步完善，虽然上合组织乐见中亚五国形成地区合力，在一体化进程中取得突破，但中亚五国之间缺乏政治互信，加之它们之间的历史积怨与矛盾一时难以解决等问题，都在一定程度上"拖住"了中亚一体化进程的脚步。与此同时，上合组织在促进中亚一体化方面似乎也"心有余而力不足"。首先，上合组织是基于安全考虑而成立的，奉行大小成员国一律平等，不干涉别国内外政策制定的原则；其次，俄罗斯对中方在中亚地区影响力的继续扩大始终保持警惕；第三，俄罗斯有通过上合组织的第三方平台促进欧亚经济联盟与"一带一路"对接，实现"大欧亚"计划的考量；最后，中亚五国之间的问题凭借上合组织一己之力难以解决。

4. 未赶上全球经济高速发展的"快车"

中亚五国独立之时，正值经济全球化迅猛发展之际。中亚国家只有顺应

---

① 张宁："中亚一体化新趋势及其对上海合作组织的影响"，《国际问题研究》2018年第3期，第53页。

世界经济发展大势、融入全球化、加强区域经济合作步伐，才能推动本国经济健康有序发展，在国际舞台上拥有一席之地。这也是中亚国家领导人的共识，正如哈萨克斯坦总统纳扎尔巴耶夫所说："中亚国家保持密切友好的关系对我们来说非常重要，这是由共同的世界、业已形成的经济联系、经济上的互补性和相互依赖以及历史、文化、民族的共同性决定的。"① 然而，中亚国家的经济发展并没有跟上世界经济发展的步伐。除了中亚五国独立之后在政治转型过程中发生的一系列冲突和对抗之外，经济结构单一、轻工业处于停滞状态、自给自足能力差、没有能力发展民族企业等，也阻碍了中亚五国融入世界经济发展大潮流的步伐。美国经济学家贝拉·巴拉萨认为，区域一体化既是一种过程，也是一种状态。就过程而言，它包括旨在消除各国之间差别待遇的种种措施；就状态而言，则表现为各国之间各种差别待遇的消失。② 即使吉尔吉斯斯坦和哈萨克斯坦加入世界贸易组织（WTO），也并没有从根本上解决经济发展的短板，虽然哈萨克斯坦的经济形势是中亚五国中最好的，但其仍然无法和日、韩等国匹敌。中亚五国的经济形势多年来无太大起色，除了受苏联僵化的计划经济体制影响之外，本国政府也没有能力鼓励民族企业走出去，没有能力吸引外来投资以及没有创新意识同样是中亚五国经济停滞不前的主要原因。中亚五国普遍存在投资风险，使国外投资者望而却步，其威权体制和贪污腐败导致投资手续异常复杂，再加上中亚五国普遍存在办事效率低下以及其他衍生性问题，均制约了外国投资商的脚步。另外，中亚国家经济结构单一，在世界能源价格升高的时候能够借助出售能源提高国内 GDP 总量，例如哈萨克斯坦经济"腾飞"依靠的就是世界能源的高价格，但近几年能源价格回落，世界经济普遍陷入低迷，中亚国家经济又一次走入"死胡同"。经济形势差影响了中亚五国资源的合理配置，这样的恶性循环使中亚五国只能"自扫门前雪"，"冷落"一体化的进程。正如《吉尔吉斯斯坦言论报》就中亚国家之间贸易壁垒和建立统一经济空间问题评论称，"中亚经济共同体成员国就这个问题已经讲了多年。然而，除了宣言，

---

① 姚大学："全球化与中亚区域经济一体化"，《俄罗斯中亚东欧市场》2005 年第 1 期，第 22 页，转引自赵常庆：《中亚五国概论》，经济日报出版社 1999 年版，第 297 页。

② Balassa Bela., The theory of economic integration London：Allen and Unwin, 1962. 转引自王志远："中亚国家区域一体化进程评估"，《俄罗斯中亚东欧研究》2010 年第 5 期，第 44 页。

事情没有任何进展"。① 中亚五国（土库曼斯坦除外）对中亚地区的经济发展是重视的、关注的，也在一定程度上希望中亚地区能在国际政治舞台上发挥一定的作用，却一次又一次错过世界经济发展的黄金时期。

（二）内部因素

1. 中亚五国之间的矛盾

中亚五国之间的矛盾较为复杂，多种矛盾又构成中亚五国之间矛盾的综合体。其一，民族矛盾。中亚五国的民族矛盾主要是苏联时期对各个加盟共和国边界划分的"随意性"造成的，这种"随意性"导致中亚五国的民族处于"大杂居、小聚居、跨界而居"的状态，每一个国家除了主体民族外几乎都含有另外四个国家的主体民族。比如，塔吉克斯坦的第二大民族是乌兹别克族，哈萨克斯坦的第三大民族是乌兹别克族（第二大民族是俄罗斯族），吉尔吉斯斯坦的第二大民族也是乌兹别克族，乌兹别克斯坦的第二大民族为塔吉克族（第三大民族是哈萨克族），土库曼斯坦的第二大民族也是乌兹别克族。塔吉克斯坦和乌兹别克斯坦之间因水源和土地问题引发的两个族群之间的矛盾已经上升到国家层面，塔乌两族之间的矛盾几乎构成中亚民族矛盾的主体；吉尔吉斯斯坦和乌兹别克斯坦两国民族由于同处费尔干纳盆地而龃龉不断，经常发生冲突和纠纷。例如，1990 年吉尔吉斯族和乌兹别克族在奥什市的冲突致使几百人丧生。2010 年的奥什骚乱造成 1900 多人丧生，上千名年轻人在奥什市内打砸抢烧，大半个奥什陷入火海，一片狼藉，吉乌两族互相斥责对方侮辱了本民族妇女或者大学生。骚乱导致 40 万乌兹别克难民逃离吉尔吉斯斯坦，这更加剧了两国间的冲突和矛盾。

其二，领土之争。中亚五国的领土之争源于苏联时期边界划分的"随意性"，比如乌塔领土争端。公元前 9 世纪，塔吉克人以撒马尔汗为中心建立了萨曼王朝，所以撒马尔汗和布哈拉两个历史名城居住着大量的塔吉克人，这两个城市也一直被塔吉克斯坦视为塔吉克文明的发源地。1924 年，苏联进行民族识别时将撒马尔汗划归乌兹别克加盟共和国，由于在苏联时期同处"一家"，塔吉克斯坦加盟共和国并没有表现出多么不满，再加上有苏联领导人的协调，这种划分方式就固定下来了。苏联解体后，乌塔两国形

---

① 常庆："中亚一体化任重道远"，《和平与发展》2002 年第 3 期，第 42 页。

成 1304.86 公里的边界。2002 年 10 月 5 日，乌、塔两国签署协议，对 1102.20 公里的边界线达成一致，之后又确定了 106.86 公里的边界，但仍有 93.82 公里未定。① 而这一未划定区域主要在塔吉克斯坦的粟特州范围内，而塔吉克斯坦在乌兹别克斯坦的飞地萨万也位于这一范围之内。因此，乌、塔两国冲突与分歧的点也主要集中在这一区域；仅 2012 年 9 月上半月就发生两起塔、乌边防军的枪战。两国政府相互指责对方违背 2009 年正式生效的《塔吉克斯坦—乌兹别克斯坦国家边境协议》，对他国进行领土侵犯。② 2013 年在塔吉克斯坦进行的一次民意调查结果显示，24% 的塔吉克斯坦受访者视乌兹别克斯坦为威胁，比视阿富汗和美国为威胁的受访者比重分别高出 2% 和 17%。③ 乌兹别克斯坦和吉尔吉斯斯坦有 1378 公里的边界线，截至 2016 年，两国边界处于待定状态的有 230 块，而这些未划定的边界大部分也处于费尔干纳盆地附近，两国之间边界和飞地是其冲突的主要原因。乌兹别克斯坦在吉尔吉斯斯坦的飞地有索赫、卡拉恰、莎希马尔丹。索赫的大部分居民为塔吉克族，莎希马尔丹的居民大部分为乌兹别克族，卡拉恰无常住居民。吉尔吉斯斯坦在乌兹别克斯坦的飞地有巴拉克村，那是一个小村庄，人口比较稀少，基本以农业为主。除飞地外，吉乌在加瓦和加瓦萨伊景区也存在领土争端。塔吉克斯坦在乌兹别克斯坦的飞地只有一处——萨万，但乌塔之间的领土纠纷主要来源于边界，乌兹别克斯坦曾在两国边界埋雷，导致塔吉克斯坦边界的无辜平民伤亡，更加剧了两国之间的矛盾。哈萨克斯坦和乌兹别克斯坦的领土争端同样是苏联划界造成的。1924 年，苏联将乌兹别克斯坦的锡尔河省划归哈萨克斯坦，1925 年又将哈萨克斯坦的卡拉卡尔帕自治州划归乌兹别克斯坦。独立后的乌哈两国拥有长达 2300 多公里的边界线，截至 2004 年，两国的边界划分基本完成，但两国仍会在有争议的领土归属问题上

---

① Мадамиджанов. З. М, Бобоев. Т. С, Пограничный фактор как проблема безопасности государств Центральной Азии, Материалы межд научн конф. проблемы модернизации и безопасности государств центральной Азии и Российской Федерации в новых геополитических реалиях. Душанбе. 2011г. С. 240 - 241. 转引自李琪：" 冷战与困境：乌兹别克斯坦与塔吉克斯坦关系走向"，《俄罗斯东欧中亚研究》2014 年第 1 期，第 47 页。

② 李琪："冷战与困境：乌兹别克斯坦与塔吉克斯坦关系走向"，《俄罗斯东欧中亚研究》2014 年第 1 期，第 47 页。

③ 周明："影响中亚地区一体化的主要因素探析"，《国际问题研究》2016 年第 3 期，第 45 页。

发生纠纷。最明显的就是2000年1月初，乌单方面在南哈萨克斯坦州萨勒阿什县境内有争议地块划界，两国关系曾一度出现紧张态势。2002年以来，哈、乌对一个名叫"巴盖斯"乡的地块的所有权争议又趋白热化。该乡目前归乌管辖，但哈认为是自己的领土。① 2006年2月，科内拉特镇附近，一队乌兹别克斯坦边防人员以跟踪哈萨克斯坦牌照的卡马斯车为由，进入哈萨克斯坦境内，与当地居民发生斗殴。2001—2006年，类似的事件发生过数十起。土库曼斯坦由于地理位置远离中亚其他四国，又保持中立，国家比较保守，因此很少与其他国家发生冲突。

其三，乌哈中亚地区领导权之争。乌兹别克斯坦是一个双内陆国家，是中亚五国中人口最多的国家，也是保存苏联军事设备最完善的国家，其矿产资源中天然气和黄金的存储量均居中亚五国之首，因此乌兹别克斯坦一直视自己为中亚的天然领导者。哈萨克斯坦是中亚国土面积最大的国家，也是中亚五国中经济形势最好的国家，哈萨克斯坦国家领导人一直热衷于中亚一体化。哈萨克斯坦总统纳扎尔巴耶夫是中亚一体化的支持者和倡导者，早在1994年就曾建议原苏联加盟共和国组建"欧亚联盟"以维持各国之间相互依赖的经济联系。② 但是形式大于实效，很大一部分原因在于哈萨克斯坦"强出头"的作风引起乌兹别克斯坦领导人的反感。如2005年2月哈萨克斯坦总统提出中亚国家联盟时，乌兹别克斯坦明确表示反对。2007年5月21日，纳扎尔巴耶夫在第63届联合国经社理事会亚太委员会外长会议上再次表示：中亚国家联盟就是要把中亚地区从自由贸易区发展成关税联盟和统一经济空间。③ 2008年4月22日乌兹别克斯坦总统卡里莫夫访问哈萨克斯坦时表示：乌国不接受"中亚国家联盟"，认为在中亚各国经济发展水平差距巨大以及政治发展道路并不相同的时候，建立任何国家联盟都不合时宜。④ 哈萨克斯坦和乌兹别克斯坦在一定程度上可以相抗衡，塔、吉两国经济体量和国土面积都不足以承担起中亚一体化的重任，土库曼斯坦则始终游离于一体化之外。

---

① 常庆："中亚一体化任重道远"，《和平与发展》2002年第3期，第43页。
② 周明："影响中亚地区一体化的主要因素探析"，《国际问题研究》2016年第3期，第33页。
③ 张宁："浅析纳扎尔巴耶夫的'中亚国家联盟'主张"，《俄罗斯东欧中亚研究》2008年第4期，第22页。
④ 张宁："浅析纳扎尔巴耶夫的'中亚国家联盟'主张"，《俄罗斯东欧中亚研究》2008年第4期，第25—26页。

中亚一体化缺少哈、乌当中的任何一方都是不完整的，也难以继续推行下去。然而，哈、乌两国目前在中亚一体化上的不同步调和对地区领导权的争夺制约了一体化的发展进程。

其四，能源之争。中亚五国地处内陆，自然环境恶劣，水资源较为匮乏，中亚地区较大的河流有阿姆河、锡尔河、伊犁河和塔里木河。阿姆河发源于帕米尔高原；锡尔河和伊犁河发源于天山。河流上游的塔吉克斯坦和吉尔吉斯斯坦水资源相对充足，塔吉克斯坦的水资源占整个中亚五国的1/2，其占有的冰川占整个中亚五国的60%，而河流下游的哈萨克斯坦、土库曼斯坦和乌兹别克斯坦水资源较为稀缺，三国加起来才占中亚五国的1/3。但塔吉克斯坦电力资源不足，杜尚别冬天的供电量为每天5小时，农村地区经常性断电，所以塔吉克斯坦计划重启苏联时期计划，在阿姆河支流上修建水电站——罗贡水电站，但这引起下游国家——乌兹别克斯坦的强烈反对。乌兹别克斯坦是一个农业国家，主要出口棉花和天然气，夏季依靠河水灌溉棉田，塔吉克斯坦修建水电站蓄水影响了乌兹别克斯坦农业的发展，而冬天水电站排水又会冻伤下游国家的农作物。所以，乌兹别克斯坦经常关闭向塔吉克斯坦输送天然气的管道，同时扣押经过乌兹别克斯坦境内的塔吉克斯坦货物，导致两国的矛盾与纷争加剧。2010年由于乌拒绝购买塔水电，塔的电力出口减少了95%，收入减少6000万美元。[①] 乌塔罗贡水电站争端集中体现了中亚国家间水资源矛盾的棘手性和复杂性。同样的矛盾也出现在乌吉、哈吉之间，甚至下游国家乌哈、乌土乃至各国的各地之间。[②] 如乌兹别克斯坦反对吉尔吉斯斯坦在纳伦河上修建发电机组，于2009年12月1日退出中亚统一电力系统，以抗议上游国家不顾下游国家用水而修建水电站的举动。乌兹别克斯坦前总统卡里莫夫表示：中亚的水电资源问题在将来可能日益尖锐，不仅会引发严重对立，甚至可能导致战争。由此可见，中亚水资源之争对地区安全形势构成较大威胁。

2. 缺乏集体身份认同

中亚五国虽然在地理位置上同处于中亚地区，但每个国家都有自己的定

[①] Борисова. А, Водные и энергетические ресурсы большой Центральной Азии: дефицит воды и ресурсы по его преодолению, Ленанд, 2015. 转引自宋志芹：“乌兹别克斯坦和塔吉克斯坦水资源之争”，《西伯利亚研究》2017年第2期，第41页。

[②] 宋志芹：“乌兹别克斯坦和塔吉克斯坦水资源之争”，《西伯利亚研究》2017年第2期，第41页。

位。土库曼斯坦将自身定位为"里海国家"和"永久中立国";塔吉克斯坦突出强调本国为波斯语国家和"欧亚国家",反对具有"突厥"色彩的地区身份;哈萨克斯坦强调本国为"欧亚国家",自视为中亚地区领导者;乌兹别克斯坦强调自身是中亚地区"天然领导者",同时突出"亚洲国家"身份;吉尔吉斯斯坦自诩为"中亚的瑞士"与"民主之岛",以示本国与其他中亚国家在政治体系开放程度上的差别。[1] 这样的定位使中亚五国都在努力重塑属于自己的特殊身份,对中亚集体身份的认同越来越低。欧洲一体化之所以前期进展顺利,实现了贸易、人员、资金的自由流通,便得益于对欧洲身份的笃定认同。中亚五国在重塑自我身份时突出强调的是与邻国的不同,而没有表现出与邻国的相同之处。尽管中亚五国中的四个国家都属于突厥语国家,但强调自身突厥身份的也只有乌兹别克斯坦前总统卡里莫夫,他在1995年曾表示:"突厥斯坦是我们共同的家园""乌兹别克人和塔吉克人不过是操两种语言的同一人种"等观点。[2] 之后,乌兹别克斯坦就越来越强调中亚"天然领导者"的定位,几乎不参加中亚任何组织,退出独联体、欧亚经济联盟,走向孤立与威权体制。虽然乌自视为中亚的"天然领导者",但无论在早期还是现在,其对中亚一体化都有一定的热忱,对中亚的集体身份认同相较塔、吉要高。塔吉克斯坦自称波斯文明的传承者,在独立以后不断和伊朗、阿富汗走近,并同伊朗、阿富汗组建了波斯语国家联盟。哈萨克斯坦以其经济实力作为后盾,主张推动中亚一体化进程,积极响应俄罗斯的欧亚经济联盟、欧亚一体化号召。吉尔吉斯斯坦是中亚唯一的议会制国家,被美国称为"中亚瑞士",其由于经济体量小、国力弱,所以经常跟随美、俄的脚步,对中亚集体身份的认同较弱。土库曼斯坦奉行永久中立,政治走向越来越保守,对中亚事务比较淡然。中亚各国存在着较大的发展差距,哈萨克斯坦与乌兹别克斯坦之间的竞争关系,土库曼斯坦的中立地位,吉尔吉斯斯坦和塔吉克斯坦的落后状况,上述情况使各国难以达成对"内群体—中亚国家"这一身份的积极认知,这直接影响到各国对地区一体化的态度,进而制约了地区一

---

[1] 周明:"影响中亚地区一体化的主要因素探析",《国际问题研究》2016年第3期,第40页。
[2] 周明:"影响中亚地区一体化的主要因素探析",《国际问题研究》2016年第3期,第33页。

体化进程。① 涂尔干认为：认同是一种集体意识，是将一个共同体中不同的个人团结起来的内在凝聚力。② 中亚地区一体化的实现，是以中亚地区认同的形成为前提和表征的。而这种身份认同的形成，意味着中亚五国已经共享了一种集体身份。③ 然而，在这样一种政治环境中，中亚五国都在致力于塑造不同于其他四国的身份认同，这就导致它们的共性越来越低，在一些问题上越来越难达成一致或取得比较折中的统一。上合组织到目前为止未能在塑造中亚集体身份上做出任何尝试，这是由上合组织的宗旨决定的，从上合组织目前的发展程度来看，其仅服务于地区安全和促进地区经济发展。扩员后的上合组织虽然规模增加了，但安全风险也上升了，2019年初的印巴冲突就是最明显的例子。因此，上合组织没有能力和精力塑造中亚国家集体身份认同。上合组织在五国发展差距、矛盾、纠纷如此之大的情况下将其团结在一起，解决中亚地区的安全与发展，受益最多的也是中亚国家。近年来，中亚五国间虽然小纠纷不断，但几乎没有发生大规模冲突，这得益于上合组织发挥的平台作用和一年一次的上合峰会，使中亚国家之间提前预防了矛盾与纠纷的扩大化。

3. 经济差距大

苏联时期，中亚五国各自承担不同的角色为苏联中央提供原材料，然后再由苏联中央统一分配财政收入，多年的计划经济体制使中亚五个加盟共和国形成粗放型的发展模式。苏联解体后，中亚五国本打算继续留在卢布区，但俄罗斯因自顾不暇而采取"甩包袱"的策略，于是吉尔吉斯斯坦率先发行本国货币索姆。紧接着，其他四国也开始发行本国货币，并尝试进行经济体制改革。纳扎尔巴耶夫掌权以后计划用15—20年时间建立较完备的市场经济体制，分三个阶段完成任务：第一阶段实现国有资产非国有化和私有化，充实国内消费品市场；第二阶段改变和优化国民经济结构，建立各类要素市场；

---

① 杨恕、王术森："社会认同理论视角下中亚地区一体化"，《俄罗斯研究》2018年第3期，第69页。

② [法]埃米尔·涂尔干，渠敬东译：《社会分工论》，三联出版社2000年版，第42页。

③ 杨恕、王术森："社会认同理论视角下中亚地区一体化"，《俄罗斯研究》2018年第3期，第50页。

第三阶段加快发展外向型经济，逐步与国际接轨，以跻身于工业化国家行列。① 同时，哈萨克斯坦赶上国际油价和矿产资源价格上涨的机会，凭借出售能源实现了经济腾飞。吉尔吉斯斯坦获得独立后急于摆脱经济困境，于是进行了激进的经济体制改革，结果导致全国大范围经济衰退，引发国家经济危机，吉国经济从此一蹶不振。2000 年阿卡耶夫总统连任，采取了以市场为导向的经济方针，吉国经济才逐渐回暖，2006 年的经济总量基本和 1991 年相等，随后 2008 年经济危机和 2014 年乌克兰危机都使吉国经济不同程度地再次衰退。目前，吉尔吉斯斯坦财政赤字问题比较严重，对外资的依赖性较大，没有民族企业作为支撑，没有本国的核心技术，外债负担重，农村人口比重大等都在一定程度上制约着其经济发展。乌兹别克斯坦独立以后，始终坚持国家调控，并选择了"乌兹别克斯坦模式"的经济转型道路，即分阶段向市场经济过渡的模式。为此，乌前总统制定了"国家建设和经济改革必须始终遵循的五项原则"：一是经济应该完全非意识形态化；二是国家是主要的改革者；三是法律至高无上主宰所有生活领域；四是实施强有力的社会政策；五是分阶段转向市场经济。② 同时，乌也颁布了一系列法律保证市场经济秩序。自 1995 年之后，乌经济基本保持着平稳增长态势。到 2001 年乌已成为中亚地区第一个在主要经济指标方面达到独立时水平的独联体国家（2001 年乌国内生产总值达 149.8 亿美元）。③ 近几年，乌经济指标继续保持稳步增长，虽然经济增长幅度没有哈萨克斯坦明显，但以目前的经济体量来看，乌兹别克斯坦仅次于哈萨克斯坦。塔吉克斯坦刚刚独立就进入五年内战，国家经济体制遭到大规模破坏，损失超过 100 亿美元。1995 年塔吉克斯坦推行私有化改革，经济逐渐呈现恢复性增长，2000 年发行本国货币索莫尼，逐渐稳定国内经济市场，但塔吉克斯坦矿产资源较为贫乏，无法复制哈萨克斯坦的经济模式，加之侨汇占国内 GDP 的 45% 左右，因此经济自主性差。2013 年塔吉克斯坦的外债达 21.62 亿美元，占 GDP 的 25%，所欠中国债务

---

① 王海燕："哈萨克斯坦的经济改革与发展"，《东欧中亚市场研究》2001 年第 11 期，第 21 页。
② 伊斯拉姆·卡里莫夫：《深化经济改革道路上的乌兹别克斯坦》，乌兹别克斯坦出版社 1995 年版，第 10—11 页，转引自秦放鸣："对乌兹别克斯坦经济改革模式及经济发展的再思考"，《俄罗斯中亚东欧市场》2006 年第 3 期，第 24 页。
③ 秦放鸣："对乌兹别克斯坦经济改革模式及经济发展的再思考"，《俄罗斯中亚东欧市场》2006 年第 3 期，第 24 页。

达 84%。① 所以，塔吉克斯坦也成为中亚五国当中最贫穷的国家。中亚五国的发展差距导致国家之间一直处于你追我赶的状态，经济发展快的哈、乌不愿塔、吉搭"顺风车"影响本国经济的二次腾飞。土耳其哈斯特帕大学的三位学者运用经济收敛理论评析中亚地区现有的一体化机制及进程，指出哈萨克斯坦的快速发展也可能在地区一体化中产生阻力。② 上合组织在促进中亚地区经济发展方面主要是通过援助和投资实现的。其中，俄罗斯的援助和投资都是最多的，主要体现在"硬件"上，如兴办学校、提供武器设备等；中国的投资主要在小商品经济和基础设施建设方面。但中俄两国对中亚五国的援助与投资都是暂时的，不是中亚五国经济持续发展的长久之计。上合组织应该在促进五国之间贸易流通上适当发力，使中亚五国之间形成良好的循环系统，秉持资源优势互补、技术优势互补、贸易优势互补的原则，在中亚形成良好的自救体系。如果中亚五国之间形成经济上的密切联系，中亚一体化之路将不再遥远。

4. 威权政治

中亚五国自独立以后基本形成威权主义政治，主要原因如下：（1）中亚五国独立以后，五国的新总统并不是由选举产生，而是由各加盟共和国的原领导人承袭，在苏联长久的威权体制下，他们已形成威权主义"习惯"，习惯性地将所有"王权"集中在自己身上。（2）塔吉克斯坦刚刚获得独立即发生内战，中亚其他四国新领导人均担心塔内战产生外溢效应，影响本国安全，导致新政府崩解，所以极力集中权力，以防发生暴动。（3）20世纪90年代，中亚各国的政局大体与俄罗斯同步并行，在转型最初期，它们在试图仿效西方民主政治的同时，却面临着总统与议会的激烈斗争以及由此引发的大面积政治动荡。③（4）五位新国家领导人均代表本国部分部族精英的利益，从而形成利益集团的重叠。威权体制下，中亚五国基本形成"强总统、弱议会、小政府"的格局，总统独揽大权，议会的发言权受到很大程度的限制，政府只能执行总统的命令，广大民众参政议政的权利被压缩，民众对总统的决定

---

① "塔吉克斯坦的宏观经济情况"，2014年7月28日，中华人民共和国驻塔吉克斯坦大使馆经济商务参赞处，http: //tj. mofcom. gov. cn/article/yshj/201407/20140700675768. shtml。

② 杨恕、王术森："社会认同理论视角下中亚地区一体化"，《俄罗斯研究》2018年第3期，第49页。

③ 潘志平："中亚国家政治体制的选择：世俗、民主、威权、无政府"，《俄罗斯中亚东欧研究》2011年第1期，第10页。

和政策取向不清不楚，不能积极地参与政治。正如在中亚一体化上，基本是哈、乌两国的国家元首在推动，而中亚民众无法真正参与到一体化的进程当中，或者对一体化的态度完全取决于自我的感觉，政府在推动一体化的过程中没有引导民众积极认识一体化为本国经济和本国民众带来的益处。正如兰州大学李超、曾向红在其论文中所言：中亚各国国内阶层不能广泛地参与到一体化，尤其是经济一体化的进程中，也不能就一体化进程向高层施加某种压力或影响，最终导致中亚地区的一体化进程主要是由各国总统或利益集团所主导。① 而总统和利益集团始终以自身的利益为考量，惧怕在一体化过程中削弱国家主权的完整性或者让渡主权，同时也担心一体化过程会削弱总统自身的权力，所以中亚领导人在一体化上始终难以达成妥协性的进展。除了土库曼斯坦以外，其他四国都积极谋求与美、俄、中等地区性大国的合作，且青睐与大国开展双边外交，这使得在中亚地区建立涵盖中亚五国的多边合作机制十分困难。②

5. 缺乏政治互信

中亚五国之间目前不存在博弈与竞争，经济结构相似、政治制度趋同以及文化同质性也决定了它们在中亚地区只能合作。然而，中亚五国领导人之间甚少和平地坐下来商谈，这从中亚五国领导人时隔13年之久才举行非正式会晤就可见一斑，主要原因在于中亚五国之间缺乏政治互信。苏联划界使中亚五国一直处在边界纠纷的矛盾当中，任何一方做出适当的让步都会被国内的反对派和民众攻击为放弃国家领土求和平，所以中亚五国领导人对于未划定的边界互不相让，导致矛盾始终无法解决。中亚地区的费尔干纳盆地被称为中亚的"火药桶"，塔、乌、吉三国的部分领土延伸至该盆地，塔、乌、吉三国的边界线在该地区犬牙交错，还有四块飞地存在。费尔干纳盆地虽然面积不大，却是中亚地区人口最稠密的地区之一，并且民族成分复杂。由边界冲突外溢产生的民族纠纷时有发生，乌、塔、吉三国之间的复杂矛盾在该盆地得到集中体现。费尔干纳盆地的冲突与纠纷也是整个中亚地区矛盾的缩影，此外中亚五国之间的冲突还体现在水资源、能源、电力资源等问题上。

---

① 李超、曾向红："试析文化因素对中亚一体化的影响"，《俄罗斯研究》2014年第2期，第40页。

② 杨恕、王术森："社会认同理论视角下中亚地区一体化"，《俄罗斯研究》2018年第3期，第60页。

各种矛盾的交织使中亚五国人民之间和精英层之间的互信程度大大降低，五国领导人之间的互访变得非常稀有，缺乏政治互信的中亚五国在很多问题上的立场都不统一，无法达成妥协性一致，因此中亚一体化因五国不能达成一致而始终处于悬空状态。

三、中亚一体化可能突破的领域

学术界对中亚一体化普遍持悲观消极的态度，认为中亚五国之间存在太多难以调和的矛盾，这是影响中亚五国进一步合作的障碍。但是，中亚五国也有合作的基础，同时也面临着共同的问题，这些问题的解决必须依赖于国家之间的合作。因此，虽然中亚一体化步履维艰，甚至被学界称为"去一体化"，但由于亚太地区的地缘政治越来越凸显，亚太地区逐渐成为世界经济增长最快的地区，这在一定程度上会刺激中亚五国领导人融入亚太经济圈。下面分别对中亚一体化可能取得突破性合作的几个领域进行分析说明。

（一）安全领域

安全领域是中亚五国最可能实现合作的领域。中亚五国面临着"三股势力"、贩毒、武器走私、颜色革命蔓延等威胁。其中"三股势力"是危害最严重的，它对中亚五国的主权完整、国家安全、社会秩序均造成严重威胁。中亚五国在打击"三股势力"方面已经有过合作经验。2004年4月，哈萨克斯坦、吉尔吉斯斯坦、乌兹别克斯坦和塔吉克斯坦总统在塔什干联合签署了包括《一致行动，同恐怖主义、政治和宗教的极端主义、有组织的跨国犯罪和其他威胁稳定安全的因素作斗争条约》。该条约不仅为消除业已存在的恐怖主义威胁提供了可能性，而且还规定了联合各国的力量采取预防措施的机构。[①] 四国安全条约要求中亚各国联合起来，采取及时有效的措施，打击破坏国家安全、挑起民族和宗教争端的活动，并以此来消除恐怖主义和极端主义的威胁，维护地区稳定和安全。条约呼吁中亚各国采取具体措施，确保不

---

① 秦放鸣："中亚经济一体化发展评述"，《东欧中亚研究》2002年第1期，第81页。

在本国建立恐怖主义基地和发生针对其他国家的恐怖主义行为。① 2006 年 6 月，上合组织成员签署了包括《打击"三股势力"合作纲要》和《上海合作组织成员国打击恐怖主义、分裂主义和极端主义 2007 年至 2009 年合作纲要》在内的多个文件。2008 年 8 月 28 日，上合组织成员国元首理事会第八次会议在塔吉克斯坦首都杜尚别举行。成员国全权代表签署了《上海合作组织成员国组织和举行联合反恐演习的程序协定》《上海合作组织成员国政府间合作打击非法贩运武器、弹药和爆炸物品的协定》。② 2003 年 8 月，上合组织就由俄、中、哈、吉、塔五国在中哈边境地区举行了代号为"联合—2003"联合反恐军演。③ 除了在上合组织框架下进行安全合作外，中亚五国也在独联体框架下和美国的"C5+1"框架下进行安全方面的合作。在安全领域，中亚国家的目标是一致的，就是致力于消灭"三股势力"，维护国家主权安全。安全领域的合作可以消除中亚五国之间的芥蒂，增加情感沟通，促进彼此融合。如果中亚五国能首先在安全领域加深合作、彼此信任，将会为以后在经济领域的合作奠定坚实的基础。

（二）文化领域

中亚五国在历史上曾经共处于阿拉伯帝国、土耳其帝国、蒙古帝国、沙皇俄国的奴役之下。近代以来，中亚五国又以加盟共和国的形式同处于苏联体制之下。共同的历史塑造了中亚人民共同的历史命运。多次被入侵给中亚地区带来了伊斯兰教、俄语等文化和意识形态。伊斯兰教在一定程度上将中亚人民团结在一起，共同的信仰减少了中亚人民之间不必要的纷争；俄语使中亚五国之间互通有无，而且是中亚走向世界的唯一手段。除塔吉克斯坦以

---

① О Ратификации Договора между Республикой Казахстан, Кыргызской Республикой, Республикой Таджикистан и Республикой Узбекистан о совместных действиях по борьбе с терроризмом, политическим и религиозным экстремизм~ом, трансна циональной организованной преступностью и иными угрозами стабильности и безопасности сторон. 转引自古丽阿扎提·吐尔逊，阿迪力江·阿不来提："中亚反恐法律及其评价"，《俄罗斯中亚东欧研究》2010 年第 5 期，第 27 页。

② 古丽阿扎提·吐尔逊、阿迪力江·阿不来提："中亚反恐法律及其评价"，《俄罗斯东欧中亚研究》2010 年第 5 期，第 27—28 页。

③ 苏萍："中亚反恐安全合作类型化探析"，《新疆社会科学》2018 年第 6 期，第 76 页。

外，中亚其他四国均属于突厥语族国家，这进一步加强了中亚地区文化的紧密性。但中亚五国之间目前的文化合作远远不够，五国之间对邻国语言的学习也完全没有提上日程，也未彼此设立文化年以增强民间交流，每年的纳吾鲁孜节是中亚地区的盛大节日，但中亚五国之间也未在这一领域合作。因此，在文化领域，中亚五国之间还有很大的合作空间，在伊斯兰教、俄语等天然桥梁的辅助下，相信只要五国之间达成一致，文化领域的合作一定可以取得突破，从而增加五国之间的政治互信，为中亚一体化的继续开展而服务。

（三）"一带一路"框架下中亚五国之间合作

2013年9月10日，国家主席习近平出访中亚时提出共建"一带一路"倡议。"一带一路"倡议依托的是古丝绸之路的陆上通道，从中国的上海一直延伸到欧洲，中亚地区是陆上丝绸之路的关键节点，是中亚参与世界经济一体化进程的大好机会。目前，中亚各国方面已经明确表示愿意共建"一带一路"，哈萨克斯坦的哈萨克电视台2015年9月1日报道说：中国提出的"丝绸之路经济带"倡议与哈萨克斯坦的"阳光之路"计划将协同发展。[①]塔吉克斯坦外交部长阿斯洛夫表示："一带一路"倡议有利于地区安全稳定与繁荣，同时也为身为内陆国家的塔吉克斯坦提供了出海口，为连接欧洲、融入世界经济提供了新机遇。乌兹别克斯坦国际问题专家弗拉基米尔·帕拉蒙诺夫认为："一带一路"倡议对乌兹别克斯坦和中亚地区的发展至关重要。中国已与哈萨克斯坦的"光明之路"、塔吉克斯坦的"能源交通粮食三大兴国战略"、土库曼斯坦的"强盛幸福时代"和"民族文化发展战略与实践"、塔吉克斯坦的"2000—2020年发展规划"等战略实现了有效对接。[②] 中亚地区的五个国家基本高度评价了"一带一路"为地区发展带来的机遇，也表示愿意积极参与其建设，这更增加了中亚国家领导人见面和磋商的机会，加之上合组织和"一带一路"的加持和协调，五国之间的摩擦将在一定程度上减少，增加五国之间合作的意向。"一带一路"倡议是一种面向全球的多领域

[①] 萧净宇、黄萧嘉："'一带一路'倡议与中亚发展战略对接研究"，《复旦国家关系评论（第二十二缉）》，第231页。

[②] 萧净宇、黄萧嘉："'一带一路'倡议与中亚发展战略对接研究"，《复旦国家关系评论（第二十二缉）》，第232页。

合作框架，可合作的领域非常广泛。其包括：（1）交通。中亚地区是"一带一路"走出中国的第一站，中亚地区的地理位置是亚欧货物转运的必经之地，因此中亚五国在"一带一路"倡议下，在交通物流领域可以进行初步合作，既方便东西之间的交流，中亚五国作为"过境收费站"，其本国内交通设施也可在一定程度上得到改善。（2）经济走廊。"一带一路"倡议为中亚五国共建"经济走廊"提供了机遇，同时也为中亚国家一体化进程的继续推进提供了机遇。经济走廊的建设需要中亚五国一起努力、协调，达成妥协性一致，中亚五国现在在经济领域难以达成一致的主要原因是关税政策不能协调，任何一方都不愿意让渡权力。但是，中亚国家领导人推进中亚经济发展的热忱始终存在，如乌兹别克斯坦新总统米尔济约耶夫主张，中亚国家通过共同努力解决地区事务，在中亚地区建设睦邻互利合作带。[①] 同时，米尔济约耶夫上任以后最先访问的国家是土库曼斯坦，访问的第二个国家是哈萨克斯坦，外界普遍认为这是中亚一体化重启的标志，对共建中亚经济走廊也有利。（3）减贫。中亚地区是世界上最贫困的地区之一，生活在贫困线以下的人口占总人口的1/4，由于中亚国家不能给失业人口提供充足的就业岗位，其贫困率越来越高，在一定程度上影响了中亚一体化的推进，仅靠一个国家的力量已无法降低。中亚国家可以依靠域外组织增加对本地区的投资，同时也可以建立地区性减贫机构，制定减贫计划，发展中亚地区优势产业，增加就业机会，从而达到降低高贫困率的目的。中亚五国还可以依靠"一带一路"在法制、农业、教育等领域展开合作。

四、结语

中亚国家从1991年开始学习建立一体化机制，1994年进入独立发展阶段，并签署了很多协议和法律文件，虽然很多文件并没有得到落实，但在中亚一体化进程中发挥了巨大的作用。2005年，中亚合作组织被纳入欧亚经济共同体以后，中亚一体化进入低潮期，同时也宣告了中亚一体化的失败，中亚五国被纳入域外大国主导的各种组织，五国之间的分歧与矛盾开始变得更加明显，所以很多专家学者都称中亚处于"去一体化"的状态。但2018年3

[①] 杨恕、王术森："社会认同理论视角下中亚地区一体化"，《俄罗斯研究》2018年第3期，第68页。

月中亚五国领导人举行的一次非正式会晤被视为中亚一体化的重启，这主要得益于乌新总统米尔济约耶夫上任后展开的积极周边外交。乌总统继续放开外交和国内政治，对周边邻国实行"零问题"外交政策，积极外交打破了中亚的僵局，五国领导人积极磋商，中亚五国之间的许多问题在一阶段得到解决，如塔什干和杜尚别之间恢复了通航，乌不再对塔修建水电站持强硬态度，乌吉修复了双边关系，乌哈之间的贸易额逐渐稳步提升，中亚国家在经济上"联合自强"的认同感增强，摒弃了"邻国是威胁"的僵化思维，开始与邻为善、以邻为伴、抱团取暖。在苏联解体 27 年后，中亚一体化的前景终于更加光明。①

中亚一体化在发展过程中受到质疑的声音较多，无论是中亚地区的专家学者还是国际上的学者，都不看好中亚一体化的发展。哈萨克斯坦总统战略研究所所长苏尔坦诺夫指出：很遗憾的是，尽管中亚五国领导人都一再重申拥有共同的历史、文化、语言、民族和宗教的共性，但是推出的很多很好的一体化项目，目前都还没有实质性进展。尽管哈萨克斯坦一直非常努力致力于推动中亚五国之间的集体合作，但问题依然非常复杂，也许还很难得到解决。塔吉克斯坦总统战略研究中心国内政治分析与预测处的哈吉姆研究员甚至认为：在各种利益争夺进一步激化、中亚内部问题进一步发展的情况下，今后是不是还会存在一个中亚地区完整的政治概念，仍抱有疑问的……如果看一下中期前景，本地区的地缘图景很可能会发生深刻的、根本的变化……随着各种各样内外摩擦的进一步升级，我们将很难再把中亚视为一个统一的地区或整体。今后中亚作为一个地缘政治概念或政治概念，也许会从政治问题中消失。② 中亚专家学者的悲观情绪是由中亚的矛盾和纷争引起的，是多年来中亚一体化毫无成效的结果，国际上对中亚一体化悲观的主要原因也大致如此。中亚一体化的推进虽然缓慢，中亚五国之间也确实存在许多暂时难以解决的问题，但中亚一体化并不是没有突破的领域和节点。哈萨克斯坦学者多多诺夫表示：推动中亚国家超越外围地位唯一可能的方法是，需要弄清楚该地区经济发展的本质，即只能在独联体的地区空间内，把经济合作推向

---

① ［美］保罗·斯托尼斯基："中亚：没有放开的一体化"，https: //carnegieendowment. org/2018/12/29/zh‑pub‑78555。

② 李超、曾向红："试析文化因素对中亚一体化的影响"，《俄罗斯研究》2014 年第 2 期，第 45 页。

更高层次，并逐步扩大中亚国家间的经济合作。① 另外，一体化的继续推进还需要中亚领导人的强大意志力，在中亚地区形成优势互补，通过互惠一体，发挥优势，跟随"一带一路"倡议扩大贸易市场，降低交易成本，优化资源配置等措施来解决经济上存在的问题。此外，中亚国家在开展内部区域合作的同时，还应当通过加强同周边国家的区域合作来提高中亚地区的区域一体化程度。② 为加强同独联体、欧亚经济联盟、上海合作组织、"一带一路"倡议等的融合，中国也乐见中亚五国在一体化上取得进步和成果。

尽管包括中亚学者在内的大部分专家学者都对中亚一体化进程持悲观态度，但 2018 年 3 月后中亚地区政治平稳、经济形势逐渐回暖、投资环境稳步改善是事实，虽然仅仅依靠米尔济约耶夫的积极外交不大可能使中亚一体化开始运转，乌哈联动也不太可能使中亚一体化上一个新台阶，但中亚国家前所未有的团结是上合组织希望看到的，五国之间的互信有助于解决中亚地区的问题，和睦的中亚五国有助于上合组织"减负"，将更多的精力投放到地区发展上。同时，上合组织不属于超国家机构，中亚国家对它没有戒心，③ 因此中亚的内部问题可能在上合组织内部被讨论和寻求解决之道，上合组织在一定程度上为中亚一体化提供了讨论的平台，由上合组织到地区一体化，或者由"一带一路"到地区一体化，可能是中亚一体化比较合适的发展路径。

---

① ［俄］V. 多多诺夫："中亚：从外围到中心"，《俄罗斯研究》2014 年第 2 期，第 55 页。

② 王志远："中亚国家区域一体化进程评估"，《俄罗斯中亚东欧研究》2010 年第 5 期，第 51 页。

③ 张宁："中亚一体化新趋势及其对上海合作组织的影响"，《国际问题研究》2018 年第 3 期，第 53 页。

中国—上海合作组织成员国投资合作的特征、多维影响及风险研判

杨攻研* 曹标**

【内容提要】本文详尽分析了中国了对上海合作组织成员国投资的历史演变轨迹、典型特征，结果显示近年来中国投资规模不断增加，而投资地域分布并不均匀，主要集中在经济体量较大的巴基斯坦、俄罗斯、哈萨克斯坦、印度。同时，中国对上海合作组织成员国投资的企业主体以国有企业为主，就行业而言则以能源类投资占据绝对优势地位，其中巴基斯坦、俄罗斯、哈萨克斯坦和印度吸引了中国资源类投资的绝大部分。来自中国的投资极大改善了东道国的基础设施，带动了本地的就业，为当地经济增长提供了新的动力，其他地区"一带一路"倡议的推进起到良好的示范效应。在此基础上，本文进一步分析了中国投资所带来的国际政治效应，实证检验显示，上海合作组织不仅直接带来了成员国之间更加和谐的政治关系，更重要的是其已经成为一个有效管控分歧、确保经贸往来与各国政治关系良性互动的治理平台。最后，本文为进一步深化上海合作组织成员国之间的投资合作提出若干对策建议。

【关键词】 中国海外投资 上海合作组织 投资风险 国际政治效应

---

* 杨攻研，男，河南开封人，经济学博士，辽宁大学国际经济政治学院副教授，研究方向为国际政治经济学、国际投资及中国对外援助。

** 曹标，男，湖北黄冈人，经济学博士，任职于中国出口信用保险公司国别风险研究中心，研究方向为国际贸易、国别风险。

引 言

早在"上海五国"时,在建立边界安全和信任措施这一重任基本解决后,经贸合作就已经成为五国领导人重点讨论的话题。伴随着上合组织的成长,其投资合作也逐渐引起各国的重视:2001年9月成员国总理首次会晤期间,各国即签署了《关于开展区域经济合作的基本目标和方向及贸易投资便利化进程的备忘录》,它规定了上合组织成员国开展区域经济合作的基本目标、实现贸易投资便利化的途径以及合作的重点领域;2002年5月,上合组织成员国经贸部长首次会晤并宣布正式启动经贸部长会晤机制和贸易投资便利化谈判,同时签署了《关于区域经济合作的基本目标和方向及启动贸易和投资便利化进程的备忘录的议定书》,上合组织成员国之间的投资合作由此展开。

与此同时,自2000年国家提出"走出去"战略之后,中国资金开始涌出国门。在后危机时代各国经济复苏之路仍然崎岖、地缘政治风险依然存在和宏观经济政策不确定的严峻背景下,中国海外投资在全球范围内迅猛扩张。据《2017年度中国对外直接投资统计公报》显示,截至2017年末,中国对外直接投资存量达到18090.4亿美元,较2016年上升了33.3%,占全球比重达到5.9%,相比上年提升了0.7个百分点,排名从上年的全球第六位跃升为继美国之后全球第二大对外投资国,海外投资规模达到历史高点。伴随中国的崛起和中国海外投资急剧扩张,中国对上合组织成员国的投资也开始进入新的阶段。在本文中,我们试图详尽地梳理中国对上合组织成员国投资的历史演变轨迹、典型特征,并在此基础上分析中国投资所带来的国际政治效应,为进一步深化上合组织成员国之间的投资合作提出若干对策建议。

一、中国对上海合作组织成员国投资的演进及典型特征

(一)中国对上海合作组织成员国投资的演进

自《上海合作组织成员国多边经贸合作纲要》(2003年9月)及《〈多边经贸合作纲要〉实施措施计划》(2004年9月)等区域经济合作文件签署以来,中国对各成员国的投资开始迅猛增长。根据中国全球投资追踪数据库

(CGIT)的统计,中国对俄罗斯、哈萨克斯坦、乌兹别克斯坦、吉尔吉斯斯坦和塔吉克斯坦的投资从2005年的45亿美元激增至2016年的786.9亿美元,年均增长率达29.71%。全球金融危机爆发后,2009年10月上合组织成员国又签署《上海合作组织成员国关于加强多边经济合作、应对全球金融危机、保障经济持续发展的共同倡议》以应对危机,中国对成员国的投资开始驶入快车道,当年投资增长率飙升至35.45%。2009—2012年间,中国对上合组织成员国投资增长率每年均保持在20%以上。2013年"一带一路"倡议提出之后,中国对上合组织的投资热潮再度掀起,当年的投资增长率即升至30.70%,远高于中国海外投资总体增长率(20.76%)。2017年印度和巴基斯坦正式加入上合组织,中国对上合组织成员国的投资规模进一步扩大,当年总投资高达191.3亿美元,中国对上合组织成员国的投资总额在中国海外投资中的占比由2005年的6%增长到9%。以2005年为起点,截至2018年12月,中国对其他7个成员国的投资累计达1706.4亿美元(见图2)。

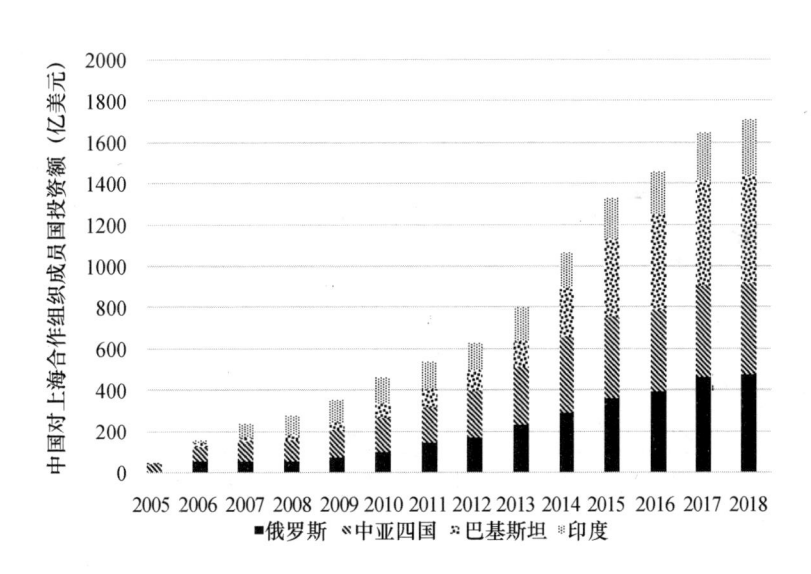

图2 中国海外投资情况(总量)

资料来源:中国海外投资追踪数据库(China Global Investment Tracker),https://www.aei.org/china-global-investment-tracker/。

总体而言,中国对上合组织成员国的投资分布并不均匀,主要集中在经济体量较大的巴基斯坦、俄罗斯、哈萨克斯坦、印度,2005—2018年底对上述国家的累计投资额高达 1588.6 亿美元,占对上海合作组织总投资额的 93.10%。同时,作为"一带一路"的重要区域节点,中国对巴基斯坦、俄罗斯及哈萨克斯坦的投资在 2013 年后明显增加,但是中国对印度的投资波动幅度较大。在全球金融危机爆发之前,中国对印度的投资呈现攀升态势,在 2007 年甚至达到 50 亿美元的历史峰值;但在金融危机之后,中国对印度的投资快速下降,在 2011 年和 2012 年降至 3 亿美元左右。中国对乌兹别克斯坦、吉尔吉斯斯坦和塔吉克斯坦的投资相对较少,十多年来累计投资额分别为 54.4 亿美元、47.3 亿美元和 16.1 亿美元,尤其是塔吉克斯坦,近年来中国与该国的投资合作几乎处于停滞状态,没有任何大型投资项目落地(见表 10)。

表 10 中国企业每年对各国的投资流量 (单位:亿美元)

	巴基斯坦	俄罗斯	哈萨克斯坦	印度	乌兹别克斯坦	吉尔吉斯斯坦	塔吉克斯坦
2005	4.90	0	45.00	0	0	0	0
2006	10.40	54.10	19.10	15.00	0	0	7.00
2007	7.10	0	13.10	50.80	9.90	0	0
2008	3.20	0	4.20	30.70	0	0	0
2009	12.80	16.00	35.40	13.60	0	0	2.60
2010	35.20	29.00	22.60	18.50	2.90	0	0
2011	15.70	42.60	8.50	3.00	0	3.90	0
2012	12.00	25.10	21.00	3.10	22.70	0	6.50
2013	23.10	62.50	53.00	27.00	4.60	0	0
2014	120.90	62.10	32.20	8.40	6.20	37.90	0
2015	135.40	69.00	24.90	27.60	0	5.50	0
2016	79.10	31.10	5.20	9.10	1.50	0	0
2017	50.00	69.40	38.10	29.20	4.60	0	0
2018	9.70	10.90	4.00	35.00	2.00	0	0
合计	519.50	471.80	326.30	271.00	54.40	47.30	16.10

资料来源:中国海外投资追踪数据库(China Global Investment Tracker),https://www.aei.org/china-global-investment-tracker/。

（二）中国不同投资主体的差异性

在中国海外投资过程中，投资主体可以分为国企（央企和地方国企）以及私营企业。中国对不同国家和地区的投资主体展现出不同的特征。如表10所示，中国对上合组织成员国投资的企业主体以国有企业为主，2005—2018年底，就投资项目数而言，国有企业投资的项目数在项目总数中占比为75.19%，投资额累计在总投资额中占比更是高达85.19%，投资总额达到1453.7亿美元，约为民营企业投资总额的5.8倍。央企（非金融类央企）又是国有企业中的投资主力军，对上合组织成员国共计进行了168笔投资，投资额高达1256.1亿美元，在中国对该地区总投资额中占比达到73.61%；并且央企的投资多集中于大型项目，项目的平均投资额为7.48亿美元，其中单笔最大投资甚至达到65亿美元。金融类央企和地方国有企业无论是投资额抑或是项目数，均未超过整体的7%。相比之下，民营企业的投资呈现出项目数多但平均投资额小的特征，投资总量为249.5亿美元，项目个数在总投资中占比为24.07%，但项目平均投资额仅为3.84亿美元。此外，中国全球投资追踪数据库统计的投资数据中有两笔交易无法识别其投资主体的所有权性质，被归为其他类企业投资，中国企业在上合组织成员国的其他类投资额为3.2亿美元，占比仅为0.19%（见表11）。

表11 中国对上海合作组织成员国投资情况
（按企业性质划分） （单位：亿美元）

	投资额	项目个数	投资额占比	项目数占比	项目平均投资额	最大项目
中央企业	1256.10	168	73.61%	62.22%	7.48	65.00
中央金融	112.30	18	6.58%	6.67%	6.24	0.40
地方国企	85.30	17	5.00%	6.30%	5.02	16.20
民营企业	249.50	65	14.62%	24.07%	3.84	18.10
其他	3.20	2	0.19%	0.74%	1.60	1.90
合计	1706.40	270	100.00%	100.00%	6.28	

资料来源：中国海外投资追踪数据库（China Global Investment Tracker），https://www.aei.org/china-global-investment-tracker/。

对于各类型的企业投资趋势而言，如图 3 所示，央企对上合组织成员国的投资相对稳定，2005—2012 年间央企对上合组织成员国的年均投资额为 59.03 亿美元，金融类央企的年均投资额仅为 6.04 亿美元，地方国企的投资水平甚至仅为央企的 1/17。受国际金融危机影响，2008 年央企对上合组织成员国的投资大幅度下滑，当年投资额仅为 6.5 亿美元，远低于地方国有企业 13.1 亿美元和民营企业 18.5 亿美元的投资水平。自 2013 年"一带一路"倡议提出以来，央企对各成员国的投资规模出现跳跃式增长，2013—2015 年间年均投资额高达 176 亿美元，约为 2005—2012 年间投资水平的 3 倍；而中央金融企业和地方国有企业的投资模式并未改变，年均投资额分别为 13.67 亿美元和 3.39 亿美元。民营企业的投资整体上呈现出与央企一致的投资趋势，相较中央金融企业和地方国有企业投资波动较小，且其在"一带一路"倡议提出后投资水平明显增加（见图 3）。

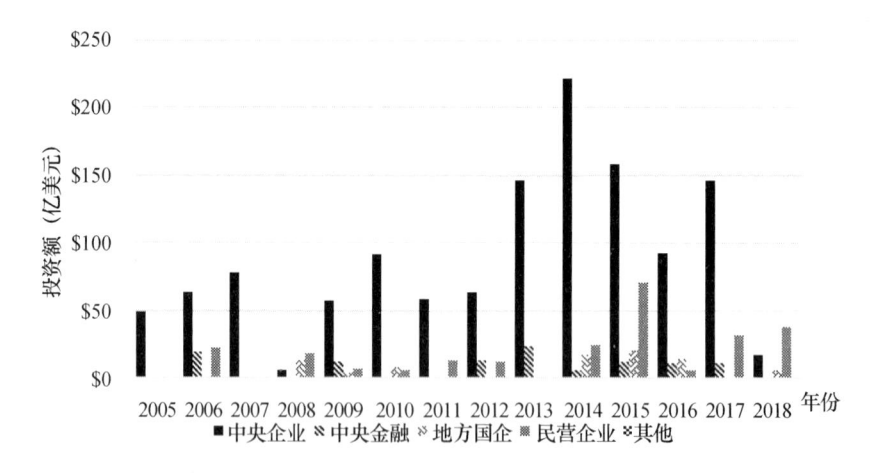

图 3　不同类型投资主体对成员国的投资情况（流量）

资料来源：中国海外投资追踪数据库（China Global Investment Tracker），https: //www. aei. org/china - global - investment - tracker/。

（三）中国对上海合作组织成员国投资的行业分布

就总体布局而言，中国对上合组织成员国的投资以能源类投资占据绝对优势地位，十多年间累计投资额超过 1000 亿美元；运输行业同样受到中国企业的关注，累计投资额达到219.5亿美元，位列第二位；金属、房地产等行业则紧随其后。尤其是在2013年和2014年，中国企业对上合组织成员国的能源行业投资急剧膨胀，2005—2012年间年均投资额仅有53.85亿美元，但2013年投资额高达过去均值的2倍之多，并在2014年保持了同样迅猛的势头。由于国内去杠杆、防风险等众多因素，中国企业在上合组织成员国的投资步伐迅速放缓，但2013—2018年的年均投资额仍然约为2005—2012年间的5倍。化工、农业及金融行业在2013年日渐受到中国企业的关注，这三个领域的投资在2013年后更为频繁，但年投资额并未发生较大变化。旅游及公共事业领域一直以来都不是中国企业热衷的投资领域（见表12）。

表12　中国企业每年对各行业的投资流量　　（单位：亿美元）

年份	能源	运输	金属	房地产	科技	化工	农业	金融	旅游	公共事业	其他
2005	46.90		3.00								
2006	78.00	7.90		13.00	5.50						1.20
2007	68.90	1.80	3.50		4.60		1.10		1.00		
2008	17.20	3.20	12.00	1.70	4.00						
2009	52.50	6.10	4.80	10.00	7.00						
2010	60.70	10.10	15.10	1.40	3.00	15.30					2.60
2011	49.50	6.50	13.20	3.50				1.00			
2012	57.10		11.30	3.00		5.00		2.70	9.00	2.30	
2013	131.10	4.60	7.50				20.40	2.00			4.60
2014	194.90	29.40	12.90	10.40	7.20	9.90	1.80				1.20
2015	92.90	86.80	11.40	3.10	13.40	18.70	8.40				27.70
2016	94.80	15.40	3.30	5.30		4.40			1.80		1.00
2017	101.60	42.40	7.10	13.80	2.00			1.10			23.30
2018	17.40	5.30	11.60	3.90	12.40		5.10	1.80		1.00	3.10
合计	1063.50	219.50	116.70	69.10	64.10	48.30	39.50	14.90	4.10	2.00	64.70

资料来源：中国海外投资追踪数据库（China Global Investment Tracker），https://www.aei.org/china-global-investment-tracker/。

就资源类投资的国家分布而言，巴基斯坦、俄罗斯、哈萨克斯坦和印度吸引了中国对上合组织成员国资源类投资的93.67%，累计金额高达1105.5

亿美元,占比达93.67%。在上述投资中,央企占比超过70%。中国企业在乌兹别克斯坦、吉尔吉斯斯坦和塔吉克斯坦的资源类投资分别为36.8亿美元、30.4亿美元和7.5亿美元,央企在乌兹别克斯坦的投资占比达90.76%;吉尔吉斯斯坦的投资主要由央企和民企参与,塔吉克斯坦的资源类投资则完全由民营企业进行。中央金融企业和地方国企并非在每个成员国投资,前者仅在俄罗斯和哈萨克斯坦参与了资源类投资,后者除此之外也在印度和吉尔吉斯斯坦进行了投资,但投资总量不大。就投资主体而言,中国对上合组织成员国的资源类投资在2005—2018年间年均增长率高达27.54%,其中央企始终处于绝对主导地位。央企每年在上合组织成员国的资源类投资占比均高于75%,2007年其投资份额甚至达到88.46%。其他类型的国有企业对上合组织成员国资源类投资的连续性差,且投资额占比很小。民营企业在资源类投资中的比重不大且起步较晚,2008—2012年间其在资源类投资中的比重稳定在8%上下,2014年后这一比重再度提升了2个百分点(见图4)。

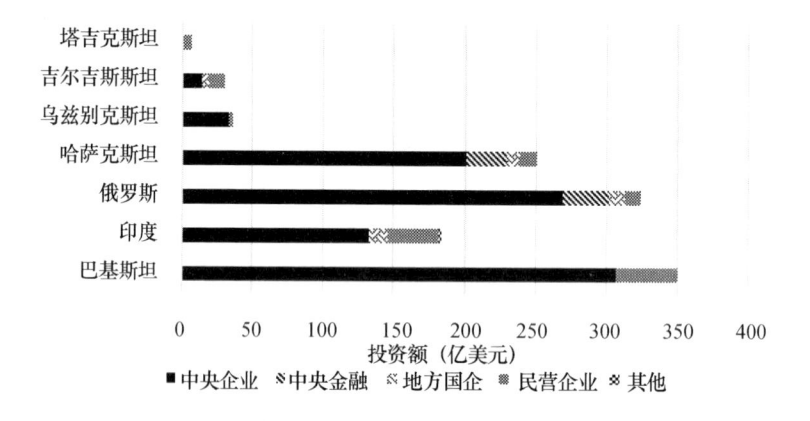

图4 不同类型投资主体对成员国的资源类(能源及金属)投资情况

资料来源:中国海外投资追踪数据库(China Global Investment Tracker),https://www.aei.org/china-global-investment-tracker/。

中国对上合组织成员国的非资源类投资年均增长率与资源类投资一致,约为27.88%,且央企依然处于主导地位,但投资占比在60%左右,略低于其在资源类投资中的占比。2006—2013年间中国的非资源类投资总额平均为85.92亿美元,但是2014年后,中国的非资源类投资跃至较高水平,2014年相较2013年的投资增长率为60.8%,2014—2018年间投资总额平均为

409.58亿美元，约为2006—2013年间投资水平的4.8倍。民营企业的投资速度在2013年后不断增长，2014年后其对非资源类行业的投资总额开始超过中央金融企业，成为中国企业在上合组织成员国的重要投资主体，2018年对成员国的非资源类投资流量甚至超过中央企业。地方国企的非资源类投资也在2014年前后发生显著变化：2014年前其仅有2年进行了非资源类投资，从2014年开始投资频率和投资额度明显上升，2014年后的年均投资额甚至达到2014年前的16.64倍。中国企业对上合组织成员国的非资源类投资为526.2亿美元，且其中在巴基斯坦、俄罗斯、印度和哈萨克斯坦的投资额为468.1亿美元，占比达88.96%。巴基斯坦、俄罗斯、哈萨克斯坦、乌兹别克斯坦和塔吉克斯坦的投资主要由央企进行，塔吉克斯坦的非资源类投资完全由央企进行。但是，对印度和吉尔吉斯斯坦的投资主要由民营企业进行，其在两国的投资占比分别达74.12%和47.02%（见图5）。

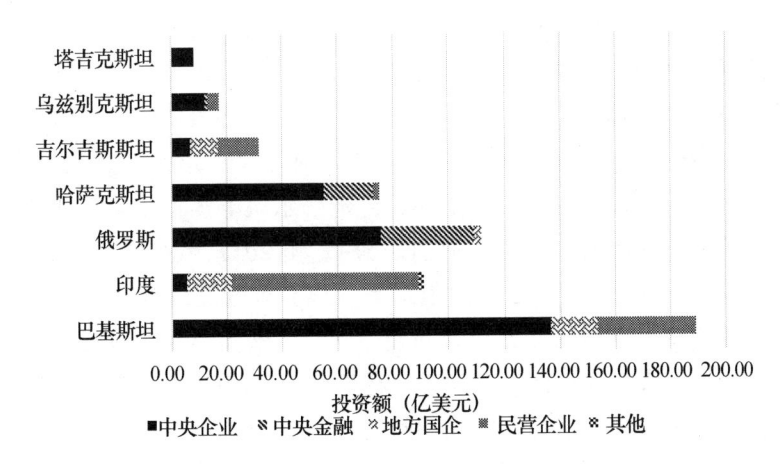

图5　不同类型投资主体对成员国的非资源类投资情况

资料来源：中国海外投资追踪数据库（China Global Investment Tracker），https://www.aei.org/china-global-investment-tracker/。

二、中国投资的典型项目及经济社会效益

经过多年的投资热潮之后，中国—上海合作组织成员国之间的投资合作已经产生广泛的经济和社会影响，尤其是一系列典型项目进展顺利，极大地改善了东道国的基础设施，带动了本地的就业，为当地经济增长提供了新的

动力。与此同时，上合组织作为中国境外经贸合作区重点建设区域，立足互利共赢的理念进行资源综合开发利用，同时发展下游生产加工，进一步带动相关服务业行业的繁荣，拉动东道国的就业与投资，推动东道国经济和产业的发展，也为其他地区"一带一路"倡议的推进起到良好的示范效应。各国的具体案例如下所示：

（一）巴基斯坦

就累计投资而言，巴基斯坦已经超越俄罗斯成为上合组织成员国中吸引中国资本最多的国家。近年来，伴随着"中巴经济走廊"的推进，中国和巴基斯坦的投资合作获得进一步发展。"中巴经济走廊"作为"一带一路"倡议的示范和先行项目，于2015年习近平主席对巴基斯坦国事访问时推动其正式驶上快车道后，在能源电力、道路基础设施等主要领域均取得显著进展。两国一致同意将2019年定为"巴中产业合作年"。

长期以来，巴基斯坦的能源短缺问题一直是经济增长的主要制约因素之一。中巴投资合作推进过程中，能源、电力项目成为建设重点和优先方向。中国东方集团投资控股有限公司主导的吉姆普尔风电项目是最具代表性的投资项目，该项目在历时16个月的建设之后，于2017年6月正式投入运行，预计每年发电量达到27478.2万千瓦时，可以有效解决当地50万户家庭用电问题，有效缓解了当地的电力短缺问题。同时，该项目在建设过程中秉承本土化运行原则，大量雇佣当地劳动力，在高峰期雇佣的本地工人达到800名。中国三峡集团承建的卡洛特水电站项目是巴基斯坦首个完全使用中国技术和标准建立的水电项目（总投资约17.4亿美元），建成之后以较低的价格向巴基斯坦提供清洁能源，为当地提供近2300个就业岗位，为经济发展提供强力支持；更为重要的是该项目采用建设—运营—移交的投资模式，该模式将为巴方的后续运营留下宝贵的管理经验、人力团队和相关技术。

在交通基础设施领域，2017年年底，由中国葛洲坝集团承建的巴基斯坦E35高速公路第一、第二标段通车。作为连接巴基斯坦主要交通干道的项目，E35高速公路的完工为当地百姓提供了更加便利的交通环境，大大缓解了交通堵塞，提升了项目所在区域的经济发展水平。巴基斯坦总理阿巴西指出："E35高速公路对于加强巴基斯坦与中国的互联互通、促进地区经济增长、带动巴北部旅游业发展具有重要意义，并将惠及当地10万余民众。"根据《经济日报》的统计，仅参与"中巴经济走廊"早期项目建设的巴基斯坦劳动者就有3万人，预计走廊建设长期提供的直接就业机会将达50万人。[1] 中巴投资合作的红利正在不断释放。

中国企业投资的工业园区更是中巴投资合作重要成果之一。[2] 海尔—鲁巴经济区可谓家喻户晓。这个成立于2006年的经济区由中国家电品牌海尔集团和巴基斯坦鲁巴公司共同出资，以海尔在巴基斯坦的工业园为基础扩建而成，是中国在境外正式挂牌的首个经济贸易合作区，拥有20名中国常驻技术人员和3800名巴基斯坦员工。依托海尔在巴基斯坦生产、销售和物流基础，以及中巴两国全天候、多领域的合作关系与贸易投资优惠政策，海尔—鲁巴经济区已然成为中资企业拓展巴基斯坦乃至南亚市场的重要平台。巴基斯坦拉沙卡伊特别经济区是国机集团下属的中国电力工程有限公司在巴基斯坦开普省独家开发的中巴经济走廊项下的特别经济区。在创造经济效益的同时，该经济区也为当地在资源开发、技术培训、增加就业等方面做出努力，未来将以物流为核心、以现状优势产业和制造业为基础，远期逐步拓展科技研发、商务金融等战略性产业，将本项目的建设发展作为"一带一路"的核心项目，将其打造成巴基斯坦的人才培训基地、资源利用型现代制造中心、技术转让中心、金融中心、科技创新高地，使其成为国际产能合作的高端载体以及两国在产业现代化和城镇化发展方面的合作典范。[3]

（二）俄罗斯

2013年8月20日在莫斯科举行的俄中投资合作常设工作组第四次会议

---

[1] "中巴经济走廊红利正向民间释放"，中华人民共和国中央人民政府，http://www.gov.cn/xinwen/2018 - 08/20/content_5315016.htm。

[2] 境外经济贸易合作区是指在中华人民共和国境内（不含香港、澳门和台湾地区）注册、具有独立法人资格的中资控股企业，通过在境外设立中资控股的独立法人机构，投资建设基础设施完备、主导产业明确、公共服务功能健全、具有集聚和辐射效应的产业园区。中国企业在境外投资建设的境外经贸合作区（简称合作区）是以企业为主体，以商业运作为基础，以促进互利共赢为目的，主要由投资主体根据市场情况、东道国投资环境和引资政策等多方面因素进行决策。投资主体通过建设合作区，吸引更多的企业到东道国投资建厂，增加东道国就业和税收，扩大出口创汇，提升技术水平，促进经济共同发展。

[3] 具体内容可参见 http://www.cocz.org/news/content - 286481.aspx。

上，俄罗斯经济发展部和中国发展改革委员会签署了《关于落实〈中俄投资合作规划纲要〉的谅解备忘录》,① 对于改变过去 20 年来经济合作的传统形式，将其转变为更高和更具创新性的合作模式，中俄双方已达成共识。② 中国与俄罗斯的投资合作由此迈向新阶段，尤其是能源合作不断深化，为金融制裁之下的俄罗斯提供了重要的资金来源，对于中国能源进口的多元化和确保能源安全同样具有重要意义。

2013 年年底启动的中俄亚马尔液化天然气项目是中国"一带一路"倡议提出之后的首个海外特大型项目，也是全球最大的北极 LNG 项目，成为中俄投资合作的重要成果之一。该项目总价值约 269 亿美元，对于中国开展海外能源合作，提升中国在能源市场的话语权具有重要意义，被中俄两国领导人高度评价为中俄合作的"压舱石"和"风向标"。中俄两国总投资高达 5.7 亿美元的华电捷宁斯卡娅燃气蒸汽联合循环供热电站项目是目前中国在俄罗斯最大的电力能源类投资项目，2017 年投产之后日益成为雅罗斯拉夫尔经济社会发展的新引擎。2018 年 5 月，中国化学工程七公司承建的俄罗斯鄂木斯克炼油厂原油深度转化项目顺利开工。2019 年，中国西电集团承建的克里米亚变电站投运。波尔特变电站位于俄罗斯克里米亚地区，是俄罗斯的第一个智能化站。本次工程的顺利完工投运，为西电后续打开俄罗斯市场奠定了坚实的基础，同时也为促进国家"一带一路"建设的发展做出积极贡献。

就经贸合作区建设而言，俄罗斯一直是中国重点合作的国家，两国合作已取得丰硕的成果。乌苏里斯克经济贸易合作区是经国家商务部批准建设的首批境外经贸合作区之一，由黑龙江省吉信工贸集团、浙江省康奈集团、温州华润公司共同组建的康吉国际投资有限公司负责组织实施，重点发展轻工、机电（家电、电子）、木业等产业，可解决就业岗位 6000 个。俄罗斯龙跃林业经贸合作区的实施企业为牡丹江市龙跃经贸有限公司，以木材精深加工园区为主体核心区，以建设在森林采伐区附近的木材初加工区为辅助区，主体核心区与辅助区产业互动、相互配合、功能各有侧重，以实现木材资源综合利用全产业链建设。

中俄（滨海边疆区）农业产业合作区经过 10 多年的开发与建设，目前

---

① https://ria.ru/20131021/971390715.html.
② ［俄］亚历山德罗娃、朱显平、孙绪："中国对俄投资：现状、趋势及发展方向"，《东北亚论坛》2014 年第 2 期，第 11—20 页。

已发展成集种植、养殖、加工于一体的中俄最大农业合作项目。该项目是2010年3月20日国家主席习近平出访俄罗斯期间签约的中俄地方合作10个重点项目之一，2014年纳入中俄农业合作分委会第一次会议《会谈纪要》，成为中俄双边合作共同推进的大项目。中俄托木斯克木材工贸合作区是中航林业有限公司在俄罗斯托木斯克州建立的，在中俄两国政府批准的《中俄森林资源合作开发与利用总体规划》框架下，首个具有实质性推进的最大合作开发项目，同时也是国家推进境外经贸合作区建设的重点项目之一。合作区主导产业为森林抚育采伐业、木材深加工业、商贸物流业。

（三）印度

中印两国虽在双边和地缘政治关系上存在分歧，但多年来两国的投资合作却稳步发展。印度在信息技术、软件和医药领域拥有竞争优势，而制造业和基础设施建设是中国的强项，成为两国展开投资合作的基础。就基础设施而言，隧道股份印度基础设施公司（上海隧道工程股份有限公司印度公司，简称"隧道股份"）扎根印度10多年来，凭借先进技术和管理理念，赢得印度人的认可和口碑。从新德里机场快线，到孟买交通"大动脉"，中企助力印度轨道现代化建设。在雇工比例上，机场快线项目时中方员工与印方员工比例是10∶1，到新德里地铁三期这个比例已经成为1∶10，地铁隧道推进过程中雇用当地员工500余人。[①] 制造业领域，2016年中印合资的中车先锋（印度）电气有限公司正式投产。这是继印度总理莫迪提出"印度制造"计划后，首家在印度本土投资兴建的轨道交通装备电气牵引设备制造企业，也是中国中车在南亚建立的首个铁路工厂。中国中车自2007年进入印度市场以来，迄今已经为印度提供了地铁、调车机车、铁路电机、曲轴等铁路车辆和部件。此外，中国科技巨擘（腾讯、阿里巴巴、小米、复星）已经将印度作为最重要的投资目的地之一，双边互联网和科技领域的投资合作不断加深，并向更广阔的领域扩展。

境外合作区建设也取得重要进展。特变电工（印度）绿色能源产业园是目前中国企业在印度投资建设的最大能源装备制造及服务基地之一，将成为集输变电高端装备制造业、可再生能源、现代物流贸易、商贸电力电子产业

---

① 人民网，http://world.people.com.cn/n1/2017/0404/c1002-29187429.html。

为一体,具备能够应用先进柔性直流输电技术的强大输变电、火力与水力发电、可再生能源发电、铁路电气化等领域系统集成能力和提供发电及输变电整体解决方案的现代化绿色能源产业园。该产业园为古吉拉特邦新增直接就业500余人,间接就业2000余人。园区现有正式员工512名,其中印籍员工474名,占92%,接近半数的印籍员工曾到中国参加培训交流,从而确保园区刚刚建成便实现了产品的印籍工人本土化生产。二期、三期投资计划实施后,预计还将新增直接就业1500人以上,带动上下游产业间接就业超过4000人。①

(四) 哈萨克斯坦

根据商务部的统计,截至2018年上半年,中国已经成为哈萨克斯坦交通基础设施最大投资国。② 在"一带一路"合作框架下,一些重大基础设施项目已投入运营,包括连云港中哈物流合作基地、"霍尔果斯—东大门"无水港、里海阿克套港、全长900公里的哈萨克斯坦—土库曼斯坦—伊朗铁路、"双西公路"国际运输走廊等。

互利共赢的产能合作不断迈上新台阶。如2014年以前,哈萨克斯坦近九成的沥青需要从俄罗斯等国进口,严重制约哈萨克斯坦基础设施建设与经济发展。中哈里海沥青合资公司设计年产沥青超过40万吨,不仅是中哈迄今在非资源领域最大的合资项目,也是哈萨克斯坦独立后兴建的第一座现代化石油加工企业,建成投产后完全满足了哈萨克斯坦对道路建设的需求,彻底改写了哈萨克斯坦沥青严重依赖进口的历史,在投资建设期间累计为当地创造了2000多个就业岗位。在正常生产经营阶段,工厂直接聘用的哈萨克斯坦籍员工有210人,间接为企业提供各种服务的当地人大约为300人。③ 2014年年底,中色股份与哈萨克斯坦铜业集团签订了价值5.4亿美元的建设合同,项目施工阶段直接雇佣哈籍员工720人,53家分包机构雇佣的本土工作人员

---

① 数据来源:http://www.cocz.org/news/content-286480.aspx。
② 中华人民共和国商务部:"中国是哈萨克斯坦交通基础设施的最大投资国",http://kz.mofcom.gov.cn/article/scdy/201811/20181102810420.shtml。
③ 数据来源:https://www.yidaiyilu.gov.cn/xwzx/hwxw/8948.htm。

超过1100人,① 哈萨克斯坦将由此不断完善本国的工业体系。

中哈油气合作累计生产原油近3亿吨,多个项目被称为"中哈合作典范",在20多年中哈油气合作中,中国石油发挥整体技术优势,不断推进技术进步,成功破解不同类型油气田生产难题,通过自主勘探发现了哈国独立以来最大的陆上油田——北特鲁瓦油田等一批新油田。所参股企业2016年原油产量占哈国产油量的25%,原油权益产量在哈国油企中排位第三。自从进入哈萨克斯坦,中国石油就以企业公民的身份积极履行社会责任,通过上缴税费、提供就业、带动相关产业发展、参与社会公益事业等多种方式,主动回报资源国、回报社会。迄今为止,中国石油为当地提供超过3万个直接就业岗位,企业员工本土化率达98%以上,社会公益活动惠及200多万人。

(五) 乌兹别克斯坦

作为乌兹别克斯坦重要的经贸伙伴,中国是其积极开展投资合作的重要对象国和招商引资来源国,尤其是在"一带一路"倡议推进过程中,作为该倡议的最早支持者,乌兹别克斯坦又凭借中亚中心的地缘优势,吸引了大量中国企业。数据显示,截至2018年底,在乌中企数量达1121家。其中,乌兹别克斯坦聚氯乙烯项目是中乌重要合作成果之一,是"一带一路"倡议下推动国际产能合作的重要工程,也是中企在乌正在实施的最大单体工程承包项目。该项目位于乌兹别克斯坦中部最大的工业城市纳沃伊市,投资总金额超过4亿美元,预计项目投产后将为当地提供1000多个工作岗位。与此同时,作为中乌产能合作的工程典范,这一项目向乌兹别克斯坦推广了中国大量的先进工艺技术和生产管理理念。2017年,由中国石油天然气集团下属中国石油工程建设公司乌兹别克斯坦子公司承建的卡拉库里区块气田开发地面工程建设开工。

2009年3月,乌兹别克斯坦"鹏盛"工业园项目获国家商务部境外投资许可证书并正式启动。同年5月,中国与乌兹别克斯坦外经贸部签署了投资协议,并获得乌兹别克斯坦总统签发的1139号总统令,对园区建设和生产所需的设备、材料等给予了免税的优惠条件。园区于2009年9月9日开工建

---

① 数据来源:http://ccnews.people.com.cn/n1/2017/0328/c141677-29172946.html。

设，是首个中国民营企业在乌兹别克斯坦投资并被两国政府认可批准的项目。2013年3月，园区被乌政府批准为吉扎克工业特区在锡尔河的分区；2014年被确认为浙江省省级境外经贸合作区；2016年经商务部、财政部批准升级为国家级境外经贸合作区。园区规划和产业定位为加工制造型园区，建园的出发点是依托乌兹别克斯坦的优势资源，利用中国成熟的技术和民间资本，生产适合乌兹别克斯坦本地、周边国家和中国所需的产品。如今园区员工总人数已超过1500人，解决当地就业约1300人，为促进当地经济发展、改善民生、稳定社会做出贡献。在企业发展的同时，"鹏盛"时刻不忘履行企业的社会责任，所成立的鹏盛慈善基金会向社会各界提供了广泛的慈善捐助。[1]

（六）塔吉克斯坦

中国和塔吉克斯坦于2013年建立战略伙伴关系以来，双方的经贸合作开始进入快车道。2017年8月31日，习近平总书记在人民大会堂同来华进行国事访问并出席新兴市场国家与发展中国家对话会的塔吉克斯坦总统拉赫蒙举行会谈，并一致决定建立中塔全面战略伙伴关系，《中塔关于建立全面战略伙伴关系的联合声明》推动中塔关系在新的历史起点上实现更大发展。正是在中塔两国政府的直接推动下，塔吉克斯坦能源部与中国新疆特变电工股份有限公司（简称特变电工）签订了建设杜尚别2号热电厂的合同，一期项目于2014年成功启动，极大改善了杜尚别供电、供热条件。2016年底，二期工程的两台150兆瓦机组和城市热网工程提前半年投入运营。热电厂一、二期工程年发电量可达22亿千瓦时，供热面积超过430万平方米，一举解决了长期困扰杜尚别的供电与供暖问题，塔吉克斯坦告别限电历史。

在共建"一带一路"倡议的带动下，2017年8月31日，中国贸促会直属企业中国国际经济合作投资公司与上海海成集团签署战略合作协议，将中国在塔建设的首个工业园区、塔中共建最大合作项目"中塔工业园"扩建升级，建设"塔吉克斯坦北部有色金属产业园区"。"中塔工业园"是2014年9月中国国家主席习近平对塔吉克斯坦进行国事访问期间，与塔吉克斯坦总统拉赫蒙共同见证，由上海海成集团与塔吉克斯坦工业和新技术部签署合作备忘录确定的建设项目。作为一个综合型产业园，其未来还将进一步扩建提升

---

[1] 数据来源：https://www.yidaiyilu.gov.cn/qyfc/xmal/6018.htm。

为塔吉克斯坦北部有色金属产业园区,达到 600 万吨的年采选处理能力,形成矿山资源开发、矿山服务配套、上下游企业及其他相关企业集群,提升中塔双方在矿业合作领域的广度和深度。该工业园区为塔吉克斯坦实现从农工业国向工农业国转变的发展目标发挥了积极作用,给当地经济社会发展带来新的增长点。

(七) 吉尔吉斯斯坦

吉尔吉斯斯坦地处欧亚腹地,既是上合组织成员国,又位于"丝绸之路经济带"上。吉尔吉斯斯坦希望利用自身特点和优势,为"丝绸之路经济带"与欧亚经济联盟进行对接以及上海合作组织开展务实经贸合作发挥积极作用。近年来,中吉经贸合作稳步推进。根据中国商务部的统计,截至 2017 年底,中国成为吉第一大投资来源国,主要投往农业、基础设施、交通、能源、矿山开采等领域。在 2013 年上海合作组织峰会上,两国领导人敲定了比什凯克 2×150 兆瓦热电厂项目,这是一项民生工程,同时也是吉国最大的热电厂项目。项目由特变电工股份有限公司总承包,2017 年新建成的热电厂发电量从原有的每年 2.62 亿度提高到每年 17.4 亿度,有效保障了比什凯克 100 余万居民用电供暖,极大降低了对能源的消耗和对环境的负面影响。此外,中国路桥等中国企业在吉尔吉斯斯坦修建了北南公路等多条跨国公路,在吉尔吉斯斯坦境内逐渐形成交通网络,有效沟通了中国、吉尔吉斯斯坦、乌兹别克斯坦、哈萨克斯坦等周边国家。[1]

吉尔吉斯斯坦亚洲之星农业产业合作区由中国河南贵友实业集团筹建,采用"内引外联、组团发展、产业链条一体化"的发展模式,建成包括农业种植、畜禽养殖、饲料加工、屠宰加工、速冻食品、物流仓储、农机配件、农业自贸保税区、国际贸易等中心板块的"吉尔吉斯斯坦亚洲之星农业产业合作区"。该合作区也是目前在"一带一路"中亚地区产业链条中最完整、基础设施最完善的农业产业合作区。该合作区于 2016 年 8 月通过商务部、财政部"境外经济贸易合作区"的确认考核。合作区基于吉尔吉斯斯坦的地理政策优势,面向中亚及俄罗斯等国际市场需求,充分利用吉尔吉斯斯坦良好

---

[1] 相关信息参见新华网,http://www.xinhuanet.com//world/2015-07/12/c_1115894306.htm。

的农牧资源以及中国的技术资金优势,遵循畜禽产业循环经济理念,实现海外农业产业聚集,形成我国在中亚地区具有国际影响力的农业领域国际产能合作平台以及中国—中亚国家农产品加工贸易保税平台。①

三、中国对上海合作组织成员国投资的国际政治影响

上合组织成立以来,伴随成员国经济的快速增长以及区域经济合作的发展,成员国的投资潜力逐渐显现出来,对于外部资金的吸引力不断增强,区域吸引外资的规模呈现快速上升势头。据中国商务部统计,中国已成为乌、吉、塔第一大投资来源国,成为俄、哈第四大投资来源国。与此同时,上合组织各成员国对华投资日渐活跃。投资领域由资源开发、农业、加工业扩大到基础设施建设、机械制造业、服务业等;投资除直接投资外,还有中长期贷款、股权、财务投资、合资基金以及对外援助等多种形式,区域投资合作的扩大极大地带动了区域经济合作的发展,对各成员国产生了显著经济和社会溢出效应。但是,上合组织的建立以及中国对各成员国不断增加的海外投资对双边政治关系产生了何种影响,从外交政策协调性的角度对此进行评估具有重要的理论与现实意义。

(一) 海外投资与国家间政治关系的研究

从现有的研究文献来看,多数研究显示对外直接投资(FDI)的增加减少了国家间的军事冲突,带来了更加紧密的国际合作。② 波拉切克等(2005)和巴斯曼(2010)的研究发现,FDI 也像贸易一样显著影响着政治关系。据 1980—2000 年间跨国样本实证检验结果显示,国外投资额的增加显著降低了

---

① 具体内容参见:http://www.cocz.org/news/content-262341.aspx。
② 相关研究可参见 Rosecrance, Richard, and Peter Thompson. 2003. "Trade, Foreign Investment, and Security." Annual Review of Political Science 6 (1): 377-98. Lee, Hoon. 2006. "Foreign Direct Investment and Militarized Interstate Conflict." Working Paper. Available at http://webpages.acs.ttu.edu/hlee/. Gartzke, Erik, and Quan Li. 2003. "War, Peace, and the Invisible Hand: Positive Political Externalities of Economic Globalization." International Studies Quarterly 47 (4): 561-86。

冲突的风险，支持了"商业带来和平的观点"。① 主要机制可解释为如下三种：首先，FDI 为一国提供了关于其竞争对手的国家能力、决心的相关信息，消除了两国谈判中的信息不对称问题；其次，理论断言双边 FDI 的增长也带来更高的冲突成本，促进一国采取更加和平的外交政策；② 最后，FDI 同样可能取代战争而成为一国汲取他国财富的重要途径。③ 甚至相比贸易联系，两国之间的投资纽带破裂带来的成本更为巨大。李和米切尔（2012）重点关注了对外直接投资和国家之间领土争端的相关性，研究表明全球对外直接投资总量的增加有助于减少领土争端事件的发生，但是双边 FDI 量的增长对于两国是否发起新的争端并无影响，④ 但对于已经存在领土争端的国家之间，FDI 量的增长则有助于防止冲突的升级和危机的管控，其根源在于争端带来的机会成本的提高。米哈拉奇—奥基夫（2018）研究了 FDI 对国内冲突（而非国家间冲突）的影响，结果显示服务业 FDI 可显著缓解国内冲突的风险，但初级产品部门的 FDI 流入则起到相反的作用。⑤

对中国 FDI 的研究主要集中在对其动机、风险及对国内企业绩效的影响等问题的分析上。王碧珺指出，中国 FDI 呈现出不同于以往发达国家和发展中国家的投资模式，其核心在于加强国内生产和提高国内企业的技术水平和竞争实力。⑥ 毛其淋和许家云认为，FDI 不仅显著提高了企业出口占销售的比

---

① Polachek, Solomon, C. Seiglie, and J. Xiang. " Globalization and International Conflict: Can FDI Increase Peace?." Working Papers Rutgers University Newark (2005). Bussmann, Margit. "Foreign direct investment and militarized international conflict." Journal of Peace Research 47. 2 (2010): 143 - 153.

② Souva, Mark A., and Brandon Prins. 2006. "The Liberal Peace Revisited: Democracy, Dependence, and Development in Militarized Interstate Dispute Initiation, 1950 - 1999." International Interactions 32 (2): 183 - 200.

③ Rosecrance, Richard. 1999. The Rise of the Virtual State. New York: Basic Books.

④ Lee, Hoon, and Sara McLaughlin Mitchell. "Foreign direct investment and territorial disputes." Journal of Conflict Resolution 56. 4 (2012): 675 - 703.

⑤ Mihalache - O'Keef A S. Whose greed, whose grievance, and whose opportunity? Effects of foreign direct investments (FDI) on internal conflict. World Development, 2018, 106: 187 - 206.

⑥ 王碧珺："被误读的官方数据——揭示真实的中国对外直接投资模式"，《国际经济评论》2013 年第 1 期，第 61—74 页。

例，而且提高了企业出口的概率。① 蒋冠宏和蒋殿春的研究肯定了企业对外直接投资对企业生产率的显著影响。② 目前大部分的实证研究支持中国海外投资有市场寻求动机的假说，市场寻求假说尤其得到经济合作与发展组织国家的支持；中国海外投资的资源寻求假说也得到部分支持，这一假说主要在非经济合作与发展组织国家得到支持。

对于区别和比较企业所有制的问题，许多已有的研究已经注意到，国有企业的大量参与可能是中国海外投资与众不同的原因。中国国有企业的产权性质使得它们的行为逻辑和表现可能异于私有企业，从而不能被主流的对外投资理论所解释。这也意味着，决定中国海外投资的因素可能异于其他国家海外投资的因素。但由于数据的限制，以上研究都没有对企业所有制进行区分。少量的文献试图对国有企业和私有企业进行比较研究，但遗憾的是它们所采用的数据库存在诸多问题，因此所得到的结论也值得商榷。例如，利用中国2006—2008年63家上市公司的数据，拉玛萨米等比较了国有企业和私有企业进行海外投资的驱动因素，他们发现国有企业的海外投资流向了自然资源丰富并且政治环境较差的国家。这一观点受到Duanmu的反对，他们利用1999—2008年江苏省189家企业在47个国家的投资信息发现，自然资源对中国所有类型的企业都不具有吸引力，甚至有负面影响。阿米尼吉等使用fDi Markets数据库考察了2003—2008中国企业的海外绿地投资，发现中国私有企业的投资多流向市场规模大且技术水平高的市场；而国有企业的投资主要是为了遵循国内需求，并且更多流向自然资源领域。

在前人研究基础之上，本文基于联合国投票相似度指数实证检验中国对上海合作组织成员国的投资所产生的国际政治效应：一方面，以中国为立足点，从总体上把握海外投资与政治关系的相关性；另一方面，详细区分不同投资主体、不同投资类型所带来的国际政治效应的差异。具体模型设定与数据来源如下文所示。

---

① 毛其淋、许家云："中国对外直接投资促进抑或抑制了企业出口？"，《数量经济技术经济研究》2014年第31（09）期，第3—21页。

② 蒋冠宏、蒋殿春："中国企业对外直接投资的'出口效应'"，《经济研究》2014年第49（05）期，第160—173页。蒋冠宏、蒋殿春："中国工业企业对外直接投资与企业生产率进步"，《世界经济》2014年第37（09）期，第53—76页。

（二）计量模型设定与变量说明

参照爱德华和佩夫豪斯以及冈茨克的研究，[①] 基础模型设定如下：

$$Foreign\ Policy_{i,t} = \beta_0 + \beta_1 Investment_{i,t-1} + \beta_2 X_{i,t-1} + \gamma_i + \varphi_i + \varepsilon_{i,t} \quad (1)$$

其中，i 表示国家，T 表示年度。相比年度数据，被解释变量 $Foreign\ Policy_{i,t}$ 表示第 i 国在 t 时期与中国的双边外交相似度；核心解释变量（$Investment_{i,t-1}$），即为 $t-1$ 时期中国对第 i 国的投资额；$X_{i,t}$ 即为其他对两国贸易起重要作用的控制变量，γ_i 和 φ_i 分别为与国家和时间有关的不可观测的因素，$\varepsilon_{i,t}$ 则为随机扰动项。

同时，为了进一步分析投资主体的不同，我们将中国海外投资分为国有企业投资和非国有企业投资，同时按照投资行业的差异将其分为基础设施投资和资源型投资，回归方程修改如下：

$$Foreign\ Policy_{i,t} = \beta_0 + \beta_1 Invest\_SOE_{i,t-1} + \beta_2 Invest\_PRI_{i,t-1} + \beta_3 X_{i,t-1} + \gamma_i + \varphi_i + \varepsilon_{i,t} \quad (2)$$

$$Foreign\ Policy_{i,t} = \beta_0 + \beta_1 Invest\_RES_{i,t-1} + \beta_2 X_{i,t-1} + \gamma_i + \varphi_i + \varepsilon_{i,t} \quad (3)$$

本文的实证提供了 192 个国家作为潜在的投资目的国，时间跨度为 2005—2014 年。被解释变量为外交相似度（$Foreign\ Policy_{i,t}$），我们基于联合国大会各国的投票行为进行度量。联合国大会是根据《联合国宪章》设立的，是联合国主要的审议、政策制定和代表机关，可就人类面临的一系列问题采取行动，具体涉及和平与安全、气候变化、可持续发展、人权、裁军、恐怖主义、人道主义和卫生突发事件、性别平等、施政及粮食生产等，联合国大会会议于每年 9—12 月举行，其后 1—8 月根据需要举行会议。联合国大会的每一会员国都有一个投票权，可投"赞成""反对"和"弃权"票。在这一制度下，联合国大会可以被看作世界上绝大多数国家的集体行为，联合国大会投票情况也可以被看作绝大多数国家就某些世界性议题的集中利益表达，对联合国大会投票众议题、多国家、长时段的观察也有机会发现多数国

[①] Gartzke Erik, "The Capitalist Peace", *American Journal of Political Science*, Vol. 51, No. 1, 2007, pp. 166 - 191.

家的利益偏好和外交政策变化。[1] 多样化的议题和每年举行的多次会议和投票为我们提供了量化各国外交政策相似度的理想观测值。

通常情况下，投票相似度指标（voting similarity index，即用某年两国所有投票中相同票数的比例，取值范围为0—1，数值越接近于1，表示两国的投票越相似）对两国的外交相似度进行刻画，然而该指标计算比较简单，难以全面反映两国外交政策的差异，所以笔者利用冈茨克提出的"S值"方法对投票相似度进行改进，计算公式如下：

$$Foreign\ Policy_{i,t} = 1 - \lceil 2 * d_t / dmax_t \rceil$$

其中，d 为两国在 t 年历次联合国大会中所有投票的差异之和；dmax 为两国在 t 年所有投票可能产生的差异的最大值。其中，对于某一议题，任何国家的投票如为"赞成"取值为1，"反对"则取值为2。"S值"的取值范围为 -1 至 1，当取值为 1 时，代表两个国家在该年所有的决议中投票都相同，这意味这两个国家具有完全相同的偏好和外交政策；当取值为 -1 时，表示两个国家在该年所有的决议中投票完全相反，两国拥有完全对立的外交立场。2005—2014 年的 10 年间，联合国大会一共召开了 723 次会议，共计192 个国家共投票 138816 次，议题主要涉及巴勒斯坦冲突、核武器和核材料的使用、军备控制和裁军、殖民主义、人权、（经济）发展等六大类，其中涉及重要议题 113 项，而与巴勒斯坦冲突问题相关的议题占比 22.9%，与核武器和核材料有关的议题占比 14.9%，与军备控制和裁军有关的议题占比 21.9%，与人权有关的议题占比 24.7%，与殖民主义问题有关的议题占比 9.9%，与（经济）发展有关的议题占比 5.6%。

关于中国对外直接投资（$Investment_{i,t-1}$），数据主要来源于美国传统基金会（以下简称 HF）的中国海外投资追踪数据库。该数据库记录了中国自 2005 年以来单笔超过 1 亿美元的海外投资项目信息，包括企业名称、东道国、投资产业、投资额等。HF 数据库包含三部分，第一部分是传统意义上的投资（investment），第二部分是海外承包工程合同（construction contract），第三部分是失败的投资或者工程合同计划。虽然 HF 数据只记录了 1 亿美元以上的大额投资，但从数额上看极具代表性，2005—2014 年的 10 年间，中国官方公布的投资流量总额为 634590 百万美元，而 HF 记录的流量总额为

---

[1] Voeten, Erik, "Clashes in the Assembly", International Organization 54. 2 (2000): pp. 185 - 215.

573850 百万美元，后者占官方数据的 90.43%。对于数据处理如下：本文通过逐家公司检索的方式，根据实际控制人属性，确认公司为国有企业或者私有企业。对于多家公司的合作项目，本文将它们进行分拆：如果数据中给出各个公司所占的出资比重，则按照这个比重将总投资额进行分配；如果没有给出出资比重，则假设各个公司的投资比重是一样的，并将总投资额进行分配。

控制变量包括如下：地理距离（Log geodesic distance）、经度差异（Log absolute difference in longitudes）和纬度差异（Log absolute difference in latitudes）、政治体制的差异（Polity difference）、1949 年中华人民共和国成立之后是否发生过战争（Ever a conflict post 1949）、文化距离（Index of cultural distance）、族群基因差异（Genetic distance）、贸易依赖度（Trade dependence）。

（三）中国对上海合作组织成员国投资与外交相似度的实证结论

具体的估计结果如表 13 所示：变量 Shzz 为哑变量，代表该国是否为上合组织成员国，当该国加入上合组织之后，设定 Shzz = 1，否则 Shzz = 0。在第（1）列中，笔者在模型中没有添加任何控制变量，仅仅考察是否属于上合组织成员国（Shzz）和中国海外投资流量（Investment_Total）的影响。结果显示，Shzz 的估计系数在 1% 的水平上显著为正，这说明上合组织的成立显著提高了中国与成员国的外交相似度，改善了中国与成员国的双边政治关系；Investment_Total 的估计系数显著为负，这说明，整体而言，在第 i 年中，中国对某国的海外投资额越大，该国反而与中国外交相似度差异越小，即中国海外投资并未成为双边政治关系的稳定器，根源可能在于当中国对该国投资额越大时，项目可能产生的环境问题、东道国对于本国技术外溢的担忧等引发了国内民众的经济民族主义情绪，最终造成两国政治关系的疏远，从投资的角度支持了传统的"贸易冲突论"。为了确保结论的稳健性，在第（3）—（4）列，我们再次使用中国对该国的投资存量（Investment_Stock）进行检验，结果显示，中国对某国的投资存量越多，同样会显著降低该国与中国的外交相似度，由此证明了前文结论的稳健性。

随后，笔者进一步考察上合组织的作用，以交乘项的方式将 Shzz 引入模型并再次进行估计，交乘项 Investment_Total × Shzz 的估计系数代表着当这个国家为上合组织成员国时，中国海外投资对于双边外交相似度的影响。如表

13 第（5）—（6）列所示，交乘项的估计系数在没有添加控制变量时并不显著，但是在添加控制变量之后，交乘项的估计系数在10%的水平上显著为正，这说明在上合组织成员国中，中国的海外投资显著提高了中国—上合组织成员国的外交相似度。随后，笔者再次利用投资存量进行检验，结果如第（7）—（8）列所示，交乘项的估计系数仍然为正，特别是在添加了控制变量之后，估计系数高度限制为正，即当中国在上合组织成员国的投资存量越大时，该国与中国的外交相似度也越高。上述结论说明：上合组织的不仅直接带来成员国之间更加和谐的政治关系，更为重要的是其已经成为一个有效管控分歧、确保经贸往来与各国政治关系良性互动的治理平台。

表13 中国对上海合作组织成员国投资的国际政治效应

解释变量	（1）	（2）	（3）	（4）	（5）	（6）	（7）	（8）
Shzz	0.198*** (0.036)	0.320*** (0.038)	0.197*** (0.035)	0.317*** (0.037)	0.163*** (0.045)	0.249*** (0.052)	0.166*** (0.049)	0.199*** (0.056)
Investment_Total	−0.016*** (0.003)	−0.013*** (0.003)			−0.017*** (0.003)	−0.014*** (0.003)		
Investment_Stock			−0.011*** (0.002)	−0.009*** (0.002)			−0.011*** (0.002)	−0.010*** (0.002)
Investment_Total × Shzz					0.014 (0.011)	0.022** (0.011)		
Investment_Stock × Shzz							0.008 (0.009)	0.025*** (0.009)
Geodesic Distance		−0.013 (0.030)		−0.009 (0.029)		−0.016 (0.030)		−0.015 (0.029)
Polity Difference		−0.025*** (0.002)		−0.025*** (0.002)		−0.026*** (0.002)		−0.026*** (0.002)
Absolute Difference in Longitudes		−0.062*** (0.016)		−0.059*** (0.015)		−0.057*** (0.016)		−0.051*** (0.015)
Absolute Difference in Latitudes		0.085*** (0.012)		0.085*** (0.011)		0.086*** (0.012)		0.086*** (0.011)
Ever a Conflict		−0.157*** (0.020)		−0.158*** (0.020)		−0.155*** (0.020)		−0.157*** (0.020)

续表

解释变量	(1)	(2)	(3)	(4)	(5)	(6)	(7)	(8)
Cultural Distance		0.011***		0.010***		0.011***		0.010***
		(0.001)		(0.001)		(0.001)		(0.001)
Genetic Distance		-0.583***		-0.584***		-0.598***		-0.604***
		(0.191)		(0.184)		(0.191)		(0.184)
Trade Dependence		0.077*		0.076*		0.110**		0.136***
		(0.046)		(0.046)		(0.049)		(0.051)
Constant	0.789***	1.039***	0.821***	1.022***	0.790***	1.057***	0.823***	1.049***
	(0.023)	(0.214)	(0.023)	(0.210)	(0.023)	(0.214)	(0.024)	(0.210)
Observations	1949	885	2123	965	1949	885	2123	965
R-squared	0.035	0.529	0.028	0.520	0.036	0.532	0.028	0.524
Year FE	YES	YES	YES	YES	YES	YES	YES	YES

注：括号中为对异方差稳健的 t 统计值，***、**、* 分别表示在 1%、5%、10% 的水平下显著。
资料来源：笔者计算得到。

国有企业是中国特色社会主义的重要物质基础和政治基础。在改革开放几十年的过程中，我们形成中国特色的现代国有企业制度，"特"就特在把党的领导融入公司治理各环节，把企业党组织内嵌到公司治理结构之中。在中国海外投资热潮中，国有企业是重要参与者。在对中国海外投资的国际政治效应进行分析时，将国有企业与私有企业进行对比显得尤为重要。因此，笔者将中国对某国的海外投资分为国有企业投资和私有企业投资，并将其引入模型，分别对发达国家组和发展中国家组进行实证检验，估计结果如表 14 所示：从第（1）—（2）列可知，无论是国有企业投资（Investment_SOE），还是非国有企业投资（Investment_PRI），在添加和不添加控制变量时，估计系数均高度显著为负，即国企和私企的海外投资均显著降低了中国与东道国的外交相似度。我们所关心的上合组织（Shzz）这一变量同样高度显著为正，即上合组织的建立拉近了中国与成员国的外交相似度。随后，在（3）—（4）列中，我们进一步通过交乘项检验上合组织的建立对于国有企业海外投资的国际政治效应的影响，其中第（3）列为不添加控制变量时的估计结果，交乘项（Investment_SOE* Shzz）的估计系数仅在 10% 的水平上显著为正，在第（4）列添加了控制变量之后，交乘项的估计系数不再显著。这说明，中国国有企业对上合组织成员国的投资对于双边外交相似度并没有产生显著的影响。在第（5）—（6）列中，我们再次观察上合组织的建立对于私有企业海外投资的国际政治效应的影响，估计结果显示交乘项（Investment_PRI*Shzz）的估计系数显著为正，这意味着上合组织显著影响了私有企业的投资与双边外交相似度，我国私有企业对于上合成员国的投资显著提升了双边的外交相似度，改善了双边政治关系。

表 14　国有企业和私有企业投资影响的异质性

解释变量	（1）	（2）	（3）	（4）	（5）	（6）
Investment _SOE	-0.016*** (0.003)	-0.016*** (0.003)	-0.018*** (0.003)	-0.017*** (0.003)	-0.016*** (0.003)	-0.016*** (0.003)
Investment_PRI	-0.024*** (0.005)	-0.025*** (0.004)	-0.025*** (0.005)	-0.025*** (0.004)	-0.028*** (0.005)	-0.028*** (0.004)
Shzz	0.217*** (0.036)	0.243*** (0.031)	0.171*** (0.043)	0.214*** (0.036)	0.178*** (0.040)	0.209*** (0.034)
Geodesic Distance		0.189*** (0.028)		0.188*** (0.028)		0.185*** (0.028)
Polity Difference		0.003*** (0.001)		0.003*** (0.001)		0.003*** (0.001)
Absolute Difference in Longitudes		-0.180*** (0.014)		-0.179*** (0.014)		-0.178*** (0.014)
Absolute Difference in Latitudes		0.037*** (0.010)		0.037*** (0.010)		0.038*** (0.010)
Ever a Conflict		-0.172*** (0.019)		-0.171*** (0.019)		-0.172*** (0.019)
Genetic Distance		0.663*** (0.111)		0.660*** (0.111)		0.659*** (0.111)
Trade Dependence		0.050** (0.020)		0.052** (0.020)		0.053*** (0.020)
Investment _SOE* Shzz			0.022* (0.011)	0.014 (0.009)		
Investment_PRI* Shzz					0.035** (0.016)	0.030** (0.013)

续表

解释变量	(1)	(2)	(3)	(4)	(5)	(6)
Constant	0.788*** (0.023)	-0.341* (0.193)	0.790*** (0.023)	-0.335* (0.193)	0.790*** (0.023)	-0.318* (0.193)
Observations	1,949	1,581	1,949	1,581	1,949	1,581
R-squared	0.053	0.343	0.055	0.344	0.056	0.346
Year FE	YES	YES	YES	YES	YES	YES

注：括号中为对异方差稳健的 t 统计值，***、**、* 分别表示在 1%、5%、10% 的水平下显著。
资料来源：笔者计算得到。

就行业分布而言，资源类投资在中国海外投资中占据着重要地位。与此同时，资源类投资与国家经济安全甚至国防安全密切相关，资源类投资对于双边外交相似度产生了何种影响也成为我们关心的重要问题。我们对中国海外资源类投资的影响进行更为细致的计量检验，结果如表 15 所示，中国海外资源类投资变量（Investment_RES）的估计系数高度显著为负，这说明，总体而言，中国海外资源类投资对中国与被投资国之间的外交相似度产生了一定的负面影响，当中国对于一国的资源类投资越多时，两国之间的外交相似度越低。对于资源类投资与上合组织成员国（Investment_RES* Shzz）的交乘项则为正，但并不显著，这意味着上合组织的成立并未显著影响资源类投资与双边外交相似度的相关性，并不能显著降低中国资源类投资所带来的负面的国际政治效应。

表 15 资源类投资的影响

解释变量	(1)	(2)	(3)	(4)
L. Investment_RES	-0.012*** (0.003)	-0.015*** (0.003)	-0.013*** (0.004)	-0.015*** (0.003)
Shzz	0.193*** (0.036)	0.232*** (0.032)	0.174*** (0.043)	0.223*** (0.036)
Geodesic Distance		0.163*** (0.028)		0.162*** (0.028)

续表

解释变量	(1)	(2)	(3)	(4)
Polity Difference		0.003*** (0.001)		0.003*** (0.001)
Absolute Difference in Longitudes		-0.168*** (0.014)		-0.167*** (0.014)
Absolute Difference in Latitudes		0.042*** (0.010)		0.042*** (0.010)
Ever a Conflict		-0.217*** (0.019)		-0.217*** (0.019)
Genetic Distance		0.678*** (0.113)		0.678*** (0.113)
Trade Dependence		0.052** (0.021)		0.053** (0.021)
Investment_RES * Shzz			0.010 (0.012)	0.005 (0.009)
Constant	0.789*** (0.023)	-0.164 (0.197)	0.790*** (0.023)	-0.163 (0.197)
Observations	1,949	1,581	1,949	1,581
R-squared	0.024	0.315	0.024	0.315
Year FE	YES	YES	YES	YES

注：括号中为对异方差稳健的 t 统计值，***、**、* 分别表示在 1%、5%、10% 的水平下显著。
资料来源：笔者计算得到。

（四）结论与启示

本部分以 2005—2014 年间全球 192 个国家为样本，基于联合国投票的视角实证检验了中国海外投资的国际政治效应。结果显示：在中国海外投资热潮中，伴随海外投资的增长，中国与东道国的外交相似度逐渐下降，对双边政治关系产生了一定负面影响。因此，如何实现经济与政治的良性互动成为当前中国与发达国家共同面临的困境。

但是，上合组织的建立却有效对冲了中国海外投资带来的一定负面影响，究其根源，在于它以《上海合作组织宪章》《上海合作组织成员国长期睦邻友好合作条约》为遵循，构建起不结盟、不对抗、不针对第三方的建设性伙伴关系，践行"上海精神"，主张互信、互利、平等、协商，尊重多样文明、谋求共同发展，不断巩固政治、安全、经济、人文等领域务实合作，完善全球经济治理体系，巩固和发展多边贸易体制，在国际法准则框架内解决地区热点问题，已经成为确保中国与成员国实现经济与政治共赢的制度性保障。与此同时，在当前上合组织框架之下，各国的经贸合作仍然存在提升的空间，尤其是在中国"一带一路"倡议不断推进的过程中，以国有企业为投资主体的大型资源类项目仍然可能在东道国产生泛政治化的倾向，如何有效化解可能出现的投资纠纷并确保双边政治关系不断深化，仍需各国共同努力，坚持共商共建共享的全球治理观，破解时代难题，化解各类风险与挑战。

四、上海合作组织成员国的国家风险分析与展望

尽管中国与上合组织成员国的投资合作产生了广泛的经济、社会溢出效应，并显著提高了中国对各成员国的外交相似度，但上合组织成员国之间经济发展水平的差异、独特的地缘政治因素等使得各国的投资风险不能低估。本部分将分国家或地区进行多维度风险的展望与预测，为中国企业走出去及海外投资活动的风险评估提供借鉴。

（一）俄罗斯

2018年3月普京再次当选总统，在未来数年内，他的政策议程将具有显著的连续性，可概括为保守的文化价值观、维持高度的中央集权和公开的反西方；在乌克兰问题上，与美国和欧盟的对峙仍将继续，并采取一贯的强硬外交政策；在经济领域的政策仍将带有国家主义和民族主义倾向。具体分析如下：

自2018年6月政府宣布提高退休年龄以来，俄罗斯公众对政府和普京的支持率一直在下降，普京被迫做出让步并软化了养老金改革立场。然而，俄罗斯民意调查机构Levada中心在同年8月底进行的民意调查显示，人们对通货膨胀、贫困和失业的担忧情绪正在上升，除了养老金改革问题外，政治稳定面临的最大风险主要体现在经济和金融领域。

2014年乌克兰冲突导致俄罗斯与西方的关系全面恶化。美国和欧盟对俄罗斯金融、能源和国防部门实施了金融制裁，使得这些部门无法在美国或欧盟金融市场筹集资金。作为回应，俄罗斯对几乎所有西方食品进口实行了禁令。美国的额外制裁还包括禁止跨国公司与俄罗斯企业开展能源管道的建设、现代化或维修业务（2017年8月之前开始的项目，如连接俄罗斯和德国的北溪2号天然气管道，不在禁令范围内）。可以预计，现有的美国和欧盟制裁将在2019—2023年内继续实施，美俄关系短期内没有太大改善前景。美国于2018年3月、4月和8月宣布了新的制裁措施，直接导致俄罗斯股票市场下跌、卢布兑美元下跌。美国可能会继续对俄罗斯实施额外制裁，但这些制裁都不会改变俄罗斯的外交政策。

俄罗斯与西方的对峙强化了政府内部的集权主义、民族主义和保护主义倾向。俄罗斯的战略主要包括：通过进口替代支持国内制造业，谨慎对待来自外国的投资。当局正在考虑弱化美元在俄罗斯经济中的地位，以使该国免受美国限制石油出口或美元使用的潜在威胁。任何全球石油价格的下行压力以及欧美对俄罗斯施加的新制裁都将促使俄罗斯中央银行（CBR）迅速收紧货币政策，以对冲卢布贬值的压力。在税收领域，2018年8月普京签署了税法修正案，从2019年1月起将增值税标准税率提高2个百分点，达到20%的水平，目的在于增加中央财政收入以弥补普京5月法令所需的资金缺口。

银行系统可能成为俄罗斯经济运行的主要威胁之一。2008—2009年全球金融危机给俄罗斯银行业遗留了诸多问题，加上2014年开始美国和欧盟对俄罗斯实施制裁，禁止俄罗斯国有银行在美国和欧盟筹集资金，随后在2015年卢布崩溃，导致银行不良贷款激增，并使俄罗斯央行通过购买主要私人银行的股权进行纾困。银行不良贷款/贷款总额比率在2018年年中达到约11%的峰值，但预计俄罗斯央行仍需继续为其接管的银行提供资金支持。如果卢布大幅贬值导致公司债务违约，银行体系的风险可能会进一步恶化。

同时，由于在2019年面临通胀压力，俄罗斯央行将政策利率上调了25个基点，达到7.75%，2019年通胀率维持在3%。较高的石油价格推高了出口的总价值，加之卢布疲软限制了进口增长，俄罗斯的经常项目盈余为706亿美元。由于贸易顺差的持续，预计俄罗斯经常账户在2019—2023年同样会保持良好的盈余状态。国际制裁将在2019—2023年间抑制外国直接投资流入，即使外资流入可能会逐渐恢复，未来仍将远远低于2014年前的水平。

2018年俄罗斯的经济增长主要是由私人消费和固定投资推动的。未来私人消费仍将继续成为经济增长的重要动力，尽管未来经济增长可能较为疲软。这是因为更高的国内利率水平将抑制信贷的增长，同时增值税提高所带来的通胀风险也将进一步降低居民的实际购买力。国际制裁以及更广泛的政治和经济不确定性仍然是投资的重要制约因素。从中期来看，资本存量的不足、劳动力供给的下降、对自然资源的过度依赖、持续低迷的生产率、相对不济的商业环境等一系列因素将限制俄罗斯的实际 GDP 增长率，《经济学人》智库预计俄罗斯在 2019—2023 年的年均增长率为 1.7%。

（二）巴基斯坦

由巴基斯坦正义运动党（PTI）领导的现任政府于 2018 年 8 月开始施政。自 7 月大选以来，主要政党之间的紧张局势一直持续，但巴基斯坦正义运动党领导的现任政府的任期仍将持续至 2023 年。巴基斯坦军方将继续在该国的政治中发挥重要作用，特别是在国家安全和外交政策领域。伊斯兰团体可能对巴基斯坦的政治稳定和社会凝聚力构成巨大威胁，2019—2023 年间，包括中心地区在内的各个城市仍然可能遭受恐怖袭击。此外，巴基斯坦政府和军方将继续与境内的分离主义运动以及频繁发生的安全事件做斗争。

巴基斯坦的外交政策，特别是在印度、阿富汗、中国和美国等问题上，将主要由军方的立场来决定。其中巴基斯坦和印度之间的关系仍将面临巨大的不确定性。印度对巴基斯坦领土进行空袭事件就进一步加剧了两国之间的紧张关系，尽管形势已经缓和，但边境地区不定期的冲突仍会继续。作为纾困计划的一部分，国际货币基金组织可能会坚持要求进一步增加"中巴经济走廊"下的项目和所欠债务的透明度，中巴两国的政治关系可能会受其扰动，但最终不会受到较大影响，中国未来数年内将继续作为巴基斯坦的主要经济和战略合作伙伴。巴基斯坦与美国（巴基斯坦最大的出口市场和重要的安全伙伴）的关系仍将紧张，同时它对邻国阿富汗的看法也将影响自身与美国的关系。

鉴于政府面临的财政压力和国际收支挑战，执政当局很难实现其在扩大社会服务、住房建设和创造就业机会这一系列政策议程上的目标。政府在 2019 年采取财政整顿措施，然而税收收入将保持低迷增长，且军费开支将增长，这些因素加在一起将导致财政赤字不断恶化。如果巴基斯坦在国际货币基金组织坚持下逐步推进私有化进程，对人浮于事的国有企业进行改革可能导致严重的失业问题。尽管"中巴经济走廊"的大部分"早期收获"电力项目已投入运营,但巴基斯坦国内的电力短缺将持续,因为电力需求在继续以更快的速度增长。到2023年,巴将有更多的电力项目投入使用,这有助于缩小发电能力缺口。然而,政府实施的严格的进口管制可能会减缓该部门许多基础设施项目的进展。

监管效率低下、复杂的劳动法和国内安全状况将继续影响本国的商业环境,在巴基斯坦运营的公司仍将面临不利的外部环境。由于2018年大幅货币贬值的滞后效应和天然气与电力价格的上涨,巴基斯坦的通胀压力可能进一步加剧,预计2019—2023年消费者和生产者价格指数衡量的通胀率分别为6.4%和6.1%。2019年1月31日,巴基斯坦中央银行将政策利率提高了25个基点,达到10.25%。为了遏制通货膨胀,缓解国际收支方面持续存在的压力,预计巴基斯坦央行将进一步收紧货币政策。

政府为解决国际收支危机做出的努力将对经济增长产生显著的抑制作用。IMF预计2019—2023年的平均GDP增长率为3.2%。尽管不断推进的城市化进程将为巴基斯坦经济提供有力的支撑,但妇女进入劳动力市场的障碍普遍存在,使得巴基斯坦难以从其潜在的"人口红利"中充分获益。如果巴基斯坦未能获得国际货币基金组织的一揽子计划或从友好国家获得足够的贷款,一场全面的汇率危机可能会爆发,并将对经济造成严重损害,而且银行业的风险同样令人担忧。自2017年12月开始,巴基斯坦卢比兑美元已经贬值约34%,未来卢比可能进一步贬值,并推高本国外债规模。巴基斯坦经济正处于国际收支危机的边缘,政府可能获得约70亿美元的IMF一揽子计划,以及来自中国、沙特阿拉伯和阿联酋等国家的双边贷款。

(三)印度

2019年印度举行大选,尽管面临印地语中心地带的北部各邦的选民的强烈反对,莫迪和印度人民党再次赢得2019年大选。国大党主席拉胡尔一直是莫迪强劲的政治对手,在2018年12月举行的印度五个邦的地方选举中,拉胡尔领导国大党击败莫迪领导的人民党,在中央邦、拉贾斯坦邦、恰蒂斯加尔邦获胜,大选导致种种政治、经济、社会或宗教矛盾的爆发。现任总理莫迪面临一定困难。同时,大选之后的印度政府更加不稳定,执政也将面临更多的掣肘,政府风险未来可能进一步提升。印度国内的宗教问题引发的紧张局势也将对政治稳定构成严重威胁。一些极右翼组织（包括隶属于人民党的组织）长期以来希望将印度塑造成一个印度教国家，这使他们与少数民族群体（尤其是穆斯林群体）发生了严重的分歧与冲突，甚至可能引发暴力冲突。

就经济风险而言，尽管印度经济增长强劲，但是并未使农业、农民与失业群体从中获益，尤其是青年人就业问题仍然极为突出。印度长期以来面临的基础设施落后的问题并没有得到良好解决，未来仍将制约印度经济增长潜力的发挥，城市化的推进将使这一问题越来越突出。为解决上述问题，印度正在寻求通过 PPP 的方式进行大型投资项目的融资。但印度地方政府的财政状况不容乐观，某些地区巨额的财政赤字可能挤出私人投资，并对未来的经济增长构成下行压力。在美联储相对宽松的货币政策背景下，印度央行可能会进一步降息，但旺盛的内需同样可能导致货币政策的逆转。农业部门容易受到变化莫测的季风的影响，食品和石油价格仍将是推动通胀压力的关键因素，食品和饮料在 CPI 中的权重约为 45%，因此农业产出的任何波动都会影响价格的稳定。由于 2018 年原油价格走弱，2019 年整体通胀率将从 2018 年的 3.9% 降至平均 3.3%。2019 年原油价格下跌将导致经常账户赤字缩小，部分缓解卢比贬值的压力。然而，如下几个因素可能导致投资者对印度仍然信心不足，包括广泛的财政赤字以及投资者对印度央行独立性的担忧，而汇率面临的政治风险则在 2019 年大选前后升高。在 2019 年上半年，卢比兑美元的汇率可能下降，但随着新政府上任后政治风险的逐渐释放，卢比汇率可能逐渐稳定。

就外交而言，在可预见的未来，印度仍将与美国保持良好的政治关系，二者在南亚有着共同的利益，近年来印度也在不断加强与美国的安全合作，尽管两国之间在贸易领域也出现了一定的紧张局势，但不大可能波及双边政治关系。2019 年 2 月，武装分子对印度驻克什米尔的军事人员进行了袭击，加剧了印度和巴基斯坦之间的紧张关系。中印之间长期存在的边界争端未来也可能成为多种潜在摩擦的触发器。

（四）中亚四国

1. 乌兹别克斯坦

乌总统米尔济约耶夫于 2016 年 9 月上台，并在 2017 年 9 月实行了货币自由化这一最重要的改革，消除了使用黑市的动机，结束了围绕汇率体系的不透明性，针对企业和个人的资本管制也被取消。同时，乌从2017年12月起放开了进出口贸易活动，农业领域的国家垄断、水果和蔬菜的出口垄断也被取消。2018年6月29日，总统批准了税务改革。上述一系列政策改善了本国的商业环境，来自外国的投资已经开始回升。政府希望对一些经济部门进行更加彻底的自由化，这预示着其商业环境将在未来几年继续改善。2019年2月14日，政府首次发行了10亿美元的欧元债券，表明乌兹别克斯坦在经过几十年的经济孤立之后希望更大程度地融入世界经济体系，吸引外国投资。世界银行对乌政府的改革议程给予了大力支持，未来政府将致力于打破国家垄断，同时加快税制改革以消除中小企业发展的一些制约因素，支持私营企业的发展。

就外交领域而言，米尔济约耶夫将采取均衡、积极的外交政策，目标是避免过度依赖任何一个国家，但中国和俄罗斯仍将是乌兹别克斯坦的主要政治和经济伙伴。中国近年来与乌兹别克斯坦签署了一系列重要的投资协议，已经是该国最重要的出口市场。预计未来乌兹别克斯坦与其邻国之间的边界划分以及中亚国家电网的互联互通将会取得新的进展。

2018年年底公布的政府2019—2021年改革路线图概括了五个政策目标：保持宏观经济稳定；加快从国家主导型经济向市场主导型经济的转变；改善社会服务；加强政府的宏观调控职能，以确保经济平稳。同时，乌政府承诺改善投资环境，以吸引更多的外资。未来政府将保持扩张性财政政策，并维持0.5%左右的财政赤字。其举措如下：第一，当局通过了从2019年开始实施的税法修正案，降低了个人、公司、财产和小企业的税率；第二，政府打算通过对接"一带一路"倡议，扩大地方一级的财政支出；第三，将提高公共部门特别是教育部门雇员的工资。

尽管乌兹别克斯坦中央银行声称允许索姆自由浮动，但为了避免大幅度波动，它将继续干预外汇市场，并且伴随着外国资本的流入，索姆可能适度升值。未来4年内，私人消费和投资将成为经济增长的主要驱动力。随着黄金、铜和棉花等主要大宗商品价格保持高位，出口部门将保持强劲的动力。中小企业正在推动该国的经济增长，并将受益于政府的新税收政策。IMF预测乌兹别克斯坦2019—2023年的年均实际经济增长率将维持在5.6%左右，通货膨胀率也将保持稳定，多种因素将支持乌对外贸易的增长，预计经常账户赤字占GDP比重平均约为2.4%。

2. 塔吉克斯坦

塔吉克斯坦最大的政治风险来自位于其东部动荡不安的戈尔诺—巴达赫桑自治区（GBAO）。就外交关系而言，塔吉克斯坦与吉尔吉斯斯坦、乌兹别克斯坦经常发生纠纷，但仍在积极争取吸引中国、俄罗斯和美国的投资、财政援助。近年来，塔吉克斯坦对中国的经济依赖度不断增加，而且在基础设施投资领域表现更为明显。

近年来，政府将继续优先考虑罗贡水电站项目的建设，该项目是塔吉克斯坦"水电兴国"战略的重要支撑。电站建成后，将极大缓解本国的电力供给压力，并有利于塔吉克斯坦将本国打造成区域电力出口大国，对促进其水利资源开发和经济发展有重大意义。但这也引发了塔吉克斯坦与乌兹别克斯坦的纠纷，2018年3月两国总统会面并同意采取一系列措施恢复两国关系，并发表了一份联合声明，称乌兹别克斯坦政府已经放弃长期以来对罗贡水电站项目的反对意见，当前塔吉克斯坦在试图利用这一契机深化与乌兹别克斯坦的贸易联系。塔吉克斯坦仍将在经济、政治与军事上与俄罗斯保持亲密的关系。由于塔吉克斯坦民众向俄罗斯大规模移民，其高度依赖来自俄罗斯的外汇收入。

预测2020年的实际经济增长率为5.8%，私人消费是主要的动力，同时受到黄金出口（价值和数量）增长、俄罗斯稳定的外汇流入和来自中国投资的推动。经济风险主要来源于新冠肺炎疫情的冲击、虚弱的银行业体系、大宗商品价格波动以及对俄罗斯经济的高度依赖。因为食品、饲料和饮料价格的增长，再加上索莫尼的贬值，塔吉克斯坦的通货膨胀率可能达到5.6%，较高的通货膨胀和经济增长的轻微提速将带来债务规模的下降。但由于罗贡水电站和其他辅助基础设施的建设，预计政府收支仍将保持赤字状态，政府赤字占GDP的比重大致维持在0.6%的水平。受私人消费增长和投资需求的推动，塔吉克斯坦的进口将继续增长，出口增长将受到铅、锌和铝等大宗商品价格下降的拖累而进一步扩大。

3. 吉尔吉斯斯坦

吉尔吉斯共和国政局不稳定、政府机构效率不高、民众生活水平低下、精英集团存在腐败问题，尽管2012年国家安全委员会内设立了反腐败办公室，但腐败问题仍然存在。国内存在较为强烈的民族主义情绪，当本国民众认为本国利益受到国外投资者的侵害时，抗议和示威活动可能随之而来。

吉尔吉斯斯坦实行浮动汇率，但也在一定程度上干预外汇市场，以防汇率出现重大短期波动。2018年5月央行将政策利率下调了25个基点，至4.75%。中期的通货膨胀目标为5.5%—7%。此外，为了应对黄金价格的周期性波动对本国经济的影响，政府需要实施结构性改革，以减少本国经济对黄金出口的依赖，然而不完善的制度和缺乏决心使政府在短期内不太可能取得实质性进展。据吉尔吉斯斯坦统计委员会（NSC）的初步统计显示，2018年的实际经济增长率为3.5%，比2017年的4.6%有所下降。在进口需求增加的推动下，2019年经常项目赤字可能扩大至GDP的7.4%，加之受到全球经济疲软和疫情的冲击，未来可能进一步扩大。

4. 哈萨克斯坦

纳扎尔巴耶夫自哈萨克斯坦独立以来一直担任该国总统，于2019年3月19日宣布辞去总统职务，随后托卡耶夫于20日在哈萨克斯坦议会全体会议上正式宣誓就任总统，成为哈萨克斯坦独立以来的第二位总统。长期以来，哈萨克斯坦的经济和政治权力由基于经济和官僚联盟的精英集团所垄断，2017年3月通过的宪法改革赋予议会对政府任命的更大权力，并限制了一些总统权力。然而，总统仍然具有最强大的影响力。哈萨克斯坦的超级总统制确保了政治稳定，但国内腐败现象普遍存在，社会力量虚弱，媒体受到高度控制。辞去总统职务后，纳扎尔巴耶夫仍保留着重要权力，仍是国家安全委员会的负责人。在他任职期间，民众生活水平有所提高，然而不平等问题依然严峻，国内发生大规模民众骚乱的风险仍然存在。

在经济领域，私有化进程可能进一步加速。2018年11月在对哈萨克斯坦原子能公司（Kazatomprom）部分私有化之后，政府正试图对其他8家大型国有企业（主要是能源和运输部门）进行股权改革以深化资本市场，并在首都阿斯塔纳发展一个新的区域金融中心。到2020年，政府计划出售约900家公司的股份，总计超过70亿美元。尽管如此，私有化进程可能会延误，投资者对未来首次公开发行（IPO）的兴趣减弱，原因在于投资者对国内腐败、公司治理以及政府保留公司控制权的做法存在担忧。银行业仍然存在较大的系统性风险，政府利用主权财富基金和国家养老基金救助一些金融机构的做法备受诟病。2019年1月底，当局宣布再次对哈萨克斯坦第二大银行Tsesnabank进行第二次援助。尽管据哈萨克斯坦中央银行的数据显示，国内银行业不良贷款率从2014年的31.2%降至2019年初的7.4%，但实际水平可能比官方报告的要高。

哈萨克斯坦中央银行在2018年10月将政策利率上调25个基点至

9.25%后,在 2019 年 1 月 14 日的货币政策会议上决定保持利率不变,并认为 2018 年 12 月通货膨胀接近其 5% 的目标下限。2019 年通货膨胀为 5.4% 的上限,货币政策将保持相对紧缩,以维持实际利率为正。哈萨克斯坦坚戈走势在一定程度上反映了石油价格波动和俄罗斯卢布的走势,并且其对西方针对俄罗斯的制裁也很敏感。尽管 2018 年油价坚挺,从 4—11 月中旬升至每桶 70 美元以上,但坚戈兑美元稳步贬值。2018 年 4 月和 8 月,当美国对俄罗斯实施新的制裁时,坚戈应声贬值。2019 年,由于美国对俄罗斯施加新的制裁,坚戈面临新的贬值压力。而且,由于较高的经济和政治风险,外资流入可能不及过去 10 年的平均水平。

印度与俄罗斯能源合作发展报告

陈本昌*

【内容提要】 印度与俄罗斯有着长期的能源合作历史,俄罗斯把印度视为其在南亚的重要战略伙伴、重要的非西方合作者以及在国际多边合作中的重要对冲力量。由于美国因素的存在,俄罗斯更加重视与印度的合作。在双边"享有特权的特殊的战略伙伴关系"推动下,两国各领域合作取得巨大的进展。能源合作一直是双方合作的重点领域。印度与俄罗斯的能源合作,也是双方各自禀赋决定的。俄罗斯能源储藏丰富,是世界能源出口大国;印度能源稀缺,是世界能源进口大国。两国之间的能源合作对双方各自的经济建设与国家发展都会起到巨大的促进作用。能源合作在两国各领域合作中的地位将越来越重要。但双方能源合作的现实与双方合作的潜力仍存在一定的差距,还有巨大的发展空间。

【关键词】 俄罗斯　印度　战略伙伴关系　能源合作　互利共赢

一、序言

印度独立之初,以首任总理尼赫鲁为首的印度领导者们决定使印度走一条既不同于东方社会主义又不同于西方资本主义的发展道路,并带头发起不结盟运动。起初印度的出现并未引起美苏的高度重视。[①] 但由于美苏冷战局势的发展,两国都把印度当成地缘战略的重点争夺对象,印度在两个大国之

---

* 陈本昌,辽宁大学国际关系学院副教授。

① 斯文:"浅析冷战时期的印苏关系",《南亚研究季刊》1999年第2期,第13—16页。

间奉行平衡外交政策，成为美苏争夺的对象，得以在美苏之间左右逢源。但由于印度和美国在同巴基斯坦关系上的矛盾，两国对于不同类型的社会发展道路缺乏共识，加之两国领导人的国家发展战略存在冲突，冷战时期两国关系的发展受到制约。相反，由于印度和苏联没有地缘政治方面的冲突，加之各自存在战略方面的需要，印度和苏联关系不断升温，迅速发展，并达到军事结盟的程度，从而在印苏之间形成一种特殊的国家关系。冷战结束后，美国和俄罗斯虽然都对本国的对印度战略进行了调整，但它们想利用印度在亚太地区的战略地位来实现各自目的这一目标没有改变，而印度历届政府在两个大国之间奉行平衡外交的政策也贯彻如一，印度一直利用美俄两国对它的争夺来获取双方的好处。

（一）印美、印俄复杂关系的演变

1949年10月，印度尼赫鲁总理访问美国，在一定程度上推动了印度与美国关系的发展。从1950年起，美国政府陆续向印度贷款，并与印度签订技术合作协定，组建印美技术合作基金。但印度政府仍然不愿意放弃"不结盟"的外交政策，致使印美关系走入低谷。1955年，苏印两国领导人开始互访，两国关系逐渐发展起来。[1] 苏联向印度提供各种经济和技术援助，积极发展苏印贸易，与印度签订一系列协定，向印度提供贷款，援助印度修建了若干项目。20世纪50年代末，国际形势发生极大变化，促使印度在60年代与美国接近。1959—1963年，印美领导人频繁互访，两国关系得到改善。但由于1964年美国发动越南战争以及对印度的经济援助减少等原因，美印关系开始恶化。1965年印度与巴基斯坦发生战争，美国采取策略性不介入，并停止对印度的军事和经济援助，印美关系降到冰点。从20世纪60年代初期到1977年，苏联不断扩大对印度的经济和技术援助。1971年8月，双方签订为期20年的具有军事结盟性质的《和平友好合作条约》。就在此条约签订后不久，印度发动了大规模的第三次印巴战争，肢解了巴基斯坦，美国认为印度此举严重损害了自己在南亚地区的利益，再加上美国政府对印度和苏联政府签订友好条约、苏联推行南下印度洋的政策强烈不满，美国停止了对印度的双边援助，并实行偏袒巴基斯坦的外交政策，使美印关系跌入新的谷底。直到

---

[1] 郭连成：《俄罗斯对外经济关系研究》，经济科学出版社2005年版，第1页。

1977年，印度人民党执政，印美两国领导人进行互访，美国政府公开表示印度"在南亚居领导地位"，并且恢复了对印度的经济援助和浓缩铀的供应，两国关系才有了明显改善。而在此期间，苏联一直在外交、政治及军事上全力支持印度，使得印苏关系从经济技术领域扩大到政治、军事领域，印苏之间形成一种特殊的双边关系。

1977年至1980年初，印度一直保持过度倾向苏联的印苏特殊关系，使得印度在国际社会特别是不结盟运动中的形象大受损害。1977年人民党上台后，希望改变印度在国际社会的形象，宣布实行"真正的不结盟政策"，不同苏联保持"特殊关系"。但是，由于印度在经济和军事上对苏联具有较强的依赖性，两国实际上仍保持着密切的经济关系和军事联系。拉·甘地在1984年出任印度政府总理后，把发展经济和军队现代化作为首要目标，急需得到西方的资金、技术和武器装备。而美国也意识到印度在南亚的重要地位，因而印美开始改善双方的关系。从1984年起，美国开始向印度转让和出售大量的先进技术和装备，并逐渐成为印度最大的投资和贸易伙伴，为后冷战时代印美关系的新发展奠定了良好的基础。[①] 在此期间，苏联同样继续对印度实施大量的经济和军事援助，但经济援助结构却发生了重要变化，援助主要用于印度急需发展的能源及冶金部门，在印度外贸中俄罗斯的相对地位有所下降。同时，苏联军事装备在印度进口武器装备中的比重也有所下降。[②]

1991年苏联解体后，俄罗斯奉行向西方"一边倒"的外交政策，继续实施苏联时期与美国争夺南亚地区战略存在的重要性下降，争夺已失去意义，加之俄罗斯忙于治理国内棘手的政治、经济等问题，便放弃了冷战时期保持的具有军事同盟性质的苏印特殊关系，印俄间的贸易总额一直在下降，再加上双方债务问题难以解决，印度同俄罗斯的关系出现三年的停顿期。1992年，克林顿对印度希望成为联合国安理会常任理事国的态度极为冷淡，刺激印度加速恢复印俄关系。俄罗斯在对西方援助的期望转为失望后调整了外交政策，与此同时，俄罗斯独立初期奉行的向西方"一边倒"的外交政策也遭到美欧的拒绝与打压，其对西方开始失望。俄罗斯从维护国家利益的立场出

[①] 张世均："冷战时期印美关系的演变及其主要原因"，《宝鸡文理学院学报（社会科学版）》2006年第2期，第30—34页。

[②] 斯文："浅析冷战时期的印苏关系"，《南亚研究季刊》1999年第2期，第13—16页。

发，实施"双头鹰"外交，开始注重恢复与亚洲国家的关系。此间俄罗斯南亚政策的重点在于重新恢复与印度的传统国家关系，并使冷战时期的战略盟友关系向务实合作的双边关系转变。1993年1月，俄罗斯总统叶利钦访问印度。双方签署了《俄印友好合作条约》，解决了两国长期以来的债务争端，并签署了在军事、经贸、科技、安全、航天等领域发展合作的九项协议，为两国建立新型伙伴关系奠定了政治基础。1994年6月，印度总理拉奥正式访问俄罗斯，双方签署了《保护多民族国家利益莫斯科宣言》（简称《莫斯科宣言》）和《进一步发展和加强俄印关系宣言》。《莫斯科宣言》标志着两国在双边、地区和国际范围内广泛的建设性合作关系新阶段的开始。1998年5月，印度违背世界关于禁止核试验和销毁核武器的愿望，连续进行地下核试验，克林顿政府宣布对印度实行制裁，印美关系因印度进行核试验而跌入低谷。俄罗斯对美国制裁印度持反对意见，当年底俄总理普里马科夫对印度进行正式访问。2000年10月，俄罗斯总统普京对印度进行了为期四天的正式访问。访问期间，双方签署了《印俄战略伙伴关系宣言》，宣布建立战略伙伴关系。另外，俄罗斯和印度还在核能合作的基础上签署了一项秘密谅解备忘录，以寻求今后"和平利用核能方面的合作"。这次会面也开启了印度与俄罗斯领导人定期举办峰会的序幕。2004年12月5日，普京在访问印度期间宣布，俄罗斯支持印度成为联合国安理会常任理事国并拥有否决权。与此同时，美国也开始恢复与印度的关系。2005年7月，印美宣布建立"全球伙伴关系"。2006年3月1—3日，美国总统布什对印度进行了为期三天的访问，两国签署了包括印美《民用核能合作协议》在内的有关经济与科技合作的一系列协议。两国决定进一步加强经贸关系，同时进一步加强能源和科技领域的合作，尤其是在民用核能、空间探索、卫星导航和地球科学研究等尖端科技领域的合作，以及进一步加强国防和国际反恐等国际事务方面的合作。此次访问不仅反映出印美关系已有大幅提升，而且标志着一个新的开端。印度政府成功说服美国签署了《民用核能合作协议》，在事实上获得美国对其核武国家地位的承认，从而实现了这一印度长期追求的目标。[①] 虽然该协议到2008年才得到美国国会的批准，并经小布什总统签署，但由于两国在一些问题上存在分歧，印美《民用核能合作协议》一直没有得到有效落实。2010年

---

① 孙建波："印美《民用核能合作协议》与印美关系的未来发展"，《南亚研究》2006年第1期，第37—40页。

6月，美国和印度启动了两国战略对话机制。2010年12月俄罗斯总统梅德韦杰夫访问印度出席两国首脑峰会期间，双方提出将两国的关系提升到"特殊的和有特权的战略伙伴关系"层面。2014年，莫迪自上任以来不断升级印度与美国的关系，已经先后五次访问美国，支持美国的"亚太再平衡"战略，签署十年防务框架协议和《后勤交流备忘录》等。奥巴马政府时期，美国给予印度"非北约盟友主要防务伙伴关系"地位，为两国防务合作开辟了更大的空间。截至2018年，印度已与美国签署超过150亿美元的军购合同。在频繁访美的同时，莫迪同俄罗斯总统普京的会面也非常频繁，除了两国领导人峰会期间外，在金砖国家峰会、上合组织峰会等外交场合，莫迪同普京见面的频度也非常高，进一步强化了印俄之间的"特殊的和有特权的战略伙伴关系"。莫迪的行动充分体现了印度在美俄之间搞战略平衡的外交策略，其实现亚太大国甚至全球大国战略目标之用心由此可见一斑。在俄罗斯的力争下，印度于2017年6月成功加入上合组织，并于11月30日首次以上合组织成员国的身份参加其首脑会议，这是印度与俄罗斯特殊关系的又一次展现。截至2018年，两国已举行19轮领导人峰会。双方在政治、经济、科技、外交、军事、能源、外太空、反恐等领域的合作已发展到前所未有的高度。由于印度与美国的"全球战略伙伴关系"及与俄罗斯的"特殊的和有特权的战略伙伴关系"的存在，印美俄三角关系更加复杂，同时也给印度的外交政策留下很大的回旋空间。但这种复杂关系的存在也给印度外交战略的实现带来很大的不确定性。本文将在印美、印俄复杂关系的背景下，对印度和俄罗斯在能源领域合作的历史发展、路径进行分类考察，揭示印度与俄罗斯开展能源合作的一般逻辑。

（二）印度与俄罗斯开展能源合作的参与主体及主要项目

印度与俄罗斯的能源合作可以追溯到印度独立时期。1947年印度获得独立后，能源严重短缺。当时，苏联专家就帮助印度同行勘探石油、钻探油井以生产更多石油。除此之外，苏联还帮助印度建设电力工业基础设施。由于冷战时期苏印的特殊关系，两国在能源和其他领域的交流合作不断增多，苏联成为印度第一大原油供应国，印度成为苏联在发展中国家中最大的贸易伙伴。冷战结束后，俄罗斯和印度的合作虽然有短暂的冷淡期，但各方面的合作很快恢复并使双方关系上升到战略伙伴关系，两国在政治、经济、军事、科技、能源等方面的合作都有了长足进展。随着经济的发展，作为能源短缺的国家，印度多方面开拓能源进口渠道以保证其经济发展的能源需求，加强与世界能源大国俄罗斯的能源合作成为印度一个非常现实的选择。

印度与俄罗斯能源合作的一个鲜明特点是两国的几家大型国有公司几乎垄断了双方所有的能源合作项目。

印度方面的主要公司有印度石油天然气公司（Oil and Natural Gas Corporation，ONGC）以及它旗下的子公司石油维达什公司（Oil Videsh，OVL）和帝国能源有限公司（Imperial Energy Plc）、印度核电有限公司（Nuclear Power Corporation of India Limited，NPCIL）。

ONGC 是印度一家跨国石油和天然气公司，是印度政府的国有企业，由印度石油和天然气部管理，也是印度最大的油气勘探和生产公司。它生产印度 70% 的原油（相当于该国总需求的 30% 左右）和 62% 的天然气。ONGC 几乎参与了印度与俄罗斯所有石油领域的合作项目。[①] 2004 年，印俄签署了一项谅解备忘录，共同勘探里海的天然气，并在印度建设天然气地下存储设施。印度还想与俄罗斯成立一家合资企业，在俄罗斯近海油田开展天然气液化项目合作，以便运往印度，并试图加大与俄罗斯石油公司（Rosneft）的合作力度，以赢得萨哈林三号（Sakhalin-Ⅲ）项目的联合竞标。

OVL 是印度石油天然气公司的全资子公司和海外分公司。其主要业务是勘探印度以外的油气田，包括石油和天然气的勘探、开发和生产。该公司在 16 个国家拥有 32 个石油和天然气资产的参与权益，分别占印度石油和天然气产量的 12% 和 7%。[②] 就储量和产量而言，OVL 是印度第二大石油公司，仅次于母公司印度石油天然气公司。OVL 是印度所有海外能源项目的主要参与者，2001 年在萨哈林一号（Sakhalin-Ⅰ）油田投资 20% 的股份。

Imperial Energy Plc 是一家总部设在英国的石油勘探和生产公司，在俄罗斯运营。2008 年 8 月，ONGC 斥资 21 亿美元收购了帝国能源有限公司，以开采西伯利亚的矿藏。该公司是印度石油天然气公司最大的海外收购，拥有 68 亿桶石油当量的储量，年产量约为 100 万吨。其主要参与了与俄罗斯 Sis-

---

① https://www.ongcindia.com.

② https://www.ongcindia.com/wps/wcm/connect/en/about-ongc/subsidiaries/ongc-videsh-limited/.

tema 公司的合作项目。①

　　印度这三家石油巨头几乎垄断了印度与俄罗斯的所有石油天然气合作项目，在两国的能源合作中起着举足轻重的作用。

　　NPCIL 是印度政府原子能部管理的公共部门企业。该公司于 1987 年 9 月根据 1956 年的《公司法》注册为上市有限公司，目的是按照印度政府根据 1962 年的《原子能法》制定的计划和方案，运营原子能发电厂并实施原子能发电项目。NPCIL 是印度与俄罗斯核能合作项目的主要执行者。②

　　俄罗斯方面参与印俄能源合作的主要有俄罗斯石油公司（Rosneft）、俄罗斯天然气工业股份公司（Gazprom）和俄罗斯西斯提玛公司（Sistema）公司、俄罗斯国家原子能公司（Rosatom）和俄罗斯原子能出口公司（Atomstroyexport）。

　　俄罗斯石油公司是俄罗斯石油工业的领导者，也是世界上最大的上市石油公司。公司的主要业务包括在俄罗斯和国外进行油气勘探和开采、油气和天然气凝析油生产、上游海上钻井项目、油气提炼以及原油、天然气和产品销售。③ 2009 年以来，俄罗斯石油公司一直愿意为印度公司参与东部 12 个新油田的开发提供便利。俄罗斯石油公司在印度石油天然气公司于南印度的门格洛尔计划建造的一个液化天然气终端进行勘探。同时，俄罗斯石油公司一直在参与双方的公路和天然气管道建设项目。

　　俄罗斯天然气工业股份公司（Gazprom）是一家全球性能源公司，专注于天然气、凝析油和石油的地质勘探、生产、运输、储存、加工和销售。该公司拥有全球最大的天然气储量，在全球和俄罗斯天然气储量中的份额分别为 17% 和 72%，占全球和国家天然气产量的 12% 和 68%。④ 俄罗斯天然气工业股份公司是俄罗斯和外国消费者可靠的天然气供应商，拥有世界上最大的天然气输送系统，总长度达 17.21 万公里。该公司向俄罗斯消费者出售超过一半的天然气，并向包括苏联加盟共和国在内的 30 多个国家出口天然气，是俄罗斯最大的液化天然气生产商和出口商。2004 年 12 月，俄罗斯天然气工业股份公司和印度石油天然气公司签署了战略合作协议，以落实向印度供

---

① http://www.imperialenergy.com/en/.
② https://www.npcil.nic.in/index.aspx.
③ https://www.rosneft.com/.
④ http://www.gazprom.com/.

应天然气的项目。2005年2月21日，两家公司在莫斯科签署了一份谅解备忘录合作协议，内容涉及油气加工、向亚太和南亚供应油气化学品、干线建设和运营、深化科技合作和员工发展等领域的合作。除此之外，俄罗斯天然气工业股份公司一直在为管道的实施和融资提供帮助，并且支持解决燃料的运输问题。该公司支持拟议中的70亿美元项目，力争将天然气从伊朗经巴基斯坦输送到印度。除此之外，俄罗斯天然气工业股份公司还与印度石油天然气公司联合开发新油气盆地。除了萨哈林联合投资外，两家公司还签署了一项为期七年的协议，共同开发孟加拉湾（Bay of Bengal shelf）的一个天然气田，并在北极近海、东西伯利亚和远东开发新的油气盆地，以进一步补充现有的资源基础。

西斯提玛公司成立于1993年，是俄罗斯和独联体国家的目标多元化公共金融公司，目前是俄罗斯经济实体领域的一个大型私人投资者。西斯提玛公司的投资组合包括俄罗斯公司的股份，这些公司主要代表俄罗斯经济的各个领域，包括电信、零售、木材加工、农业、高科技、银行、房地产、医疗服务和酒店业。[①] 它一直在寻找一个在石油和天然气领域有经验的战略合作伙伴。2010年12月，西斯提玛公司旗下的罗斯石油公司（Russneft）和巴什石油公司（Bashneft）与印度帝国能源公司组建了一家合资企业，合并了它们在俄罗斯的油气业务。印度石油天然气公司拥有合并后实体25%的股权，在管理层拥有发言权。三家公司的合并，使印度石油天然气公司分享了该公司2500万吨的石油年产量，以及新油田措伯（Treb）和提特乌（Titov）的2000万吨炼油产量。2011年6月29日，印度石油天然气公司与西斯提玛公司达成协议，为印度提供石油安全保障。印度石油天然气公司同意分享西斯提玛公司年度石油产量的25%，这笔交易使它能够立即进入在俄罗斯Treb和Titov发现的最大油田，这些油田估计有2亿吨可采储量，相当于印度石油天然气公司总石油储量的35%。

俄罗斯国家原子能公司是全球技术领先者之一。该公司拥有从铀矿开采到核设施退役和乏核燃料管理的核生产链的所有阶段开展工作的资产和能力，集合了约400家企业和组织，包括世界上唯一的核破冰船队。它是俄罗斯最大的发电公司，占俄罗斯总发电量的18.7%，也是世界上能建造第三代+核反应堆核电站的公司，是全球同时开工建设核电站最多的公司，拥有最大的

---

① http://www.sistema.com/.

外国建设项目组合（12个国家的36个核电站）。俄罗斯国家原子能公司旗下产业丰富，包括核医学设备和同位素的生产、材料研发；组装超级计算机、设计软件以及不同的核能和非核能创新产品。目前，该公司拥有包括风能在内的各种清洁能源项目的合资企业。该公司还拥有第二大的铀储量和全球核燃料市场的17%。①

俄罗斯原子能出口公司是俄罗斯的核电设备和服务出口商，是俄罗斯原子能公司的全资子公司，它的活动得到俄罗斯政府的财政支持。目前，俄罗斯原子能出口公司是国外同时实施五台核电机组"交钥匙"建设合同的企业，也是唯一拥有新一代核电厂参考机组的企业（中国田湾核电厂）。② 这两家公司是俄罗斯与印度进行核能合作的主要公司，几乎垄断了两国所有的核能合作项目。

印度与俄罗斯的能源合作主要在石油天然气与核能方面，本文将围绕以上印度和俄罗斯几大石油天然气公司开展的合作项目进行考察与梳理。

二、印度与俄罗斯的石油、天然气合作发展情况

印度是世界第三大石油进口国，而俄罗斯是世界第一大石油出口国，印度的石油进口依存度达到75%—76%，因此这两个国家有着非常强烈的相互需求。2000—2010年，印度的石油和天然气供需情况以及进口大幅增加的预期，与俄罗斯计划向亚洲国家（印度和中国）大幅增加出口量的政策倾向，成为两国在能源领域开展合作的基础。为此，印度和俄罗斯一直在共同努力，从油井到管道建设方面实现互惠互利。但是，由于印度—巴基斯坦的对抗和安全问题，国际知识产权倡议和TAPI③项目难以实现。此外，萨哈林项目稳

---

① https://www.rosatom.ru/en/.
② http://www.atominfo.ru/en/archive_atomstroyexport.html.
③ 即土库曼斯坦—阿富汗—巴基斯坦—印度（TAPI）天然气管道项目。20世纪90年代，该项目即被提出，计划将土库曼斯坦的天然气通过管道分别输往阿富汗、巴基斯坦以及印度。管道起点位于土库曼斯坦的阿什喀巴得，终点到巴基斯坦中东部城市木尔坦，设计总长度约为1800公里，管道直径超过1米，总造价估计将达到76亿美元，预计2016年完工，由于各方面原因，该项目到目前为止也没有完工。届时，每天最多能够为阿富汗提供1400万立方米天然气，还能为巴基斯坦和印度分别输送3800万立方米天然气。

定油气供应的效应引起印度政府及其商界对联合投资萨哈林项目的兴趣。1998年4月，萨哈林项目成为印俄寻求建立战略合作伙伴关系的契机。

印度一直热衷于在萨哈林油气项目中得到股份，试图将本国的石油来源多样化，以确保能源安全。俄罗斯也希望印度资本参与萨哈林项目的发展。由于与萨哈林的距离很远，印度不得不就是否将其石油份额转移到印度进行反复考量。

由于输油管道项目尚未取得多大成果，印度石油天然气公司收购了俄罗斯的石油资产，以减轻印度对中东石油供应的依赖。印度扩大并深化了与俄罗斯在燃料和能源领域的合作，将资本投资于萨哈林的石油和天然气开发，并加入俄罗斯—哈萨克斯坦在里海Kurmangazy油田的石油储藏的建设项目。

（一）萨哈林项目

萨哈林位于俄罗斯东部，是俄罗斯远东地区一个长长的南北岛屿，靠近大陆，紧挨着日本北部。萨哈林及其周围拥有140亿桶石油和2.7万亿立方米天然气的碳氢化合物储量。萨哈林项目是最重要的勘探项目，印度参与了萨哈林一号项目。萨哈林一号和二号项目投入生产后瞄准了亚洲市场。由于相关新立法进展缓慢，该项目的招标工作一直受阻。萨哈林四号项目属于第三代项目，是在正常税收和特许权使用费的基础上开发的，而不是产量分成协议。1989年，英国石油（BP）与俄罗斯石油公司签署了一项协议，对萨哈林五号区块进行勘探。除此之外，这两个企业还拥有在俄罗斯远东近海的萨哈林四号开发项目。相比其他项目，萨哈林五号项目存在处于深水区和寒冷的气候带的不利条件。萨哈林六号项目由俄罗斯乌拉尔斯能源石油公司拥有，该公司于2004年从阿尔法集团手中获得所有权。萨哈林七号至九号尚未授予，正在等待开发。

1. 萨哈林一号项目

萨哈林一号项目是俄罗斯远东近海的一个大型油气田，面积约1146平方公里。印度石油天然气公司在萨哈林一号项目上投资了27亿美元，这是萨哈林岛大陆架的一个主要石油和天然气项目。根据产量分成协议，该项目计划在萨哈林东北部的大陆架上开发石油和天然气。最初，俄罗斯石油公司在萨哈林一号项目上持有40%的股份，但在普京的坚持下，俄罗斯石油公司将其股份的一半转让给印度石油维达什公司，该公司拥有该项目 20% 的股份。萨哈林一号的潜在可采资源是 3.07 亿吨石油和 4850 亿立方米天然气。[①] 该项目给俄罗斯带来众多利益。其中，项目期间俄罗斯政府获得的直接收入估计超过 500 亿美元，此外还包括重大基础设施改进、相关开采技术得到转让以及众多俄罗斯公民受到雇用而解决就业问题等益处。

2001 年，印度石油维达什公司购买了萨哈林一号油田 20% 的股份，这是印度有史以来最大的海外石油投资并购项目。2004 年，两国签署了一项谅解备忘录合作协议，共同勘探里海的天然气，并在印度建设天然气地下存储设施。2005 年，萨哈林一号开始生产，日产 5 万桶石油，主要用于满足国内市场的需求。2006 年，印度石油维达什公司将其一艘货轮派往印度南部的门格洛尔港口。这是首批装载原产于萨哈林石油的货轮，共运输 67.2 万桶石油。

印度石油维达什公司是俄罗斯石油公司的战略合作伙伴之一。在 2001—2006 年间，俄罗斯石油公司在萨哈林一号项目中的资金投入主要来源于印度石油维达什公司的贷款。作为对印度公司的回报，印度将获得优先权，以市场价格购买俄罗斯石油公司的石油份额。

2006 年，萨哈林一号项目开始投入商业生产，俄罗斯石油公司偿还了贷款，并开始销售其生产的石油和天然气份额。该项目的石油主要出口到亚太地区的相关国家。2007 年，萨哈林一号的产量达到 1120 万吨，创下自建成以来的峰值产量。目前，萨哈林一号项目石油年产达 1240 万吨，天然气年产量 81.7 立方米。[②] 印度石油维达什公司拥有总产量的 20%。

2008 年，印度在该地区投资达 5.65 亿美元（见表 16），在投资者中排名第五，仅次于巴哈马、荷兰、英国和日本。

表 16　印度在萨哈林地区投资额　　　（单位：百万美元）

年份	2004	2005	2006	2007	2008
投资	130.7	314.9	551.0	219.01	565.0

资料来源：www.infraline.com.

---

① 盛海燕："俄罗斯与韩国在能源领域的合作"，《俄罗斯中亚东欧市场》2010 年第 7 期，第 40—44 页。

② https://www.enka.com/portfolio-item/sakhalin-projects/.

直到2006年，萨哈林地区与印度的贸易往来仍然不发达。2007年，该地区开始向印度输送石油，使得该地区对印度的出口急剧上升，出口额飙升到4.3763千万美元。

到2011年6月，萨哈林一号的产量比2010年增加了约20%。萨哈林一号与萨哈林二号的营销战略完全不同，萨哈林二号侧重于管道天然气。2010年，第一阶段工作完成，萨哈林一号第二阶段将出口大量天然气。根据第11届萨哈林石油和天然气会议，萨哈林一号是2016年前俄罗斯远东地区唯一的天然气来源。2006年10月，俄罗斯政府批准将萨哈林一号的预算增加33%，达到170亿美元，其中还包括与第一阶段有关的费用。第二阶段所需的投资超过100亿美元。

印度依赖进口满足其75%的原油需求，因此一直热衷于将俄罗斯的天然气和石油份额带到印度，或者是与日本或中国交换其石油和天然气份额，从印度附近的来源（由于距离原因）提货。但印度石油天然气公司尚未确定如何使用其从萨哈林岛获得的原油份额：是将其出口与其他国家的原油进行交换，还是将其运往印度？

客观地讲，由于印度和俄罗斯的萨哈林之间的距离很远，对于印度石油维达什公司来说，去日本、韩国和其他东方市场进行合并的销售安排是明智的，而不是试图把原油运到印度，原因如下：（1）印度石油维达什公司已经获得日本、韩国和其他市场的准入。（2）库页岛一号是一个溢价、可替代的交易，可以在任何炼油厂加工，通常在现货市场交易。（3）由于距离遥远，而且邻近地区如中东地区和尼日利亚也有同样好甚至更好的选择，因此对印度来说，这种产品不是一个很好的选择。（4）尽管使用了最优的大型原油运输船，但是从这样的距离进行原油运输的经济效益可能并不理想。

萨哈林一号项目是俄罗斯与外国联合投资的成功范例。其成就包括如期开始第一次生产、及时完成出口管道和终端建设以及开始原油出口作业、提前启用陆上加工设施、成功地将生产提高到每天25万桶石油的设计水平。萨哈林一号项目的主要任务之一是与俄罗斯国有石油公司建立良好的业务关系，因为该公司正在为该项目提供资金。尽管萨哈林一号项目对亚太地区具有重要意义，但它只开采了大陆架的小部分碳氢化合物。

2. 萨哈林二号项目

萨哈林二号是全球最大的综合工程之一。在这个项目中，印度的参与起初被排除在外。自1999年以来，萨哈林二号项目一直在开采石油，是天然气开发和规划方面最先进的项目。萨哈林二号项目是俄罗斯与外国企业最早在石油、天然气领域开展国际合作的一个重大项目。1994年6月22日，俄罗斯政府和萨哈林州政府代表石油、天然气资源的所有者，与三井物产株式会社（持有25%的股份）、三菱商事株式会社（持有20%的股份）、英荷皇家壳牌公司（持有55%的股份）组成的萨哈林能源投资公司签订了产品分成协议。1996年，第一阶段启动。2003年，第二期工程启动。2009年，俄罗斯首家液化天然气工厂在萨哈林开工。萨哈林二号可采储量超过约4900亿立方米天然气和10亿—12亿桶原油。

萨哈林能源投资公司利用全球石油和液化天然气的专业知识和经验，选择液化天然气作为向亚洲和北美输送天然气的最佳、最快和最实用的选择。萨哈林二号是世界上最大的油气一体化项目，将占亚太液化天然气市场的8%左右。2007年6月，俄罗斯政府货币基金组织批准了对中国和亚太地区市场的运输和供应系统。2009年2月，萨哈林二号项目启动了俄罗斯的第一个液化天然气工厂。自2009年以来，印度一直定期用油轮从俄罗斯萨哈林二号项目进口液化天然气。萨哈林二号的营销策略一直是将液化天然气销往亚太市场（日本、韩国、中国台湾和中国大陆），然后印度可以进行互换安排，或通过油轮从附近的市场运输。俄罗斯"2020年能源战略"明确提到印度是与亚太地区其他国家一样的目标国家之一。

3. 萨哈林三号项目

由于俄罗斯议会尚未通过新的次级石油法，俄罗斯方面一直不愿向任何公司保证任何参与的利益。在萨哈林三号项目中，俄罗斯石油公司拥有74.9%的股份，中石化拥有25%的股份。印度正通过与俄罗斯石油公司联合竞标，争取印度的OVL公司参与萨哈林项目。印度希望OVL与俄罗斯石油公司或俄罗斯天然气工业股份公司组建一家49.51%的合资企业，在俄罗斯寻求其他油气勘探机会，如俄罗斯欧洲部分季曼—伯朝拉（Timan Pechora）地区的措伯（Treb）和提特乌（Titov）勘探区块。[1]

印度作为亚洲第三大石油消费国，受邀参与俄罗斯新油田的开发以及萨哈林三号项目。印度石油天然气公司既可以收购俄罗斯现有的石油公司，也可以收购托木斯克地区以及俄罗斯北部的新油田。印度石油天然气公司可以

---

[1] "印俄深化能源合作"，http://baijiahao.baidu.com/s?id=1602954718615860481&wfr=spider&for=pc。

从俄罗斯石油公司获得 25% 的股份，从而成为中国石化在萨哈林三号项目中的合作伙伴。库页岛三号的储量估计超过 8 亿吨碳氢化合物，俄罗斯天然气工业股份公司将加快在远东地区的这一项目的开发，以满足该公司实现能源出口多元化、面向快速增长的亚太经济体的雄心。

2001 年，印度石油天然气公司参股萨哈林岛原油生产是一个大胆的决定，最终获得回报。在投资该项目时，由于距离遥远，印度石油天然气公司有许多疑问，比如原油和天然气将如何从萨哈林运往印度，但是这些疑问最终得到圆满的回答。OVL 预计每年可以生产 200 万—400 万吨原油和 500 万—800 万立方米天然气。萨哈林岛被形容为"资本无休止流动、最具活力的地方"。

4. 萨哈林项目近年来发展情况

2016 年 6 月 22 日，俄总统普京访问印度，双方签署一项能源合作协议。该协议提到俄罗斯将出售两个大型油田，共计投资 30 亿美元左右，其中 15 亿美元投到萨哈林三号油田，另外 15 亿美元投到俄罗斯和哈萨克在里海合资的一个叫作"库尔曼加兹"的油田。这项协议签订后，印度与俄罗斯的能源合作将迈向一个新高度。①

2018 年 10 月 5 日峰会期间，印俄双方领导人深入探讨了联合开发俄罗斯北冰洋、佩科拉海和鄂霍次克海地区海上油气项目的可能性，并考虑在俄罗斯远东液化天然气、北极 LNG‑2、亚马尔 LNG 等项目上加强合作。同时，两国还讨论了未来修建一条从俄罗斯到印度的天然气直输管道。②

（二）印度—俄罗斯在石油天然气领域的其他合作项目

印度对俄罗斯石油和天然气行业的参与有限。除了萨哈林一号项目之外，印度石油公司在俄罗斯相对不活跃，大多数石油和天然气勘探的大型合同要么与西方国家签订，要么与中国企业签订。2008 年 8 月，印度石油公司协助 OVL 收购帝国能源有限公司。印度石油天然气公司在俄罗斯甚至

---

① 陈小萍："印度对俄外交中的中国因素"，《南亚研究季刊》2007 年第 4 期，第 23—28，45 页。

② "俄罗斯、印度再次扩大能源合作"，中国石油新闻中心，http://news.cnpc.com.cn/system/2018/10/16/001707617.shtml。

没有一个成熟的分公司,只在萨哈林一号项目中有一个小规模的办事处。印度石油天然气公司正在与它们的同行谈判,以获得俄罗斯北部更多的区块。俄罗斯方面也致力于在能源领域加强与印度的联系,寻求印度下游油气业务的互惠准入。为了将两国关系提升到一个新的水平,印度将不得不在俄罗斯能源领域推行更为激进的政策,以促进印度企业更多地参与俄罗斯的石油和天然气领域。

2010年3月11—12日,俄罗斯总理普京访问印度,这标志着印度和俄罗斯的友谊进入新阶段。12月13日,印度能源官员在莫斯科提交了第九轮新勘探许可政策,敦促俄罗斯参与34个油气区块的勘探。到2011年3月18日为止,印度吸引了俄罗斯超过10亿美元的投资。俄罗斯天然气工业股份公司被邀请成为两个天然气项目的合作运营商,其中一个是陆上项目,另一个是海外项目。西斯提玛旗下的中型石油公司巴什石油公司估计拥有2亿吨石油储量,是政府拍卖中唯一的竞争者。印度一直试图帮助这家石油公司开发北极措伯和提特乌油田,以促进同俄罗斯在碳氢化合物方面的合作。此后,印度与俄罗斯的合作也在增加,尤其是在利用俄罗斯的技术从煤炭中提取天然气(也就是煤炭气化)方面。两国已经就使用俄罗斯技术开采大型地下煤炭气化达成协议,使印度能够从煤炭储备中开采天然气。这将使印度、俄罗斯的合作提升至一个全新的层面,是两国在天然气方面合作的新平台。除了石油、天然气、核能和煤炭气化,俄罗斯还开始与印度合作进行太阳能联合项目。这种合作的基础是为印度能源安全提供新技术和投资。可以说,印俄在这些领域开展合作的潜力巨大。

2014年12月17日,印度石油公司同俄罗斯石油公司就西伯利亚石油项目进行洽谈,购入多达29%的公司股份。俄罗斯石油公司与印度埃萨(Essar)石油公司签署一份协议。根据该协议,俄罗斯石油公司将成为印度埃萨石油公司位于万蒂娜(Vadinar)炼油厂的合伙人。①

2016年6月,在圣彼得堡国际经济论坛期间,俄罗斯石油公司与印度财团就俄向万科尔石油股份公司(Vankorneft)出售23.9%的股份签署了合同。该公司是俄罗斯克拉斯诺亚尔斯克边疆区的万科尔油田的所有者。除此以外,俄罗斯石油公司还向印度公司出售了在东西伯利亚矿产进行开发项目的塔

---

① "俄罗斯能源部长:将加大对印度的石油出口",http://mb.yidianzixun.com/home?page=article&id=0DOLe97V&up=347。

斯—尤里亚赫石油天然气开采公司的部分股份。①

2016年6月25日，印度石油和天然气部长普拉丹宣称，印度将投资俄罗斯能源巨头俄气公司拥有的亚马尔半岛天然气项目，该项目将有利于印度实现能源安全方面的既定目标。2016年9月13日，在新德里召开第22届俄印政府间经贸合作委员会会议后，俄罗斯副总理德米特里·罗戈津向记者表示，俄罗斯正与印度加强能源合作，并计划继续与印度联合开发北极大陆架。

2017年3月8日，俄罗斯能源部长诺瓦克会见印度石油和天然气部长普拉丹时，双方谈及在俄北极大陆架联合开展勘探和开采油气资源及向印度出口液化天然气问题。诺瓦克强调，印度市场对液化天然气的需求不断提高，能源合作符合俄印共同利益。②

2017年，印度石油维达什公司在两个主要的石油和天然气项目——萨哈林一号和帝国能源有限公司（托木斯克）拥有超过50亿美元的实质性投资。此外，俄罗斯公司在印度从事多个发电厂和石油、天然气项目。一个由多家印度国有石油和天然气巨头组成的财团收购了俄罗斯石油公司的子公司万科尔公司23.9%的股份，以及运营着巨大的司瑞登布托宾斯科页（Srednebotuobinskoye）油田（该油田位于萨哈共和国的米尔尼区，在米尔尼西南130公里处和伦斯克西北140公里处）的塔斯·尤里亚赫耐夫特嘎多拜查（Taas - Yuryakhneftegadobycha）石油公司29.9%的股份，这是印度财团迄今为止最大的海外收购。2018年5月21日两国领导人会晤期间，莫迪和普京共同讨论了油气贸易，宣称2017年俄对印的石油出口增加了近10倍，2018年第一季度的双边贸易额已增长约40%。天然气领域的合作是此次会议的另一个重要组成部分。莫迪和普京讨论了两国之间的天然气合作。同年6月初，一艘俄罗斯液化天然气运输船抵达印度西部的古吉拉特邦。这是俄罗斯北极亚马尔项目向印度供应的首批液化天然气。③

印俄能源合作近期发展迅速，油气贸易及核能项目正推动两国经贸合作

---

① "普京：俄印已着手建立铀浓缩领域的技术合作"，中国网，http: //news. china. com. cn/live/2016 - 10/13/content_37134571. htm。

② "俄印讨论在俄北极大陆架开展合作问题"，http: //www. mofcom. gov. cn/article/i/jyjl/e/201703/20170302530802. shtml。

③ "能源合作为印俄关系发展添动力 液化天然气"，新浪网，http: //finance. sina. com. cn/roll/2018 - 06 - 13/doc - ihcwpcmql066771. shtml。

快速增长,成为两国关系发展的新动力。① 印度之所以有能力重新谈判现有的长期液化天然气进口合同,是基于在亚洲液化天然气市场已成为买方市场之际,印度作为亚洲第三大液化天然气买家的影响力。目前,短期合同和现货价格的趋势远低于长期合同。此外,鉴于印度打算将天然气在能源结构中的比重从目前的6.2%提高到15%,预计印度液化天然气市场将出现可观的增长。印度国内天然气产量仍然令人失望,天然气进口已占总消费量的45%。印度希望降低其经济增长的碳强度,并履行其联合国气候变化大会第21届会议缔约方的减排承诺,这推动了印度向"天然气经济"的转变。印度和俄罗斯的天然气合作是一种"天然融合",两国都希望通过发展天然气实现《巴黎协定》的目标。②

2018年10月5日,印度—俄罗斯领导人峰会期间,双方深入探讨了联合开发俄罗斯北冰洋、佩科拉海和鄂霍次克海地区海上油气项目的可能性,并考虑在俄罗斯远东液化天然气、北极LNG-2、亚马尔LNG等项目上加强合作。同时,两国还讨论了未来修建一条从俄罗斯到印度的天然气直输管道。据印度外交部东亚司前秘书长阿尼尔·万达尔介绍,印度对俄罗斯的投资额为130亿美元,其中100亿美元是对建立油田的投资。印度企业已入股俄罗斯国家石油公司在东西伯利亚的塔桑·粤雅珂(Taas-Yuryakh)油气田及万科尔油田项目,并与俄罗斯签署了新的石油和天然气购销协议。与此同时,俄罗斯在印度炼油化工领域的影响也有所扩大。此外,峰会期间,印度工商和民航部部长苏雷什·普拉布还提出与俄罗斯在石油贸易中使用卢比或建立易货制度的想法。在美国对伊朗的石油制裁即将重启之际,油价上涨和印度货币暴跌加重了印度的财政负担和石油进口成本,这让印度开始考虑采用区别于石油美元的支付系统。③

根据印度石油和天然气部门规划的"2025油气远景",到2025年,印度的天然气供应比例将从2010年的14%提高到20%。国际能源署(IEA)预测,到2040年,印度能源需求增长将占全球增长的30%,能源消费量在全球总消费量的占比也将达11%。俄罗斯拥有世界最大的天然气储量,且一直

---

① "能源合作为印俄关系发展添动力 液化天然气",新浪网,http://finance.sina.com.cn/roll/2018-06-13/doc-ihcwpcmql066771.shtml。
② http://paper.people.com.cn/zgnyb/html/2018-05/28/content_1857982.htm。
③ "俄罗斯、印度再次扩大能源合作",中国石油新闻中心,http://news.cnpc.com.cn/system/2018/10/16/001707617.shtml。

热衷于拓展天然气出口市场。2017年，俄天然气年产量6905亿立方米，比上年增长7.9%。值得一提的是，在油气领域，不仅有俄罗斯向印度的单向天然气输出，许多印度公司也已进军俄罗斯的油气行业。例如，印度石油天然气公司麾下负责海外作业的子公司印度石油维达什公司收购了多家俄石油公司股份，并积极参与俄罗斯在北极的油气勘探活动。此外，由印度石油公司组成的财团还收购了俄罗斯万科尔石油49.9%的股权。[1]

（三）印度—俄罗斯石油天然气合作存在的问题

虽然印度—俄罗斯在石油天然气领域的合作有了长足的进步，但从两国进出口部门的统计数据看，双方在此领域的合作明显还有很大增长空间，或者说两国在石油天然气领域的合作还远远没有达到预期水平。

首先，我们来看一下俄罗斯出口到印度的石油与俄罗斯石油出口总额的对比变化情况，见表17和图6。

表17 俄罗斯石油出口总量与出口到印额数量比较

年份	俄罗斯出口石油总量 单位：吨	俄罗斯出口到 印度石油量 单位：吨	出口到印度石油 占总出口的比重 单位：%
2003	208471000	143000	0.07%
2004	239810000	135000	0.06%
2005	233276000	/	0.00%
2006	227539000	/	0.00%
2007	238542348	451171	0.19%
2008	221636165	/	0.00%
2009	225961405	487556	0.22%

---

[1] http://paper.people.com.cn/zgnyb/html/2018-05/28/content_1857982.htm.

续表

年份	俄罗斯出口石油总量 单位：吨	俄罗斯出口到 印度石油量 单位：吨	出口到印度石油 占总出口的比重 单位：%
2010	234087498	240522	0.10%
2011	219095914	110076	0.05%
2012	239945836	/	0.00%
2013	236617646	/	0.00%
2014	223437883	/	0.00%
2015	244521089	145365	0.06%
2016	254870234	280527	0.11%
2017	252793478	2838512	1.12%

注："/"表示无数据。

资料来源：UN Comtrade 网址链接：https://comtrade.un.org/data/。

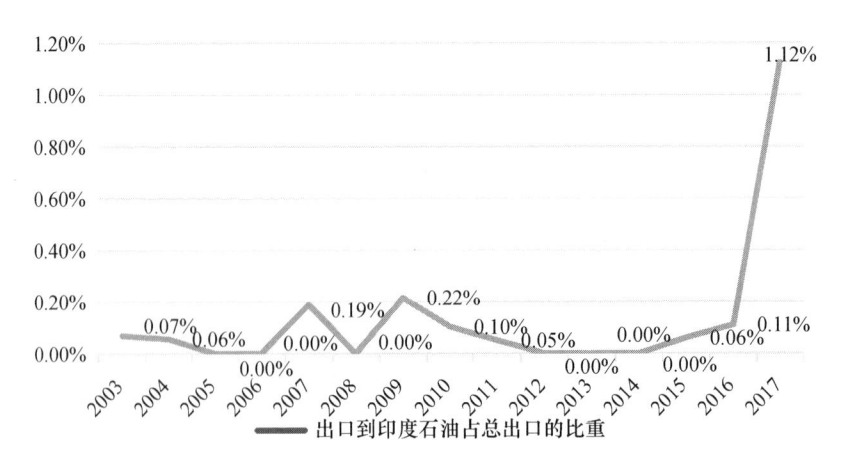

图 6　俄罗斯出口到印度石油占出口总额变化趋势

资料来源：联合国贸发会，https://comtrade.un.org/data/。

印度进口石油总额与从俄罗斯进口石油金额的对比，见表 18。

表18 印度从俄罗斯进口石油占总进口比重

年份	印度进口石油总量 单位：吨	印度从俄罗斯 进口石油量 单位：吨	进口俄罗斯石油 占总进口的比重 单位:%
2006	106653546672	182016000	0.17%
2007	110696606768	361706000	0.33%
2008	125783618104	227816000	0.18%
2009	148583255823	1039161984	0.70%
2010	155583920600	492616000	0.32%
2011	157840608136	/	0.00%
2012	187311159024	147844000	0.08%
2013	193316457336	113318000	0.06%
2014	189407430312	201837008	0.11%
2015	196096104733	144642000	0.07%
2016	212765132688	279884000	0.13%
2017	216489720824	3057717000	1.41%
2018	281825663533	2635310000	0.94%

注："/"表示无数据。

资料来源：UN Comtrade 网址链接：https://comtrade.un.org/data/。

印度进口俄罗斯石油量占石油总进口量的变动趋势，如图7所示：

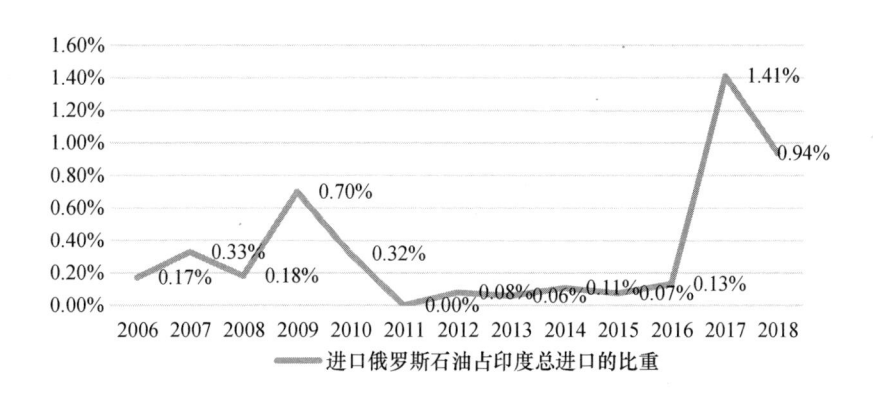

图7 印度从俄罗斯进口石油占总进口比重变动趋势

资料来源：联合国贸发会，https://comtrade.un.org/data/。

俄罗斯石油出口到印度的数据最早只有2003年的，中间没有数据的年份用"/"表示，印度从俄罗斯进口石油从2006年开始有连续数据，所以只能分别从2003年和2006年开始分析两国相互出口与进口情况。从以上4张图表可以看出，无论是俄罗斯出口到印度的石油占俄罗斯石油总出口的比重，还是印度从俄罗斯进口的石油占印度总进口石油的比重，在石油贸易上双方都不是彼此的重要贸易对象。俄罗斯出口到印度的石油占石油总出口的比重在2003年只有0.04%，到2017年虽有所增加但也只有1.12%；同样地，印度2006年从俄罗斯进口石油只占其总进口石油的0.17%，到2017年也增加到1.41%，2018年又下跌到0.94%。双方这么小的贸易量似乎与印度与俄罗斯之间高调的在石油合作方面的报道很不相符，其实仔细思考也可以得出合理的解释。因为从俄罗斯出口石油到印度走海运的距离，远大于印度从海湾地区和非洲地区进口石油的距离，因此其成本相对于从海湾和非洲等地区进口石油和天然气的成本一定是最高的。如果想节省石油和天然气的运输成本，最好的方式就是管道运输，印度与俄罗斯也在共同努力开发出从俄罗斯到印度的石油和天然气运输管道。

（四）印度与俄罗斯液化石油天然气管道建设合作项目

管道项目在保障能源安全方面具有重要作用。欧亚大陆的运输路线对俄罗斯、中国和印度都至关重要，三国都在努力构建横跨欧洲联盟和亚太地区的跨大陆航线，因而伊朗周边的道路基础设施建设自然成为三国关注的焦点。2002年，伊朗与印度和俄罗斯签署了一项关于建设南北运输走廊的协定，旨在鼓励建设西亚和北欧之间的南北公路交通。随着公路线路建设的不断推进，管道建设开始受到关注。随着亚洲各国对天然气与日俱增的需求量以及对天然气从生产国运输到需求国的迫切要求，修建跨国天然气管道项目就显得更加重要。印度参与的俄罗斯西部和东部陆地边界跨国天然气管道项目，标志着世界在能源安全和能源供应转移方面迈出重要一步。印度正努力尝试建设能从俄罗斯输送石油和天然气的主要管道和运输走廊项目，主要包括以下几项。

1. 伊朗—巴基斯坦—印度天然气管道项目（IPI）

该项目开始于1989年，由于伊朗拥有世界第二大天然气储量，因此这个项目具有良好的商业基础。从伊朗收集中心到印度边境的输油管道大约有

1900 公里，这个管道在液化天然气管道的经济供气范围内。这个项目计划通过一个国家的天然气管道从伊朗南部的 South Pars 气田输送天然气通往巴基斯坦和印度的陆路。长期以来，由于各种政治原因，IPI 项目无法实现。俄罗斯天然气工业股份公司已同意加入该项目，并担任管道运营商和建设项目的承包商。俄罗斯一直对东线的发展感兴趣，俄方参与该项目的建设是加强俄印能源合作的重要步骤之一。

2. 土库曼斯坦—阿富汗—巴基斯坦—印度管道项目（TAPI）

跨阿富汗管道是各国政府提议修建的一条跨国天然气管道，以便开采土库曼斯坦现有的天然气资源。为了满足国内日益增长的天然气需求，印度于 2010 年 12 月加入亚行援助的 TAPI 项目。该管道将从土库曼斯坦东南部的土库曼斯坦与阿富汗边界延伸至巴基斯坦的木尔坦，全程 1271 公里，其中在印度横跨了 640 公里。建成后，南亚将首次获得来自中亚的天然气。俄罗斯也正在与这条管道建立联系，以满足南亚七国日益增长的天然气需求。该管道跨阿富汗等四国，通过塔皮天然气管道项目，俄罗斯正试图把重点放在新兴的亚洲市场，亚洲开发银行是该项目的主要发展伙伴。为了实现这一目标，俄罗斯一直在努力争取参加该项目 1680 公里的管道建设。

美国一直支持 TAPI 项目，并将其作为 IPI 项目的替代方案。美国这么做的原因在于其不希望任何国家同伊朗做生意。由于输油管道将穿过阿富汗受塔利班叛乱影响的地区，出于安全方面的担忧，这个项目被搁置了很长时间。2010 年 9 月，印度与其他三个参与国一起在阿什哈巴德启动了天然气管道框架协议（GPFA），并为 TAPI 项目率先拟议了天然气销售购买协议。由于阿富汗局势不稳定，修建这条管道以及签订一份天然气销售和采购协议需要耗费更长的时间。

2010 年 12 月 7 日，巴基斯坦政府为印度的美国支持项目 TAPI 扫清了障碍。从土库曼斯坦经由阿富汗和巴基斯坦输送天然气，可能需要超过 100 亿美元。印度已同意接受在土库曼斯坦—阿富汗边境输送天然气，并将依托修建管道财团的国际组织，以确保通过阿富汗和巴基斯坦的管道供应安全。为了这个项目，印度在阿富汗不断做出努力。

这条管道如果建成，印度和巴基斯坦将每天从土库曼斯坦进口 3800 万标准立方米的天然气，而阿富汗将获得 1400 万标准立方米的天然气。根据该计划，在未来 30 年内，土库曼斯坦将通过管道向印度和巴基斯坦提供 38 兆瓦的天然气，而阿富汗将购买 14 兆瓦的天然气。该管道可以从中亚的土库曼斯坦经由阿富汗和巴基斯坦将燃料运往印度。

这个项目不仅包括建设管道，而且将保持几十年不间断地向印度输送土库曼斯坦天然气。在印度的倡议下，俄罗斯也参与了这一项目。在这一领域工作的俄罗斯公司都拥有建设这条管道所必需的专门知识、后勤资源和高技能人员。而要建成这条管道，解决阿富汗问题就成为印俄打击国际恐怖主义工作组和两国安全理事会联合协调小组的重要议程。

3. 东西伯利亚—太平洋管道项目（ESPO）

这条管道的建设主要是为了在欧洲市场形势不利时分散出口风险。这条管道的建设需要巨大的投资，包括国有的俄罗斯石油公司在内的一些公司一直在对这条管道的建设进行投资，目的是为了获得关税减免权。通过这条新路线，俄罗斯的石油出口可以用油轮运往其他亚洲市场，甚至可以运往北美。但在实施东部管道计划中也存在一些障碍：（1）资助这个项目是具有挑战性的；（2）为获得资本成本，运输费率预计会很高。

4. 南北国际运输走廊项目（ITC）

印度和俄罗斯希望建立一个新的燃料和能源运输走廊网络，将欧亚大陆的两个国家连接起来。南北国际运输走廊是印度劝说俄罗斯参与的，这是加强印俄能源合作的重要步骤之一。①

俄罗斯认为南北国际运输走廊是与南方国家的战略伙伴关系的一部分。2000年9月，俄罗斯与印度和伊朗正式签署了关于建设该走廊的政府间协定。② 其他几个国家包括白俄罗斯、哈萨克斯坦、阿曼和塔吉克斯坦也签署了该协议。南北国际走廊将大幅削减货物运输的成本和时间。例如，将一个20英尺长的集装箱从德国或芬兰经苏伊士运河运往印度的成本为3500美元，而通过南北国际运输走廊运输的成本大约会降低30%。将大约500万吨的货物从印度运输到俄罗斯和独联体国家是很容易做到的。印度商人可以选择南北国际走廊这条较短的道路作为运输商品的途径。该走廊经伊朗连接印度洋和波斯湾至里海，然后经俄罗斯抵达圣彼得堡和北欧。它通过伊朗和中亚将印度和俄罗斯连接起来，将确保能极大提高货物的运输速度。南北国际走廊

---

① 杨雷："中俄天然气合作的历程与前景"，《欧亚经济》2014年第5期，第86—97页。

② 王兵银："俄印经贸合作的现状及前景"，《当代亚太》2001年第7期，第21—25页。

提供了穿越中亚的印度—伊朗—俄罗斯贸易和能源运输线路，土库曼斯坦是其签署国。除了能源收益，这个地区还是印度重型机械、药品和茶叶的潜在市场，这将导致这个地区的货运量增加。这条走廊是俄罗斯宏伟设计的核心，旨在利用俄罗斯的地理位置，将其作为连接东西南北的桥梁，使俄罗斯成为广阔陆地和海上贸易及运输网络的枢纽。

虽然印度为稳定其能源供应，尝试建设了以上国际运输管道，但由于地缘政治原因，很多管道项目的实际建成和运营面临着诸多政治风险和巨大成本开支。

三、印度与俄罗斯核能合作情况

（一）印度—俄罗斯的核能合作发展历程

截至 2018 年 9 月，印度正在运营的核反应堆共 22 个，总装机容量为 6780 兆瓦，发电量占全国总发电量的 3.38%。与此同时，还有在建核反应堆 6 座，预计到 2022 年增加 6000 兆瓦的核电装机容量，届时总装机容量为 13480 兆瓦。[①] 其中，俄罗斯投资建设的有两座已投产并网的核反应堆，包括库丹库拉姆 1 号和库丹库拉姆 2 号两个 VVER - 1000 兆瓦的反应堆。

俄罗斯与印度的核合作始于 20 世纪 70 年代，美国和加拿大则在印度 1974 年实施核爆炸之后退出印度的核市场。1976 年，苏联趁机介入，为拉贾斯坦邦两个加拿大供应的反应堆的运行提供重水。苏联与印度于 1988 年签署了一项协议，苏联承诺为印度在泰米尔纳德邦的库丹库拉姆建立两个 VVER - 1000 兆瓦的反应堆（1991 年 12 月苏联解体时，关于这些反应堆的最后合同尚未签署，但这笔交易从未正式取消，最终在 1998 年签署）。1992 年，莫斯科支持加强核供应国集团（Nuclear Suppliers Group，NSG）的保障条款，限制成员国只向接受国际原子能机构全面保障监督的国家出口核设施，印度不在核供应国集团可出口的国家名单之列。但俄罗斯外交官表示，最初的库丹库拉姆协议是在 1988 年签署的，因此该协议不受 1992 年美国联邦安全服务（Federal Security Service）要求的约束。到 2001 年 11 月，库丹库拉姆的两座反应堆完成建设。

---

① http://paper.people.com.cn/zgnyb/html/2018 - 05/28/content_1857982.htm.

2001年，俄罗斯向印度运送了58吨低浓缩铀燃料，为美国在印度西部邦马哈拉施特拉邦的塔拉普尔建造的210兆瓦沸水反应堆提供动力。这批货物遭到核供应国集团强烈的负面反应。由于俄罗斯对NSG的承诺，其无法进一步向塔拉普尔提供核燃料供应。

随着2005年美俄协议的宣布，莫斯科认为核供应国集团成员国的立场有可能发生深刻转变，转而与印度进行核合作。在2006年，根据俄罗斯联邦安全局的规定，俄罗斯国家原子能公司同意为美国建造的塔拉普尔反应堆提供60吨低浓缩铀燃料，这能够为反应堆提供动力直到2011年。

虽然一直以来印度不是核供应国集团的成员，但核供应国集团允许参与国政府与印度进行民用核贸易，而不必坚持全面保障措施，并允许核供应国集团成员国向印度民用核设施转让触发清单项目和相关技术。2008年9月6日，核供应国集团给予印度豁免权。印度在核贸易方面可以与其他核供应国集团成员国自由合作。自此，印度开始与俄罗斯、法国和美国进行民用核能合作。长期以来，俄罗斯一直是与印度民用核能合作的唯一参与者，但在NSG给予印度豁免权后，俄罗斯在印度核能业务上面临着来自法国和美国的争夺，但俄罗斯的技术可以与美国、法国和世界其他国家竞争。俄罗斯的反应堆通过改进，确保了向以快中子反应堆为基础的封闭式核燃料循环过渡。

2008年12月至2009年12月，由于俄罗斯在根据2001年库丹库拉姆协定转让基本设备方面遇到挫折，印度获得来自国际原子能机构保障设施提供的从乏反应堆燃料或后处理中提取钚的权利。因此，俄罗斯给予印度反应堆终身燃料供应、技术转让和乏燃料再加工自由的"最高保证"。印俄协议可能成为与其他供应国谈判的示范协议，并可提高印度讨价还价的筹码。

2008年10月，美国小布什政府与印度签署了《印美核协议》，为印度获得核供应国集团无限期豁免的可能性打开了大门，并为其他成员国开启了与印度进行核贸易的大门。《印美核协议》增加了对印度的实际限制和可感知的限制。大约90%的核设施，包括能够生产用于核武器的钚的快中子反应堆，将被纳入民用部门。因此，对于核领域的军事部分，印度将不能从任何NSG国家进口技术或材料（包括俄罗斯）。因此，印度的核武器计划消失。可以说，印度与美国在核能方面的协议是不平等和歧视性的，俄罗斯的协议没有这样的条件。

在2008年印度与俄罗斯的协议中，俄罗斯为每个1170兆瓦的第三代VVER-1200反应堆提供额外的供应。2009年12月7日，印度和俄罗斯在民用核领域签署了一项具有开创性的广泛协议，确保向其核反应堆转让技术和不间断地供应铀燃料。这项协议供应给印度的核反应堆燃料远远超过与美国签署的协议。这项协议扩大了印俄合作的范围，不局限于核反应堆的供应，还包括研究和开发以及核能的所有领域。该协议取代了1988年的旧协议，根据该协议，自2002年以来，俄罗斯核电设备和服务出口垄断企业原子能出口公司（Atomstroyexport）一直在为该核电站建造两座反应堆，这与印度和苏联1988年达成的协议一致。

2009年12月，俄印两国之间又签署了核相关协议，旨在通过扩大投资和科研联系推动双边合作达到现代水平。根据与印度的核合作协议，俄罗斯将在印度的泰米尔纳德邦的库丹库拉姆建立四个新的核反应堆，并在西孟加拉邦的赫里布尔建立第五个核反应堆。俄罗斯还将向印度供应12—14台根据俄罗斯技术制造的核电站。俄罗斯已经向印度提供了其独特的经验，以建立不是单个单位，而是一系列这样的电力单位。这项协议将有助于减少25%—30%的反应堆建设成本。在俄罗斯的技术下，四个反应堆的工作将同时进行，这使得一个单元的建设时间从六年缩短到四年，并且每年可以投入一个单元。因此，印度已被证明是俄罗斯在民用核领域的重要伙伴。

2010年3月12日，俄罗斯与印度核能、太空和国防部门签署的合同价值超过100亿美元。根据国际原子能机构的最新评估，俄罗斯的核反应堆在设计上优于苏联时代的反应堆，是世界上最安全的反应堆之一。它们具有直接保护、双层外壳和特殊的智能保护机制。核能可以缓解印度的电力短缺，而电力短缺已经对印度的经济增长构成挑战。根据俄罗斯提供的30亿美元合同，俄罗斯一直在为印度的第一个大型核电站供应燃料，包括两个VVER-1000（V-392）反应堆。俄罗斯将提供所有的浓缩燃料，而印度将对其进行再加工并保留钚。事实上，印度希望扩大与俄罗斯的核合作，进口更多的铀，争取俄罗斯帮助印度建造至少五座新的核电站，同时继续援助现有的核电站。

印度超过1000亿美元的民用核能市场将在未来带来核能业务的繁荣。而有了俄罗斯的合作，印度将成为一个非常快速增长的民用核电项目市场。

俄罗斯是印度独立以来始终站在印度一边的国家，印度与俄罗斯的关系是经过历史考验的关系。在一个日益多极化的新兴世界，印度不能忽视像俄罗斯这样可靠的合作伙伴。俄罗斯在核能领域的合作有助于印度减少对进口碳氢化合物的依赖，促进未来的能源安全。事实上，能源安全已成为印度—俄罗斯经济和能源伙伴关系中最重要的新兴领域。

（二）印度—俄罗斯核能合作的重要项目——库丹库拉姆核电站建设发展情况

库丹库拉姆核电站的建设是由苏联和印度在 1988 年商定的。库丹库拉姆核电站位于印度南部泰米尔纳德邦，是目前印度最大的核电站。该核电站于 2002 年开始建设，并于 2013 年启动，由俄罗斯国家原子能公司承建。①

印度核能公司和俄罗斯国家原子能公司于 2012 年启动了建设核电站的联合项目。库坦库拉姆 1 号机组在 2013 年实现首次临界，同年 10 月并网发电，2014 年 7 月达到满负荷运行，2014 年 12 月投入商业运行。2017 年 4 月 5 日俄印双方签署一份共同声明，确认俄方已将 1 号机组的运营工作完全移交给印方。②

库坦库拉姆 2 号机组于 2016 年 5 月实现首次临界，同年 8 月并网发电，2017 年 1 月实现满功率运行。俄印双方 2017 年 4 月 3 日签署 2 号机组临时性移交协议，意味着这台机组已投入商业运行，也意味着印方将在俄方的支持下接管该机组的运营工作。③

2017 年 6 月 1 日，库坦库拉姆核电厂二期建设项目已经启动，该项目将建设 2 台 VVER - 1000 机组，即 3 号和 4 号机组。④

在圣彼得堡国际经济论坛期间，印俄两国领导人还就向建设库丹库拉姆核电站 5 号和 6 号机组提供贷款一事签订框架协议和政府间议定书。印俄还计划于 20 年内在印度建造至少 12 个俄方设计的核电站机组。

2018 年 5 月 21 日，印度总理莫迪出访俄罗斯，两国达成协议，俄罗斯国家原子能公司计划 10 年内将印度库丹库拉姆核电站反应堆从 4 座扩建至 6 座。俄罗斯还计划 10 年内完成 5 号和 6 号核反应堆的扩建。⑤

---

① http://paper.people.com.cn/zgnyb/html/2018 - 05/28/content_1857982.htm.
② "俄印签署建设两台 VVER - 1000 机组的框架协议"，北极星电力新闻网，http://news.bjx.com.cn/html/20170614/830988.shtml。
③ "俄印签署建设两台 VVER - 1000 机组的框架协议"，北极星电力新闻网，http://news.bjx.com.cn/html/20170614/830988.shtml。
④ "印度总理莫迪：感谢普京让印度加入上合组织"，海峡网，http://www.hxnews.com/news/gj/gjxw/201706/02/1229060.shtml。
⑤ http://paper.people.com.cn/zgnyb/html/2018 - 05/28/content_1857982.htm.

当年 10 月 5 日，在第 19 届印度与俄罗斯俄领导人的年度峰会上，两国就在印度新建六座俄罗斯设计的核电站机组的项目签署了协议。俄印双方有意扩大在第三国的合作，以及增进俄印在原子能领域除核电站建设外的协作。俄方将为该核电站项目提供"第三＋"代水—水型动力反应堆的新设计，并计划提升其在印度的本地化程度。①

2018 年莫迪和普京在会晤中还讨论了两国在其他国家建设核电站的计划，而且计划已经在孟加拉国开始实施。3 月 1 日，印、俄、孟三国签订了三方协议，将投资 130 亿美元在孟加拉国鲁布尔建设该国第一座核电站。根据协议，印度公司将参与核电站的建设和安装工作，为该项目提供非关键材料和设备，提供部分融资和管理，并为该项目培训孟加拉国核科学家。② 俄方将负责核电设备的设计、生产和供应，三方计划在人员培训、经验分享和咨询支持方面进行合作。这份协议的签署对于印度与俄罗斯来说可谓是双赢，印度一方面可以满足国内的能源需求和获得一些相关技术，另一方面还能获得俄方加入核供应国集团的支持，而俄罗斯则能获得印度庞大的核电合同。

四、结 论

印度与俄罗斯有着长期的能源合作历史。俄罗斯把印度视为其在南亚的重要战略伙伴、重要的非西方合作者以及在国际多边合作中的重要对冲力量。由于美国因素的存在，俄罗斯更加重视与印度的合作。在俄印双边各领域合作的推动下，能源领域的合作也取得巨大进展。此外，印度与俄罗斯的能源合作也是双方各自的禀赋决定的。俄罗斯能源储藏丰富，是世界能源出口大国；印度能源稀缺，是世界能源进口大国。两国之间的能源合作对双方各自的经济建设与国家发展都会起到巨大的促进作用。能源合作在两国各领域合作中的地位将越来越重要。但双方能源合作的现实与双方合作的潜力还存在巨大的差距。

据联合国贸易统计数据库的数据（见图 8 和图 9）显示，两国 2018 年的

---

① "俄罗斯和印度签署六座核电站机组建设协议"，环球网，http: //world. huanqiu. com/exclusive/2018 - 10/13183520. html。

② "俄罗斯和印度签署六座核电站机组建设协议"，环球网，http: //world. huanqiu. com/exclusive/2018 - 10/13183520. html。

贸易额刚刚超过100亿美元，但双方能源进出口贸易额在2016年以前占双方贸易总额的比重都不及10%，从2016年开始双方能源贸易额占总贸易额的比重才有较大幅度的提升。印度从俄罗斯进口的能源占到从俄罗斯总进口的22.43%（2017年）、25.37%（2018年）。俄罗斯出口到印度的能源占对印度出口总额的比重也从2016年的4.54%上升到2017年的23.42%。随着印度经济发展进程的加快，我们可以预期，双方在能源领域的贸易额占双方贸易额的比重将会越来越大，这也凸显了双方能源合作在各项合作中的地位将越来越重要。

图8　印度从俄罗斯进口能源占从俄罗斯进口比重变化变化趋势

资料来源：根据联合国贸易统计数据库数据计算得出。

图9　俄罗斯出口到印度能源占出口到印度总额化变化趋势

资料来源：根据联合国贸易统计数据库数据计算得出。

双方通过相互渗透、资产交换、参与新能源建设的有效互动加强能源合作。俄罗斯可以在印度的石油、天然气和核能安全方面发挥更大的作用。但印度和俄罗斯之间石油和天然气的运输成本巨大也是制约两国能源合作的一个瓶颈。连接印度、伊朗、中东地区和俄罗斯的南北走廊为双方能源合作提供了巨大的潜力，如果两国的油气运输管道连接项目能够取得实质性进展，两国的石油、天然气合作将有一个巨大的飞跃。

　　核能合作未来将成为两国能源合作的亮点和重点领域。其一在于俄罗斯和印度有着悠久的核能合作历史，两国在20世纪70年代就开始了核能合作的项目，过程虽曲折，但俄罗斯对印度核电站建设的支持和核燃料的提供始终没有停止；其二在于核能作为未来的清洁能源，相对于传统石油、天然气等能源具有极大的成本优势。另外，印度目前核能发电提供的总发电量还不到4%，未来核能发电空间非常巨大，再加上俄罗斯在核能方面具有技术优势，这对于俄罗斯扩大核能出口来说也是非常难得的机会。所以，印度和俄罗斯双方都会充分把握机遇，未来俄印在核能合作方面将会有巨大的发展空间。同时，为了使自己的能源供应有充分的保障，印度正努力寻求与俄罗斯在更多的能源领域开展与推进合作项目。

美国制裁下的俄罗斯——挑战与选择

郑润宇[*]

【内容提要】2018年普京再次连任俄罗斯总统,任期至2024年,这也将成为普京最后的权力巅峰时期。在2018年,普京领导下的俄罗斯原本希望能有一个振作精神的状态,向世界展示一个依旧强大的帝国面貌。但是以美国为主导的西方世界似乎也刻意在2018年以更严厉的方式在全球范围内从各个层面打压和孤立俄罗斯:从平昌冬奥会针对俄罗斯国家身份的禁赛处罚,到严惩与克里姆林宫有密切关系的俄罗斯"大人物"的制裁措施,以及西方世界集体大规模驱逐俄罗斯外交官,更有特朗普对普京的无视与多次拒绝正式会面。在叙利亚战场上,俄罗斯也遭到美国的军事打击和挑衅。伴随着乌克兰的远离,俄罗斯自己也承认进入了一种前所未有的孤独状态。在《中导条约》问题上,美国更是在2018年给俄罗斯最后一个沉重的打击。这一系列贯穿全年的对俄罗斯的压制,使俄越来越陷入一种被动的局面。在美国和西方的压迫下,俄罗斯并未选择与西方摊牌决裂的方式。在这种环境下,中俄关系的共同利益也有了新的进展。中国对俄罗斯的有力支撑,使俄罗斯在应对美国和西方压力面前有着正面的作用;同时,俄罗斯能否顶住美国的压力,对中国而言也有着重要的战略支援意义。但从2018年美攻俄守的局面来看,未来的俄罗斯发展还存在巨大的变数。

【关键词】美国 俄罗斯 制裁

---

* 郑润宇,华东师范大学俄罗斯研究中心讲师。

一、俄罗斯虚弱强硬的开场

2018年俄罗斯的开局最初给人的印象是，面对西方压力，俄罗斯准备强势回归，并做出在世界舞台大有作为的样子。其中最有冲击力的标志是普京强硬的国情咨文和毫无悬念的再次总统连任。

在2018年初的俄罗斯总统国情咨文中，普京以强硬的姿态，用大篇幅反复强调俄罗斯的军事力量，甚至反复提及俄罗斯核武器的地位，称其新型战略武器的制造者是我们的"当代英雄"，"我们所展示的俄罗斯武装力量潜力会让任何侵略者的头脑清醒，俄罗斯新型战略武器系统是对美国退出反导条约的回应"。

国情咨文中曝光了俄罗斯七种新式武器系统，强调俄军方已经测试了几种新型核武器，其中包括一种射程无限、可以绕过任何导弹防御系统的巡航导弹。普京用很大篇幅展示了在美国退出《中导条约》之后俄罗斯研发的一系列最新战略武器，包括"萨尔马特"导弹系统、新型战略滑翔导弹系统、装有核动力装置的小型巡航导弹、无人潜航器、高超音速航空导弹系统、激光武器等，强调它们都能突破美国的反导系统。普京强调，俄罗斯不断增长的军事实力"保持着并将继续保持世界战略平衡和均势"。普京表示，俄罗斯或其盟国无论受到何种当量的核打击，俄都将立即用核武器还击。

在国情咨文中，普京首次使用视频宣传片展示了俄罗斯的新型武器，一度使人感觉俄罗斯要再一次通过战争的方式寻求自己国际战略的突破口，对外打开孤立局面，对内赢得更大程度的民众支持。

按照普京一贯的执政逻辑，通过一定程度的军事行动赢得国内民心的绝对支持是其最有效的手段——无论是通过最初的车臣战争，还是俄罗斯强势发展期对格鲁吉亚的战事，以及2014年挽回普京国内支持率的克里米亚行动。在国际格局发生大调整，以及俄罗斯持续多年呈现衰弱的实际状况，无力在全球展现更多作为的背景下，挑战与选择都摆在普京的面前。基于以往的执政经验及分析2018年初的一系列态势，普京似乎给人一种感觉：他是否会用战争的方式作为其连任后俄罗斯在国际舞台上的强力展现呢？

二、俄罗斯并未强硬的现实

实际上，2018年并没有上演普京在国情咨文中所展露的那种强硬对抗西方的剧情——2018年俄罗斯虽然延续了以往的强势外交方针，但在西方依旧四处碰壁，与美国的关系没有改善，在国际上受到美国及其盟友的持续打压。

最初美国大选期间特朗普的"亲俄门"，以及3月的意大利选举被称为普京的胜利等类似事件，使得俄罗斯对西方存在幻想，错误地认为自己在和西方的较量中仍有优势，有很多筹码可用，仍然假想能以优越姿态进入西方阵营。

在这一过程中，西方已经基本测试了普京的实际战略能力和可动用的手段。普京寻求继续通过外交、军事等手段介入叙利亚、乌克兰等周边热点，维持大国影响力，而在这几个战术领域，2018年以来美国都对其做了重大的压制。

美国对俄罗斯采取军事、安全为主的各种压力性测试，包括在俄罗斯周边及其核心利益区域制造有限动荡，以及有针对性的挑衅。实际上，俄罗斯并未解决这些危机，未能有效把美国制造的压力给顶回去，反而一次又一次地尝试与西方妥协。

2017年下半年至2019年初，美国陆续出炉《国家安全战略报告》（National Security Strategy）、《国防战略报告》（National Defense Strategy）、《核态势评估报告》（Nuclear Posture Review）、《导弹防御报告》（Missile Defense Review）等，明确将俄罗斯定位为"修正主义国家""战略竞争对手"，并与俄罗斯开展全方位、多领域的大国竞争。2018年，美国在国际上对俄罗斯从各个层面进行孤立和压制，在最大程度上打击俄罗斯的国际生存空间。

长久以来与美国进行较为强硬对抗的俄罗斯，在2018年基本处于全面退守状态，无力应对美国的挑战，形成一种极为被动的态势。俄前间谍中毒事件、叙利亚疑似化学武器袭击事件，以及由此而生的外交风波和美国对俄的新一轮制裁，导致俄美关系持续恶化，陷入冷战以来的最低冰点。

三、俄罗斯放弃与西方摊牌的现实

2018年，俄罗斯并未做任何与美国摊牌全面对抗的计划和举动。从可运用的能力来说，俄罗斯在核力量层面维持与美国的战略平衡，确保相互摧毁的能力。只要有这种平衡，俄罗斯就依然是大国，这也是它可以对美国产生压力的最关键的一张牌。在美国全面压制俄罗斯的背景下，俄罗斯没有任何启用核力量作为对抗筹码的计划。

目前，国际原有的游戏规则逐渐被打破，在美国与西方对俄罗斯整体压制已成为共识的背景下，俄罗斯原本可以在核力量方面启动一些威慑性的运作，其战略冲击力将是极其巨大的。俄罗斯若在核问题上有实际动作，必将影响西方目标一致的对俄阵营，在战术层面也将对敏感和脆弱的西方世界主导的国际金融市场产生重大冲击。这是美国和西方世界一向所恐惧的。

尽管2018年初普京的国情咨文特别强调核武器的作用以及俄罗斯使用核武器的意志，并在军事领域，包括军售、军事演习、叙利亚战场展现与美国战术层面对抗的姿态，但其从未从战略层面选择与美国进行对抗。

普京一度最为人称道的政绩是让俄罗斯恢复了在国际舞台上的重要地位。但实际上，2018年俄罗斯完全无意向美国摊牌，尽管来自美国的压力不断，俄罗斯也不打算与美国决裂。

（一）西方压制下的俄罗斯，一路挫折，贯穿全年

1. 平昌冬奥会的"羞辱"

2018年，美国整合整个西方世界，全面压制俄罗斯的国际生存空间体现在各个方面。美国在全世界最大型的体育盛会冬季奥运会上，给予俄罗斯最高层级的"羞辱"，让俄罗斯的国家形象在全世界面前崩塌。

国际奥林匹克委员会其实2017年就因俄罗斯禁药问题宣布撤销该国奥林匹克委员会会员资格，之后又针对俄罗斯代表队特设了2018年冬季奥林匹克运动会代表团。这些俄罗斯运动员在平昌冬奥会上只能高举奥林匹克旗帜参赛，若该国选手获得金牌，颁奖仪式会播放奥林匹克会歌。同时，该国运动员在该届冬奥会上所获奖牌将不计入俄罗斯队历届冬奥会所获总奖牌数。与俄罗斯相关的标志（包括国旗、国徽与国歌等）也不允许在冬奥赛场上出现。根据国际奥委会的规定，该队队服既不允许俄罗斯国旗中的全部三种颜色同时出现，也不允许使用任何象征俄罗斯的设计元素。

在平昌冬奥会期间，共有两例禁药违规与俄罗斯奥林匹克运动员有关，国际奥委会以这两例禁药案为由，决定不在该届冬奥会闭幕式上恢复俄罗斯

奥委会的会员资格。后来，由于对剩余药检样本的检查结束后未再出现与俄罗斯奥运选手相关的禁药案例，国际奥委会于 2018 年 2 月 28 日恢复了俄罗斯奥委会的会员资格。① 俄罗斯官员被禁止出席 2018 年平昌冬奥会。

尽管这只是一场体育赛事，但奥运会本身具有最高级别的全球关注影响力，在这个舞台上，西方以一种公开的方式"羞辱"俄罗斯，使其在全世界颜面扫地。纵观 2018 年全年，这只是西方世界全方位压制俄罗斯的开始。

2. 俄总统大选前——制裁俄罗斯"大人物"

自 2014 年克里米亚事件以来，美国一直在通过主导全球层面的制裁机制孤立和压制俄罗斯。美国最初通过限制俄罗斯的外部融资渠道、贸易及外交支持来孤立俄罗斯，限制俄罗斯的国际存在空间，直接制裁俄罗斯政界人士、庞大的能源部门及军工复合体。随着制裁升级，打击越来越精准和具体，开始了直接针对个人和企业的制裁。

2018 年 1 月 29 日，作为履行对俄制裁相关法案的一部分，美国财政部以俄罗斯"干涉"美国 2016 年总统大选为由再次扩大制裁名单，发布一份俄罗斯"高级政治人物"和"经济寡头"名单，其中包括与克里姆林宫关系密切的 114 个政要和 96 个"寡头"。这份 210 人的大名单，除了没有普京的名字外，从总理梅德韦杰夫、外长拉夫罗夫等政府高官，到银行行长、金属行业巨头和国有天然气垄断企业的总裁等商业大亨，可谓将俄罗斯的头面人物一网打尽。②

2018 年 4 月美国又宣布对俄一些企业和个人实施新一轮制裁，在制裁名单中上榜的有俄罗斯联邦安全会议秘书帕特鲁舍夫、内务部长科洛科利采夫、俄罗斯天然气工业公司总裁米勒、En＋公司总裁杰里帕斯卡以及外贸银行行长科斯京等 24 人和 14 家公司。制裁对象多为普京"核心圈子"成员，制裁手段包括冻结其在美国的资产、美国公民禁止与他们进行交易等。

---

① 维基百科词条："2018 年冬季奥林匹克运动会俄罗斯奥林匹克运动员"，https：//zh. wikipedia. org/wiki/2018%E5%B9%B4%E5%86%AC%E5%AD%A3%E5%A5%A5%E6%9E%97%E5%8C%B9%E5%85%8B%E8%BF%90%E5%8A%A8%E4%BC%9A%E4%BF%84%E7%BD%97%E6%96%AF%E5%A5%A5%E6%9E%97%E5%8C%B9%E5%85%8B%E8%BF%90%E5%8A%A8%E5%91%98。

② "俄罗斯反击美新一轮制裁：扩大黑名单中美国目标"，环球网，2018 年 3 月 16 日，http：//finance. sina. com. cn/stock/usstock/c/2018 - 03 - 16/doc - ifyshfuq4884885. shtml。

美国这种针对性极强的制裁向全世界的投资者发出明确信号，即在俄罗斯投资是不安全的，是充满不确定因素的，使外国投资者对俄罗斯的投资产生警惕，谁也无法确认自己对俄投资后是否会成为下一个被制裁的对象。①伴随着制裁，俄罗斯卢布曾出现近两年来的最大跌幅。

对高油价和卢布汇率的控制一直是普京执政以来俄罗斯经济增长的主要引擎。但在西方的制裁之下，外加俄罗斯经济结构改革的停滞和失败，俄罗斯失去了经济增长的动力。制裁使俄罗斯经济与外部世界隔绝，无法获得先进科技和资本。俄罗斯经济持续处于一蹶不振和停滞不前的状态。

从2018年以来越来越明显的国家状况来看，随着制裁越来越落到实处，经济压力影响了俄罗斯的长期发展前景，限制了外国投资和技术转让，加速了人才外流。由于制裁具有长期性，从长远来看，这种全方位的从人员到企业的制裁会对俄罗斯长久发展起到实质性的削弱作用。②

3. 俄总统大选后——全球驱逐俄罗斯外交官

2018年3月，普京在毫无悬念的情况下赢得总统连任。对于普京的连任，美国和西方并不太关心。但作为有可能是普京的最后一次任期，对于俄罗斯将走向何方、将如何面对世界，美国和西方世界却极为关注。既然美国曾经尝试努力对俄"重启"具有"妥协"特点的俄美关系已明确失败，那么恢复传统对抗和压制的手段对抗俄战略，就成为一个重要的选项以及一定程度的共识。

在这种共识的影响下，2018年3月，在英国发生斯克里帕尔事件（俄罗斯前特工中毒案），尽管事件发生在俄罗斯总统大选之前，但在大选之后却突然升级发酵。西方世界采取极其强硬的手法在国际层面给刚刚连任的普京一个下马威，借机将俄罗斯塑造成极端邪恶的帝国角色。

随之而来的全球驱逐俄罗斯外交官，则成为一个严重的国际外交风波。英国驱逐23名俄外交官，美国及西方国家相继采取外交和经济措施，发表针对俄罗斯的措辞尖锐的声明并驱逐俄外交官。

这场风波由英国牵头，英国首相认为俄罗斯应对毒杀事件负责，并在调查过程中一度将之上升为俄罗斯在英国本土的无差别生化攻击，其生化攻击

---

① https://www.cnn.com/2018/04/06/politics/russia-sanctions-list-whos-who/index.html.

② http://www.ftchinese.com/story/001080595?full=y&archive.

造成一系列民众的间接伤害。英国首相特雷莎·梅表示，英国有多达 130 人可能曾经接触到用来毒害斯克里帕尔父女的军事级别神经毒剂。① 因此，一个原本单个的毒杀事件，被上升为英国与俄罗斯国家层面的对抗。

美国全力支持英国，坚定地与北约伙伴国家采取一致立场，并推动全面提升对俄制裁，其重点就是驱逐俄罗斯外交官。一名美国高级官员甚至表示，驱逐俄外交官是为彰显与"我们最亲密盟友的团结，反制俄政府肆无忌惮地谋杀英国公民的企图"。② 包括 16 个欧盟国家在内的 23 个国家共驱逐了 233 名俄罗斯外交官，堪称冷战以来西方最大规模驱逐俄外交官的行动。

同时，美国政府为了解套"通俄门"，直接驱逐了 60 名俄罗斯外交官，并称"被驱逐的人员都是以外交官身份为掩护的情报人员"。此外，美国已启动有关程序，开始驱逐俄罗斯驻联合国使团中 12 名在美国居住的情报人员。美方还命令俄罗斯关闭其驻西雅图领事馆，理由是该领馆离美国海军潜艇基地和波音公司的工厂太近。美国官员们明确表示，此举不只是针对斯克里帕尔事件，更是对俄罗斯对其他国家主权和安全的更广泛"恶意蔑视"的回应，以及对其"不断采取攻击性和破坏稳定的行动"的回应。③

英国外交大臣约翰逊表示，美国、加拿大和欧洲国家协调驱逐俄外交官是"有史以来俄罗斯情报人员遭到的最大规模的集体驱逐"，表明"俄罗斯不能再违反国际规则而免受惩罚"。路透社援引英国首相特雷莎·梅的表态称，协调一致的措施"清楚地表明，我们都向俄罗斯发出最强烈的信号，即它不能继续藐视国际法"。④

在国际社会层面，欧美可以说是在没有任何证据的情况下直接大规模驱逐俄罗斯外交官。尽管俄罗斯否认自己与斯克里帕尔毒杀事件有关，也相应做出对等的反制措施，但显得力量非常有限。

尽管驱逐外交官对俄罗斯并没有实质意义的打击，但使俄罗斯在国际社会颜面尽扫。同时，在对俄问题上，美国领导的西方空前团结和统一的行动，会给俄罗斯带来一种极大的压迫感。而这一切都发生在普京刚刚连任的时间点。

---

① https://www.zaobao.com.sg/znews/international/story20180328 - 846223.
② http://news.ifeng.com/a/20180327/57091208_0.shtml.
③ http://www.ftchinese.com/story/001076908? full = y&archive.
④ http://news.ifeng.com/a/20180327/57091208_0.shtml.

4. 特朗普 V. S. 普京

奥巴马执政以来对俄"重启"战略，在实施多年后，却以失败告终。结束奥巴马的美俄关系定位，切割与奥巴马的对俄政策是特朗普就任美国总统后一直所执行的。2018 年，美国国内政治精英在反俄立场上也基本形成共识，不断加大对俄制裁和遏制力度是主线。尽管不排除特朗普本人对俄罗斯以及普京存在一些好感，但美国当前的主要政治生存以及政治正确性的选择，让作为美国总统的特朗普在实际操作中主要选择在国家层面打压孤立俄罗斯，在个人层面与普京保持距离。

困扰特朗普的"通俄门"事件，也是影响特朗普权力合法性的一个隐患。俄罗斯或普京对特朗普来说更多是一种政治负资产，而不是可加分的筹码。2018 年 4 月 27 日，美国众议院情报委员会结束"通俄门"调查，并做出没有发现特朗普竞选团队在竞选期间与俄罗斯串谋的结论。但是，特别检察官罗伯特·米勒、国会参议院情报和司法委员会等多个"通俄门"的调查仍在持续。针对特朗普的"通俄门"调查于 2019 年 3 月有了结论，调查官穆勒用时 22 个月、花费 2500 万美元得出一份报告，结论是没有发现俄罗斯干涉 2016 年美国总统选举的证据，但关于特朗普总统是否干涉司法并没有最后结论。俄罗斯干涉美国总统大选，始终是美国政界所担忧的一片阴雨乌云。美国国内政治中的反俄倾向仍在加强，对俄经济制裁措施一再被追加，国会对特朗普总统和国务院任何可能缓和美俄关系的举措都保持警惕。

2018 年特朗普和普京虽然有接触，但并未改善俄美关系，也未在具体的战略性合作上达成有意义的共识。2018 年原计划双方应有多次正式见面，但最终普京和特朗普只在 2018 年 7 月于芬兰赫尔辛基实现了正式会晤。会议本身一度被外界给予很高的评价和期望，并且在会议上双方在表面上谈及了很多领域存在合作的可能性。但会后美国国内对此次会晤批评不断，美国国内的政治力量认为特朗普与普京的会晤未能代表美国利益，加大了对特朗普的批评。

这次的会晤未能给特朗普带来任何政治上的加分，反而带来更多麻烦。之后的发展态势就是，特朗普无论是在对俄罗斯还是对普京个人上，明显更加注重强硬态度，并在任何重大国际问题上尽可能与俄罗斯划清界线。而且，从所有媒体报道和官方发言中可看出，2018 年除了赫尔辛基会晤本身外，特朗普和普京直接沟通的内容十分有限。

特朗普与普京原本计划于 2018 年 11 月在巴黎会晤，但也以一战结束 100 周年纪念不合适为由取消了。同时，因为 11 月 25 日俄罗斯与乌克兰在刻赤海峡发生冲突，特朗普总统更是直接宣布取消与普京总统原定的 12 月在阿根廷 G20 期间的会晤。这一切都凸显了俄美关系改善空间之微弱。

美俄两国之间的竞争、局部对抗和冲突一直未减，特朗普持续向普京施压成为主线。随着 2020 年美国总统大选启动，特朗普对普京示好或是"友善"的可能性更不大。普京希望通过与特朗普直接沟通协商缓解俄罗斯完全被国际社会孤立的努力基本没有实现。

5. 叙利亚战场——俄罗斯国际大国地位的低落

在改善俄美关系无望的情况下，俄罗斯进一步加大对中东外交和军事的投入，试图扭转整体战略被动。美俄均注意到叙利亚乱局与其他地区热点的相关性，并借此发挥影响力。普京涉足该地区的事务主要表现在：确保任何一方都无法全盘操控对中东稳定至关重要的一个国家；为俄罗斯提供了尝试新型武器和军事战略的机会；并通过向阿萨德政权之外的俄国传统盟友发出一个强大的信号——俄罗斯是可靠的。

此外，美国在深度介入叙利亚乱局的过程中，其中东政策大致成型，主要由以下要素构成：第一，拆散俄土伊利益组合，重挫俄在中东的影响力。第二，腰斩伊朗打造的"什叶派新月地带"，突破口是以"代理人战争"实现叙利亚"政权更迭"。第三，加固地区盟友体系。美国以沙特为体系轴心，以海合会为核心平台，以埃及、约旦等逊尼派国家为外围烘托，维护美国在中东的主导地位，包括经济和安全方面服务于"美国优先"，达成对以色列有利的巴以和平，推动阿以关系取得突破，遏制并搞垮伊朗。[1]

2018 年上半年，俄美两军在叙利亚一度接近发生武装冲突的边缘。2 月俄罗斯一架战机在叙利亚被击落；同月，俄罗斯在叙利亚的一队雇佣兵，在执行任务过程中遭到美军的伏击，美军地面部队呼叫空中火力，对这一队雇佣兵狂轰滥炸，一次性消灭了 300 多人，这成为俄罗斯在叙利亚最惨痛的一次损失。[2]

特别是 4 月的叙利亚危机，显示出俄罗斯在该地区力量的脆弱，以及美国清除俄罗斯在国际重点区域影响力的不变立场。4 月的叙利亚"化武疑云"

---

[1] http://www.ciis.org.cn/gyzz/2018-10/08/content_40526069.htm.
[2] http://www.sohu.com/a/330735590_100226961.

中，美欧再次将矛头指向叙政府及俄罗斯，并以武力相威胁，美国最终联合英法对叙实施导弹袭击。4月14日，特朗普联合英法对叙利亚发动军袭。战火烧在叙利亚，但打击的重点却在俄罗斯，这是对俄罗斯海外战略影响力的一次重大挑战。

全世界都在看俄罗斯的反应，俄罗斯却无力应对欧美的压力，面对这种挑战，其手头已无牌可用。4月对叙利亚的军事打击，就是对俄罗斯的直接摊牌，但普京并未做出正面反击。在这次叙利亚战场的美俄较量过程中，俄罗斯实际上选择了妥协，体现普京在处理危机中选择了避免与西方对抗升级的思路。

与俄罗斯总统大选前普京在国情咨文中反复强调安全和军事强大的姿态完全不一样，对于这次西方直接打击俄罗斯海外影响力的军事行动，俄罗斯方面只是发表了一个总统声明，甚至连普京本人都没有露面。声明的内容只有两点，一是口头谴责，二是寻求联合国维持公正。

俄罗斯表面上很强硬，但由于此前的双面间谍在英国中毒事件以及叙利亚化学武器攻击事件，俄罗斯在国际上已日趋孤立。俄罗斯在联合国安理会召集紧急会议，试图推动安理会通过决议，谴责联军对叙利亚的攻击。俄罗斯的决议草案仅获得安理会15个成员国中的3票支持，因此被否决。除了俄罗斯自己，仅有中国和玻利维亚投了赞成票。

美国主导的中东安全格局正一步步由原先的以巴以安全为核心，转变为以库尔德人安全为主要议题，这直接将叙利亚、伊朗、土耳其等卷入其中。在目前的形势及中东棋局中，如果俄罗斯还想拥有话语权，必须选边站，因此其选择与西方妥协的可能性极大。从长远来讲，如果俄罗斯选择与西方妥协，中国也将面临更多的西方世界的直接压力。

虽然2018年12月美国总统特朗普宣布将从叙利亚撤军，但是俄美在叙的竞争并未结束。俄美还在伊朗核协议问题上立场相佐，不断较劲。一年来，双方在各领域的角力深刻影响着叙利亚局势的走向。俄罗斯未来在中东如果顶不住西方压力，一定程度上有可能导致其在国际上全面退缩。

6. 乌克兰的远离——俄罗斯真正孤独的开始

2018年的乌克兰局势中，一直夹杂着来自俄罗斯与美国的因素。在乌克兰战场上，俄美之间进行着另一种较量。美国从2018年开始向乌克兰提供"标枪"反坦克导弹等致命性武器，从而使美俄在顿巴斯冲突问题上更加对立。

从 2014 年克里米亚事件以来，俄罗斯尽管在克里米亚取得成功，但却真正将自己的"兄弟"乌克兰伤害了，乌克兰与俄罗斯真正开始走向不同方向。2018 年 4 月乌克兰宣布正式退出独联体，并关闭位于白俄罗斯明斯克的乌驻独联体总部各相应机构的代表处。

乌克兰退出独联体，基本意味着原本已经长年失效的独联体更加形同虚设，并且于独联体范围内再一次在"去俄化"的道路上做了一个示范。目前，中亚领导人峰会在探讨与俄罗斯拉开距离，白俄罗斯也显示出要与俄罗斯划清界限的迹象。这些都标志着俄罗斯开始真正走向绝对的全球孤立。

正如 2018 年 4 月普京的首席智囊苏尔科夫在俄罗斯《全球事务》杂志上发表的文章《混血者的孤独》所称，俄罗斯正在进入"百年孤独"。苏尔科夫认为，2014 年吞并克里米亚是俄罗斯与西方间史诗般旅程的终点，俄罗斯许多尝试融入西方文明的努力在此终结。尽管孤独并不意味着完全与世隔绝，但在一定程度上显示出，俄罗斯在美国的压制下，国家战略重点已从全球层面转至自身传统势力范围。

7. 中导条约——2018 年来自美国最后的压迫

尽管 2018 年上半年俄罗斯在美国的压制下从各个层面选择了尽可能的容忍和退让，而在夏天俄罗斯承办的举世瞩目的 FIFA 足球世界杯期间，美国和西方给了俄罗斯相对平缓的宽松期，并没有在此期间打压俄罗斯，但除此以外的 2018 年下半年，俄美关系的恶化不仅没有任何改善，而且进一步加剧，其中在《中导条约》问题上更是显示出俄美的破裂。10 月 20 日，特朗普总统宣布美国将退出《中导条约》，并指责俄罗斯长期违反该条约。随后美国总统国家安全事务助理博尔顿访问俄罗斯，此行的任务之一就是通报美国将要退约。12 月 4 日，美国国务卿蓬佩奥在布鲁塞尔表示，如果俄罗斯在 60 天后仍未恢复遵守《中导条约》，美方将暂停履行自己的条约义务。尽管俄罗斯努力挽留，欧洲国家也主张保留，但已无法挽回局面。

美国退出《中导条约》，将给全球战略稳定造成新的打击，使俄美两国更加难于再次签署核军控协议；欧洲和亚太地区可能出现军备竞赛，区内强国将积极研发中短程导弹，世界大国在这些地区的地缘政治竞争将会加剧。

随着在裁军问题上面临新的格局，俄美双方在军事方面进行着示威性的对抗。双方大规模军演不断，"新冷战"阴影加重。9 月 11 日，俄联邦成立以来规模最大的战略演习"东方—2018"拉开帷幕。10 月 25 日，北约开始在挪威及其周边地区举行"三叉戟接点 2018"联合军演，这是北约自冷战结束以来规模最大的联合军演。

四、被压制下的俄罗斯走向何方

2018年俄罗斯政治思潮对国家定位和认同有新的变化，俄罗斯判定现有全球资本主义已发展到极限，在新的全球危机面前，国际关系格局力量将再分配和重构。在新的世界经济架构竞争中，俄罗斯应做出重要的改变。[①]

从俄罗斯内部环境看，据社会研究机构Levada研究中心的民调结果显示，俄国民众对普京最大的不满是他未能缩小国内的贫富差距，其次是未能对市场化改革中的损失提供补偿。除了斯大林之外，没有其他人掌权的时间超过普京，今后普京还会掌权多久呢？这个问题目前还没有答案。内外交困的局面会一定程度上加剧国内反对力量的高涨。俄罗斯国内反普京的各类反对派运动极为密集，也成为全年一直存在的声音。在总统权力绝对稳固、确保中央权力有绝对掌控的大环境下，俄罗斯地方层面权力离心情况严重，以及对内退休改革问题引发的底层民众的普遍不满，都成为普京领导下的俄罗斯能否稳健前行的安全隐患。

捍卫俄罗斯民族利益，叫板西方是普京赢得国内支持的主要支柱。2018年全年，在西方测试性压力不断升级的情况下，普京并没有像中国那样把压力顶回去，反而越来越显出颓势。

而且，俄罗斯也毫无能力捍卫自己的传统盟友以及重要的海外利益，俄罗斯的国际大国地位已在公众面前崩溃。普京并不打算与西方真正完全决裂，仍然留有一丝幻想，希望与西方最终和解，并在和解之前一厢情愿地计划通过俄罗斯国内开发解决问题。但这对于俄罗斯的发展来说，无论是过去还是现在都是不现实的。俄罗斯有能力靠内部资源生存，但这样一个妥协的、顶不住西方压力的政府很难得到国内的认可。"由于实力对比的落差加剧，两国昔日以全球战略稳定对话为核心的议事日程已经日趋空心化，而虚弱的经济联系又令双方很难展开双赢式合作，因此试图干预对方的国内政治成为两国迫不得已的游戏规则选项，这使双方的结构性矛盾从全球安全、地缘政治延伸到国内政治，从而进一步恶化了双方的相互认知，致使美俄关系陷入了

---

① https: //www. ydylcn. com/skwx_ydyl/databasedetail? contentType = literature&subLibID = undefined&type = undefined&SiteID = 1&contentId = 7744377&status = No.

每况愈下的'负循环'。"①

目前俄罗斯的形势与第一次世界大战后俄国面临的状况非常相似，顶不住外部直接威胁和冲击的直接后果就是内部发生革命和政权更迭。从目前普京的反应来看，这种危机的可能性会更大。

从 2018 年俄罗斯应对美国挑战的反应来看，根据俄罗斯当前的国内局势，有必要对以下假设在未来做跟踪性研究：一旦普京的权力基础不稳，长期权力集中的体制必然相应崩盘，内部政治局面是否会出现混乱？原先因完全被打压而无实质政治影响力的反对派，是否会成为新的俄罗斯新生代政治力量？俄罗斯一旦选择向西方妥协，并在后普京时代由亲西方力量执政，俄罗斯是否会选择加入西方阵营？

五、中俄关系发展

伴随着美国在国家战略上明确地将中俄绑定在一起视为对手，中俄之间的安全共生性也就显得更加明显和必要。随着 2018 年以来中美贸易战的升级，俄罗斯尽管相对置身事外，但也并不能从中受益。随着中美对抗升级，全球经济必将受到消极影响，俄罗斯原本就经济结构单一、严重依赖资源出口的状况，也将遭受冲击和巨大损失。

2018 年美国对俄罗斯的压制不断升级，俄罗斯能否有效顶住来自美国的压力，而不是选择妥协，对中国有着直接的国家安全意义。

美国的对华贸易战以及对俄罗斯的全面国际孤立和封锁，在一定程度上促使中俄两国更加接近。尽管从中俄双方政府的表态和行动上看两国并没有任何重新结盟的意向和计划，但在西方的视角中俄实际上已经越走越近，而这一切是美国施压造成的。政治风险咨询机构 GPW 的资深分析师弗洛伦斯·卡希尔的评述有一定的代表性，她认为北京和莫斯科在向外界展示，贸易战和制裁只会促使它们发展新的联盟。只要它们主导的世界观受到美国主导的世界秩序敌意的影响，莫斯科和北京在各个层面的相互合作而不是竞争可能会更加明显。②

---

① 冯玉军："美俄关系新发展与中国的政策选择"，《国际问题研究》2018 年第 4 期，http: //www. ciis. org. cn/gyzz/2018 - 07/25/content_40434373. htm。
② http: //sputniknews. cn/politics/201812281027230999/，https: //www. voachinese. com/a/news - us - policy - drives - russia - china - together - ahead - of - summit - 20180910/4565186. html。

2018年对中俄两国而言都是一个新的政治周期的开始。3月17日，习近平再次当选中华人民共和国主席，而3月18日的俄罗斯总统大选中普京再次连任。中俄两国最高领导人在2018年共进行了4次会晤，双方的民间合作也更加频繁和常态化。

2018年两军举行了"海上联合—2018"军事演习、上合组织框架下的"和平使命—2018"联合反恐演习、"国际军事比赛—2018"等常规军事合作活动。最令人瞩目的是，2018年9月11—17日俄罗斯在远东进行了冷战以来最大规模的军事演习"东方—2018"，中国方面以较高规模第一次从战略层面深度参与其中，引发世界对此极大的关注。它标志着中俄深层政治互信背景下，两军合作也达到新高度，成为中俄深度合作一个重要信号。

2018年10月，列瓦达所做的舆情调查显示，75%的受调查者对中国有好感。而据当时中俄头条客户端俄罗斯iPanel公司等所做的"2018中俄关系民意调查"显示，中国民众对中俄关系、俄罗斯的态度更积极正面，中国受访者中的93.6%积极评价当前中俄关系，91.5%当时对俄罗斯的外交政策持积极评价。尽管中俄文化差异较大，仍存在一些问题，但相互认知水平、相互好感程度都有所提升。

中俄之间高层政治互信的加强、民间交流的全面推进、军事领域的深度合作，为中俄双方在共同应对美国压力方面建立了更加稳固的合作基础，促使两国在应对美国压力面前可以有效地进行配合，以应对挑战，从而有效维护各自的国家利益。

六、结语

2018年对于俄罗斯而言是很头痛的一年，其面临太多来自内外的压力，其中主要是美国主导的西方世界的全方位压制。尽管对于俄罗斯的封锁孤立自2014年克里米亚危机以来一直存在，但在2018年显得尤为集中，并且每次对抗都有很大的冲击力，对俄罗斯的国家形象及其国际地位都产生了巨大影响。这是否会成为普京最后一届任期内俄罗斯面临挑战的一个征兆，以及该如何评估俄罗斯在这种压力下的反应，都非常值得回味和深思。

前行和发展中的塔吉克斯坦

曲文轶[*]　张小帆[**]

【内容提要】 塔吉克斯坦是中亚国土面积最小的国家，也被国际社会评价为区域最贫穷的国家。1991年独立之后连续5年的内战对塔吉克斯坦本就薄弱的国家经济而言更是雪上加霜。要素禀赋的限制，加之落后的基础设施，使其社会经济发展一度陷入令人忧虑的局面。当局在独立后的几十年间，实施开放性的对外政策，不断吸引外国投资，以改善基础设施建设，推动经济多元化发展。2018年塔吉克斯坦社会经济稳中有进，GDP增速超过预期，通货膨胀控制在预期目标之内，贫困率继续保持下行趋势。当然，不可否认，国家在发展的同时依然面临着诸多风险和挑战，迫切需要应对经济对外依赖性强、金融体系薄弱、信贷债务危机等问题。因此，当局仍在经济结构性改革、工业化发展战略和推动私营部门发展等方面不断探索。

【关键词】 塔吉克斯坦　经济　发展　外交

塔吉克斯坦位于中亚东南部，国土面积为14.31万平方公里，人口910万人，是中亚国土面积最小的国家。其境内山地连绵，山区占国土面积的93%，被称为"高山之国"。国家以丰富的矿产资源驰名内外，铀储量居独联体首位，铅、锌矿居中亚第一位。水资源丰富，人均水资源拥有量居世界第一位。塔吉克斯坦是最早加入上海合作组织的成员国之一，多年来一直秉承和发扬"上合精神"，在推动区域合作、打击"三股势力"、维护区域和世

---

[*] 曲文轶，华东师范大学俄罗斯研究中心、国际关系与地区发展研究院教授、博士生导师。

[**] 张小帆，辽宁大学国际经济政治学院博士生。

界安全方面起到积极作用。在地缘战略中，塔吉克斯坦是抵制毒品、军火、恐怖主义、极端主义以及非法移民犯罪的坚实盾牌，多年来不仅维护了自身的国家安全，而且保证了地区、独联体甚至欧洲国家的安全。2018年全球经济从弱复苏逐步走向复苏，总体保持稳定增长。随着外部环境的改善和俄罗斯经济日益走出危机，塔吉克斯坦经济在艰难竭蹶中多元化增长，2018年GDP总额达72亿美元，增长7.3%。[1] 高速度的经济增长源于政府积极的财政政策和强劲的外部投资。区域合作的深化和国内基础设施的改善，给塔吉克斯坦经济发展注入充沛动力，然而结构改革基础依然薄弱，金融体系内阻碍私营部门发展的问题突出，长期的银行危机以及商业环境尚未明显改善也给其经济前景蒙上了一层阴影。塔吉克斯坦面临的真正挑战不仅包括维持经济高增长率，还有推行政策性改革，以促进经济的包容性增长。

本文从塔吉克斯坦2018年社会经济发展的动态出发，主要介绍和分析国家经济发展形势、取得的成绩和存在的问题，着重突出发展中的创新和特点。

一、社会经济实现五年来最快增长

2018年塔吉克斯坦经济实现了自2014年以来最高速度的增长，GDP增速由2017年的7.1%增长到7.3%。政府预期的经济增长率为7%，实际增长率高出预期（见图10）。[2] 推动经济增长的关键因素是投资和内需拉动。大量公共投资和不断增加的境外汇款促进建筑业的进一步发展，并有助于推动国内需求的增加。供给方面的主要推动力是工业，其次是服务业和建筑业。

据独联体统计委员会的数据显示，2018年塔吉克斯坦是独联体国家中GDP增长最快的国家，其次是土库曼斯坦（6.2%），排列第三的是亚美尼亚（6.0%）。整个独联体地区的增长率为2.2%。[3]

2018年，农业和工业在塔吉克斯坦GDP结构中的份额分别为18.7%和17.3%；其次，贸易份额占14%，交通运输占10.8%，税收占10.6%，建筑业占9.7%（见图11）。[4]

---

[1] 俄罗斯"финам.ru"网站，2019年1月22日。
[2] 塔吉克斯坦"Avesta.tj"网站，2019年1月16日。
[3] 俄罗斯"REGNUM"新闻社，2019年2月15日。
[4] 塔吉克斯坦"Avesta.tj"网站，2019年1月16日。

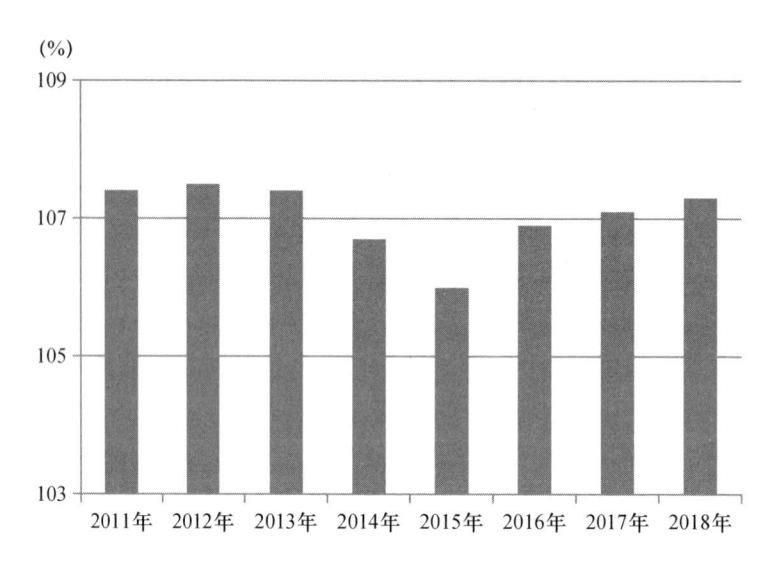

图 10 2008—2018 年塔吉克斯坦 GDP 值与上一年同比

资料来源：塔吉克斯坦"Avesta. tj"网，2019 年 1 月 16 日。

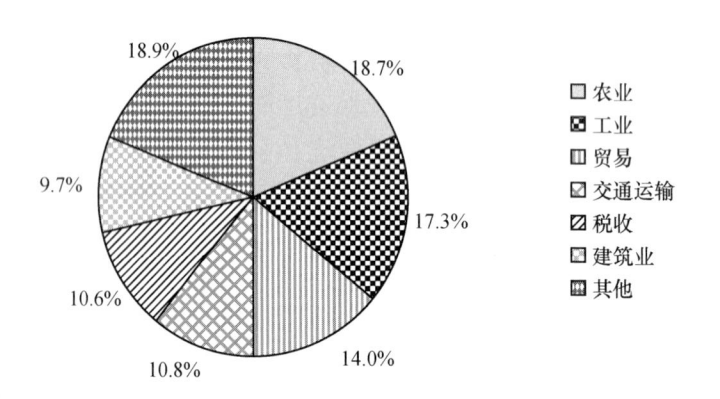

图 11 各行业对经济增长的贡献率

资料来源：Агенство по статистике при Президенте Республики Таджикистан. Статистический ежегодник Республики Таджикистан 2018. С. 200 塔吉克斯坦"Avesta. tj"网，2019 年 1 月 16 日。

二、农业经济稳中有增

农业经济发展方面，塔政府除了继续贯彻执行《2012—2020年塔吉克斯坦共和国农业改革方案》外，还在农业支出上给予支持。农业支出占国家预算支出结构中的份额从2017年的2.94%增加到2018年的3.17%，即从2017年的653万美元增长到2018年的743万美元。① 根据塔吉克斯坦2018年9月出台的政府命令，在2019年国家对外借款方案和2020—2021年指标预测中确定农业部门和土地复垦将包括18个贷款项目，旨在恢复和发展农业，主要用于修复灌溉系统、灌溉土地和发展棉花产业。

2018年1—11月，塔吉克斯坦农业商品产值超过25亿美元，超过2017年同期价格4.1%。农作物和畜牧业的增长速度分别是3.6%和5.4%。截至2018年12月1日，谷物类作物产量120万吨，棉花产量19.75万吨，马铃薯产量95.41万吨，马铃薯产量比上一年同期增长24.1%。②

（一）果蔬出口略有增加，棉花出口额下降

2018年塔吉克斯坦向全世界超过25个国家出口约13.6万吨蔬菜和水果，出口净利润约1800万美元，其中干果、葡萄、洋葱的出口份额名列前茅。棉花出口9.3万吨，销售额约1.82亿美元。③ 2018年塔吉克斯坦棉花产量仅略超过30万吨，下降到近5年的最低水平，与2017年同期相比减少22.3%。在塔吉克斯坦出口的纺织产品中，超过70%是原棉纤维。④

塔政府一直倡导棉纤维加工计划，曾在2007年通过在2015前建立全棉加工系统的计划。然而事实证明，尽管政府在该项目上承诺了高额的收入并创造约4万个新的就业岗位，但该项目仍然没有成功实施。塔总理卡黑·拉

---

① Каримова Мавзуна: Обзор сельскохозяйственной торговой политики за 2017 - 2018гг. Таджикистан. //Ежегодное заседание Группы Экспертов по вопросам сельскохозяйственной торговли в Европе и Центральной Азии 5 - 6 июля 2019года. Кишинев, Республика Молдова.
② 塔吉克斯坦"Avesta. tj"网站，2018年12月19日。
③ 塔吉克斯坦"Sputnik Tagiki"网站，2019年1月30日。
④ 塔吉克斯坦"Sputnik Tagiki"网站，2019年1月30日。

苏尔佐达曾在列举2018年社会经济成就的同时，指出该年度经济发展中的不足，并着重提到轻工业和棉花加工领域的问题。拉苏尔佐达称，本国棉花产业链不完整的原因之一是许多纺织工业企业全面或部分停产。例如2018年，马斯特金（Мастчин）地区的奥利姆·特克斯塔尔封闭式股份公司（ЗАО《Олим Текстайл》）、瓦理佐达·马斯特丘赫开放式股份公司（ОАО《Вализода Мастчох》）、瓦谢尔（Восей）地区的萨马尔开放式股份公司（ОАО《Самар》）、努列克（Нурек）地区的博法达依·诺拉克开放式股份公司（ОАО《Бофандаи Норак》）等企业都处于完全闲置状态。

（二）面粉进口量下降，小麦进口额上升

塔吉克斯坦正逐步减少面粉进口，取而代之的是增加小麦进口，将进口的小麦在国内进行加工。2018年前7个月面粉进口1.9万吨，价值400万美元，与2017年同期相比下降1.17万吨。在此期间，小麦进口66.12万吨，价值1.68亿美元，与2017年同期相比增加近13.22万吨。① 哈萨克斯坦仍是塔吉克市场面粉和小麦的主要供应国。

要满足塔吉克斯坦的面粉需求，每年至少需要170万吨小麦，而塔国的小麦产量达不到这一数量。塔吉克斯坦农业部种植司首席专家阿布杜克吉尔·亚吉莫夫指出，2018年前10个月本国的小麦产量为54.6万吨，比2017年同期减少9.3万吨。② 农业部门也试图通过提高产量来填补小麦的需求量，但由于客观原因未能实现，主要是肥料成本高、土地枯竭、缺少灌溉系统等。

塔吉克斯坦共和国农业部土地政策和粮食安全监测部门负责人巴霍杜尔·纳扎罗夫称，塔吉克斯坦每人每年谷物食品需求约147.7万公斤，900万人口每年合计需求面粉130万吨，相当于170万吨小麦。③ 目前塔吉克斯坦还没有能力做到面粉自给自足，小麦或面粉的进口将持续。

据统计，塔吉克斯坦面包食品的消费标准在中亚地区偏高。塔吉克斯坦

---

① 塔吉克斯坦"Avesta. tj"网址，2019年1月22日。
② Сайфиддин Караев: Почему Таджикистан обречен на вечный импорт муки. //Asia - Plus. 30 октября 2018.
③ Сайфиддин Караев: Почему Таджикистан обречен на вечный импорт муки. //Asia - Plus. 30 октября 2018.

每人每月的谷物食品消费量是12.1公斤，哈萨克斯坦是9公斤，吉尔吉斯斯坦是9.61公斤，世界卫生组织给出的标准则是11.6公斤。① 这与传统的饮食文化和气候有关，同时也是因为塔的大部分人口相对贫困，很多家庭甚至没有能力购买其他食品来丰富自己的餐桌。

哈萨克斯坦正在研究限制谷物出口的问题，并对本国的谷物进行全面加工，这可能会对塔吉克斯坦面粉生产造成不利影响。根据纳扎罗夫的说法，如果哈萨克斯坦决定限制小麦出口，则会增加面粉出口。塔吉克斯坦从哈萨克斯坦购买小麦并在国内加工面粉，国内面粉生产企业将面临缺乏原材料的困境。据专家分析，面粉的进口价格比小麦贵一些，所以由此可以看到未来两种发展方向，即面粉厂关闭和转产，或者在经济合理的情况下从其他国家进口小麦。在这两种情况下，该产品的价格将会上涨。国家可以通过提供优惠政策来给予支持，以防止价格过快增长。

因此，塔吉克斯坦应加速其他经济部门的发展，并可以考虑以牺牲利润的代价来进口谷物，特别是在人口逐年增长、耕地面积日益减少的情况下。但这并不意味着该国应完全放弃了小麦的生产。首先，它是该国具有重要战略意义的产品。其次，必须支持国家的小麦种植文化，以保护其基因库，并满足部分人口对面粉的需求。

三、工业显著增长，但问题重重

2018年，工业对塔吉克斯坦GDP的贡献仅次于农业，占据重要地位。据塔吉克斯坦工业和新技术部的统计数据显示，2018年采矿业和电力行业约占工业产值的一半，分别占26%和23.2%，其次是食品工业占19.9%、建筑材料占10.8%和棉花加工占10.3%。

塔吉克斯坦企业负债问题突出。塔境内大中型企业债务在一年内增加了近210亿索莫尼（约合22亿美元）。截至2018年10月1日，企业和单位（不包括小企业）债务合计达634亿索莫尼（约合67亿美元），与2017年10月1日相比增长近210亿索莫尼。亏损企业约占企业总数的28%。亏损最

---

① 塔吉克斯坦"ASIA - Plus"网站，2018年9月26日。https://www.asiaplustj.info/ru/news/tajikistan/economic/20180926/v - tadzhikistane - opredelili - normi - pitaniya - nashih - zarplat - na - edu - ne - hvatit.

严重的是制造业，占比27.6%，建筑业占14.7%，运输、仓储和通信业均存在亏损。①

在塔吉克斯坦，最大的债务人是国有企业，其中亏损最严重的是国家电力公司（ОАХК《Барки Точик》），债务几乎占全部企业债务总额的1/4，2018年欠款总额超过220亿索莫尼（约合22亿美元）。该公司的管理层表示，2018年欠款总额中有185亿索莫尼（约合20亿美元）是拖欠项目贷款，其余是拖欠税款、商业银行贷款和水力发电厂费用等。②

国家电力公司持有政府向电力行业股份制公司转让的股份，并享有持有、使用、处置其所管辖的企业和机构的资产的权利。该公司旗下有24个股份制能源项目，其中有10家分公司员工规模超过1.2万人。2018年该公司的电力产量超过162亿千瓦时。与2017年同期相比，2018年电力产量增加了8.6亿千瓦时。③ 主要措施包括更换努列克水电站9号机组的叶轮，使该机组的容量从160兆瓦提升到335兆瓦。杜尚别1号热电厂通过改用天然气实现热量产量增加，2018年的热量产量达到65.68万克卡，比上一年同期增加22.87万克卡。④ 国家电力公司与邻国进行电力交易，夏季塔吉克斯坦可以向该区域的国家出口约50亿千瓦时的电力。2018年2月，该公司宣布与阿富汗能源公司签署了长期电力供应协议。根据该协议，2018年塔吉克斯坦向阿富汗的电力出口将增加到15亿千瓦时。同年4月初，经过9年中断供电后，塔国家电力公司恢复了对乌兹别克斯坦的电力供应。根据双方达成的协议，在夏季塔吉克斯坦以每千瓦时2美分的价格为乌兹别克斯坦提供15亿千瓦时的电力。

然而，由于巨大的债务问题，国家电力公司不得不面临重组问题。根据2018年5月16日司法部公布的政府命令，在国家电力公司基础上再创建两家新的股份制有限公司——"传输电网开放式股份有限公司"和"配电网开放式股份有限公司"。政府命令顺利执行后，国家电力公司将只负责电力生产，两家新公司将从事电力的分配和输送。国家电力公司的重组计划早在

---

① Пайрав Чоршанбиев: Задолженность таджиксикх предприятий за год выросла на 2. 2 млрд долларов// ASIA - Plus 18 декабря 2018.

② Муллораджаб Юсуфзода: Свыше 22 млрд сомони. Долги "Барки точик" растут как на дрожжах// Радио Озоди январь 29, 2019.

③ 塔吉克斯坦"NOVOSTI. TJ"网站，2019年1月14日。

④ 塔吉克斯坦"NOVOSTI. TJ"网站，2019年1月14日。

2011 年就已获政府批准，重组资金为 723.14 万欧元，① 特聘请国际咨询公司参与计划的实施。塔政府责成能源部、国家税务委员会和电力公司在限期 3 个月内明确上述股份制公司的资产权利和义务并提报给国家投资和国有资产管理委员会。但事实上，该重组工作并没有进展得那么顺利。根据国家电力公司代表的说法，推迟执行政府决议的原因是国家投资和国有资产管理委员会审核重组文件的时间过长。

高赋税是造成企业债务问题的重要因素之一。2017 年底，国家电力公司成为塔国欠税最多的企业之一。根据塔吉克斯坦税务委员会主席于 2018 年 2 月对外公布的信息，2017 年国家电力公司欠税高达 1.01 亿索莫尼（约合 1150 万美元）。② 塔政府 2018 年的税收（全部税项和海关关税）收入合计 158 亿索莫尼（约合 17 亿美元），占国家财政收入的 70%。③ 该年度国家的财政预算是 147 亿索莫尼（约合 16 亿美元），即通过税收（主要是增值税和所得税）为国家财政多获取 4.2 亿索莫尼（约合 4454 万美元）的收入。塔吉克斯坦在普华永道会计师事务所与世界银行合作的《2019 年世界纳税报告》中被列入税收负担最高的前 9 个国家之一。根据该报告的研究结果，塔吉克斯坦总税率（税收在企业利润中的比重）为 67.3%。④

塔吉克斯坦企业家协会称，2017 年有超过 20 万名塔吉克企业家停止了其企业的业务，其中大部分是持有企业家资格证书和科研专利的资深人士。另据国家投资和国有资产管理委员会公布的数据显示，在 2014—2017 年间，超过 7300 个大中型企业关闭其在塔境内的业务。仅 2018 年上半年，就有 558 家此类企业停业。⑤ 议会议员和经济改革党主席奥利姆忠·波波耶夫在接受记者采访时指出，与其他国家相比，塔吉克斯坦的税率令人望而却步。此外，商品和服务的成本也在增加，例如水电费等，企业家的利润率很低。国家制定的税率不应该超过 36%—40%，而在塔吉克斯坦则相当于 86%。也就是说，如果一个企业家获利 1 索莫尼，那么他必须向所在的州支付 80 迪拉姆的税，余下的 20 迪拉姆无法满足开展业务的需要。

---

① 塔吉克斯坦"Радио Озоди"网站，2018 年 5 月 16 日。
② Абдулло Ашуро: В Таджикистане решили реорганизовать энергохолдинг《Барки точик》. //Радио Озоди. Май 16, 2018.
③ 塔吉克斯坦"ASIA - Plus"网站，2019 年 4 月 9 日。
④ 塔吉克斯坦"Радио Озоди"网站，2018 年 12 月 25 日。
⑤ 塔吉克斯坦电报通讯社"Таджик ТА"，2019 年 3 月 25 日。

同时，问题也出现在国家电力公司的内部管理上，根源在于管理水平低、缺乏透明度和问责制等。塔吉克斯坦分析师西姆赫金·杜斯特穆哈玛金耶恩指出，从收取电费的问题上就能够看出国家电力公司管理缺乏责任制。截至2018年底，用电者拖欠国家电力公司电费约23.1亿索莫尼（2亿美元）。其中居民用电拖欠9.57亿索莫尼（1亿美元）。此外，国家电力公司的主要债务人还有塔吉克铝业公司（3.9亿索莫尼）、灌溉和土地地籍管理局（1485万美元）、农场（1739万美元）、国有水管公司（442万美元）、市政单位和机构（554万美元）。① 据马施云国际会计事务所对国家电力公司的审计结果显示，仅在2017年该公司的业务亏损就高达30.41亿索莫尼（3亿美元）。

（一）兴建罗贡水电站，以实现能源独立

2018年10月，塔吉克斯坦的社交网络引发了关于电力短缺的热议。有关令民众"嗤之以鼻"的恢复限电的传闻席卷全国各地，当局立即公开做出解释称，造成停电的原因是电力系统的季节性维修。

塔国电力短缺的问题要追溯到2009年乌兹别克斯坦退出中亚能源系统（CAPS）以及单方面禁止土库曼斯坦沿乌兹别克斯坦的能源线路向塔吉克斯坦输入电力，由此造成塔境内能源严重短缺。据世界银行的研究指出，当时塔吉克斯坦大约70%的人口在冬季处于缺电的状况中。电力短缺水平约为2700千兆瓦小时，即总电力需求的1/4左右。根据计算，经济损失每年超过2亿美元。② 塔吉克斯坦电力工业的另一个问题是北部电力缺乏地区与南部电力过剩地区之间缺乏输电系统。南北高压输电线路（500千瓦，总长度386公里，造价2.82亿美元）和哈特隆—奇兰扎尔（Хатлон - Чиланзар）线路（220千瓦，总长度90公里，造价5800万美元）经2006—2009年间建设并投入使用后才形成南北统一的电力系统。在过去几年里，为弥补电力缺口，塔政府启动了两个中型水电站——参格图金1号（Сангтудинская ГЭС - 1）和参格图金2号水电站（Сангтудинская ГЭС - 1）以及数十个小型水电站，但电力问题一直未得到彻底解决。

---

① 塔吉克斯坦"Радио Озоди"网站，2019年7月19日。
② Энергетика Таджкистана. Из-за аварии в электрических сетях Таджкистан практически полностью погрузился во тьму. http://proenergo.blogspot.com/.

2016年10月28日，由于电力系统发生事故，塔吉克斯坦90%的地区断电。由于事故发生的时间是傍晚6时30分，该国几乎完全陷入黑暗。自此事故之后，塔吉克斯坦共和国总统埃莫马利·拉赫蒙亲自参与了截断瓦赫什（Вахш）河河道工程。该工程是罗贡水电站项目的一部分。

2018年11月16日，在罗贡水电站首台发电机组启动仪式上，总统拉赫蒙按下红色按钮，然后在机器边缘放下一枚硬币。硬币没有掉落，证实机器工作时没有振动，自此标志着罗贡水电站第一台发电机组实现并网发电。该项目共由6台600兆瓦发电机组组成，设计装机容量为3600兆瓦，预计年发电量为131亿千瓦时。目前有超过2万人、50余家国内外企业参与了该项目建设。其中，项目最重要的工程——坝体工程由意大利的一家公司承建。项目整体预计2024年全面投入运营，届时罗贡将成为中亚地区最大的水电站，满负荷运营的情况下能够满足整个中亚地区的用电需求。

罗贡水电站是塔吉克斯坦为期较长的建设项目之一。该项目于1974年获得苏联国家建设委员会的批准，1976年启建。2004年塔吉克斯坦与俄罗斯鲁萨尔（РУСАЛ）公司签订了建设罗贡水电站的协议。但是双方就资产份额以及坝体类型和高度问题未能达成一致，于2007年终止协议。与此同时，塔吉克斯坦宣布，从能源自给自足的角度出发继续建设罗贡项目。2010年根据总统命令，罗贡水电站的建设正式恢复。联合国责成世界银行对水电站项目进行可行性研究，可研工作于2015年完成，对水电站的抗震性和坝体的安全性给予了证实。根据设计，罗贡水电站位于塔吉克斯坦共和国瓦赫什河上游，大坝为斜心墙土石坝，最大坝高335米，坝顶长660米。如果该项目按设计完成，它将成为世界上坝体最高的水电站。

2007年塔政府组建了罗贡水电站开放式股份有限公司，成立之初通过各种投资来源共投入64.35亿索莫尼，[①] 2015年注册股本增加到140亿索莫尼。2018年5月，公司股东再次宣布有关增加公司注册资本的计划。以国家投资和国有资产管理委员会代表的塔吉克斯坦政府拥有该公司86.4%的股份，其余13.6%的股份持有者是持有公司股票的个人和机构。2010—2012年间，公司进行了证券发行活动，出售价值100、500、1000、5000索莫尼的股票和5000索莫尼以上的股权证书。据统计，售出股权证书2200个，不

---

① Рогунская ГЭС: Как осваиваются средства госбюджета? //CA - portal 25 сен. 2017г. http: //www. ca - portal. ru/article: 37833.

记名股票数量 180 万股。① 此外，为满足罗贡项目的资金需求，2017 年秋季塔吉克斯坦政府发行了 5 亿美元的国际债券。债券主要出售给管理基金、对冲基金、银行和其他金融机构等。从地理位置上看，债券主要被美国、英国、欧盟和亚洲的投资者收购。

塔吉克斯坦政府一直将罗贡项目建设视为国家"生死攸关"的大事件。多年来塔境内大部分地区冬季限电，居民房屋里一天中有 2/3 的时间没有光线和供暖，时常激起民众对政府的不满。绝大部分工业企业特别是中小型企业，因电力不足而被迫面临季节性停产，经济和社会部门蒙受巨大损失。因此，国家的未来、经济的发展、能源的独立以及在区域能源系统中的地位都寄托于罗贡水电站项目。除此之外，罗贡水电站的另一项功能是调节水流量。据塔什干萨尤斯吉普拉沃特赫洛博克（Институт Союзгипроводхлопок）研究所的研究结论显示，罗贡水电站将有助于解决阿姆达利亚（Амударья）盆地的水资源短缺问题，而且通过罗贡水库调节水流量能够保障下游国家大约 4.6 万平方千米土地的灌溉。当然，罗贡水电站的意义不仅体现于本国层面，其在整个区域都很重要。水电站的启动将为中亚地区和邻国的能源和工业发展提供强大动力，这反过来也将有助于创造新的就业岗位，扩大国家间和地区间的商品流通，确保干旱年份所需的灌溉用水量等。

（二）吸引中国投资，扭转铝业困境

2018 年 5 月索格德州行政新闻中心对外报道称，在塔吉克斯坦索格德州艾尼区即将建设塔吉克斯坦—中国贵金属开采企业。该项目由塔铝金业封闭式股份公司实施。2017 年 12 月中国西藏华钰矿业股份有限公司与塔吉克铝业签订合资经营协议，约定双方共同设立合资公司——塔铝金业。华钰矿业直接投资入股塔铝金业，取得塔铝金业 50% 的股权。塔铝金业系塔吉克铝业公司的子公司，拥有艾尼区康桥奇矿采矿权。康桥奇金锑多金属矿项目是一个井下开采的特大型金锑矿。根据塔吉克斯坦共和国国家资源储量委员会出具的储量备案证明，矿区范围内保有（C1 + C2）级别资源量 2300 万吨，金金属量 49897.11 公斤，锑金属量 264616 吨。② 2018 年 3 月塔铝金业召开合

---

① 塔吉克斯坦"Sputnik Tagiki"网站，2018 年 5 月 23 日。
② http://www.cs.com.cn/ssgs/gsxw/201806/t20180627_5830561.html。

资公司成立后的第一次股东会，制定了其后续发展战略。项目地质资源共包括三个矿段，建设内容包括矿山生产系统、选厂、生活办公区、供水系统、机汽修车间、加油站、尾矿库、内外部供电系统、炸药库等设施。该项目预计2020年实现投产，设计年采矿量为90万吨，可新增1000余个就业岗位。目前，由于疫情的影响，该项目仍在建设当中。

2015年6月政府通过了《改善塔铝经济状况的国家支持计划》，2016年塔吉克铝业公司获得索格德州艾尼地区康桥奇金矿矿权。塔吉克铝业公司是塔吉克斯坦的战略目标企业，是全球最大的铝生产商之一。然而，近几年塔吉克斯坦的铝业发展却一直陷入困境。塔吉克斯坦财政部于2014年和2016年两次给出结论，塔铝公司已处于破产边缘。塔铝公司的产量也确实经历着稳步下滑，2017年公司产量10.3万吨，产值2.7亿美元，比2012年同期减产17.5万吨，即塔吉克斯坦的铝产量在五年间下降了2.6倍。[1]

俄罗斯分析信用评级机构项目经理玛克西姆·胡达洛夫指出，塔铝公司能源单耗相对较高。每吨金属消耗1.4万—1.5万千瓦时电力。如果是在早些年，这还被认为是一个温和的指标，但是在如今中东地区的新企业进入市场后，则被认为是相当高的耗量了。这说明塔铝公司的现代化水平已经落后于行业内先进的企业。所以，公司管理层认为应该通过吸引投资、引进先进技术和现代化改造来扭转公司的现状。

（三）能否实现工业化目标？——尚不明朗

塔吉克斯坦总统拉赫蒙2018年12月26日致议会的咨文中将塔吉克斯坦经济工业化转变称为国家的第四个战略目标，与打破运输业的僵局、确保能源自给和粮食安全同等重要。

"75年来，我们的国家一直被认为是农业国，主要是生产棉花、少量的水果和蔬菜……时代和需求正在发生变化，我们应该努力推进工业化。我们建设罗贡水电站，未来我们还计划建设一些水电站，这有助于工业的发展，成为工业化的基础。"同时，拉赫蒙指出，在2030年之前工业占国内生产总

---

[1] Нурулло Курбонов: Рахмон велел ускорить индустриализацию. И заложил в бюджет на развитие промышленности 16 миллионов долларов. //Фергана. Ру, 21. 01. 2019.

值的份额将达到22%。为实现这一目标，有必要严格监督工业规划的实施和资金的使用情况。他责成州、市和地区的负责人吸引直接投资，恢复停产的企业，并每半年向政府提交一次工作汇报。

专家认为，总统关于工业化发展的设想具有高度的前瞻性，但对于能否实现看法不一。塔吉克斯坦经济学家卡里姆扎恩·阿赫梅朵夫表示，目前塔吉克经济外债超过GDP的40%，国际收支逆差，经济多样化和工业发展是非常必要的。但在现有的经济形势下，他认为工业化目标不可能完成，"工业化的实施存在一系列的条件，其中包括政府进行市场经济改革的政治意愿、中央银行的独立性强且金融业发达、富有吸引力的投资环境以及创新的经济定位。遗憾的是，对于塔吉克斯坦而言，上述条件尚不具备"。同时他强调，如果我们谈论的是"新工业化"和社会创新型经济，并不是在苏联时期进行的斯大林式工业化，那么上述条件是必需的。对于无法实现经济多元化，阿赫梅朵夫还指出存在另外一个重要的原因，那就是政府体系的低效率，他认为政府需要进行重大改革。而俄罗斯战略研究所高级研究员德米特里·波波夫则表示相信塔总统提出的将经济中的工业份额提高到22%是可以实现的，因为1991年这一比例就几乎达到37%。他认为，如今塔吉克斯坦的经济基础薄弱，国家应通过多扶持大中型企业来实现这一目标。此外，塔吉克铝业公司复兴不乏先决条件，其中包括与乌兹别克斯坦邦交正常化、亚湾地区修建铁路等，如果这些规划成功实施，该厂的产值可以大大促进国家工业的增长，恢复到前些年的水平。

塔吉克斯坦的工业化能否实现、能否成功吸引投资，可以通过时间来证明。但要说明的是，当局已经开始针对目标采取了行动。总统在国情咨文讲话中提出，在2019—2020年间禁止对生产和商业型企业进行任何形式的检查，并且"关于暂停对企业生产活动检查"的规定应适用于所有检查和监督机构，包括总检察院、反贪局、中央银行、审计署、国家税务委员会和海关等。

四、旅游业迎来发展热潮

为了发展旅游业，振兴和支持民间手工业，总统拉赫蒙宣布2018年为"旅游和民间手工业发展年"。塔吉克斯坦的旅行社首次参加在莫斯科举办的第25届旅游业MITT国际展览会。2018年塔吉克斯坦积极推动旅游业的发展，通过了《2030年前旅游发展战略》。该战略确定了旅游业优先发展领域——温泉疗养、登山、山地运动、民族历史文化以及商务旅游、漂流、滑雪、狩猎等，同时还包括旅游业的发展战略，例如改善机场和其他过境点的服务，研发服务项目，解决签证、落地签和旅游业务经营许可证办理问题。

为支持旅游业的发展，政府为旅游业及其基础设施建设提供众多优惠政策。旅行社在其开展业务的前5年内免征利润税。国家对旅游项目包括酒店、娱乐场所、度假村、旅馆、滑雪场、餐馆、文化娱乐公园、旅游中心等进口旅游机械设备和建筑材料免税。

在旅游和民间手工业发展年的框架下，塔吉克斯坦旅游发展委员会于2018年8月在努列克举办了一场名为"塔吉克斯坦——旅游之国"（Таджикистан—страна туризма）的论坛和国际旅游展览，有来自韩国、奥地利、哈萨克斯坦、中国、科威特和塔吉克斯坦的旅行社参加。在论坛期间，塔吉克斯坦代表团与外国旅行社签署了35项旅游领域合作协议。

2018年塔境内新创建了75家旅行社，旅行社的总数增加到145家。外国游客的数量增加了2.6倍。2017年国外游客的数量约为43万人，2018年超过115万人，即平均每天有超过3400名来自其他国家的游客访问塔吉克斯坦。[①] 与此同时，塔境内的景区也收获了盛名。帕米尔山脉在2018年度再次被评为100个最佳生态旅游景点之一。俄罗斯著名的《国家地理》杂志将帕米尔公路列为世界上最美的10条公路之一。英国《Wanderlust》旅游杂志将塔吉克斯坦列为10个最具吸引力的旅游国家之一。

根据政府的规划，《2030年前旅游发展战略》将在12年内分阶段实施，逐步开发旅游业潜力，推动旅游业在国家经济发展中发挥重要作用。当然，为达到这一目标，当局还需付出努力，解决当下存在的一些问题。首先是内外部安全问题。长久以来，"伊斯兰国"一直被视为塔吉克斯坦国家安全道路上的"暗礁浅滩"。拉赫蒙总统在3月会见塔最高检察院工作人员时强调，叙伊两国境内的反恐战争虽已接近尾声，但这并不意味着极端组织"伊斯兰国"和其他恐怖组织已被消灭，塔强力部门不应放松警惕。塔内务部统计数字显示，2016年初，曾有近千名塔吉克斯坦人在叙伊两国帮助"伊斯兰国"作战。塔内务部长拉希姆佐达·拉玛忠曾指出，2017年塔吉克斯坦执法机关破获涉及极端主义和恐怖主义犯罪案件超过1300起，抓获加入"伊斯兰国"等恐怖组织的塔吉克斯坦籍极端分子392人，摧毁涉恐、涉毒、极端主义和

[①] 塔吉克斯坦"ASIA - Plus"网站，2019年1月23日。

有组织犯罪团伙 210 个。① 其次是季节性问题。"冬季到来，游客离开"——用这句话来形容塔吉克斯坦旅游业尤为恰当。塔吉克斯坦旅游业面临的主要困难是季节性问题。这其中包括很多因素，例如冬季山区雪崩的危险、道路设施和取暖问题等。这就需要当局加大基础设施建设，改善冬季旅游环境，开发冬季特色的旅游项目。最后是旅游业的宣传问题。虽然在 2018 年塔吉克斯坦旅行社首次参加了国际旅游业展览会，但是仅展出一个小展位，且展位费大部分由旅行社自行承担。科威特旅游市场营销负责人萨阿阿特·阿尔·阿特瓦尼在参加"塔吉克斯坦——旅游之国"的论坛期间就曾表示，"塔吉克斯坦拥有巨大的旅游潜力，但没有很好地向国际社会展示"。国家旅游发展委员会作为旅游业的监管机构，应更多地履行宣传的义务，通过网络、媒体、国际展览等多方面渠道加大宣传力度，做好本民族传统文化、风土人情以及自然风光的宣传，让世界更多国家的人有机会了解这颗古丝绸之路上的"明珠"。

五、金融业力保稳定

一直困扰塔吉克斯坦金融业的外汇短缺和信贷债务问题在 2018 年继续蔓延。1 月在总统召开的关于改善该国投资环境的顾问委员会第 18 次会议上，金融稳定问题便成为委员会讨论的关键议题之一。

4 月，塔吉克斯坦外汇市场出现严重的美元短缺现象。民众指出，外汇市场近来严重缺少美元。在大多数银行一个人一次只能兑换 200 美元，还有一些银行 1 美分都换不到。而且，从 4 月中旬开始，美国制裁导致俄罗斯卢布崩溃，美元兑索莫尼汇率上涨近 1%。一些专家认为，卢布对美元的崩溃导致塔吉克斯坦外汇市场缺乏美元。由于投资者担忧美国对俄罗斯商业活动制裁所带来的风险，卢布大幅贬值。另一些专家则指出，塔吉克斯坦的美元短缺是季节性的，仅在这段时间美元匮乏，因为本国的外汇来源主要是侨汇收入，大量的侨汇通常开始于下半年。

另一个突出的问题则是信贷债务。截至 2018 年 7 月底，塔吉克斯坦银行系统和小额信贷机构的贷款逾期债务总额达 19 亿索莫尼（折合 2 亿美元）。银行的投资组合中贷款约为 86 亿索莫尼（9.12 亿美元）。也就是说，贷款总

---

① 中国"上海热线"资讯网站，2018 年 2 月 9 日。

额中的信用债务约为22%。4—7月间，逾期贷款的数量增加了2100万索莫尼（折合220万美元）。大约32%的此类贷款是以本国货币发行的，其余68%以外币发行。①

早在2015年，塔吉克斯坦银行的不良贷款总额就已超过5.2亿美元，这引发了银行系统的危机。四家商业银行——塔吉克外经银行（Точиксодиротбанка）、农业投资银行（Агроинвестбанка）、塔吉克工业银行（Таджпромбанка）和佛农银行（Фононбанка）——对存款人和合作伙伴负有严重债务。2017年2月，由于这些问题，其中两家银行（塔吉克工业银行和佛农银行）的营业执照被吊销。为了帮助金融部门摆脱瘫痪的局面，政府向陷入困境的银行提供38亿索莫尼（超过4.3亿美元）的财政援助，约占GDP的6%。执法部门介入后，追回逾期贷款或通过非法途径骗取的贷款13.5亿索莫尼（折合1.53亿美元）。

为了防止和克服潜在的风险以及全球金融危机对国民经济的负面影响，在世界银行2018年的技术援助下，塔国政府于8月特成立金融稳定委员会。该委员会是一个常设的部门间咨询机构，旨在审议识别金融体系的潜在风险，降低金融风险的措施以及确保金融稳定的办法等。塔经济发展与贸易部部长担任理事会主席，财政部部长担任副主席。该委员会的主要任务包括定期评估金融稳定性及其潜在的风险，制定恢复金融系统稳定性措施的提案，制定对经济和金融危机影响的紧急方案等。该委员会会议至少每6个月举行一次。与此同时，委员会特别会议可由委员会主席代表塔吉克斯坦共和国政府或委员会绝大多数成员的提议召开。

12月，该委员会在经济发展和贸易部长捏克玛杜罗·赫克玛杜罗佐达的领导下举行了第一次会议。国家直接参与维护金融稳定的部委负责人以及世界银行专家出席了会议。与会人员讨论了有关维护金融稳定的问题，包括维护国家金融稳定因素、货币市场稳定的宏观基准面、银行业形势、个人储蓄保险基金业务以及它们在维护金融稳定中发挥的作用。会议指出，考虑到世界政治和经济形势的变化，国家政府正在采取措施改善金融环境，吸引外国投资。会议同时强调了世界银行和国际货币基金组织在实施改革和实现联合

---

① 26. Объем проблемных банковских кредитов в Таджикистане перевалил за $200 млн. // THEWORLDNEWS. NET 20. 09. 2018, https: //theworldnews. net/tj - news/obem - problemnykh - bankovskikh - kreditov - v - tadzhikistane - perevalil - za - 200 - mln.

投资项目中的重要作用。此外，会议还讨论了金融和银行业存在的风险、证券市场的发展、税收问题、公共财政管理以及投资环境和个人储蓄保险基金的能力等问题。

六、社会贫困和失业持续蔓延

据塔吉克斯坦统计署和世界银行研究的数据显示，该国的贫困率从2013年的35.6%下降至2017年的29.5%，如图12所示。截至2017年底，该国的贫困率达29.5%，极度贫困水平达14%。农村地区生活在贫困和极度贫困中的人口比例较高，分别占农村人口的36.1%（约222万人）和19.7%（约121万人）。城市贫困和极度贫困的比例分别是23.5%（约52万人）和10.7%（约24万人）。①世界银行经济学家将近年来减贫率开始下降的原因归为侨汇的减少。在塔吉克斯坦，侨汇对增加家庭收入起到支撑作用。根据俄罗斯中央银行的统计，2018年从俄罗斯到塔吉克斯坦的个人汇款为20.553亿美元，即一半以上的人口靠侨汇收入生活。②

俄罗斯高等经济学院社会政策研究所的专家比较了俄罗斯、独联体国家和东欧的工资。《2011—2017年国家间薪资比较报告》指出，2017年塔吉克斯坦的实际工资为478美元，明显低于独联体内其他国家。根据货币购买力平价理论测评，俄罗斯的真实收入是1550美元，乌克兰是1073美元，阿塞拜疆是1364美元，白俄罗斯是1602美元，吉尔吉斯斯坦是711美元，摩尔多瓦是787美元，哈萨克斯坦是1252美元。③

从家庭食品支出的角度测评，根据家庭预算调查，2018年上半年塔家庭食品支出占消费的份额，城市为53.1%，农村为54.8%，有三个以上孩子的家庭食品支出份额为58.4%。在杜尚别市、山地—巴达赫尚自治州、哈特隆

---

① Сафаров Навруз Умаралиевич: Социально - экономические проблемы бедности и повышение уровня жизни населения в Республике Таджикистан. Таджиксикй национальный университет. На правах рукописи УДК: 330. 5: 31（575. 3）ББК: 65. 01 С - 21. Душанбе - 2019. С. 102.
② 塔吉克斯坦电报通讯社"Таджик ТА"，2019年3月18日。
③ 塔吉克斯坦"Sputnik Tagiki"网站，2018年7月23日。

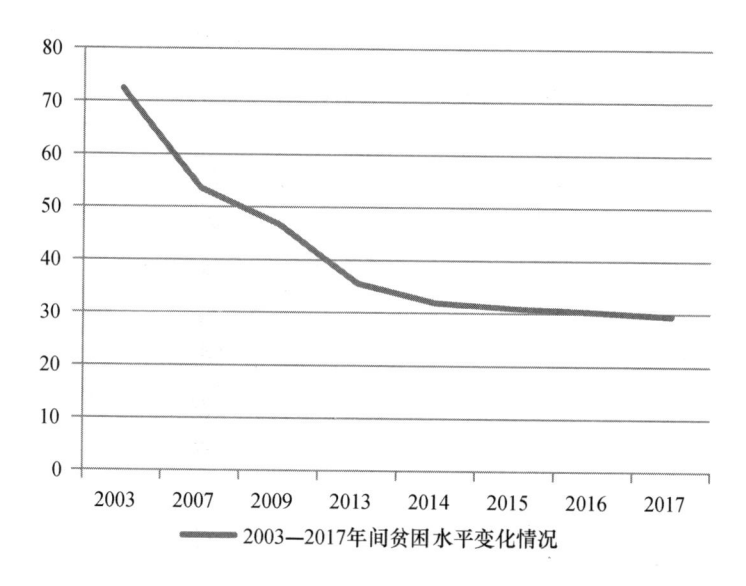

图 12　2003—2017 年间贫困水平变化情况

资料来源：Сафаров Навруз Умаралиевич: Социально - экономические проблемы бедности и повышение уровня жизни населения в Республике Таджикистан. Таджиксикй национальный университет. На правах рукописи УДК: 330. 5: 31（575. 3）ББК: 65. 01 С - 21. Душанбе - 2019. С. 24.

州和国家直辖区，食品支出在 55%—60% 之间。[①] 这些地区的居民一半以上的收入用于购买食品，这表明居民的实际收入在下降，国家的真实贫困情况被低估。这将导致出现新的贫困人群，即低收入部门的劳动者，例如地方公务员、教师、医生、农民等。

类似的社会聚焦问题还有居高不下的失业率。2018 年上半年，塔吉克斯坦共登记了超过 3.3 万名失业公民。与此同时，还有 5.33 万人登记为寻找工作中。根据世界银行给出的结论，爆炸性的人口增长是塔吉克斯坦贫困、失业和大量劳务移民的主要原因。截至 2017 年底，塔吉克斯坦的人口总数为 893.12 万人（见表 19），2018 年 5 月 25 日，该国第 900 万个居民在杜尚别

---

① Сафаров Навруз Умаралиевич: Социально - экономические проблемы бедности и повышение уровня жизни населения в Республике Таджикистан. Таджиксикй национальный университет. На правах рукописи УДК: 330. 5: 31（575. 3）ББК: 65. 01 С - 21. Душанбе - 2019. С. 90 - 91.

出生。塔吉克斯坦议会下院副议长哈依理尼索·尤苏费在 2016 年 10 月举行的圆桌会议上宣布了两个关键数字。据她介绍，过去 15 年，塔吉克斯坦人口增长了 26.3%，到 2020 年将突破 1000 万人（见表 19）。①

表 19　2012—2018 年塔吉克斯坦人口情况　　（单位：千人）

年份	2012	2013	2014	2015	2016	2017	2018
总人口	7987.4	8161.1	8352.0	8551.2	8742.8	8931.2	9126.6
其中：城市人口	2106.5	2170.9	2215.5	2260.3	2300.5	2354.2	2396.8
农村人口	5880.9	5990.2	6136.5	6290.9	6442.3	6577.0	6729.8
人口密度	56.0	57.2	58.6	60.0	61.8	63.2	64.5
劳动年龄人口	4797.5	4920.1	5046.0	5175.5	5273.2	5379.7	5473.9

注：囿于篇幅，笔者对部分资料进行了删减。

资料来源：Агенство по статистике при Президенте Республики Таджикистан. Статистический ежегодник Республики Таджикистн 2019. С. 25.

此外，塔吉克斯坦出生率最高的地方是在父母没有能力给子女优质教育的农村（见表 20）。因此，专家们担心未来大量仅受过低等教育的年轻人涌入劳动力市场，这将导致塔吉克斯坦社会紧张局势加剧。劳动人口成为经济增长的先锋者需要具备高水平的技能，否则大量失业的年轻人如果找不到合适的工作，就会寻找其他赚钱方式，通常会导致犯罪、腐败等社会不稳定因素。

表 20　2012—2018 年塔吉克斯坦出生人口情况　　（单位：千人）

年份	2012	2013	2014	2015	2016	2017	2018
总出生人口	219.3	209.4	229.5	237.5	230.0	224.1	231.0
其中：城市出生人口	53.4	50.5	54.9	53.1	51.0	51.9	53.1
农村出生人口	165.9	158.9	174.6	184.5	179.0	172.1	177.9

注：囿于篇幅，笔者对部分资料进行了删减。

资料来源：Агенство по статистике при Президенте Республики Таджикистан. Статистический ежегодник Республики Таджикистн 2019. С. 31.

---

① Анна Козырева: Демографическая аномалия. Сколько миллионов сограждан нужно Эмомали Рахмону для всеобщего счастья//Фергана. ру, 04 06 2018.

七、外交方面收获颇丰

（一）与俄外交成绩卓越

塔吉克斯坦一贯优先发展同俄罗斯的关系。1992年4月两国正式建立外交关系，并于1993年签署《友好、合作和互助条约》。自建交以来，两国签署了超过150份国家、政府和部门间协议，① 涉及政治、经济、军事、人道主义等多领域。2018年11月，正值《友好、合作和互助条约》签署25周年，俄塔两国在杜尚别市国家博物馆联合举办"塔吉克斯坦和俄罗斯：携手友谊与开拓之路"（Россия и Таджикистан: по пути дружбы и созидания）历史文献展览。俄罗斯总统普京在展览开幕式致辞时表示："在过去1/4个世纪里，莫斯科与杜尚别关系升级为联盟和战略伙伴关系。建立了内涵丰富的双边政治对话，成效显著的经贸、投资、科技和军事合作。开展多层次的区域联系，在科学、文化和教育领域进行广泛交流。"同时，普京还强调了俄罗斯和塔吉克斯坦在区域和国际事务中，特别是在独联体、上合组织、集安组织以及其他多边组织中的协调作用。此次展览意在展示和纪念两国关系发展的历史，以及双方在经贸、军事、科技和文化等多领域合作的成果。

2018年塔俄两国继续加强双边合作。5月，在杜尚别市召开俄罗斯—塔吉克斯坦区域合作第六次会议。会议的主要议题为"区域间合作成为推动商业增长的因素"（Межрегиональное сотрудничество как фактор роста деловой активности）。会议讨论了深化农业、劳务移民、人道主义和区域联系、工业和运输业基础设施建设、经贸和投资合作等诸多方面的问题。10月，题为"俄罗斯—塔吉克斯坦：区域间合作潜力"（Россия—Таджикистан: потенциал межрегионального сотрудничества）的议会间论坛在莫斯科举行。此次论坛包括五个圆桌会议和一次全体会议。其间最主要的议题包括完善议会间合作的法律基础、寻求新的合作形式、协调国际议会组织业务、上议会在深化国际区域合作以及促进兄弟城市和伙伴城市间的作用等。其中一个圆桌会议还开展了"完善劳务移民流程——时代的要求"（Совершенствование процесса

---

① Межгосударственные отношения России и Таджикистана. //РИА НОВОСТИ 09. 06. 2018.

трудовой миграции — требование времени）主题讨论，深入探讨了劳务移民领域的多项问题，例如针对外国公民和无国籍人士取得俄罗斯劳务许可问题建立相关法律机制，各国在劳务移民领域的国际合作，加强两国执法机构之间的配合以打击非法移民，完善移民立法方面议会间的合作等。在论坛期间得出的结论是，俄塔两国之间的经济潜力尚未完全被挖掘。塔吉克斯坦驻俄罗斯特命全权大使依莫穆金·萨托洛夫称，"塔吉克斯坦正在准备消除向俄罗斯出口商品的所有障碍"。

此外，9月独联体国家首脑会议期间，塔吉克斯坦总统拉赫蒙与俄罗斯总统普京在杜尚别会面。会谈期间，两国首脑讨论了双边多领域合作的现状和前景。普京高度评价了2018年双边贸易取得的成果。2018年双边贸易实现跨越式增长，1—10月贸易额超过7.5亿美元，比2017年同期增长12%。[①] 俄罗斯一直是塔吉克斯坦重要的贸易伙伴。近5年来，对俄贸易占塔国贸易总额的比例均超过20%。[②]

表21　2014—2017年间塔俄双边贸易额　（单位：亿美元）

年份	双边贸易额	在塔贸易总额中的占比
2014年	12.370	23.5
2015年	11.055	25.6
2016年	10.363	26.4
2017年	9.359	23.6
2018年	10.23	24.2

注：囿于篇幅，笔者对部分资料进行了删减。

资料来源：Агенство по статистике при Президенте Республики Таджикистан. Внешнеэкономическая деятельность Республики Таджикистан 2018. С. 16.

与此同时，两国还在不断探索和优化贸易措施，以促进双边贸易向更健康、更高效的方向发展。其一，2018年8月塔总统签署第399号政府命令，取消于2011年10月签署的自由贸易区协定中俄罗斯等独联体国家的进口商品关税。此举措将有助于促进自由贸易区协定成员国与塔的贸易流通，提高

[①] 塔吉克斯坦"Sputnik Tagiki"网站，2018年10月17日。
[②] 塔吉克斯坦"Avesta. tj"网站，2018年8月17日。

生活必需品的出口份额。自由贸易协定于2011年签订，首批成员国包括俄罗斯、塔吉克斯坦、哈萨克斯坦等八个独联体国家。2013年5月乌兹别克斯坦同其他成员国签署《自由贸易区协定适用备忘录》后加入。该协定旨在推行全面自由贸易制度、能源利用和运输服务方针、开展运输领域合作、提高关税政策效率等。其二，俄罗斯计划讨论为进口塔吉克斯坦农产品提供简化程序。俄联邦委员会瓦伦蒂娜·马特维恩科表示，俄罗斯赞成增加来自塔吉克斯坦的农产品供应，并打算为此讨论简化程序，为本币结算创造有效的金融工具。塔吉克斯坦以鲜嫩多汁的柠檬、果实饱满的石榴和酸甜可口的葡萄而闻名，但是这些水果在俄罗斯市场上却寥寥无几。这主要有几个方面的原因：一方面是缺少统一的商业计划。塔吉克斯坦的水果种植业长期处于散户经营的状态，境内约有9万个小型水果种植农场，农场的成本参差不齐，加之机械化水平低、抵御自然灾害的能力差，绝大多数农场还是"靠天吃饭"，难以保证产量和控制单价。另一方面是物流基础设施薄弱。塔吉克斯坦物流基础设施的一个严重缺陷是缺少配备冷藏集装箱的铁路运输平台。由于通过乌兹别克斯坦和哈萨克斯坦的过境路线路途遥远，如果交通运输基础设施不能满足过境贸易的需求，就无法将新鲜的水果供应到俄罗斯的货架上。第三方面是贸易壁垒。从2015年开始，俄罗斯农业监督局加强了包括塔吉克斯坦在内的独联体和欧盟国家进口果蔬产品的限制，禁止没有安全证明文件的鲜干果蔬过境，个人可携带入境果蔬食品不超过5公斤。在10月莫斯科议会间论坛的圆桌讨论会上，时任塔吉克斯坦工业和新技术部部长沙夫卡特·波波佐达对俄罗斯海关禁止携带水果的规定表示不满。波波佐达指出："我们的水果干净、香甜、无化学成分。然而客人到了俄罗斯，甚至连1公斤柠檬都不能带进去，只能把它们扔掉。这是谁发明的规定？为什么禁止携带呢？"部长还强调，俄罗斯和塔吉克斯坦之间的海关规定和卫生检疫当然是必要的，但应该是理性的，不应该影响普通公民的利益。其三，塔吉克斯坦经济发展和贸易部长聂克玛图洛·赫克玛图洛佐达建议在塔俄贸易中使用卢布结算。赫克玛图洛佐达表示，双边贸易中绝大部分是从俄罗斯进口，采用卢布结算将有助于避免国内其他外币的波动。据塔吉克斯坦国家统计署公布的数据显示，2017年塔俄双边贸易额约为9.36亿美元，其中塔出口额3.21亿美元，从俄罗斯进口额9.04亿美元。① 2017年汇入塔吉克斯坦的境外汇款总额约为16亿美元，其中86%的汇款是卢布。② 2016年年初以来，汇入塔银行的卢布汇款仅以本国货币索莫尼支付个人取款。塔国家银行行长季姆舍特·努尔玛赫玛特佐达称，此项措施有助于维持本国汇率稳定，监管机构暂时不打算改变这一机制。

（二）与乌重拾邻邦友谊

2018年3月9日，乌兹别克斯坦总统沙夫卡特·米尔济约耶夫抵达杜尚别开启国事访问，拉赫蒙总统亲自到机场迎接。这是米尔济约耶夫就任以来首次访塔，同时也是乌兹别克总统18年来首次对塔进行访问。乌塔两国于1992年10月正式建交，但"撒马尔罕"和"布哈拉"的归属问题一直导致两国间弥漫着不睦的气息。20世纪90年代，胡多别尔德耶夫叛乱事件严重影响了乌塔关系，为双边关系埋下了隐患。2000年的"巴特肯"事件使乌塔两国关系进一步恶化。21世纪，乌塔两国的水资源之争主要表现在罗贡水电站的建设上。卡里莫夫时代，乌方担心罗贡水电站可能引发环境和粮食安全问题，更使其焦灼的是水电站身处瓦赫什河下游，会严重影响乌对本土水资源的控制力。乌方坚决反对罗贡水电站的建设，并利用其对塔能源输出的有利条件对塔进行"制裁"，单方面退出中亚统一电力系统，中断对塔的天然气供应。罗贡水电站的矛盾使两国外交陷入僵局，两国领导人除了在多边场合会面外，几乎不存在双边交流。米尔济约耶夫就任总统后，打破了双方冷战的局面。先是乌外交部长卡米洛夫访塔，并得到拉赫蒙总统的热情接见。2017年2月塔乌恢复通航，中断近1/4个世纪的航空运输得以恢复，成为两国外交关系从冲突走向合作的新标志。

此次历史性的访问促使双方在多领域取得巨大的成就。第一，罗贡纠纷得到缓解。在会晤期间，双方在合理综合利用水资源和能源领域的密切合作问题上达成相互理解，双方一致认为现有和在建的水电设施将有助于解决该地区的水和能源问题。拉赫蒙总统表示，"在此背景下，我们真诚地欢迎乌

---

① Агенство по статистике при Президенте Республики Таджикистан. Внешнеэкономическая деятельность Республики Таджикистан 2018. C. 16 C. 195.
② 吉尔吉斯斯坦电报通讯社"Кир ТАГ"，2018年7月26日。

兹别克斯坦支持塔吉克斯坦水电设施的发展，包括罗贡水电站"。会谈后拉赫蒙总统向媒体发表声明，强调塔吉克斯坦没有为邻国造成水资源问题，将来也不会这样做。第二，免签政策。在卡里莫夫时代，塔乌边界几乎处于关闭状态。若想进入乌兹别克斯坦领土，塔吉克斯公民必须获得签证，而事实上签证很难签发。边境地区的许多亲人被一条边界隔离带分割数年，甚至要相约到第三国境内团聚，不仅要承受路途的奔波和昂贵的费用，更在人心里设下了难以拉近的距离。此次双方首脑签署了《公民互惠旅游协议》，在该协议框架下两国居民享受 30 天内免签政策。该举措受到两国人民的高度拥护，同时对双方旅游业的发展也起到十分积极的作用。乌兹别克斯坦外交部第一副外长依尔霍姆·捏玛托夫在国际会议上称，每天约有 2 万人越过塔吉克斯坦和乌兹别克斯坦之间的边界。① 第三，贸易额打破记录。在米尔济约耶夫首次访塔期间，在杜尚别市举行的塔乌工商界论坛上签署了 16 份文件，以及总额超过 6.2 亿美元的协议。② 8 月，在塔吉克斯坦总统出访乌兹别克斯坦前夕，乌塔商业论坛在塔什干举办，最终双方签署了超过 1 亿美元的合同和协议。此外，乌兹别克斯坦开始恢复向塔吉克斯坦供应天然气，销售协议由两国的天然气分销公司签署。按照协议，乌为塔提供 1.26 亿立方米天然气，价值 1510 万美元。③ 塔乌两国的贸易额比 4 年前增长了近 22 倍，从 2014 年底的 1300 万美元增加到 2018 年的近 2.87 亿美元。④

（三）与中国合作取得显著经济效益

2018 年，中塔两国继续全面深化多领域合作，高层互动频繁。6 月，上合组织青岛峰会期间，中国国家主席习近平会见塔吉克斯坦总统拉赫蒙。会谈时，习近平总书记指出："中塔都处在实现国家发展复兴的关键阶段，两国要继续相互帮助、相互支持，携手应对挑战，实现共同发展，不断深化两国全面战略伙伴关系，让中塔友好事业更广泛惠及两国人民。"10 月，上海合作组织成员国政府首脑（总理）理事会第 17 次会议在塔吉克斯坦首都杜

---

① 塔吉克斯坦 "Sputnik Tagiki" 网站，2019 年 2 月 19 日。
② 塔吉克斯坦 "Avesta.tj" 网址，2018 年 3 月 12 日。
③ 塔吉克斯坦 "Avesta.tj" 网址，2018 年 4 月 9 日。
④ Пайрав Чоршанбиев: Товарооборот между Таджикистаном и Узбекистаном сократился в январе на треть. // Asia - Plus 22 февраля 2019.

尚别举行，中国国务院总理李克强出席会议并会见塔总统拉赫蒙。李克强同志强调："中塔经济互补性强，希望双方挖掘合作潜力，创新合作方式，提升合作水平，更好实现互利双赢。中方支持有实力的中国企业赴塔投资兴业，希望塔方创造更优营商环境，提高通关、运输等便利化措施。"会见期间，双方在深化交通、农业、能源、基础设施建设等领域合作，扩大人文交流，加强在地区事务中的沟通与协调等方面达成共识。

根据德国国际合作机构（GIZ）2018年10月的调查结果，中国在塔吉克斯坦经济中发挥着越来越重要的作用。2018年中塔双边贸易额6.51亿美元，在塔国的贸易伙伴中居第三位。居首位的是俄罗斯，超过10亿美元；其次是哈萨克斯坦，为8.37亿美元。[1] 5月塔吉克斯坦下议院议长舒库尔忠·祖胡洛夫会见中国全国人民代表大会委员会副委员长艾力更·依明巴海时表示，"通过与中国的共同努力，到2020年双边贸易额可突破30亿美元，对此塔方表示有足够的信心"。8月，中国国家开发银行同塔吉克斯坦储蓄银行签订初步协议，向塔吉克斯坦提供900万美元的优惠贷款。这些贷款主要用于塔吉克斯坦从中国进口商品和服务，主要包括中国的设备、工艺和技术等。贷款期限3—5年，年利率不超过12%。

投资方面，中国更是塔吉克斯坦最坚实的合作伙伴。2018年上半年中国对塔投资达到2亿美元，占期间总投资额的60%。[2] 中国已成为塔吉克斯坦第一大投资来源国。2017年投资额5.92亿美元，占外来投资总额的14.9%。2016年更是成绩斐然，投资额高达8.85亿美元，份额突破20%。[3] 中国企业在塔投资范围广、影响程度深，主要是在基础设施建设、矿业、电力、通信等领域。2018年塔国矿产资源行业创下黄金生产新记录，产量超过6.4吨，比2017年同期增长16.9%。[4] 其中，中塔合资企业中塔泽拉夫尚有限责任公司的贡献尤为突出。2018年泽拉夫尚公司产金4.56吨，约占塔国

---

[1] Дмитрий Матвеев: Пять основных торговых партнеров Таджикистана. //Sputnik Tagiki, 19 02 2019.

[2] Бахриддин Каримов: ИТОГО - 2018: Как Таджикистан зависит от России, Китая и США. // Asia - Plus 28 декабря 2018.

[3] Агентство по статистике при Президенте Республики Таджикистан. Внешнеэкономическая деятельность Республики Таджикистан 2018. С. 17.

[4] Пайрав Чоршанбиев: В Таджикистане произведен рекордный объем золота. // Asia - Plus 28 января 2019г.

黄金总产量的 70%。该公司于 2007 年注册成立，中国紫金矿业集团旗下金峰（香港）国际矿业有限公司占股 70%，以工业和新技术部为代表的塔吉克斯坦政府占股 30%。截至 2018 年底，公司总投资 3.93 亿美元，是塔吉克斯坦最大的黄金生产企业。与此同时，2018 年塔境内水泥生产也收获喜人，产量超过 384.42 万吨，比 2017 年同期增长 23.3%。① 随着中国企业不断加大投资，塔吉克斯坦水泥产品实现了从进口向出口"质"的转变。2018 年出口量 143.74 万吨，实现出口额 654 万美元，2017 年同期该组数据分别为 97.01 万吨和 4590 万美元。截至 2018 年底，塔境内共有 13 家水泥生产企业，其中最大的 3 家均是中塔合资企业——中材国际莫伊尔水泥有限责任公司、华新亚湾水泥有限公司和华新索格特水泥有限公司。农业方面，续新疆生产建设兵团 2014 年在塔吉克斯坦哈特隆州租赁 5 平方千米土地后，2018 年中国企业再次进军塔吉克农业市场，在哈特隆州租赁 180 平方千米土地，面积超过杜尚别市的面积（125 平方千米），租赁期限为 49 年。塔吉克斯坦土地管理和测量委员会首次向中国企业出租土地是在 2012 年，旨在吸引来自中国的农业投资，引进先进的种植和管理技术。

  近年来，中国企业不断扩大在塔投资规模的同时，也面临着诸多困难。2018 年 10 月公布的世界银行《2019 年营商环境报告》中，塔吉克斯坦营商环境排名第 126 位，在中亚国家中排名最为落后。哈萨克斯坦排名第 28 位，乌兹别克斯坦排名第 76 位，吉尔吉斯斯坦排名第 70 位。其营商环境中最为突出的问题，一是银行系统薄弱、安全性差。塔国外汇储备不足，无法满足中资企业资金周转的需求，企业常常面临取不到钱也汇不出钱的困境。中国企业将资金投入塔吉克境内，获得的利润很难兑换成国际通用货币汇出，资金回收风险高，加之索莫尼兑美元汇率一路下行，很多中国潜在投资者因此望而却步。二是社会存在腐败问题，执法较为随意。据"透明国际"（Transparency International）国际反腐运动 2018 年 2 月公布的第 22 届"2017 年腐败指数"显示，塔吉克斯坦排第 161 位，相比之前下降了 10 位。在中亚地区，哈萨克斯坦（122 位）、吉尔吉斯斯坦（135 位）和乌兹别克斯坦（157 位）的排名优于塔吉克斯坦，土库曼斯坦略低（167 位）。塔吉克斯坦公共部门职员收入低，政府反腐举措一直以来也是"声音大、雨点小"，效果欠佳。塔

---

① 42. Таджикистан: производство цемента в 2018г. выросло. https://ukrbuild.dp.ua/2019/02/19/tadzhikistan-proizvodstvo-cementa-v-2018-g-vyroslo.html.

吉克斯坦的行政法规中的管理规定和惩罚措施较为完善，但是等级划分往往可以人为操作，这就给了执法人员可乘之机。三是审批程序烦琐、行政效率低。从项目立项到可行性研究，再到项目设计和实施，最后到项目验收，塔吉克斯坦相关部门都有复杂和严格的审批程序，而且办公人员效率低、办事门槛高，往往导致项目无法如期进行。

八、结语

近些年，塔吉克斯坦经济加速增长，在当局政策推动下，三大产业均得到稳步发展。在国家独立的几十载春秋里，政府不断探索适合自身的发展道路，从能源依赖到自主产能，从农业工业国转向工业农业国，不断夯实前行的步伐。发展的同时也伴随着金融体系薄弱、企业高额负债等危机，贫困和失业也在不断给当局敲响警钟。2018年，塔政府成功举办"打击恐怖主义和暴力极端主义"高级别国际会议，其倡议的2018—2028年"水促进可持续发展"（Вода для устойчивого развития, 2018—2028 годы）国际行动新的10年顺利启动，与兄弟邻邦开启了"新黄金时代"。从种种事实不难看出，正值韶华的国家正朝着更稳健、更担当、更开放的方向发展。

莫迪执政以来印度光伏供电的发展状况及对华合作[*]

岳 鹏[**] 高晓艳[***]

【内容提要】随着印度经济的快速发展和能源消费量的逐年猛增，迫于印度电力供应短缺和环境污染日益加剧的压力，印度总理莫迪自2014年执政以来，基于印度良好的自然条件、紧迫的现实需求以及相关政策、法律和价格基础，在国内大力推动光伏供电建设，不仅大幅度扩大了光伏供电的发展目标，还采取了积极推进屋顶光伏系统建设、对进口光伏产品征收保护性关税、开展光伏供电合作等多项举措。在莫迪政府的大力推动下，印度光伏装机容量和供电量均大幅上升，光伏电价不断降低，小型光伏系统深入城镇乡村。然而，印度快速发展的光伏供电建设依然暴露出多项问题，其中战略目标难以实现、土地征用价高事繁、供电设备和电能盗损严重、光伏电站供水短缺、屋顶光伏管理滞后、市场严重依赖低廉成本以及光伏制造能力不足等几项成为制约未来印度光伏供电建设进一步发展的主要障碍。作为上海合作组织中的两个重要大国，未来中印两国可在扩大光伏组件贸易总额、加强专业人才交流学习、共建光伏设备上游产能以及推动国际光伏产业机制构建等诸多方面进行深入合作。

【关键词】莫迪 印度 光伏供电 装机容量 中印合作

---

[*] 本文为2018年度辽宁大学青年科研基金项目"21世纪以来印度能源政策的演变研究"（LDQN2018012）的阶段性成果。

[**] 岳鹏，辽宁大学国际经济与政治学院讲师、辽宁大学转型国家经济政治研究中心专职研究员。

[***] 高晓艳，辽宁大学人口研究所社会工作专业2018级硕士研究生。

序　言

　　2017年6月，印度正式加入上海合作组织。作为经济快速发展的世界级人口大国，印度的加入对上合组织未来的发展意义重大。印度加入上合组织的主要动机是通过该平台寻求扩大在中亚地区的参与能力、对冲巴基斯坦的影响力、拓宽同中俄两大国的对话渠道，寻求多领域合作，以推动本国经济长远发展并改善印度东部和北部安全环境。印度作为快速发展的南亚大国，与其的合作将为中亚乃至整个"印太"地区的安全稳定提供至关重要的保障，而印度自身的发展也将为上合组织成员国在经贸领域提供更广阔的合作机遇。目前对印度来说，制约其经济发展最主要的障碍就是能源供应的不足。

　　自2016年印度成为世界第三大能源消费国以来，其能源需求始终保持强劲的增长力。据British Petroleum（BP）能源展望预测，印度的能源需求总量到2040年时将上涨165%，其中煤炭依然是主要的能源消耗品，占能源消费总量的63%，[1] 石油和天然气的需求量也保持较高的增长幅度。大量化石燃料的消耗不仅增加了国家环境治理的难度，也使印度这个传统能源蕴藏量相对匮乏的国家更加依赖国外进口。此外，日益紧张的用电需求也迫使印度政府不得不尽快寻求策略改变这种局面。因此，印度总理莫迪自2014年就职以来，就开始大力推动可再生能源的开发与利用，范围包括太阳能、风能、水能、生物能和核能，其中太阳能光伏供电由于发电效率高、建设成本低、易于推广和安装等优势条件，受到莫迪政府的格外重视，并成为可再生能源开发中重点发展的领域。而在上合组织内部，可再生能源的开发已经成为各国共同努力发展的目标：中亚国家和巴基斯坦近几年都在加快光伏供电的发展速度；俄罗斯虽然受制于传统能源，其光伏装机容量不高，但却拥有世界领先的光伏技术；而中国不仅是世界上光伏装机容量最大的国家，还拥有完备的光伏设备生产能力与研发能力，每年向海外出口大量质优价廉的光伏产品。因此，印度在光伏供电领域的国家发展目标能够与包括中国在内的上合组织其他成员国形成很好的对接与互动，未来合作空间广阔，潜力巨大。

---

[1] BP, "Country and regional insights - India", BP Energy Outlook, 2018, p. 1.

一、印度能源消费状况及其能源政策

自进入21世纪以来，印度经济逐渐走上快车道，实现了举世瞩目的快速增长，同时伴随的则是印度能源需求的直线上升。2005—2015年，印度石油消费增长了60.4%，已达到日均消费31万桶，成为继美国、中国和日本之后的世界第四大石油消费国。① 在这10年中，印度的天然气和煤炭的消费量也分别增长了41.7%和92.7%。② 据印度"十二五"规划预期，到2022年，印度的能源生产能力年平均增长率只能达到1.5%，远远无法弥补能源需求的巨大缺口。③ 而到2040年，印度的能源消费量将比2017年时增长165%，占全球能源消费量的11%，其中石油需求量增长129%，煤炭需求量增长132%，天然气需求量增长1850%，核能需求量增长412%。④ 除了石油、天然气和煤炭这些化石能源外，目前约有2.6亿印度人（约占印度总人口的20%）使用传统燃料（如木柴、农业废料和生物质燃料）来烹饪和满足一般取暖需求。这些传统燃料燃烧后会释放出大量的烟雾、PM10颗粒物、NO_x、SO_x、多环芳烃、甲醛、一氧化碳和其他空气污染物，这使得印度的空气比较糟糕。根据耶鲁大学的研究结果，印度的空气质量在180个国家中排名居第178位，在整个南亚地区仅仅好于孟加拉国和尼泊尔。⑤ 鉴于本国能源需求迅猛增长的紧迫形势和环境保护的迫切需要，印度自进入21世纪以来开始陆续规划和出台相关的能源政策，并在外交领域积极开拓能源进口渠道，大力推动国内可再生能源的开发和利用。

印度的能源政策主要分为国内和国际两个方面。在国内，印度政府首先采取保护能源、降低能耗的政策，颁布《能源保护法》，并在中央政府设立

---

① EIA, Country Analysis Brief: India, June 14, 2016, p. 4.

② BP, Statistical Review of World Energy, June 2016, pp. 3, 25, 33.

③ 罗明志、蒋瑛："印度经济增长面临的能源约束与应对策略"，《南亚研究季刊》2014年第1期，第69页。

④ BP, "Country and regional insights - India", *BP Energy Outlook*, https://www.bp.com/en/global/corporate/energy-economics/energy-outlook/country-and-regional-insights/india-insights.html.

⑤ 《印度光伏行业分析报告》，北极星太阳能光伏网，2018年10月10日，http://guangfu.bjx.com.cn/news/20181010/932856.shtml。

了专门负责制定能源政策和起草能源律法的能源效率局（BEE），并在国家发展战略的制定中把建立节约、可持续的经济发展模式放在特别重要的地位。① 其次，印度鼓励私人资本参与能源的开采与加工产业，设法增加国内的能源产量，但同时也有意识地降低国内对石油的依赖度，而转向相对清洁的天然气。根据印度"十二五"规划，到2022年，印度国内煤炭的供应量相比2016年要提升29.6%，天然气供应量提升35.3%，但石油的供应量提升幅度最小，仅有0.58%。② 第三，印度政府通过提高能源使用效率和出口能源工业制成品来降低能源消耗所带来的经济损失，弥补国家在能源进口上的巨额费用。第四，为防止能源市场上出现巨大波动而导致国内能源供应不足，印度自2004年起已开始建设本国的石油战略储备库。预计到2045年，印度的石油储备量将从满足国内15天消费量达到满足全国45天的消费量。③ 在国际上，印度在东南亚、中东和中亚等地积极开展能源外交，建立从产油国通往印度的能源大通道，满足印度因经济发展而日益增长的能源需求。预计到2032年，印度石油的对外依存度将高达90%，④ 这将迫使印度在推行降低能耗政策的同时，不得不继续开拓从海外获取能源的渠道。最后，目前印度最重要的能源政策是大力加强能源供应的多元化，尤其重视可再生能源的发展。为了弥补国内油气资源的不足，印度日益重视对核能、风能、太阳能、水电等清洁能源的开发，兴建了一系列民用核设施、风力发电机、光伏供电站和水力发电站，以求减弱国家对传统能源的严重依赖。而在印度目前正在开发的所有可再生能源中，光伏供电建设（包括光伏发电站和家用光伏供电设施）的发展速度是最快的。

二、印度光伏供电的发展基础

在目前世界上大力发展光伏供电建设的诸多国家中，印度的发展是较为全面的，无论是在装机容量的实际增加值还是年均增长率上，印度在世界各

---

① 杨翠柏："印度能源政策分析"，《南亚研究》2008年第2期，第57页。
② Planning Commission (Government of India), Twelfty Five-years Plan (2012 - 2017), Economic Sectors, Volume II, p. 133.
③ 时宏远："试析印度的能源政策"，《国际论坛》2011年第1期，第69页。
④ Planning Commission of India, Integrated Energy Policy Report of the Expert Committee, August 2006, p. 45.

国中均位居前列。作为近几年新崛起的光伏大国，印度之所以能取得如此快速的发展，除了政府的大力扶持和推动外，更取决于其具备发展光伏供电的便利条件和良好基础，具体包括以下五个方面。

(一) 自然基础

莫迪政府之所以大力推进光伏供电的发展，与印度适宜发展太阳能相关行业的特殊自然环境密切相关。印度领土虽然广袤，但大部分处于亚热带和热带地区，拥有非常良好的太阳能光照条件，在世界前20位的经济体中，印度的日照量位居第一，年太阳辐射量为1200—2300kW·h/㎡，大部分地区每年有250—300天的日照时间，辐射量大于1900kW·h/㎡。尤其是印度中部和西北部地区，每年的日照天数可长达300—350天。例如印度西北部的拉贾斯坦邦，其沙漠地区广大，日照时间每年可长达1800—2200小时。[1] 只要利用好印度3%的闲置土地，其太阳能的潜在装机容量就将达到7.49亿kW。[2] 此外，印度除北部恒河流域为平原，人口相对集中外，大部分地区为高原和山地，植被茂盛，铺设电网施工难度大，且居住的人口相对分散。在这种自然条件下，依靠电网传输的传统供电方式，建设成本高、施工周期长，而且难以覆盖地处偏远的广大农村地区，因此可以独立供电且易于运输和安装的离网光伏设备[3]在印度农村地区有着广大的市场。除此之外，在农村地区也可建立小型光伏电站，这类电站既可以选择独立供电，也可以就近并网发电，不仅能保障居民的用电需求，还能解决一部分村镇人口的就业问题。上述原因成为印度政府在农村地区推广和安装光伏供电设备的重要前提与基础。

---

[1] San Diego, "Integrating Wind and Solar Energy in India for a Smart Grid Platform", Global Energy Network Institute, 2013, p. 42; Peter Meisen, "Overview of Sustainable Renewable Energy Potential of India", Global Energy Network Institute, 2010, p. 4. 与拉贾斯坦邦的日照时间相比，同样积极开发光伏供电的我国辽宁省，其日照时间最长的朝阳、阜新等地区，每年也只有1500小时左右而已。

[2] 国家可再生能源中心、国家发展和改革委员会能源研究所可再生能源发展中心编著：《国际可再生能源发展报告2017》，中国环境出版社2017年版，第143页。

[3] 光伏供电设备分为离网和并网两大类别，离网光伏供电设备适用于没有并网或并网电力不稳定的地区，由太阳能组件、控制器、逆变器、蓄电池组和支架构成，其产生的直流电可在白天存储于蓄电池组中，在夜间或多云下雨的时候提供电力。

(二) 需求基础

印度是世界第二人口大国、第三大能源消费国,进入21世纪以来,印度经济的快速增长使其能源需求也呈现出大幅度的增加,国内能源压力日益加大。然而,印度国内石油、天然气储量较低,远远无法满足国内需求,需要从中东、北非、中亚和东南亚大量进口;煤炭储量虽然较石油和天然气略高,但煤的质量较差,含硫量高、燃点低,大量使用会导致国内严重的环境污染,因此不得不依赖从东南亚和澳大利亚进口优质煤炭。印度经济的快速发展也导致印度城镇化进程加快,大量人口从农村进入城镇,国内电力需求猛增,而印度目前的发电设备主要依靠传统能源进行发电,且装机量较少。因此,在印度经济快速发展的背后,严重的电力短缺已经成为制约经济和社会民生持续发展的重要阻碍。2012年印度发生的史无前例的大停电导致全国20个邦陷入电力瘫痪状态,受影响人口超过6.7亿。据世界银行的报告显示,电力短缺给印度经济带来的损失相当于该国GDP的7%左右,目前印度仍有3亿人口过着没有电的生活,而且主要集中在农村地区,有1.8万个村庄尚未通电。① 即便在被冠以"电气化村"的已通电村庄,也只有少数家庭和学校、医院等公共场所能用上电。严峻的现实情况迫使莫迪在执政后必须设法解决全国电力短缺的问题。然而,到2018年,仍有3200万印度家庭(占人口的18%)在等待获得可靠和负担得起的电力;而在2017年,超过64%的家庭无法获得清洁的烹饪替代品,近88%的农村家庭依然使用煤油来照明或烹饪。② 印度广大民众对充足电力的需求极为迫切,这成为莫迪政府大力推进光伏供电的重要基础。除了实际用电的需求外,环境保护的迫切需求也成为印度发展光伏供电的重要基础。近年来,气候变化问题已经成为全球关注的焦点问题,而印度由于大量使用传统的化石能源(尤其是本土所产的含硫量较高的煤炭),大量温室气体排放到空中,其生态环境遭到严重破坏。面对这种局面,莫迪政府不得不承担起节能减排、保护环境的重担。在2015年巴

---

① 苑基荣:"印度电力短缺,新能源成着力点",《能源研究与利用》2017年第2期,第22页。

② Global Subsidies Initiative, "Kerosene to Solar PV Subsidy Swap: The business case for redirecting subsidy expenditure from kerosene to off - grid solar", GSI Report, July 2018, p. 1.

黎召开的第21届联合国气候变化大会上，印度政府承诺到2030年清洁能源的发电装机容量将达到本国发电装机总容量的40%。近年来，光伏设备的市场价格不断下降，且光伏发电具有效率高、无污染、安装随机性强等一系列优势，因此发展光伏供电建设就成为印度政府增加国家电力供应、推动节能减排和可再生能源开发目标的一个重要选项。

（三）政策基础

早在曼莫汉·辛格执政时期的2009年，印度政府已经意识到发展光伏供电的重要性，并开始启动"贾瓦哈拉尔·尼赫鲁国家太阳能任务"计划（Jawaharlal Nehru National Solar Mission），宣布到2022年将增加22GW[①]的光伏发电量（20GW并网，2GW离网），总投资额达200亿美元。2011年2月，印度又公布了"2011—2017年新能源与可再生能源领域的战略规划"，其中太阳能发电的战略目标是到2017年初步实现400万kW（4GW），其装机容量虽然在可再生能源中并不是最多的，但在增长率方面却是最高的（见表22）。根据这些目标和规划，印度新能源和可再生能源部（MNRE）制定了一系列具有代表性的计划，使莫迪政府执政后进一步推动光伏供电发展具备了一定的政策基础。这些计划包括：印度将投入4000亿卢比（按照当时的汇率约合6.5亿美元）建设25个超大型太阳能发电园，规模为500MW—1GW，总功率为20GW；印度政府将鼓励各邦政府为私人开发商提供奖励，任何与邦政府合作的私人开发商最高能够获得所建项目股权的49%；用于开发的土地将优先考虑废弃土地和非农业用地，开发每兆瓦电量将配给5英亩土地，这些土地必须具有高太阳辐射、良好的电网接入和可用水；一旦邦政府提出的太阳能发电园项目计划得到印度新能源和可再生能源部的批准，私人开发商就可以申请250万卢比（约合4万美元）的补助金。除此之外，开发商还可以申请每发电1MW，即可返利200万卢比（约合3.3万美金）的

---

① GW（吉瓦）为电力功率单位，在电力功率的换算中，1TW（太瓦）=1000GW，1GW=1000MW（兆瓦），1MW=1000kW（千瓦）。

优惠待遇，或返还项目成本金额的30%（以二者中最低者为准）。[1] 为了鼓励外国企业对印度光伏供电建设进行投资，印度政府还专门制定了有利于外国企业控股合资企业的政策。按照政策规定，包括光伏供电在内的可再生能源投资均可向外国企业开放，外国企业可以资金和技术两种入股方式在印度建立合资企业，在控股比例上，经印度外国投资促进局批准后，外资最高可以获得100%的控股权，并获得自动审批资格，还可以在印度设立联络办公室。印度政府鼓励外国投资者基于"建设、自有和运营"（BOO）进行光伏发电项目建设，并要求与有关联邦政府签订"电力购买协议"，[2] 以确保光伏供电项目建成后可以直接并网销售。

表22　2011—2017年并网可再生能源电力装机目标（单位：万kW）

技术/年份	生物质/农业废弃物	甘蔗渣热电联产	城市垃圾发电	小水电	太阳能发电	风电	总目标
累计装机（截至2011年3月31日）	102.5	161.6	8.4	304	3.5	1390	1968.3
2011—2012年	10	25	2	35	30	240	342
2012—2013年	8	30	2.5	30	80	220	370.5
2013—2014年	8	30	3.5	30	40	220	331.5
2014—2015年	8	25	4.5	30	40	220	327.5
2015—2016年	8	25	5.5	35	100	220	393.5
2016—2017年	8	25	6	36	110	220	405
6年的总目标	50	160	24	196	400	1340	2170
累计目标	152.5	321.6	32.4	500	403.5	2730	4140
累计增长率	48.78%	99.01%	285.71%	64.47%	11428.57%	96.40%	110.33%

资料来源：国家可再生能源中心、国家发展和改革委员会能源研究所可再生能源发展中心编著：《国际可再生能源发展报告2017》，中国环境出版社2017年版，第137页。

---

[1] 计划的更详细内容可参见：Lucy Woods, India drafts plan for 20GW of large PV projects by 2020, Global Energy Network Institute, Sep. 15, 2014, http://www.geni.org/globalenergy/library/technical-articles/generation/pv-tech.org/India_drafts_plan_for_20GW_of_large_PVprojects_by_2020/index.shtml。

[2] 冉琳玲："浅析中国企业对印度投资光伏项目的发展潜力"，《法制博览》2017年第5期（上），第117页。

除此之外，2011 年印度中央电力监管委员会还颁发了《确认和发行可再生能源证书条例》，在印度全国范围实施可再生能源配额（RPS）及证书交易制度（RECs）。政府规定电力企业应在其供应的电力中包含一定比例的可再生能源电力（即配额 RPO），允许电力企业通过自发或者交易完成其配额。每兆瓦时可再生能源电量生成一个 REC，可以在公开市场交易买卖，满足承担赔额义务的电力企业的需求。印度许多邦在实施 RECs 时，特别要求当地电力企业发电量中包含一定比例的太阳能电力，印度政府还对太阳能发电类 REC 的价格区间做出规定，2012—2017 年，最低及最高价格分别为每兆瓦时 2300 卢比（约合 145 美元）和 1.34 万卢比（约合 209 美元）。[①] 此外，为鼓励对可再生能源发电的投资，印度实行可再生能源发电项目快速折旧政策，第一年可计提 80% 的折旧，使投资者获得显著的税收优惠（注：2012 年 4 月 1 日起，该政策调整为第一年可计提 35% 的折旧）。对于根据所得税法案无法从快速折旧中获得税收优惠的独立供电商（IPP）和外国投资者，可以获得政府 0.5 卢比/kW·h（约合 0.78 美分）的补贴，补贴期限是 4—10 年。[②]

（四）法律基础

为了加快太阳能设备的普及，印度政府早在 2003 年就已通过在建筑物上强制安装太阳能设备的法律，即《印度太阳能（建筑物强制使用）法》。该法律明确规定，每一栋新修建的建筑物，不论其用途为商业、工业、公用还是住宅，其建筑物的承包人、承建人、所有人和发展商都有义务在需要提供热水的建筑物中安装太阳能辅助热水系统，并且有义务按照符合相关要求的标准安装热能面板和太阳能光电模块以满足日常发电需要，违者将处以 2 年以下有期徒刑和 1 万卢比以内的罚金。[③] 在该法律的基础上，印度哈里亚纳邦、古吉拉特邦、北方邦、恰蒂斯加尔邦和中央直属的昌迪加尔市又先后制

[①] 国家可再生能源中心、国家发展和改革委员会能源研究所可再生能源发展中心编著：《国际可再生能源发展报告 2017》，中国环境出版社 2017 年版，第 140 页。

[②] 国家可再生能源中心、国家发展和改革委员会能源研究所可再生能源发展中心编著：《国际可再生能源发展报告 2017》，中国环境出版社 2017 年版，第 140 页。

[③] 冉琳玲："浅析中国企业对印度投资光伏项目的发展潜力"，《法制博览》2017 年第 5 期（上），第 117 页。

定了强制安装屋顶太阳能设备的地方性法规或政令通知，光伏设备得以在印度各地逐渐普及。因此，《印度太阳能（建筑物强制使用）法》成为莫迪政府执政后确保国家太阳能计划进一步扩大及顺利落实的重要法律基础。此外，印度还在 2007 年修订了《印度电力法案》，规定了太阳能等可再生能源的固定电价政策，促使印度输电系统向消费者开放，消费者可以自由选择供电商。这样一来，那些可以提供稳定且廉价电能的光伏电力供应商就可以在国家电力系统内外获得大量客户群体。2009 年，印度中央电力监管委员会（CERC）实施了可再生能源固定上网电价的法规，涵盖所有的可再生能源发电技术。该法规规定，每三年审查一次各类可再生能源发电成本，其中太阳能光伏发电项目的发电成本每年审查一次，CERC 将根据发电成本及时调整固定电价，对于大多数可再生能源发电技术，固定电价的有效期是 13 年，但太阳能光伏发电的固定电价有效期则可延长至 25 年。[1]

（五）价格基础

光伏供电建设作为一项系统工程，其建设成本主要包括光电转换的设备成本、土地成本、维护成本、并网成本与人力安装和维护成本（能够独立供电的家用屋顶光伏系统可排除土地成本和并网成本）。这其中，占比最大的成本是光电转换的设备成本。近年来，随着光伏供电技术的飞速发展，光伏供电的设备组件及其原材料价格都呈现出大幅度下降趋势。其中，作为光伏组件最重要原材料的多晶硅的市场价格，由 2008 年最高点的 400 美元/千米下降到 2016 年的 12 美元/千米，降幅高达 97%；另一重要原材料硅片的价格也由 2006 年的 3.5 美元/瓦下降到 2016 年的 0.15 美元/瓦，降幅达 95.7%；此外，作为光伏供电设备中最重要部件的太阳能电池片和电池组件的价格也分别由 2006 年的 3.8 美元/瓦和 4 美元/下降到 0.22 美元/瓦和 0.46 美元/瓦，下降幅度分别高达 94.2% 和 88.25%（见表 23）。光伏原材料和关键部件价格的大幅度下降，使得整个光伏供电系统的建造成本大幅降低，这为印度加快推进光伏供电建设提供了关键性的基础。此外，光伏供电的其他相关部件甚至工程承包价格也大幅下降。2017 年印度光伏供电每瓦输出功率的面板价

---

[1] 国家可再生能源中心、国家发展和改革委员会能源研究所可再生能源发展中心编著：《国际可再生能源发展报告 2017》，中国环境出版社 2017 年版，第 139—140 页。

格为 22 卢比，较上一年降低 8%；光伏供电每瓦输出功率的逆变器价格为 1.9 卢比，较上一年降低 5%；光伏供电每瓦输出功率的工程总承包价为 35 卢比，较前一年降低 8%。① 这意味着相比 10 年前，印度政府可以极低的成本迅速建立起大规模的光伏供电电站和家用光伏设施。根据 IRENA 的数据，2017 年印度光伏的每千瓦加权造价成本为 971 美元，甚至要低于当时中国的系统造价。② 光伏供电建造成本的下降进一步导致光伏发电电价的大幅度下降。目前，印度已经成为世界上光伏供电电价最低的国家之一，在某些邦，光伏电价甚至低于传统能源发电的电价。这使得城乡广大经济收入较低的贫困居民更加负担得起光伏供电的电价，为光伏供电在印度国内的逐渐推广打下了坚实的价格基础。

表 23 2006—2016 年太阳能光伏产品价格汇总

年份	多晶硅 （美元/千米）	硅片 （美元/瓦）	电池片 （美元/瓦）	电池组件 （美元/瓦）
2006	200	3.5	3.8	4
2007	300	3	3.5	3.8
2008	400	2.5	3.0	3.5
2009	150	0.9	1.4	2.0
2010	90	0.8	1.3	1.5
2011	30	0.5	0.75	1
2012	23	0.4	0.6	0.8
2013	20	0.3	0.5	0.7
2014	18	0.29	0.45	0.6
2015	16	0.20	0.35	0.55
2016	12	0.15	0.22	0.47

资料来源：国家可再生能源中心、国家发展和改革委员会能源研究所可再生能源发展中心编著：《国际可再生能源发展报告 2017》，中国环境出版社 2017 年版，第 49—50 页。

① Bridge to India, *India Solar Handbook 2017*, Hew Delhi: Bridge to India Energy Private Limited, 2017, pp. 8-20.
② 《印度光伏行业分析报告》，北极星太阳能光伏网，2018 年 10 月 10 日，http://guangfu.bjx.com.cn/news/20181010/932856.shtml。

三、莫迪执政以来的规划与举措

印度适合光伏供电发展的良好自然条件、社会的实际需求与政府已经制定的一系列规划和政策为新一届印度政府继续推动光伏供电发展提供了坚实基础。正是在此基础上,莫迪执政后,迫于国内经济快速发展、日益紧张的能源压力和环境污染问题的加剧,开始大踏步推进光伏供电发展,并将此作为印度政府内政外交工作的重要组成部分。

(一) 扩大光伏供电发展目标

随着印度经济的快速发展和城乡用电量的大幅度增加,曼莫汉·辛格政府制定的"到2022年增加20GW光伏供电量"的发展目标已无法满足快速增长的电力需求。2014年,新上任的印度总理莫迪面对国内严峻的电力供应形势,在"贾瓦哈拉尔·尼赫鲁国家太阳能任务"计划的基础上提出"太阳能振兴计划",该计划总投资额为8000亿—10000亿美元。按照该计划,到2022年印度光伏供电的装机容量将从20GW增加到100GW(1GW足够用于70万至75万个西方住宅,因此100GW可以满足7500万个印度家庭的电力需求)。[1] 这就需要印度光伏供电的装机速度必须从已经获得大幅提升的每年4GW进一步猛增到每年15GW。[2] 这对于印度光伏产业来说,既是一个雄心勃勃的计划,同时也是一个艰巨且极难完成的目标。尽管莫迪政府已经达到前一届政府发展目标的五倍,依然不断修改并提高着光伏供电装机容量的目标额度,先是从到2020年达到100GW提高到175GW,到2018年6月初,莫迪政府又将这一目标进一步提高到225GW。印度新能源与可再生能源部秘书长库马尔(Shri Anand Kumar)甚至表示,到2030年,印度光伏供电装机容量将达到320GW。[3]

---

[1] 莫迪就任总理时,印度的太阳能装机容量(包括供电和供热在内)尚不足6GW,其中用于发电的光伏设备装机容量仅有3GW。

[2] 范丽敏:"印度光伏市场的诱惑与风险",《中国贸易报》2016年9月20日,第4版。

[3] "2030年完成320GW,印度拓展太阳能发展计划",集邦新能源网,2018年6月25日, https://www.energytrend.cn/news/20180625-32493.html。

为了实现这一宏伟目标，莫迪政府先后制定和出台了一系列规划方案和政策措施。2015年12月，印度议会通过了405亿印度卢比（约合6.06亿美元）投资27座太阳能公园的方案，未来印度将在境内21个邦中增加18.418GW的光伏发电设备。2016年7月，印度政府制定计划：到2021年在全国建设10个太阳能公园，每个占地1万公顷。2017年2月，印度政府宣布于2022年建成共计40GW的太阳能公园，并提供12亿美元的资金支持。在政策支持方面，2016年2月，莫迪政府出台了可再生能源责任规定（RGO）和可再生能源购买义务（RPO），要求国有配电公司购买光伏发电占比要从2011年初的0.25%提高到2022年的17%，并要求热电厂在新增装机容量中可再生能源发电需占一定比例，以此来刺激光伏供电的发展。[1] 此外，印度太阳能公司还建立了适应性补偿基金（VGF），对4835MW的太阳能项目提供资金帮助；并加强国内输电线路建设，为光伏电站（尤其是并网的大型光伏电站）的电力输送提供线路保障。为此，印度政府专门投资1270亿卢比，用于光伏供电的输电线路建设，该项目作为印度"绿色能源走廊"（Green Energy Corridors）项目的重要组成部分，相关输电线路将34座太阳能公园产生的电力输送至全国各地。根据要求，各邦间的输电线路建设费用由政府出资20%，国家清洁能源基金（National Clean Energy Fund）以拨款的形式提供经费的40%，剩余的40%资金则是以优惠贷款的形式进行补贴。[2] 在项目补贴方面，印度在光伏供电建设中给予的补贴数额都较高，尤其是小型光伏发电站并网发电的补贴，在各种清洁能源中是最高的。

（二）积极推进屋顶光伏系统建设

屋顶光伏系统指的是在房屋顶部装设太阳能发电装置，利用太阳能光电技术在广大城乡地区实现补充性供电，并达到节能减排的效果。屋顶光伏系统属于分布式光伏供电系统，在建筑屋顶安装后的供电设备需要就近并网，

---

[1] 更多详细规划和政策可参见："印度光伏行业分析报告"，北极星太阳能光伏网，2018年10月10日，http://guangfu.bjx.com.cn/news/20181010/932856.shtml。

[2] Anindya Upadhyay, India Investing $1.8 Billion on Lines to Transmit Solar Power, 2016-12-23, http://www.renewableenergyworld.com/articles/2016/12/india-investing-1-8-billion-on-li，转引自：赵跃晨、郭东彦："印度太阳能开发利用的现状与挑战"，《中外能源》2018年第2期，第11—12页。

这样既可以满足安装用户的用电需求，多余的电量又可以转入公共电网，与公共电网一起为附近的用户供电。在印度，许多城乡地区不仅缺电，而且即便在已经架设电网的地区，也经常出现电压不稳和供电紧张导致的频繁停电现象。在印度南部的一些省份，由于电网建设得比较缓慢和滞后，很多农村居民仍然使用煤油或小型光伏设备照明，对太阳能的实际利用率很低。而具备独立供电能力的屋顶光伏系统在这些地区具有广阔的应用前景，因此莫迪政府将推广屋顶光伏系统作为加快实现全国用电普及的一条重要渠道。

在印度雄心勃勃的太阳能发展计划中，屋顶光伏系统的重要性在逐渐加强。按照印度的规划，到2022年，在太阳能总装机容量100GW中要实现40GW的屋顶光伏发电目标，为此印度计划在五年内投入230亿美元。由于市场的激烈竞争和设备价格的下降，屋顶光伏发电的成本在过去五年中减少了一半。相比之下，同期的平均零售电价上涨了22%，这使得屋顶光伏发电比印度所有主要邦的商业和工业电网都要便宜。① 正是由于这一趋势日益显著，在印度电网电力不足的偏远地区，屋顶光伏系统的销售具备了广阔的市场空间，这也为莫迪政府大力推动屋顶光伏系统提供了巨大助力。印度政府不仅对屋顶光伏建设给予补贴，而且尤其重视社区和乡村地区的进展。2015年11月，印度新能源与可再生能源部就把用于住宅的屋顶光伏设备补贴从15%提高到30%，以此来支持广大城乡地区住宅屋顶光伏设备的安装工作。到2017年初，印度民用屋顶光伏发电量已经占到全国光伏系统发电量的10%—20%，虽然还有较大提升空间，但增速和增量都已经非常可观。②

（三）对进口光伏产品征收保护性关税

随着光伏供电建设的加速，印度在光伏组件和电池领域的缺口迅速扩大。然而，印度本土自有光伏组件的产能严重不足，且品质缺乏市场竞争力，难以满足国内快速发展的光伏建设需要。这就导致印度虽然对光伏设备的需求迅速扩大，但约90%的光伏组件和电池依然需要依赖进口，使得印度本土企业的市场份额不断缩小（2014—2015年，印度国内企业的本土市场份额为

---

① 葛晓敏："印度屋顶光伏系统投资将增加"，《太阳能》2018年第1期，第80页。
② 赵跃晨、郭东彦："印度太阳能开发利用的现状与挑战"，《中外能源》2018年第2期，第13页。

14%，2017—2018 年却降至 10%），其中中国是印度太阳能电池的最大进口来源国。为了保护本土企业，印度太阳能设备制造商协会代表五家印度制造商（这五家申请者的总产量占印度太阳能电池的 50% 以上）于 2017 年 11 月 28 日提出对进口太阳能电池征收保护性关税的申请。随后，印度保障措施总局（DGS）建议对进口太阳能电池——无论是组装成模块还是电池板——征收 70% 的保护税。据印度保障措施总局表示，中国的太阳能电池产能从 2012 年的 11.12GW 增长至 2016 年的 27.78GW，而 2012 年中国对印度出口只占其全球出口总量的 1.52%，这一数字到 2016 年已经增至 21.58%。① 受印度反倾销及保护措施影响，2018 年第一季度中国出口印度的光伏组件金额同比大幅下降 34.3%，出口量也同比下降 30.1%。②

此后，受本土企业压力的影响及出于保护本土光伏制造业的需要，印度政府针对进口光伏产品征收保障性关税的举动进一步落实。经过反复研究后，2018 年 7 月 30 日印度财政部税务局正式宣布，根据印度贸易救济总局的最终建议，自即日起对中国、马来西亚及部分发达国家的太阳能电池（无论是否封装为组件）征收 25% 的保障性关税，持续两年，第一年（至 2019 年 7 月底）税率为 25%，第二年上半年税率降至 20%，下半年再调降至 15%。③ 然而，此次对光伏产品征收保障性关税的举动并未达到预期的目的，虽然在短期内有利于印度企业扩大市场占有率，但由于进口产品在价格和质量上的巨大优势，保障性关税不但不能阻止质优价廉的电池片和光伏组件销往印度，同时还提高了印度本土电站的开发成本，冲击了本土市场需求。此外，虽然保障性关税的目的在于保护本土企业，但印度国内的制造业和基础设施发展相对落后，产能供应不足，难以应对可能带来的负面影响，短期内仍需依赖进口国际产能。④ 基于弊大于利的考虑，印度财政部在 2018 年 8 月下旬发布公告，暂缓对中国、马来西亚等国光伏产品强制征收保障性

---

① "印度拟对进口太阳能设备征收保护税，欲阻止中国产品进入"，中华商务网，2018 年 1 月 11 日，http://www.chinaccm.com/36/20180111/361906_4640497.shtml。

② 中国机电产品进出口商会行业发展部："2018 年第一季度我国光伏电池产品出口分析"，《电器工业》2018 年第 8 期，第 51 页。

③ 姚金楠、董欣："针对中国和马来西亚：印度对进口太阳能电池征收 25% 关税"，《中国能源报》2018 年 8 月 6 日，第 17 版。

④ 姚金楠："印度暂缓对进口光伏产品强征关税"，《中国能源报》2018 年 8 月 27 日，第 7 版。

关税。

印度对进口光伏产品的反倾销行为由来已久。2012年印度宣布对中国、美国等国的太阳能电池进行反倾销调查，两年后无税结案。2017年，印度再次宣称征收反倾销税，次年终止调查。2018年7月印度对进口光伏产品征收保障性关税的根本目的，是要扶持本地企业发展，加快光伏组件国产化进程。为了实现这一目标，2018年12月印度新能源和可再生能源部印发一份优先采购"印度制造"商品的政府令。该文件指出：除户用光伏外，并网、离网和分布式光伏发电项目应优先选择印度制造的光伏产品，文件适用于印度政府各部门、联邦和国有企业。其中，并网光伏供电项目的光伏组件国产化使用率竟高达100%，逆变器等其他零部件的使用率则为40%；而离网或分布式光伏供电项目的光伏组件国产化使用率也高达70%（见表24）。印度新能源和可再生能源部制定的光伏组件100%的国产化率要求，意味着生产商需要将光伏组件整体价值链都安在印度国内才能符合规定。然而，印度国内制造能力不足，无法满足装机所需的光伏组件数量，且仅封装环节一项就将使印度陷入困境。目前全球的光伏组件辅材（如边框、胶料、接线盒等）几乎都产自中国，因此要达到100%印度本地生产，有很高的难度。这对于印度光伏产业的发展将起到一定负面作用，也会降低印度光伏供电建设的发展速度。印度政策具有一定的不确定性，因此未来不排除有调整和更改的可能。

表24　印度光伏供电建设国产化使用标准[①]

分类	产品	使用比例
并网项目	光伏组件、光伏逆变器等其他零部件	光伏组件100% 逆变器等其他零部件40%
离网/分布式项目	光伏路灯、家庭光伏照明系统、微电网、光伏水泵、逆变器、电池片和组件等光伏产品	70%

---

① "印度光伏政策再起波澜，组件制造需100%本土化？"，集邦新能源网，2018年12月19日，https: // www. energytrend. cn/research/20181219 - 59925. html。

（四）开展光伏供电国际合作

印度发展光伏供电建设需要投入大笔资金，为了加快光伏供电的发展，印度政府积极从世界银行、亚洲开发银行和金砖国家新开发银行等国际金融机构争取贷款。在印度政府的努力下，2016年6月，世界银行宣布2017年将为印度提供10亿美元的贷款，以支持印度政府实现其2022年的太阳能发展计划，这笔贷款将主要用于印度屋顶太阳能的安装、太阳能公园的基础设施建设以及太阳能输电线路的完善。① 这笔贷款是世界银行提供的最大一笔有关太阳能光伏项目的扶持贷款。此外，世界银行董事会还批准了总计6.25亿美元的并网屋顶太阳能计划（GRPV），用于支持印度政府在屋顶光伏供电方面的建设，其中世界银行提供5亿美元贷款，清洁技术基金（CTF）提供1.2亿美元，余下的0.05亿美元则是清洁技术基金以捐赠的方式提供给印度。② 2015年11月，亚洲开发银行与印度政府签订了合计2亿美元的融资协议，用来支援印度包括光伏供电在内的可再生能源相关项目。2016年亚洲开发银行进一步批准了一项价值5亿美元的多期融资的太阳能屋顶投资计划（SRIP），用于资助印度屋顶太阳能的建设。③ 另外，在2017年，金砖国家新开发银行也将首批8.11亿美元贷款中的2.5亿美元投放给印度太阳能产业，吸引了国家热力公司、印度太阳能公司、塔塔新能源公司等大型企业对光伏供电项目的投入，一些因资金问题而搁置的项目得以启动，客观上助力了印度光伏供电建设的发展。④

---

① World Bank Group, Solar Energy to Power India of the Future, 2016 - 06 - 30, http://www.worldbank.org/en/news/feature/2016/06/30/solar - energy - to - power - india - of - the - future.

② The World Bank, India - Program - for - Results Grid - Connected Rooftop Solar Program Project: Additional Financing, Oct. - 27 - 2016, http://documents.worldbank.org/curated/en/904121479438048823/pdf/Additional - Financ ing - Program - Paper - SECPO - Final - Oct - 27 - 2016 - 11012016.pdf.

③ Mahapatra S. Asian Development Bank Lends $500 Million for India's Rooftop Solar Projects, 2016 - 10 - 21, https://cleantechnica.com/2016/10/21/asian - development - bank - lends - 500 - million - indias - rooftop - solar - projects/.

④ "金砖银行助力印度太阳能发展"，国家能源网，2017年3月27日，http://www.ocpe.com.cn/show - 30897 - lists - 31.html。

此外，为了加快国内光伏供电建设的步伐，莫迪政府还通过外交手段积极寻求国际上的支持与合作，不仅在访问中国、美国和德国时与相关国家签署大量光伏合作协议，① 还以构建"行业联盟"的方式加强印度在太阳能开发领域的国际话语权。2015 年 11 月 30 日，在巴黎的气候变化大会上，印度总理莫迪和时任法国总统奥朗德共同提出组建"国际太阳能联盟"（International Solar Alliance）的倡议，该组织计划将 121 个太阳能资源丰富的国家容纳进来。印度政府提出这一倡议的目的是促使富裕国家通过投资和技术共享帮助贫穷国家扩大其清洁能源的供应，将发达国家的技术与发展中国家的市场结合起来，这也符合印度本国推进太阳能资源开发的实际需求。②

2018 年 3 月 11 日，莫迪与法国总统马克龙在印度首都新德里举行的太阳能峰会上共同宣布国际太阳能联盟（ISA）正式启动。在 120 多个有意向加入该组织的国家中，已经有 60 个国家正式签署了加入 ISA 的协定。目前，印度和法国是 ISA 的"两驾马车"，其余成员中超过一半来自非洲，剩下的则是印度洋和太平洋岛国。正式启动后的 ISA 计划为贫穷发展中国家筹措 1000 亿美元以上的资金，并通过技术分享和能力建设力争 2030 年前在这些国家新增 1000GW 的太阳能光伏装机量。③

国际太阳能联盟的建立体现出印度雄心勃勃的光伏开发与国际合作愿望，对推进印度国内光伏装机容量的迅速发展起到重要作用，同时也有助于印度扩大在非洲地区和"印太"岛国的影响力。但该组织也存在较大的缺陷，这一点从参与成员国的构成上体现得尤为明显：来自亚洲的参与国家较少，具备技术优势的发达国家中只有法国参与，世界光伏设备第一大生产国中国也

---

① 2015 年 5 月莫迪访华期间与中国签署四项太阳能合作协议，中国协鑫集团与印度阿达尼集团合作在印度建设一个集成太阳能光伏工业园区；2015 年 10 月莫迪访德期间与德国达成 10 亿欧元的光伏建设贷款和技术援助协议；2016 年 6 月莫迪访美期间与美国共同创建 2000 万美元的清洁能源金融计划（USICEF），并签署了 4000 万美元的太阳能融资项目，该项目预计可实现 10 亿美元的融资。

② Cassie Werber, India's "Solar Alliance" is a Great Idea with One Fatal Flaw, *Quartz - India*, December 1, 2015, https: //qz. com/india/562602/indias - solar - alliance - is - a - great - idea - with - one - fatal - flaw/.

③ "莫迪倡导，马克龙力挺：国际太阳能联盟启动，目标 1000GW！"，北极星太阳能光伏网，2018 年 3 月 13 日，http: //guangfu. bjx. com. cn/news/20180313/885051. shtml。

没有参加，这在很大程度上削弱了ISA在国际上的代表性和影响力，使其带有较大的地区局限性。

四、印度光伏供电领域取得的成就

莫迪自2014年5月执政以来，在印度国内大力发展光伏供电建设，经过多年的发展，印度的光伏供电无论在数量还是质量上都取得显著成效，大批印度家庭摆脱了无电可用的历史。随着光伏供电在广大城镇乡村的普及，以往那种"日出而作，日落而息"的生活方式也在悄然发生着改变。具体来说，印度光伏供电领域的发展成就可以归纳为以下三个方面。

（一）光伏装机容量和供电量大幅上升

在印度光伏供电领域的发展成就中，最为直接和突出的成就是印度的光伏装机容量和光伏供电量在这4年多的时间里实现了大幅度的上涨。截至2018年6月，印度的累计光伏装机容量为24.6GW，其中90%来自大型太阳能电站。① 2018年全年，印度光伏装机量预计为8GW，装机总量可突破26GW。虽然距离100GW的目标依然遥远，但已经比莫迪2014年刚执政时的不足6GW有了3倍以上的增长。而且，随着印度中央政府在资金和政策上的大力推动，印度各个适合发展光伏供电的邦和市也先后制定了鼓励本地光伏发展的具体政策，并纷纷上马光伏供电项目。仅2017财年，印度各地建设的光伏供电项目规模就达到12.161GW，所发电量可供1800万个家庭使用。其中，印度南部地区的建设规模大大超出北部的几个邦，而中部地区由于受温迪亚山脉丛林密布的影响，建设规模最小（见表25）。而到了2018年上半年，印度新增装机容量更是超越美国，成为仅次于中国的全球第二大太阳能市场。

---

① "预计印度2018年全年光伏装机容量下降至8.3GW"，国际太阳能光伏网，2018年9月4日，http://solar.in-en.com/html/solar-2315375.shtml。

表25 印度2017财年各行政区域光伏供电建设规模

开展光伏供电建设的行政区域名称（自北向南）	旁遮普邦	哈里亚纳邦	北阿坎德邦	德里市	北方邦	拉贾斯坦邦	中央邦	贾坎德邦	古吉拉特邦	马哈拉施特拉邦	特伦甘纳邦	安得拉邦	卡纳塔克邦	泰米尔纳德邦
光伏供电建设规模（MW）	500	150	191	3	716	552	350	200	237	473	2308	1526	1661	700

资料来源：Katherine Ross, "India Charts a Roadmap to Achieve Ambitious Solar Targets", World Resources Institute, Sep. 26, 2018.

随着装机容量的增加，印度光伏供电量也迅速上升。2014年印度光伏供电量仅为4.9TW，到2017年底已经迅速增长到21.5TW，增长率高达338.78%，而同期世界光伏组建第一生产大国和装机大国——中国——光伏供电量的增长率为359.57%（见图13），[1] 印度在光伏供电领域的追赶速度已经逼近中国。2018年4月28日印度宣布所有村庄都实现了通电，9月17日印度全国的整体电气化率达到92%。尽管印度衡量电气化水平的标准较低（即只要一个村庄有基本的电力设施，10%的家庭有电，学校、政府、乡镇医院这些公共场所有电，就算是电气化村了），[2] 但印度在光伏供电领域的进步依然是巨大的，并在莫迪政府的持续推动下继续快速发展。

---

[1] BP, "Renewables - Solar generation - TWh (1965 - 2017)", *Statistical Review of World Energy*, June 2018, https://www.bp.com/en/global/corporate/energy-economics/statistical-review-of-world-energy/downloads.html.

[2] "印度光伏行业分析报告"，北极星太阳能光伏网，2018年10月10日，http://guangfu.bjx.com.cn/news/20181010/932856.shtml。

图13 2009—2017年中国与印度光伏供电量对比图

资料来源：BP, "Renewables - Solar generation - TWh (1965 - 2017)", *Statistical Review of World Energy*, June 2018.

（二）光伏电价不断降低

印度光伏供电发展的另一项重要成就是，随着光伏装机容量的大幅度增加，光伏发电的价格不断下降，其下降幅度不仅达到和常规能源发电价格持平的程度，而且还在进一步降低。对于光伏产业来说，虽然印度发展迅速，已经取代日本成为全球第三大市场和中国第一大出口市场，但对国外企业来说，印度是一个"量多利少"的市场。2018年第一季度中国出口印度的光伏组件平均单价为0.34美元/瓦，算上运费后基本贴近成本价。[1] 面对这样低的价格，企业只能是为了尽可能释放产能而薄利多销，而企业之间在印度市场竞争的日趋激烈也加剧了这一趋势，导致印度光伏组件的成本一降再降。

2015年夏天以来，随着印度光伏发电设备的大规模装机和国际市场光伏原材料价格的下降，印度光伏发电成本一直在走低，印度中部几个邦的光伏发电招标价已与风力发电及火电价格不相上下。例如2016年年初在拉贾斯坦邦举行的一次太阳能电网招标过程中，竞标企业给出的最低电价是每度电

---

[1] 中国机电产品进出口商会行业发展部："2018年第一季度我国光伏电池产品出口分析"，《电器工业》2018年第8期，第52页。

4.34 卢比（约合 0.4 元人民币），这意味着印度太阳能发电成本已探底至与传统能源发电相当的水平。① 然而，电价的下降还没有到头。在 2018 年 6 月的印度太阳能公司（SECI）光伏招标中，AcmeSolar 公司以每度电 2.44 卢比（约合 0.235 元人民币）的低价刷新了印度太阳能电价的最低水平。② 相比之下，同一时期中国的北京市城乡居民用电价格最低为每度电 0.4333 元。③ 印度报出的最低电价只相当于北京最低电价的 54%。

此外，随着发电成本的不断降低，印度政府也计划出台政策规定光伏电价的上限。2018 年 8 月下旬，印度新能源与可再生能源部向印度太阳能公司发布的通告称，新能源与可再生能源部将分别为使用国产和进口太阳能电池和模块的印度光伏电价设定上限，即分别为 2.5 和 2.68 卢比/千瓦时（约合人民币 0.24 和 0.26 元/千瓦时）。④ 印度光伏电价的大幅度下降使得广大贫困地区的居民能够负担得起用电费用，光伏发电的市场得以迅速扩大，推动了光伏供电建设在印度偏远农村和山区的普及推广，使印度老百姓获得实实在在的好处。

（三）小型光伏系统深入城镇乡村

莫迪执政以来印度光伏供电建设的第三个重要成就是小型光伏系统已经深入城镇乡村，虽然尚未做到完全普及，但很多偏远地区的人们已经开始使用小型光伏系统进行供电。小型光伏系统包括两大类，一种是小型光伏发电站，另一种则是小型家用光伏设备。在印度的许多小城镇和农村地区，小型光伏发电站已悄然出现，这种电站不仅能够为附近居民提供生活用电，还能为当地的信号塔提供电力，解决了远距离电力传输成本高昂且风险性大的问

---

① 邹松：《成本降低推动印度太阳能产业升级》，《人民日报》2016 年 1 月 29 日，第 022 版。
② "0.23 元/千瓦时：印度太阳能招标价格再创新低"，北极星太阳能光伏网，2018 年 7 月 5 日，http://guang fu.bjx.com.cn/news/20180705/910545.shtml。
③ 参见："北京市居民生活用电电价表"，引自：北京市发展和改革委员会："关于合理调整电价结构有关事项的通知"，京发改 [2017] 1054 号，2017 年 7 月 17 日，http://www.beijingprice.cn/c/2017-07-26/495565.shtml。
④ "印度将为太阳能电价设定上限：0.24~0.26/千瓦时"，国际太阳能光伏网，2018 年 8 月 30 日，http://solar.in-en.com/html/solar-2314979.shtml。

题，因此成为许多电讯运营商大力推动的建设项目。据高盛集团的报告显示，目前已经有大约 40 个公司开始在印度农村地区开展业务，通过修建包括光伏电站在内的小型可再生能源发电站为当地居民提供电力，为超过 10 万个家庭带来了光明，随着印度可再生能源行业的不断发展，这一数字将扩大到百万以上。① 此外，手机通信行业在印度的快速发展也助推了印度小型光伏电站的建设速度。随着手机在印度的普及，通信公司需要新建大量信号塔以覆盖整个印度，为了让这些信号塔能够 24 小时工作，需要保障其稳定的电力供应，而依靠化石燃料发电不仅成本高昂，还会给环境造成污染。② 正是在这种背景下，大量光伏电站与电讯信号塔成为相伴而生的城乡基础设施建设，并随信号塔覆盖率的增长而同步增加。

作为居民日常使用的独立供电设备，小型家用光伏设备依据价格和功能的不同分为三大种类，分别是入门级产品（微型光伏产品）、基础型太阳能家用照明系统和先进型太阳能家庭系统（见表 26）。在印度的广大城乡地区，居民可以根据自己的经济能力自主选择不同种类的光伏设备用于基础性照明或其他家庭用途。此外，为了进一步推广小型家用光伏设备，印度政府及智库还在积极探索将传统的煤油补贴③与太阳能光伏补贴互换，将煤油补贴支出转到可独立供电的离网太阳能设备的建设和安装上。据估计，如果将印度的煤油补贴重新分配给光伏照明，可以在 1.5 年内为 3.5 亿个入门级太阳能灯提供全部购买和安装成本。④ 这不仅能够尽快解决广大偏远城乡地区的照明问题，加快实现莫迪做出的"在任期内让全国家家户户至少亮起一盏灯"的承诺，同时还能减少煤油在印度居民中的使用量，为缓解空气污染提供帮

---

① "小型发电站成印度太阳能市场新宠"，国际新能源网，2015 年 8 月 5 日，http://newenergy.in-en.com/html/newenergy-2244480.shtml。

② "小型发电站成印度太阳能市场新宠"，国际新能源网，2015 年 8 月 5 日，http://newenergy.in-en.com/html/newenergy-2244480.shtml。

③ 由于电能短缺，印度无法正常使用电力的广大城乡居民依靠领取政府的煤油补贴进行家用照明和烹饪，印度政府则需要每年划拨约 50 万升煤油补贴以满足人民的需求，这些补贴中有相当大一部分通过非法渠道流向黑市，用来以更高的价格出售给没有获得补贴配给额的贫困家庭。

④ Garg, V., Sharma, S., Clarke, K., & Bridle, R., "Kerosene subsidies in India: The status quo, challenges and the emerging path to reform." (Kerosene to Solar Swap Policy Brief #1), Geneva: IISD-GSI, 2017, Retrieved from https://www.iisd.org/sites/default/files/publications/kerosene-in-india-staus-quo-path-to-reform.pdf.

助。除了照明系统之外，印度太阳能水泵的增长幅度也尤为显著，2009—2010 财年印度用于农业灌溉和饮水的太阳能水泵安装量仅为 7334 个，2014—2015 财年已增加至 19501 个，而 2015—2016 财年的太阳能水泵安装量则高达 31472 个，一年的安装数量就超过自 1991 年至今 24 年的安装量总和。① 这种太阳能水泵在技术层面还有很大的提升空间，而且大量使用还可以替代传统的柴油发电机，这对于印度广大农村居民的生产生活以及环境保护将起到巨大的改善作用。

表26 基于价格和最终用途的印度小型家用光伏设备种类

产品类型	入门级产品（微型光伏产品）	基础型太阳能家用照明系统	先进型太阳能家庭系统
价格	250—3000 卢比	3500—6000 卢比	8000—65000 卢比
服务水平/最终用途	取代煤油灯实现基本照明 4—5 小时/可移植性，移动充电	室内照明 4—5 小时/作为断电期间的备用，移动充电	照明+散热（风扇）/娱乐（电视、广播），便利（电器）
技术类型	太阳能灯（带/不带移动充电），太阳能手电筒，书房灯，工作灯	微型太阳能家庭系统（2—3 个灯具和移动充电）	太阳能家庭系统拥有多个灯具，并支持风扇和其他设备

资料来源：Global Subsidies Initiative, "Kerosene to Solar PV Subsidy Swap: The Business Case for Redirecting Subsidy Expenditure from Kerosene to Off-grid Solar", GSI Report, July 2018, p. 10.

五、印度光伏供电领域存在的问题

尽管在莫迪执政之后，印度政府的高度重视和积极推动使得光伏供电建设取得跨越式发展，收获了巨大的成就，居民生活用电得到极大改善，但在发展的过程中，依然暴露出一系列问题，这些问题将在未来成为制约印度光伏供电进一步发展的重要障碍。

---

① 赵跃晨、郭东彦："印度太阳能开发利用的现状与挑战"，《中外能源》2018 年第 2 期，第 13 页。

（一）战略目标难以实现

莫迪政府为了加快光伏领域的发展速度，将光伏供电的建设目标大幅度提高，虽然增加电力供应和改善民生的愿望良好，但从印度的实际情况来看，却显得过于超前，难以在预期的时间内完成。在莫迪刚执政的2014年，印度光伏供电装机容量仅3GW，而按照2022年装机容量100GW的目标，则印度平均每年光伏供电的新增装机容量不能少于12GW，年复合增长率高达55%，而中国2014年已有装机容量28.2GW，起点大大高于印度，中国计划到2020年实现光伏装机100GW的目标，年复合增长率为23%（见表27）。印度在这一指标上高出中国1倍，也就意味着印度要实现目标的难度也是中国的1倍。

表27 世界主要国家光伏建设发展目标

国家	2014年装机总量（GW）	目标（GW）	年复合增长率（%）
加拿大	1.7	6.3（2020年）	24
英国	5.1	7.2（2020年）	6
法国	5.7	15（2020年）	17
德国	38.2	52（2020年）	5
意大利	18.5	23（2017年）	7
中国	28.2	100（2020年）	23
日本	23.3	65.7（2020年）	19
泰国	1.3	3（2021年）	12
印度	3	100（2022年）	55

资料来源：Gulati A, Manchanda S, Kacker R, "Harvesting Solar Power in India", ICRIER, April 2016, pp.49,59，转引自：赵跃晨、郭东彦：“印度太阳能开发利用的现状与挑战”，《中外能源》2018年第2期，第14页。

除此之外，一些其他因素也在影响着印度光伏供电建设的速度，导致目标难以达成。例如，印度光伏供电价格的降低虽然有利于广大贫困家庭更多地购买和使用光伏发电，但从另一个方面看，电价的大幅度下降也使得光伏供电的利润空间极大收缩，开发商的积极性受到影响，导致光伏供电的建设进度开始出现减速的迹象。另外，印度征收的保障性关税，不仅不能有效阻止具备市场竞争力的高质量、低价格的光伏组建继续销往印度，反而增加了印度光伏发电的建设成本。印度光伏装机容量在经历了 2017 年的连续增长后，在 2018 年第二季度开始出现大幅度下滑，相比 2018 年第一季度降低了 52%，相比 2017 年第二季度则同比降低了 21%。① 这些因素结合起来，大大增加了印度实现 2022 年太阳能装机容量 100GW 发展目标的难度，而截至 2018 年 9 月底，印度仅实现 26GW 的装机容量，年平均装机容量只有 5.75GW，② 这也使得印度实现 2022 年 100GW 装机容量的目标变得更加遥不可及。

（二）土地征用价高事繁

土地征用问题是困扰光伏供电建设的又一难题。作为世界上征地最困难的国家之一，印度的土地情况非常复杂，既有殖民时期就已经被占有的土地，也有独立之后重新分配的土地，还有许多部落用地。当政府开展基础设施建设，包括兴建光伏供电设施而需要征地时，往往会受到印度特有的土地"私有+租佃"体制的严重束缚。在这一体制下，土地的所有权归地主所有，广大农民受雇于地主，成为根植于地主土地上的佃农。虽然政府征地补偿款数额较高，但却与佃农无关，而是被地主领取，广大佃农却承担了失去土地的绝大部分实际成本和风险。③ 因此，这些佃农往往成为阻挠土地征用的主要力量，使得政府在征地时必须挨家挨户地逐个签字落实。然而，由于印度政府行政的低效率，广大佃农对于政府和征地企业做出的项目建成后为当地人提供就业机会的承诺不以为意，他们中的绝大多数依然坚持要求保住土地，因为一旦失去土地，佃农们就失去了谋生手段和基本生活保障。此外，印度政府腐败问题也是影响土地征收的重要原因之一。印度的公共工程和建筑业市场是腐败较严重的领域之一……项目投资能否盈利将存在很大风险，投资

---

① "2018 年第二季度印度光伏装机下降 52% 至 1599 兆瓦"，国际太阳能光伏网，2018 年 9 月 7 日，http://solar.in-en.com/html/solar-2315801.shtml。
② "2018 年第三季度印度光伏发电装机容量新增 1.5GW"，国际太阳能光伏网，2018 年 11 月 5 日，http://solar.in-en.com/html/solar-2320223.shtml。
③ 梅新育：《大象之殇：从印度低烈度内战看新兴市场发展道路之争》，中国发展出版社 2015 年版，第 119 页。

商对在征用土地上劳作的佃农所做出的承诺也无法做到完全保证。① 因此，在征地过程中，不论征地的地方政府和企业如何给予承诺，佃农们都坚持要求保留土地。这导致在印度投资开发光伏项目，仅征地一项就异常艰难。

此外，为了获得尽可能高的土地补偿款，地主往往利用佃农高度依赖土地生活的特点，默许甚至鼓励佃农与征地部门爆发争端，进而抬高土地价格，增加向政府的要价，导致印度征地补偿款的数额十分巨大。② 正是在这样严峻的征地情况下，为了加快光伏供电建设，2017 年 3 月印度将太阳能公园的建设计划从 2000 万千瓦进一步扩大到 4000 万千瓦（即 40000MW），③ 如果按照国际标准安装每兆瓦光伏设备需用土地 2 公顷计算，要想达到这一目标，印度需为太阳能公园建设征地 8 万公顷。而早在 2009 年，印度一些地区的征地补偿就已经达到每平方千米 630 万美元。④ 因此，仅征地一项，对于印度政府来说，就将是一项耗资巨大且无比烦琐的任务。若处置不当，不仅项目进展会受到影响，甚至容易激化矛盾，引发一系列社会问题。

（三）供电设备和电能盗损严重

伴随着印度光伏供电建设的快速发展，大量供电设备被盗和损坏的情况也日趋严重。在印度许多城乡地区，被安装好的家用光伏装置使用寿命往往只在 2 年以内。例如，在印度马哈拉施特拉邦的巴哈马纳（Bhamana）地区，当 2010 年第一批太阳能装置安装时，大多数房屋都装有一块小型光伏电池板，该电池板连接着电池，可以为家用照明灯具供电 5—6 小时。然而七年之后，这个地区只有四五间房子中仍然有光亮。⑤ 在这七年中，大量光伏电池

---

① 赵跃晨、郭东彦："印度太阳能开发利用的现状与挑战"，《中外能源》2018 年第 2 期，第 14 页。

② 印度土地征收的补偿款包括土地市值、30% 市值、土地征收造成的损失、搬迁费和利息五个部分，其中 30% 市值指的是土地征收的强制性而向利益人支付的额外补偿。

③ "印度将太阳能公园计划目标容量提升至 4000 万千瓦"，新世纪能源网，2017 年 3 月 10 日，http://www.ne21.com/news/show-89322.html。

④ 2009—2010 年，印度西孟加拉邦的征地补偿为：一年收获一季的土地每公顷 4.6 万美元，一年收获两季以上的土地每公顷 6.3 万美元。参见梅新育：《大象之殇：从印度低烈度内战看新兴市场发展道路之争》，中国发展出版社 2015 年版，第 120 页。

⑤ "The Dark Secret India's Solar Plan", Bloomberg NEF, March 16, 2017, https://about.bnef.com/blog/the-dark-secret-behind-indias-solar-plan/.

板和其他一些配件被偷盗变卖，余下的光伏供电设备中又有很大一部分因维修人员不足和专业技术缺乏而未能得到及时保养修复，无法正常工作。除了家用的小型光伏设备被盗和损坏外，连较大的光伏电站也未能幸免。马哈拉施特拉邦电力公司表示，光伏电站中的大部分设备被盗或无法正常工作，已经致使电力部门不得不再次依靠传统能源为当地村庄提供电力供应。[①] 除此之外，印度的很多地区还存在盗电和私拉电线的情况，尤其是在贫民聚居区内，如蜘蛛网般缠绕在一起的电线随处可见，无序的布线催生了大量草根电工，他们赤手空拳，凭借一把钳子，对电线一番拉扯之后就能让普通家庭在断电后重新获得光明。这种情况的存在使得印度目前有40%的用户是没有交费的，而在农村地区，盗电现象也比较普遍，被盗电力占配电总量的比例高达20%，这使得许多并网的光伏电站不仅要蒙受设备上的损失，而且还要面对发电后难以收回成本的窘境。[②]

除了人为的偷盗和破坏外，动物对光伏设施的破坏也不容忽视。在印度城乡四处流窜的猴子成为光伏设备安全运转的重要隐患。在印度卡纳塔克邦的亨比和喜马偕尔邦的山城西姆拉，大量的猴子对当地屋顶光伏设备的破坏十分严重。它们经常摆弄设备部件，甚至偷走电缆接头，导致大量光伏设施无法工作，不得不经常维修。另外，印度的输变电设施自身的老化程度也十分严重，由于缺乏保养、年久失修，大量破损的输变电设施导致电压不稳、输电损耗率居高不下。目前，印度国家电网的综合输电损耗率为27%，大大高于全球13%的平均水平。[③] 过高的输电损耗率导致大量新增光伏供电量被白白浪费，增加了发电成本，许多家庭也无法获得稳定的电力供应。

（四）光伏电站供水短缺

在印度光伏电站建设的过程中，由于受不同地区日照强度的影响，大量光伏电站集中建设，导致严重的供水短缺问题。目前，印度大约94%的光伏

---

① "盗窃和破坏严重阻碍印度太阳能计划"，北极星太阳能光伏网，2017年3月17日，http://guangfu.bjx.com.cn/news/20170317/814861.shtml。

② 苑基荣："印度电力短缺，新能源成着力点"，《能源研究与利用》2017年第2期，第23页。

③ 邹松："成本降低推动印度太阳能产业升级"，《人民日报》2016年1月29日，第22版。

装机处于中—高度缺水风险中，约18%的装机处于印度西部极度缺水的干旱地区。印度排名前五的五个邦贡献了全国70%的装机容量，这些邦建造的光伏电站，不仅建设位置较为偏僻、高度集中，而且长年处于干旱环境。而在光伏发电中，其组件必须定期清洗，因为灰尘、污垢、鸟粪等都会导致电量损失3%—6%，而要使发电的价格有市场竞争力，则这类损失需要降到1%，这就需要每月至少清洗两次。① 尽管光伏电站的水消耗量远低于热电厂，② 但如此大规模地在干旱地区集中用水，依然造成光伏电站供水量的严重短缺。

供水短缺导致的另一个直接后果就是水价的快速上涨，在过去三年中，印度拉贾斯坦邦和古吉拉特邦等许多干旱地区的水费已经翻了1倍，给当地光伏电站的清洗维护带来很大困难。印度光伏电站的用水有60%来自于地下水，40%来自于河流、湖泊等地表水，其中地表水需要通过罐车来运水，每年的费用比使用地下水高出3万—4万卢比/MW。如果水质不合格，无法直接用来清洗，则还需要额外支付一笔用水处理费用，这就使得光伏电站的运营成本大大增加。为了控制不断上升的成本，一些开发商已经开始尝试收集雨水、采用可省水50%—100%的机器人进行设备清洗，或使用价格略高，但可减少35%—50%用水量的抗污涂层设备组件。③ 但即使这样，由于印度光伏电站规模大、发展速度快，新方式和新技术依然无法满足印度所有光伏电站的用水需求。

（五）屋顶光伏管理滞后

适合印度广大乡村地区且被莫迪政府大力倡导的屋顶光伏设备在建设实施的过程中虽然进展迅速，但依然存在许多问题。首先，在印度光伏供电的总体发展规划中，莫迪政府更加看重的是大中型太阳能并网项目（占规划总量的60%），而屋顶光伏建设则处于配套和次要地位。目前印度在大中型光伏装机上距离目标尚且有很大距离，屋顶光伏电站的建设也难免遭受一定程度的冷落。2018年第二季度印度屋顶光伏装机容量出现52%的巨大下降幅

---

① Deepak Singhal, etal., "Water Use in Solar Power Sector", Bridge to India, Sep. 2018, pp. 3 - 4.
② 光伏电站的水消耗量大约为0.1m³/MWh，而热电厂一般要达到2.2m³/MWh。
③ Deepak Singhal, etal., "Water Use in Solar Power Sector", Bridge to India Energy Private Limited, Sep. 2018, pp. 7 - 10.

度，已经显示出屋顶光伏发展存在的隐患。其次，印度屋顶光伏建设缺乏有效监管，打击了政府、运营商和民众的热情。为了推进屋顶光伏的发展，印度对安装屋顶光伏设备给予补贴，但由于政策漏洞和监管不力，许多人利用廉价且高污染的柴油发电机组冒充屋顶光伏设备发电，从而骗取政府的补贴。这使得政府的积极性受到严重打击，政府一方面制定了非官方招标的屋顶光伏项目不再给予补贴的政策，以利于统一管理；另一方面，出于谨慎的考虑，在一定程度上又减缓了屋顶光伏建设的招标进程，进而打击了运营商和用户在屋顶光伏安装上的积极性。最后，政府给予屋顶光伏的补贴不及时。印度目前的屋顶光伏电站是向开发商给予30%的补贴，但这些补贴发放极其缓慢，延迟期长达8—10个月（中国为一个季度或半年发放一次）。除此之外，2016年8月3日，印度第122条宪法修正案关于印度商品及服务税（GST）在印度上议院（联邦院）表决中获得通过，这不仅意味着印度将在全国范围内建立起统一的税收体系，而且将取消部分可再生能源的免税项目。这样一来，新的税收政策将会使印度国内光伏供电的度电成本拉高11%—20%。而在印度开展屋顶光伏设备建设的企业多为中小企业，其资金量有限，补贴延迟甚至取消加重了这些中小企业运营商资金运转的压力，使其承接的屋顶光伏项目在建设中处在高风险状态中。[①]

（六）市场严重依赖低廉成本

对于印度光伏供电建设来说，印度本土光伏市场的发展始终影响和制约着印度光伏供电建设的进程。印度市场目前困难重重，不仅存在保障性关税、利率上涨、卢比兑美元贬值等问题，还面临着18%的国内商品和服务税，因此当下的印度光伏市场严重依赖最低廉的成本维持和驱动。过去数年里，印度的光伏制造商们一直在研发低端产品、提供最低的市场价格，以谋求在项目招标中获得订单。长此以往，国内光伏设备的市场价格压力越来越大，导致购电协议的价格也在下跌。虽然从表面上看，印度国内光伏供电的售电价格不断创造新低，广大民众从低廉的电价中获益，但实质上，光伏电站开发

[①] 关于印度屋顶光伏建设存在问题的更具体分析可参见："印度分布式屋顶光伏电站项目发展之三大问题"，太阳能网，2018年6月20日，http://www.solarmedia.com.cn/newsitem/278190985。

商和设备生产商的利润却越来越难以得到保障。印度光伏产品的市场价格目前已经逐渐逼近最低临界点,硅的价格低至每公斤80元人民币(合11.68美元),几乎没有生产商能够从硅片、电池和组件中赚到钱,整个供应链都在赔钱,降低成本的唯一方式只能依靠本国货币兑卢比的贬值。因此,目前印度的光伏设备生产商们已经开始寻找新技术以节约成本,提高产品综合质量,而不再是专注于低端产品以获得最低价格。[1] 印度市场严重依赖低廉成本,与税收、利率和各种政策上的束缚有关,但根本原因则在于印度民众普遍购买力较低,只能负担得起价格较低的家用光伏设备或光伏售电价格。尽管近十余年来,印度经济始终处在增长状态中,但民众的购买力仍然十分有限。据亚洲开发银行的数据显示,印度仍有21.9%的人口生活在国家贫困线以下,仍有21.2%的人口每日购买力在1.9%美元以下。[2] 无论在城市还是乡村,都有大量的贫困居民依靠政府的补贴维持生计,他们每月绝大部分收入都用于购买基本日常消费品,根本无力购买价格昂贵的光伏供电设备,甚至连价格相对便宜的电价也负担不起。虽然政府在当地推广光伏设备和光伏电力的使用,但为了省钱,许多贫困居民依然宁可选择价格更便宜的高污染燃料,也不愿花钱安装光伏供电设备。此外,印度政府将大部分的光伏补贴资金用于光伏电池板生产商的补贴,而不是用在民众购买光伏设备能力的提升上,这一方面导致光伏供电系统在印度普通民众中难以推广,另一方面也使得印度光伏电池板生产过剩,这些设备技术含量低,且未能被国内市场充分吸纳,因此被以很低的价格出口到欧美地区和日本,[3] 并未能完全用于满足印度本国广大居民光伏使用的实际需要。

(七) 光伏制造能力不足

与上述一系列问题相比,印度光伏供电建设面临的最根本问题是本土制造能力的严重不足,这一问题将在相当长一段时期内制约印度光伏供电建设

---

[1] "印度光伏组件供应商三巨头市场预测",国际太阳能光伏网,2018年9月26日, http://solar.in-en.com/html/solar-2317242.shtml。

[2] Asian Development Bank, "Poverty in India", May 2018, http://www.abd.org/countries/india/poverty。

[3] 赵跃晨、郭东彦:"印度太阳能开发利用的现状与挑战",《中外能源》2018年第2期,第15页。

的发展速度和发展质量。在印度，由于制造业的整体性落后，光伏设备制造领域同样存在产量低、质量差的问题。到 2016 年 10 月，印度太阳能电池和光伏组件的国内制造能力仅分别为 1468MW 和 5648MW。其中印度三个最大的本土太阳能电池生产商朱庇特太阳能公司（Jupiter Solar Pvt）的产能是 280MW，印度太阳能公司（Indosolar）和摩泽尔·贝尔太阳能公司（Moser Baer Solar）的产能均为 250MW；印度最大的光伏组件制造商瓦雷能源公司（Waaree Energies）和维克拉姆太阳能公司（Vikram Solar）的产能则均为 500MW。正是由于本土企业制造能力较低，因此根据国家太阳能任务目标，印度政府计划到 2020 年实现 4—5GW 的本土制造能力。① 然而，即便按照这一目标，印度国内制造商的产能依然难以满足国内日益增长的光伏装备需求。因为到 2017 年，印度太阳能的装机容量就已经达到 9.629GW，印度 2020 年计划实现的国内产能在不考虑产品质量的情况下，仅能满足 2017 年装机容量的一半。

印度光伏制造能力不足的原因是多方面的，除了基础弱、起点低以外，还在于印度国内融资困难、银行贷款程序烦琐，制约了企业生产规模的扩大。此外，光伏制造还极度缺乏上游的多晶硅、硅锭和硅片的生产能力，而这些材料是制造太阳能电池板和光伏组件的必备材料。印度光伏制造能力的不足导致的直接后果是印度不得不大量依赖国外产能发展本国光伏供电建设。目前印度光伏行业每年设置竞标的总量为 25—30GW，而国内制造商产能却只有 3—4GW，至少 80% 依然需要依赖进口。② 为了提升本土制造能力，印度也积极同包括中国在内的光伏制造大国合作，吸引外资到印度设厂生产。目前，中国光伏企业协鑫集成已经与印度就建立太阳能组件制造工厂及综合智慧能源城镇达成合作共识，协鑫集成计划在印度蒙德拉经济特区内开发建设多晶硅、长晶、切片、电池、组件等全产业链的光伏制造工业园。另一家中国企业海润光伏也已在印度建设了超过 300MW 的光伏电站。③ 尽管印度对

---

① "印度太阳能电池和光伏组件生产能力大幅增长"，国家能源网，2016 年 10 月 19 日，http://www.ocpe.com.cn/show-27352-lists-56.html。

② Sushma U. N., "India just pushed its booming solar industry into chaos", Quartz - India, July 31, 2018, https://qz.com/india/1344287/india-has-imposed-a-25-safeguard-duty-on-imported-solar-cells/.

③ 秋歌："'一带一路'串联起新能源需求：一带一路中的光伏企业"，《中国建筑金属结构》2017 年第 10 期，第 15—16 页。

进口中国产品和引进中国资本存在一定抵触情绪，但无法否认的是，中国产品和中国企业正在成为印度实现国家光伏发展计划的重要助力。

六、印度光伏供电建设对华合作空间

尽管存在许多问题，但在莫迪政府的大力推动下，印度的光伏供电建设在短短的几年时间里，已经取得跨越式发展，这不仅缓解了印度国内（尤其是偏远城乡地区）的供电紧张问题，也促进了印度国内环境质量的改善。借助光伏产业的国际合作，印度开始逐步在新能源、环境保护、产业革命、技术合作等一系列低层级政治领域建立领导权和话语权，这对于未来印度树立国际全球治理中的关键地位将起到巨大作用。作为上海合作组织内的重要国家和两大光伏发展大国，印度与中国在光伏供电领域具有广阔的合作空间。未来中印两国可以在以下四个方面进行深入合作。

（一）扩大光伏组件贸易总额，为印度光伏供电建设的快速发展提供设备助力

印度光伏供电建设近几年来的高速发展使得印度国内需要大量的光伏组件和设备，而印度本国的制造能力较弱，技术水平也较低，本土光伏组件产能约为6.26GW，无法满足日益增长的光伏装机需求。尽管印度政府已经开始对中国光伏产品征收保障性关税，但从目前的发展趋势来看，其政策是阶段性的，难以持久，若长期征收高昂的保障性关税，将导致印度国内光伏组件价格猛增，反而会阻碍光伏供电的建设进程；且中国光伏产品具有质高价廉的巨大优势，印度若按照25%征收保障性关税，中国光伏企业在印度市场上依然有6%—9%的内部收益率，[①] 中国对印度光伏组件的出口仍然具备优势。因此，印度征收保障性关税的措施无法改变中印两国光伏组件贸易的大局。作为亚洲的两个大国，2017年中印双边贸易总额达到844.4亿美元，比2016年的711.8亿美元增长20.3%。中国是印度第一大贸易伙伴、第一大进口来源地和第四大出口目的地。中印两国的双边贸易有着扎实的合作基础、

---

① "印度光伏贸易保护措施影响小，中国组件出口依旧有优势"，国际能源网，2018年8月29日，http://www.in-en.com/article/html/energy-2272807.shtml。

广阔的合作空间和良好的合作前景。目前,印度前十大组件供应商中,有七家来自中国。另外,在逆变器等太阳能发电装备中,特变电工、阳光电源和华为位列前十,市场份额稳步提升。未来,中印两国应进一步扩大光伏设备贸易量。对印度来说,扩大高技术含量光伏组件贸易量,将为印度国内光伏供电的建设提供充足的设备和组件,降低印度国内市场上光伏设备的总体价格,使印度光伏供电的光电转化效率得到显著提升。另外,这样也有助于印度在推进光伏供电建设中寻找本国企业的差距,为增强两国专业技术人才的交往与学习创造机会。

(二) 加强专业人才交流学习,为印度光伏供电建设的快速发展提供技术助力

尽管目前印度已经成为世界主要光伏供电装机大国,但印度国内光伏设备的制造能力严重不足,这不仅体现在生产的数量上,更重要的是体现在本土光伏产品的技术含量上。印度国产的光伏设备在国际市场上不具备竞争力,无法与中国、美国、德国、日本甚至韩国的光伏产品相比。要想实现国内光伏供电建设的长远稳定发展,印度政府和企业必须设法增强本国光伏领域的科技研发能力,提高光伏产品的技术含量,创造和发明出具有世界领先技术的光伏设备。而在光伏技术方面,中国相比印度拥有显著的技术优势。长期以来,中国在光伏技术领域就居于国际领先地位,中国光伏产业兴起和发展的时间已有20余年,不仅具备庞大的课科研力量和人才队伍,而且在控制光伏设备生产成本方面位居世界前列。先进的技术和控制成本的强大能力使得中国光伏企业获得更多的市场份额,其组件出货量也位居世界前列。在2016年世界光伏组件生产的前八强企业中,中国企业和有中方参股的企业就占据了六席(见表28)。对于中国光伏企业来说,要想进一步开拓印度市场,提高高技术含量光伏设备的出口量,就需要加强与印度在人才和技术上的交流学习,让更多的印度光伏供电建设开发商认可中国的技术、产品,以及光伏设备后期维护模式等诸多方面。对于印度来说,通过与中国在人才技术上的交流学习,可以提升本国企业生产技术水平,提高本土产品的技术含量,对于逐渐扩大光伏组件的国产化率将起到重要作用。因此,未来中印两国在人才和技术交流方面的合作,可以采取互派专家学者进行访问、学习、培训、观摩,定期举办各个层级的学术论坛和新型设备展会等多种方式,并在光伏供电与汽车、航空等民用动力设备的结合领域进行深入合作。

表28　2016年世界光伏组件生产前八强企业　　　（单位：GW）

序号	国家	厂商	组件出货量
1	中国	晶科	6.6—6.7
2	中国	天合光能	6.3—6.55
3	中国	阿特斯	5.073—5.173
4	中国	晶澳	4.9—5
5	中国、德国、韩国	韩华太阳	4.8—5
6	中国	协鑫集成	4.6—5
7	美国	First Solar	2.8—2.9
8	中国	英利集团	2.1—2.2

资料来源：北极星太阳能光伏网，2017年2月16日，http://guangfu.bjx.com.cn/news/20170216/808813.shtml。

（三）共建光伏设备上游产能，为印度光伏供电建设的快速发展提供原料助力

制约印度光伏供电建设长远发展的一个关键性问题是印度极度缺乏作为制造太阳能电池板和光伏组件必备材料的多晶硅、硅锭和硅片的生产能力，而这些在光伏组件生产链中属于上游产能。印度之所以缺乏这方面的生产能力，主要原因还在于印度在生产多晶硅、硅锭和硅片方面的技术水平较低，制造成本高，即使生产出来，也缺乏市场竞争力，无法获得足够的订单，生产商获利艰难。相比之下，中国在多晶硅等光伏上游产能方面具有世界顶尖的优势。中国的"极致管理""高端技术"和"快速降本"使其多晶硅生产在过去十余年里迅猛发展。2005年，中国的多晶硅产量尚不足全球产量的0.5%，而到2017年，中国已经可以为世界70%的光伏组件供货，2005年首条多晶硅生产线仅300吨，而到2016年时已经上马了年产1.5万吨的生产线。[①] 基于如此庞大的生产能力，中国已经位居世界首位，至今尚无其他国

[①] "中国企业十年成就多晶硅自主，未来五年再迎黄金期"，国际太阳能光伏网，2017年11月7日，http://solar.in-en.com/html/solar-2297001.shtml。

家能够打破。因此，未来印度若想增强其在光伏上游产业的生产能力，可加强与中国在这一领域的合作，中国也可发挥自身在多晶硅等光伏上游产品的先进制造能力，通过合资的方式，与印度共建光伏设备上游产能，这不仅能够为印度国内光伏组件的生产企业提供更加充足的上游原材料，满足其日益扩大的光伏供电装机需求，而且还有利于中国企业更加深入开拓印度市场，避开印度关税的制约。近10年来，多晶硅等光伏上游原材料的价格不断下降，多晶硅的价格从2008年最高峰的400美元/千克下降到2016年的12美元/千克，硅片的价格也从3.5美元/瓦下降到0.15美元/瓦。[1] 这一方面表明先进技术的引用使光伏原材料的生产成本大幅度降低，另一方面也意味着国际市场在未来10年内成倍扩大。与此同时，中国在光伏原材料领域依然保持强劲的增长动力。2018年1—6月，中国多晶硅产量14.3万吨，同比增加24%以上；硅片产量50GW，同比增长38.9%；组件产量42GW，同比增长23.5%。[2] 产能大规模增长的同时，国际和国内的市场需求却在逐渐降低，中国光伏生产企业面临日益严峻的产能过剩问题。因此，对于中国企业来说，印度市场虽然利润率较低，但在规模上却是一个巨大的市场。由于印度政府已经制定发展光伏供电的宏伟计划，因此在未来相当长的一段时期内，印度国内对光伏组件原材料的需求将大幅度增加，中印两国共建光伏设备上游产能，除了开发多晶硅以外，还可以尝试开发更高空间利用率、更长电池寿命、更高效率以及优异耐热性的单晶光伏组件。这样既能为印度光伏供电建设提供原料助力，还有利于中国企业在印度市场站稳脚跟，扩大利润相对微薄的中国光伏上游生产企业的利润空间，对中印两国来说可谓一种互利共赢的合作方式。

（四）推动国际光伏产业机制构建，为印度光伏供电建设的快速发展提供制度助力

作为可再生能源中发展速度最快的领域，光伏供电建设的国际多边合作

---

[1] 国家可再生能源中心、国家发展和改革委员会能源研究所可再生能源发展中心编著：《国际可再生能源发展报告2017》，中国环境出版社2017年版，第49—50页。
[2] 杨鲲鹏："下半年光伏产业将加速降本增效"，《中国电力报》2018年8月11日，第011版。

近些年来日益增多,而随着越来越多国家开始加大对光伏供电的发展力度,国际光伏供电的相关产业机制和国际制度也需要构建起来,而这离不开国际上主要光伏大国的合作协商。作为亚洲用电量最大的两个国家,中印两国都有推进光伏供电建设的迫切愿望和实际需求,因此两国的合作还可以从制度建设的层面入手,以资本投入、技术交流和产品贸易为基础,共同推动国际光伏产业机制构建。具体来说,两国可积极扩大国际光伏领域的交流合作,加强在多边平台上的合作,协调矛盾、化解分歧、求同存异、互利共赢,通过切实的努力,共同规范光伏行业内标准,共建光伏上下游产业链,推进技术的研发与信息的共享,扩大两国市场的双边开放,减少光伏产品贸易和投资壁垒,增进双方技术人才的交流互动,吸收其他国家先进技术成果,共同参与国际光伏技术标准制定,并在未来将这种制度层面的合作扩大到其他可再生能源开发领域。这对两国来说,虽然实现的难度很大,但对中印两国光伏供电建设的长远发展却具有根本性的益处,而要想达到这一系列目标,既需要中印两国政府的积极推动,也需要中印两国在企业层面建立起紧密的战略合作关系;充分整合中印两国光伏供电全产业链资源,在中印产业合作框架内组建起有资本实力、有技术优势、有创新能力、有进取精神的企业联盟,并发挥两国光伏行业协会的服务和监督功能,联合中印两国高校和科研机构,提高科学技术成果的转化率,实现生产发展与科学研究的有机结合;最终增强两国光伏企业的国际竞争力,实现中印两国光伏供电建设长期稳定的发展。

结　语

中印两国同为上海合作组织成员国,且都在大力推进光伏供电建设的发展。两国在光伏供电领域都拥有广阔而良好的合作前景。中国政府应抓住印度能源转型的历史契机,加强与印度政府的交流沟通,通过政策扶持和资金补贴等方式积极引导中国光伏企业进军印度市场,在继续保持对印度光伏产品出口的同时,还应加大在印度光伏上游产能的投资建设力度。中国企业既要帮助印度提高本土光伏设备的制造能力,缓解印度对中国进口产品的抵触情绪,共同推进在发展低碳产业和应对全球气候变化方面的合作,也要逐步确立并增强中国在印度国内光伏生产领域的地位,使两国形成真正的"利益共同体"和"命运共同体"关系。但是,中国企业在投资印度的过程中必须充分考虑目前印度光伏供电建设中存在的问题,进行深入系统的实地考察,最大限度避免因自然条件、法律政策、行政效率、风俗习惯等因素导致的损失；指导和协调相关企业有效应对印度国内政策的变化及对华光伏产品反倾销问题的出现，改善贸易结构，建立预警机制，培养专门人才。除了与印度的双边合作以外，作为世界上最大的光伏设备生产国和装机大国，中国还应积极参与国际光伏多边领域的合作交流，在合适的时候加入国际太阳能联盟，扩大"光伏合作朋友圈"，成为国际光伏合作建设和可再生能源开发的重要力量。中国国内正在致力于发展光伏供电建设的省份，也应积极关注印度光伏产业的发展，吸取其发展光伏供电建设的宝贵经验，总结其存在的问题和教训，在适当的时机与印度各邦开展光伏供电领域的合作，助推我国各省可再生能源的发展和能源结构的转型。